**Mafialand
Deutschland**

Jürgen Roth
Mafialand Deutschland

Redaktion: Stand 1.10. 2008

2 3 4   10 09

© Eichborn AG, Frankfurt am Main, Februar 2009
Umschlaggestaltung: Christiane Hahn
unter Verwendung eines Fotos von © Sami Sarkis/getty images
Lektorat: Beate Koglin, Carmen Kölz
Layout: Susanne Reeh
Satz: Fotosatz Amann, Aichstetten
Druck und Bindung: CPI - Clausen & Bosse, Leck
ISBN 978-3-8218-5632-2

Alle Rechte vorbehalten. Kein Teil des Werkes darf in irgendeiner Form (durch Fotografie, Mikrofilm oder ein anderes Verfahren) ohne schriftliche Genehmigung des Verlages reproduziert oder unter Verwendung elektronischer Systeme verarbeitet, vervielfältigt oder verbreitet werden.

Eichborn Verlag, Kaiserstraße 66, D-60329 Frankfurt am Main
Mehr Informationen zu Büchern und Hörbüchern aus dem Eichborn Verlag finden Sie unter www.eichborn.de

Inhalt

Einleitung: Über Inszenierungen und die
unterschiedliche Wahrnehmung der Realität **7**

Teil I: Die italienische Mafia **25**
1 Die italienischen Mafiagruppen 26
2 Die 'Ndrangheta - über die Familie und multinationale
 Konzerne 38
3 Spätzle und Pizza - das Netzwerk von Familien und
 Vertrauten der 'Ndrangheta in Baden-Württemberg 46
4 Neue Heimat - nicht nur in Nordrhein-Westfalen 57
5 San Luca - über ein kalabrisches Dorf, das plötzlich
 in Deutschland berühmt wurde 66
6 Erfurt - die östliche Filiale von San Luca 75
7 Sachsen - das Niemandsland für die Mafia 84
8 Die widersprüchliche Geschichte von Antonio Lai, der in
 Sachsen Karriere machen wollte 90
9 Die Mafia an der Ostsee - Sacra Corona Unita 98
10 Über einen Richter aus Kalabrien und die europäische
 Behörde OLAF 109

Teil II: Der Januskopf der Mafia aus dem Osten -
die russische Mafia **119**
11 Kurze Übersicht über die Struktur der Russenmafia 120
12 Die Russen und das Land der Sachsen 134
13 Berlin - Dreh- und Angelpunkt der neuen Mafia 138
14 Banditen, Kriegsgewinnler oder ganz normale russische
 Unternehmer? 147
15 Hintergründe eines Krieges um Rohstoffe, der in Stuttgart
 ausgefochten wird 162

16 Die WestLB, ein ehemaliger Stasihelfer und die Ismailovskaja 168
17 Moskaus Geheimdienste und die neue Mafia 174
18 Die Rolle von KGB/FSB und Ex-Stasi-Mitarbeitern im
   Energiebereich 184

Teil III: Mafialand Deutschland – das sizilianische Syndrom in den neuen Bundesländern 201

19 Kriminelle Transformationsprozesse 202
20 Die Lausitzer Sümpfe 210
21 Von der deutschen Regierungskriminalität könnte
   die italienische Mafia lernen 214
22 Die schmutzigen Allianzen in Brandenburg 220
23 Geschichten vom Schwielowsee 228
24 Sächsische Sumpflandschaften oder die Macht
   der Wendehälse 231
25 Eine staatliche Behörde beschäftigt sich kritisch
   mit staatlichen Institutionen 243
26 Immobilien und der Puff – Gerüchte und Tatsachen 249
27 Die totale Unabhängigkeit der sächsischen Justiz 263
28 Der Sumpf und die Paunsdorf-Affäre 268
29 Wie ein sogenannter Sachsensumpf ausgetrocknet wird 276

Epilog: Die bedrohte Bürgergesellschaft 286
Anmerkungen 301
Literatur 313
Personen- und Clanregister 315

Einleitung
Über Inszenierungen und die unterschiedliche Wahrnehmung der Realität

> »Die italienische Erfahrung wiederholt sich überall auf
> der ganzen Welt, auch in Deutschland. Die Mafia verwan-
> delt wirtschaftliche Macht und Einfluss in politische.«
> Roberto Scarpinato, Oberstaatsanwalt aus Palermo

Das luxuriöse Grandhotel Schloss Bensberg, nicht weit von Köln entfernt, gilt als eines der schönsten und größten Barockschlösser Europas. Obwohl an Staatsbesuche und Wirtschaftsmagnaten gewöhnt,
herrschte unter den Bediensteten des noblen Hauses im Oktober 2007
ungewöhnliche Anspannung. Die prächtige Geburtstagsfeier zu Ehren
von Don Vegas, Pate einer großen Mafiafamilie, stand bevor. Zu diesem Zweck sollte ein exquisites »Mafiadinner« im barocken Ballsaal
stattfinden. Der Einladung folgten, wie in der deutschen Schicke-
riaszene üblich, die »Stars und Sternchen der aufblühenden Filmin-
dustrie, die Größen aus Politik und Wirtschaft, Gäste, die auf die verschiedensten Weisen mit der Dynastie von Don Vegas geschäftlich
und privat verbunden sind, korrupte Ganoven, zwielichtige Spieler,
glamouröse Showgirls«.[1]

Zu gerne hätte ich erfahren, welch illustre Gesellschaft sich da ein-
gefunden hatte. Schließlich steht auf der Einladung: »Sie sollten der
Einladung zu Don Vegas' Geburtstag folgen, denn Don Vegas verzeiht
nie!« Schlappe 89 Euro, einschließlich eines Vier-Gänge-Dinners, kos-
tete die Inszenierung, ein Gaudium für Betuchte.

Die Mafia – ist sie inzwischen eine Fiktion, nur noch Thema für besondere Events, eine Opera buffa? Oder ist das Spektakel im noblen

Grandhotel der theatralische Reflex auf die realen Machtverhältnisse, der Tanz auf dem Vulkan?

Szenenwechsel: Am frühen Morgen des 15. August 2007 verlassen sechs Männer aus dem italienischen Kalabrien das Restaurant Da Bruno in Duisburg, wo sie den 18. Geburtstag eines Freundes gefeiert haben. Kurz darauf werden sie in ihrem Auto durch mindestens 70 Schüsse niedergemäht. Zum Schluss noch eine Kugel in den Kopf – niemand soll überleben. Einer der Erschossenen war 16 Jahre alt.

Das Motiv für diese Bluttat? Eine »Faida«, wie die Kalabresen sagen, Blutrache zwischen verschiedenen Clanen aus dem kalabrischen Dorf San Luca, die ansonsten harmonisch im kriminellen Geschäft kooperieren. »Einen Monat nach diesem Massaker haben die befehdeten Clane ein Friedensabkommen geschlossen«, sagte mir am 25. Juli 2008 der leitende Oberstaatsanwalt Nicola Gratteri aus Reggio Calabria, dem Regierungssitz der süditalienischen Provinz Kalabrien, und er fügte hinzu: »Das habe ich aber nicht den deutschen Ermittlern gesagt.«[2] Nach seinen Worten wurde bei dem »Friedensabkommen« beschlossen, dass bei einer neuen Faida auf deutschem Boden die beteiligten Familien »liquidiert« werden würden.

Grund für die schnelle Befriedung waren die intensiven Ermittlungen sowohl der deutschen wie der italienischen Polizei, die die bisher so harmonischen betrieblichen Aktivitäten aller Mafiagruppen erheblich störten. Ob Opfer, Killer oder Auftraggeber: Sie verbinden nicht nur verwandtschaftliche, sondern auch geschäftliche Beziehungen zu vielen in Deutschland lebenden Männern und Frauen der kalabrischen Mafia, der 'Ndrangheta. »Von der Öffentlichkeit fast unbemerkt, hat sich in den letzten zwei Jahrzehnten die kalabrische Mafiaorganisation zu einer der gefährlichsten Gruppierungen in Italien und darüber hinaus in Europa entwickelt.«[3]

Ohne die blutige Vendetta in Duisburg hätte kaum einer gewusst, dass es in Kalabrien ein Dorf namens San Luca gibt. Politiker jeglicher Couleur sprangen hastig auf den Zug der Empörung über diese »böse« Mafia auf, die es wagte, sich so offen zu präsentieren. Für Mafiaexperten brachen jedenfalls goldene Zeiten aus, weil sie plötzlich gefragte Interviewpartner waren, die Auskunft darüber geben sollten, wie die Mafia arbeitet, wie sie aussieht, wo sie zu finden ist. Viele fragten nach dem Blutbad: Was ist das eigentlich genau – *Mafia*? Gibt es die tatsächlich auch in Deutschland?

100 Milliarden Euro, schätzt der Bundesnachrichtendienst (BND), betrage der jährliche Gesamtumsatz allein der italienischen Mafiaorganisationen. Francesco Forgione, bis 2006 der Vorsitzende des parlamentarischen Antimafia-Ausschusses in Rom, geht allerdings von bis zu 150 Milliarden Euro Gesamtumsatz aus. Ob nun 100 oder 150 Milliarden Euro Umsatz pro Jahr: Ein solch horrender Betrag ist jedenfalls *das* Instrument für undemokratische Wirtschaftsmacht und politische Einflussnahme pur. Die Mafia ist deshalb auch kein regionales kriminelles Phänomen, sondern droht sich zu einer bestimmenden politischen Kraft in Europa zu entwickeln. Es verwundert dann auch nicht weiter, wenn die kalabrische Mafia, die 'Ndrangheta, an der Frankfurter Börse über Broker große Aktienpakete erwirbt.

»Die Präsenz der 'Ndrangheta in Deutschland besteht seit den Siebziger- und Achtzigerjahren, insbesondere repräsentiert durch die Familie Farao aus Cirò, die Familie Mazzaferro aus Gioiosa Ionica, die Familien aus Reggio Calabria, aus Africo, San Luca, Bova Marina«[4] und so weiter.

Luciano Violante, der Präsident der italienischen Antimafia-Kommission, berichtete bereits im Jahr 1993 über das Telefongespräch eines bekannten italienischen Mafioso, das wenige Stunden nach dem Fall der Berliner Mauer abgehört wurde. »Er forderte seine Verwandten in Deutschland auf, in Ostdeutschland sofort alles zu kaufen, was auf den Markt kommt.«[5] Schon im Dezember 1989 schätzten die Mafiaexperten in Palermo und Neapel, dass Beträge zwischen 100 und 200 Milliarden Dollar als Schwarzgeld in den Osten gepumpt wurden. »Ende 1990 bezifferte die Abteilungsleiterin Strafrecht im italienischen Justizministerium, Liliana Ferraro, die real in den Osten geflossenen Investitionen beziehungsweise zu waschenden Gelder italienischer Mafia- und Camorra-Gruppen allein in der ehemaligen DDR auf gut und gerne 70 Milliarden Mark ... Einige Hochrechnungen des deutschen Bundeskriminalamtes kommen mittlerweile auf gut 170 Milliarden.«[6]

Heute gehen italienische Staatsanwälte und Kriminalisten oder die italienische Finanzpolizei Guardia di Finanza übereinstimmend davon aus, dass die Mafia vor allem die Chancen der neuen EU-Mitgliedschaft von Rumänien, Ungarn, Polen und der Slowakei – gerade im Hinblick auf den Drogen- und Waffenhandel, die Geldwäsche und die Zwangsprostitution – für sich zu nutzen wusste. Demnach habe sie in Deutschland bereits Beteiligungen im Wert von 30 bis 40 Milliarden Euro erworben. Ihr erklärtes Ziel sei es jetzt, in Osteuropa wirtschaftlich weiter zu expandieren und »alles zusammenzukaufen«, wie es der Bundesnachrichtendienst in einem Bericht vom 28. März 2006 konstatierte.

Das Schwarz- und Blutgeld aus Mord, Schutzgelderpressung, dem Drogen- und Waffenhandel wurde nämlich, nachdem die Investitionsperiode in den alten und danach in den neuen Bundesländern beendet war, in die künftigen EU-Beitrittsländer wie Rumänien transportiert. Dort konnte die Mafia nicht zuletzt aufgrund ihrer engen Kontakte zu hochrangigen Politikern große Vermögenswerte in diversen Wirtschaftsbereichen erwerben. Über Strohleute in Handelsfirmen erwarben sie Kreditunternehmen, kauften Immobilien und investierten in die Infrastruktur, zum Beispiel in die Müllbeseitigung. Und jetzt ist die Mafia dazu übergegangen, EU-Fördergelder abzuzweigen. Es soll ihr sogar gelungen sein, wird von westlichen Sicherheitsdiensten behauptet, den Bankensektor in einigen der EU-Beitrittsländer, genannt wird Rumänien, zu infiltrieren. Demnach habe sie dort vor allem kleine Banken wie Sparkassen, Volksbanken, Genossenschafts- und Agrarbanken in kleinen Städten erworben.

Doch was bedeutet das nun konkret für Deutschland? Kann hier von Interesse sein, was im fernen Rumänien geschieht, mal abgesehen davon, dass dort billige Arbeitskräfte hiesigen Arbeitnehmern Konkurrenz machen? »Bei geplanten oder bereits durchgeführten Investitionen deutscher Firmen in osteuropäische Unternehmen beziehungsweise der Übertragung von Aufgaben an osteuropäische Subunternehmen – zur Senkung der Lohn- und Lohnnebenkosten unter Ausnutzung des dortigen niedrigen Steuersatzes – kann eine Mafiabeteiligung an diesen osteuropäischen Unternehmen nicht ausgeschlossen werden.«[7]

Das dürfte manchen deutschen Firmenchef wenig interessieren, solange billige Produktions- und Arbeitskosten die Gewinne sichern. Dass diese unter Umständen mithilfe der 'Ndrangheta oder der Cosa

Nostra, der sizilianischen Mafia, in Kooperation mit korrupten staatlichen Strukturen erst ermöglicht wurden, wird so lange verdrängt, bis es zu einem bösen Erwachen kommt.

Doch nicht nur italienische Mafiagruppen beherrschen den kriminellen Markt, sondern auch die albanische Mafia, die türkische Mafia, die chinesischen Triaden und besonders die Russenmafia, was viele nicht wahrhaben wollen. Gruppen wie die Solnzevskaja, Ismailovskaja und die Tambovskaja spielen in Deutschland eine zentrale Rolle. Sie kaufen Firmen und Immobilien, ihre Repräsentanten treffen sich zum Dinner in der Russischen Botschaft in Berlin und pflegen Kontakte zur politischen Spitze. Steinreiche russische Oligarchen wie Oleg Deripaska werden in der Anklageschrift der Stuttgarter Staatsanwaltschaft vom 15. März 2007 im Zusammenhang mit der Ismailovskaja genannt, oder sie feiern wie der Oligarch Wiktor Wekselberg in einem Berliner Luxushotel den Geburtstag eines großen mutmaßlichen Drogenhändlers.

Deshalb mutet es merkwürdig an, dass in Deutschland politisch wie publizistisch beharrlich behauptet wird, die Mafia sei eine Quantité negligeable. Vehement bestritt auf einer Podiumsdiskussion des Bundes Deutscher Kriminalbeamter (BDK) Deutschlands oberster Polizeichef Jörg Ziercke, der Präsident des Bundeskriminalamtes, dass es in Deutschland überhaupt eine Mafia gebe. »Werden bei uns wie in Süditalien Landräte und Abgeordnete gekauft?«, fragte er. »Nein, wir haben nicht die Strukturen wie in Italien, daher gibt es in Deutschland keine Mafia.«

Und Alexander Alvaro, Mitglied des FDP-Bundesvorstandes und Fachmann für Rechts- und Sicherheitsangelegenheiten im Europäischen Parlament, stärkte ihm den Rücken: »Gerade in der Wirtschaft gibt es keine Mafiastrukturen.«[8] Und während der Pressekonferenz des Bundeskriminalamts am 27. August 2008 in Berlin – es ging um die Entwicklung der schweren und organisierten Kriminalität – legte BKA-Präsident Jörg Ziercke noch einmal Wert auf die Feststellung, dass es in Deutschland keine Fälle gebe, in denen kriminelle Gruppierungen weite Teile der öffentlichen Verwaltung korrumpieren und kontrollieren oder in denen komplette Gemeinderäte oder Polizeigremien einer Stadt wegen der Zugehörigkeit zur Mafia festgenommen würden.

Deshalb sei die Lage der italienischen Organisierten Kriminalität in Deutschland nicht mit der Situation in Italien vergleichbar.[9]

Lässt sich diese vollmundige Behauptung tatsächlich aufrechterhalten? Wie in Italien werden auch hier Worte »nicht benutzt, um die Realität zu bestimmen, sondern um über sie hinwegzutäuschen«.[10] Diese hartnäckige Realitätsverweigerung der politisch Verantwortlichen wird mit einer geradezu hoheitlichen Definitionsmacht in einer juristisch spröden Sprache begründet, wonach der Begriff Mafia die Beschreibung eines historisch gewachsenen sozialen und kulturellen Systems krimineller Machtausübung in Süditalien sei.

»Die Mafia, das sind immer nur die Anderen, Fremden, Fernen. Eine unheimliche Bedrohung, die von außen kommt, die wohlgeordnete eigene Welt bedroht und mit brutaler Energie drangsaliert oder auch mit korrupten Praktiken unbescholtene Bürger verführt.«[11] »Denn«, so erzählte es mir der leitende Oberstaatsanwalt Nicola Gratteri in seinem mit Fernsehkameras überwachten kleinen Büro in Reggio Calabria, »wir haben nicht den Mafioso, der nicht lesen kann und ein Gewehr in der Hand hält. Sie verbrennen keine Autos, klauen keine Handtaschen. Daher glaubt man in Deutschland, dass es kein Problem gibt. Heute haben die Chefs eine hervorragende Universitätsausbildung. Ein Mafioso ist eine normale Person mit einer normalen Arbeitsstelle.«

Es ist daher höchste Zeit, einen realistischen Blick auf die Mafia zu werfen. Denn Erpressung, Betrug, Raub, Bestechung, Bilanz- und Anlagebetrug, die Käuflichkeit von Politikern, Gewerkschaftsbossen und Bürokraten, Vetternwirtschaft und Ämterproporz, alle diese für die italienische Mafia typischen Merkmale sind bekanntlich in den deutschsprachigen Ländern nicht weniger präsent als im Süden Europas. »Deutschland ist«, sagt Klaus Jansen, der Bundesvorsitzende des Bundes Deutscher Kriminalbeamter, »inzwischen zu einem unauffälligen, florierenden Aktions- und Ruheraum für Organisierte Kriminalität geworden mit den Phänomenen wie Geldwäsche, gekennzeichnet durch Immobiliengeschäfte, Investitionen in der Restaurant- und Hotelbranche, Korruption, Subventionsbetrug, Schattenwirtschaft, Dinge, die man so eigentlich nur in Italien vermutet hatte.«[12]

Zweifellos ist die italienische Mafia eine elitäre, antidemokratische, patriarchalisch-hierarchische politisch-wirtschaftliche Struk-

12   Einleitung

tur. Ihr gelang es, im Verlauf der letzten beiden Jahrzehnte eine Art Gegenstaat aufzubauen, der mit dem sozialen und kulturellen bürgerlichen Umfeld Italiens verbunden ist. Zahlreiche Indikatoren dokumentieren, dass dies jedoch nicht nur für Italien gilt. Und zwar deshalb, weil es zwischen dem politisch-wirtschaftlichen System der Mafia und dem der kapitalistischen Gesellschaft funktionelle und strukturelle Überschneidungen gibt. Schließlich habe sich inzwischen überall, sagte mir Leoluca Orlando, der ehemalige Bürgermeister von Palermo, »angesichts des Gespenstes der Illegalität, bestehend aus Mafia und Korruption im Süden, ein Regelsystem breitgemacht, das dem im restlichen Europa entspricht«. Oder wie es Roberto Scarpinato, der leitende Oberstaatsanwalt aus Palermo, formuliert: »Heutzutage kann sich überhaupt niemand mehr in seinem eigenen Land oder der Heimat vor den Gefahren der Mafiastrukturen sicher fühlen, weil zwischen der globalen legalen und illegalen Marktwirtschaft keine Grenzen existieren.« Beide verbindet die gesellschaftliche Verantwortungslosigkeit.

Das Klientelsystem der Mafia ist ja im Grunde genommen eigentlich das natürliche System einer Gesellschaft, in dem die Partikularinteressen das Prinzip Solidargemeinschaft übertrumpfen. Die Institution Staat mit einer demokratischen Verfassung hingegen ist der einzige Garant dafür, sozialen Ausgleich und Rechtssicherheit für jedes Individuum unabhängig von dessen Zugehörigkeit zu einer bestimmten Gruppe zu sichern. Je mehr dieser demokratisch legitimierte Staat mit seinen Schutzfunktionen von mächtigen Partikularinteressen zurückgedrängt wird und staatliche Institutionen privatisiert und/oder durch finanzielle und personelle Ressourcenverknappung eingeschränkt werden, umso geringer ist die Schutzfunktion für das Individuum. Dadurch bietet der Staat eine offene Flanke für die Infiltration durch die Mafia oder jene politischen Systeme (faschistische wie autoritäre), die denen der Mafia sehr ähnlich sind. In dem Moment, in dem das Vertrauen der Bürger in staatliche Institutionen zusammenbricht, hört die zivile Bürgergesellschaft auf zu leben. Was bleibt, sind Kampfgemeinschaften um die Ressourcenverteilung – wie bei der Mafia.

Die Mafia heute – das sind international agierende kriminelle Vereinigungen, denen es gelungen ist, von ihrem regionalen Standort aus ökonomische Macht mit höchster krimineller Energie zu verbinden.

Sie drohen Teil unseres politischen und gesellschaftlichen Systems zu werden, wie in Italien und manchen Regionen Deutschlands und Österreichs bereits geschehen. Annäherung durch Verflechtung - das ist die strategische Ausrichtung der Mafia. Denn ohne ein entsprechendes politisches und gesellschaftliches mafioses Biotop könnte die Mafia weder existieren noch so rapide expandieren, wie es in den letzten Jahren geschehen ist.

Roberto Scarpinato beschreibt die Situation folgendermaßen: »Die tatsächliche Gefahr für Deutschland besteht nicht in der Anwesenheit und dem Aufenthalt einiger Hunderter Krimineller verschiedener Mafiaclane auf dem eigenen Gebiet, die hin und wieder mit herausragenden Mordfällen die Aufmerksamkeit der öffentlichen Meinung auf sich ziehen. Vielmehr liegt die tatsächliche Gefahr in den Milliarden Euro mafioser Herkunft, die in die nationalen Volkswirtschaften investiert wurden, weil immer mehr Bereiche des Staates schleichend und unauffällig unterwandert werden.«[13] All das wird hingenommen.

Weitaus grundsätzlicher noch stellt sich die Frage, wer im 21. Jahrhundert mehr Einfluss und Macht beanspruchen wird: der autoritäre Mafiastaat oder der demokratisch legitimierte Rechtsstaat? Und deshalb lohnt es sich auch, genauer der Frage nachzugehen, ob die Mafia wirklich nur, wie von vielen behauptet, ein national begrenztes italienisches Problem sei. Welche Bedeutung und Funktion hat sie - abgesehen von der medialen Vermarktung - innerhalb des politischen und wirtschaftlichen Lebens in Europa, und was hat das genau mit Deutschland zu tun? Autobomben und Kopfschüsse, Mafiakriege mit Dutzenden von Toten, die Ermordung von Richtern, Staatsanwälten oder Polizeibeamten - glücklicherweise ist das in Deutschland noch die Ausnahme, während es in Sizilien, Kalabrien oder Neapel seit Jahrzehnten zum Alltag der Menschen gehört. Dass jedoch Staatsanwälte und Polizeibeamte hierzulande mit Morddrohungen eingeschüchtert und ihre Familien bedroht werden, sollten sie sich zu intensiv mit der Mafia beschäftigen, das ist inzwischen selbst in Deutschland oder der Schweiz nichts Besonderes mehr.

Niemand wird bestreiten, dass es in den letzten Jahren spektakuläre Fahndungserfolge gegen die italienische Mafia in Italien und sogar in Deutschland gegeben hat. Seit dem Jahr 2000 wurden hier mehr als 40 italienische Staatsangehörige festgenommen, die einer Mafiaorganisation angehörten und in ihr zum Teil tragende Funktionen bekleideten. Das liest sich gut, hat jedoch am hiesigen Einfluss der Mafia überhaupt nichts verändert. Denn seit dem 11. September 2001 stand die vermeintliche Gefahr des islamistischen Terrorismus im Zentrum von Politik, Medien und Strafverfolgung. Geradezu wundersam sprudelten plötzlich alle finanziellen und personellen Ressourcen, und jedes Gesetz, das den Bürgern Schutz vorgaukelte, wurde im Parlament durchgepeitscht.

Gleichzeitig wurde der Kampf gegen die Mafia sträflich vernachlässigt, obwohl die Kriminalisten immer wieder vor der Macht und dem Einfluss krimineller Syndikate gewarnt hatten. Niemand wollte das hören. Das gilt jedoch nicht nur für Deutschland, sondern ebenso für Österreich, die Schweiz oder Italien selbst. Ercole D'Allessandro, ein führender Beamter der Guardia di Finanza in Catanzaro, drückte es gegenüber dem italienischen Journalisten Pablo Trincia unverblümt aus: »Wir bekommen Überstunden nicht bezahlt, und oft haben wir nicht einmal genug Benzin in unseren Tanks, um die Drogenhändler zu verfolgen. Wir müssen eigenes Geld sammeln, um die Ausgaben unserer Büros zu finanzieren. Einige meiner Kollegen, die direkt nach den Morden nach Duisburg fuhren, um gemeinsam mit den deutschen Kollegen zu ermitteln, mussten sich Geld leihen, um die Reisekosten vorzustrecken, weil unsere Bürokratie hier zu langsam arbeitet.«[14] Ähnlich geht es seinen deutschen Kollegen. Und sie erleben noch etwas anderes.

Als Wilfried Albishausen, der Landesvorsitzende des Bundes Deutscher Kriminalbeamter in Nordrhein-Westfalen, ein couragierter und erfahrener Kriminalist, im Zusammenhang mit dem Massaker am 15. August 2007 in Duisburg auf die Gefahren durch die Mafia aufmerksam machte, erntete er im Innenministerium heftige Kritik. Als er ein Jahr später zudem einen kritischen Kommentar darüber abgab, dass es nach den Morden am 15. August 2007 bei der Ringalarmfahndung große Pannen gab, hatte er es sich vollkommen mit dem Innenministerium verdorben. Während einer Veranstaltung, an der auch Innenminister Ingo Wolf (FDP) teilnahm, unterhielt sich Wilfried Albishausen mit dessen Staatssekretär. Dann stieß Innenminister Ingo Wolf hinzu, begrüßte Wilfried Albishausen und »fragte seinen

Über Inszenierungen und die unterschiedliche Wahrnehmung der Realität · **15**

Staatssekretär, warum er sich noch mit mir, dem Regierungsfeind, unterhalte. Ton und Mimik ließen den Schluss zu«, so Wilfried Albishausen, »dass er es ernst meinte.«

Mir geht es in diesem Buch vor allem darum, am Beispiel der italienischen und russischen Mafia sowie der mafiosen Strukturen in den neuen Bundesländern die unterschiedlichen Arten mafioser Machtkartelle darzustellen sowie ihre qualitativen und quantitativen Gemeinsamkeiten aufzuzeigen. Und gleichzeitig zeige ich die schon unheimliche Verharmlosung des Problems Mafia durch viel zu viele politische Entscheidungsträger auf Landes- und auf Bundesebene. Eine Verharmlosung, die den bösen Verdacht nähren könnte, die Mafia sei in Teile des politischen Establishments eingedrungen.

Die Macht des Bösen oder die ganz normale Macht?

Trotz mancher Unterschiede (siehe hierzu Seite 26) gibt es zwischen den einzelnen Mafiaorganisationen teilweise eine enge Kooperation. Entsprechend gigantisch ist ihr wirtschaftliches Potenzial. »Die Mafia hat es sich zum Ziel gemacht«, erzählte Franco Roberti, Staatsanwalt aus Neapel und Leiter der dortigen Anti-Camorra-Ermittlungsgruppe, während einer Tagung in Hiltrup, »den wirtschaftlichen Vorteil einer bestimmten ›Elite‹ mit allen Mitteln dafür einzusetzen, um die Kontrolle und/oder die Eroberung der politischen Machtpositionen zu erreichen. Damit will sie die unmittelbare Verwaltung aller illegalen Märkte sowie die instrumentalisierte Funktionalisierung der im Wachstum befindlichen Bereiche aller legalen Märkte erreichen.«[15]

Dabei wendet die Mafia – als eines von vielen Instrumenten – Gewalt in ihren unterschiedlichsten Formen an. Sie verfügt über eine durchstrukturierte Autorität, entwickelt eigene Verhaltensnormen, verwaltet Kapitalbesitz aller Art, produziert finanzielle Gewinne sowie geldwerte Vorteile. Die sind jedoch lediglich einer eingeschränkten Personengruppe, der eigenen Familie, dem Clan, zugänglich.

Nicht zu vergessen ist der Stützpfeiler jeder Mafiakultur: die Omertà, das Schweigegelübde. Die Instrumente der Gewalt erzwingen das Schweigen. Hierzulande muss zumindest kein deutscher Staatsbürger mit einem Killer rechnen, wenn er sich nicht der Omertà unterwirft. Bei uns dominiert die Angst aufgrund von subtileren Instrumenten der Gewalt, etwa dass derjenige, der den Mund aufmacht und Zivilcourage zeigt, unter Umständen seine gesamte Existenz verliert.

Zur Aufrechterhaltung der Macht benötigt die Mafia Menschen, die ihre eigenen Bedürfnisse nicht mehr in politische und soziale Forderungen umwandeln können oder wollen, sondern sich stattdessen absolut dem zuständigen Mafiaboss unterwerfen. Der Einzelne glaubt, endlich Gehör zu finden und gleichzeitig schnell und nachhaltig die eigenen Bedürfnisse befriedigt zu bekommen. Denn die »kriminelle Profession«, verbunden mit der hohen Gewaltbereitschaft, erlaubt sehr schnell, führende Funktionen in der Organisation einzunehmen. Diese Karrieremöglichkeiten charakterisieren jedoch nicht nur die für uns »fremde« Mafiawelt Italiens, sondern immer größer werdende Teile unserer »normalen« Gesellschaft. Der Mafia, ob in Italien oder anderswo, geht es nie um ethische Werte, es sei denn im eigenen Familienverband. Prinzipiell stehen Herrschaft und maximale Anhäufung von Kapital im Mittelpunkt. Sie agiert also nach den herrschenden ökonomischen Prinzipien unserer Gesellschaft.

Wenn dem so ist, dann stellt sich zwangsläufig die Frage, was jenen als Symbol des Bösen gebrandmarkten Mafioso aus Italien oder Russland mit dem seriösen Vorstandsvorsitzenden und Aufsichtsrat eines international agierenden Konzerns verbindet und was sie unterscheidet. Vielleicht nur eine gesellschaftlich höher entwickelte Kulturstufe?

Einer, der es wissen muss, ist Youssef M. Ibrahim, Direktor der Strategic Investment Group. Er vertritt von Dubai aus die Interessen der internationalen Shareholder: »Diese Lenker gigantischer Konzerne sind Mitglieder eines winzigen Klubs, welcher die gewöhnlichen Investoren am ausgestreckten Arm verhungern lässt. Schlimmer noch, die großen Banken und Investmentfirmen helfen jenen Bossen dabei, die Spuren zu verwischen. Sie fliegen Privatjets, bezahlt von den Shareholdern, sie genehmigen sich private Logen bei großen Sportereignissen und Shows. Sie sind Freunde, die zusammen tafeln, während sie von Aufsichtsratssitzung zu Aufsichtsratssitzung ziehen. Ein fauler Gestank breitet sich aus in den Führungsetagen großer Konzerne ... die Praktiken der Konzerneliten bedrohen die globale Ökonomie.«[16]

Weil das so ist, wird heute allgemein von der »neuen Mafia« oder auch »bürgerlichen Mafia« gesprochen, das heißt, die traditionelle Mafia hat sich fortentwickelt und dem Zeitgeist wie ein Chamäleon angepasst. Leoluca Orlando, Exbürgermeister von Palermo, erklärte mir das folgendermaßen: »Während die Mafiosi aus grauer Vorzeit noch immer Kaufleute physisch bedrohen, ihnen Schutzgelder abpressen, Wucherzinsen eintreiben oder Wählerstimmen kaufen oder erschwindeln, manipulieren die neuen Mafiosi mit ihren unglaublichen finanziellen Ressourcen die Macht der Behörden und das Finanzsystem.«

Ganz sicher hat die heilige Rosalia, der Schutzengel Palermos, schützend die Hand über Roberto Scarpinato gehalten. Er war Ende der Neunzigerjahre Chefankläger im Prozess gegen Giulio Andreotti, den mehrmaligen italienischen christdemokratischen Ministerpräsidenten. »Andreotti hat [Salvatore Totò] Riina am Nachmittag des 20. September 1987 in der Dachwohnung des sizilianischen Bauunternehmers und Mafioso Ignazio Salvo in Palermo getroffen. Wir haben uns vorgestellt, und als Riina eintrat, hat er Andreotti auf die Wange geküsst.« Das sagte der Kronzeuge Baldassare Di Maggio aus, der Adjutant von Salvatore Riina. Dieser Kuss sei der eindeutige Beweis, dass Andreotti zur Mafia gehört. Roberto Scarpinato war damals davon überzeugt, dass Andreotti verurteilt würde.

Doch dann geschah, womit er und seine Kollegen überhaupt nicht gerechnet hatten: Die Richter glaubten diesem und anderen Zeugen nicht und sprachen Andreotti vom Vorwurf, ein Mafioso zu sein, frei. Die Richter beschuldigten ihn jedoch, in den Achtzigerjahren enge Kontakte zu hochkarätigen Mafiosi gehabt zu haben.

»Vier Attentate gegen Staatsanwalt Scarpinato hat die Polizei in den letzten Jahren vereiteln können. Einmal fand sie Raketenwerfer, ein anderes Mal das bereits präparierte Auto, das nur noch mit Sprengstoff beladen werden sollte.«[17]

Auch Roberto Scarpinato unterscheidet ähnlich wie Leoluca Orlando zwischen der Volksmafia (alt) und der bürgerlichen Mafia (neu). Merkwürdig ist, dass der Begriff neue Mafia heute wie die Pest von der politischen Elite in Europa gemieden wird. Der Grund dafür ist, dass jetzt nicht mehr nur von dem kriminellen Proletariat gesprochen wird, sondern auch von den reichsten Familien, Eigentümern von prachtvollen Hotels, superreichen Unternehmern, Männern mit weißem Kragen. Und die gibt es nicht nur in Sizilien oder Italien.

Die bürgerliche Mafia, das sind für Roberto Scarpinato diejenigen Mafiabosse, die es nie nötig hatten zu töten. Denn 99 Prozent ihrer Geschäfte erledigten sie schon immer ohne rohe Gewalt. Sollte ihnen jedoch Widerstand entgegengesetzt werden oder ein Hindernis den Geschäften im Wege stehen, das sich nicht durch Korruption, Erpressung oder politische Einflussnahme beseitigen lässt, dann wird der Mord bei der Volksmafia in Auftrag gegeben.

Solange soziales Elend die prägende Erfahrung der Menschen sei, werde es diese Volksmafia geben, sagt Roberto Scarpinato. Nach seinen Erkenntnissen, die auf langjährigen Erfahrungen und Ermittlungen beruhen, ist derzeit diese bürgerliche, neue Mafia viel mächtiger und daher gefährlicher als die traditionelle Volksmafia, die sich aus den armen Schichten der Bevölkerung rekrutiert. Sein Resümee: »Ich habe mich als Richter freier gefühlt, als die Volksmafia an der Macht war.« Seine Todesangst war damals in den Neunzigerjahren zwar größer. Dafür war er in seiner Arbeit als Staatsanwalt weniger durch die Politik eingeschränkt. Heute ist es umgekehrt.[18]

Nach Aussagen von Franco Roberti, dem leitenden Staatsanwalt in Neapel zur Bekämpfung der Camorra, hat sich aus den in jüngster Zeit durchgeführten Ermittlungen ergeben, dass ganz neue Strategien ausgearbeitet wurden. Dabei geht es um eines der wichtigsten Betätigungsfelder der Mafia, nämlich darum, wie die Clane bei der Vergabe öffentlicher Aufträge profitieren. Es ist das System der sogenannten Seilschaft auf unternehmerischer Seite. Das besteht darin, dass - sobald eine Ausschreibung öffentlicher Aufträge erfolgt, die den wirtschaftlichen Interessen der kriminellen Struktur entspricht - sich die Gruppe an diesem Wettbewerb mit einer entsprechenden Anzahl von Unternehmen beteiligt. Diese sind wiederum über Gesellschafteranteile oder noch häufiger über verwandtschaftliche Beziehungen miteinander verbunden. Sie legen dann ihre Angebote vor, und zwar mit Preisnachlässen, die nahe beieinanderliegen. Diese Vorgehensweise ermöglicht es, den Mittelwert der Angebote so zu verschieben, dass im

Endergebnis das Unternehmen den Zuschlag erhält, das zur Gruppe der Seilschaft gehört.

Irgendwie erinnert das stark an längst übliche Praktiken hierzulande. Selbst der Bundesnachrichtendienst spricht übrigens in internen Analyseberichten von der »neuen Mafia« und bezieht das sowohl auf Cosa Nostra, Camorra wie die 'Ndrangheta. Demnach sind deren Clans zwar noch stark in den traditionellen Bereichen der Organisierten Kriminalität (Drogenhandel, Schutzgelderpressung, Geldwäsche) verhaftet. Zugleich nutzen sie jedoch die in diesen Bereichen erworbenen Fähigkeiten, um in neue, legale Erwerbszweige vorzustoßen. »Über dieses Eindringen in die legale Wirtschaft hinaus wird der Clan, und dies gilt auch für andere Gruppierungen der Organisierten Kriminalität, zunehmend zu einem Teil dieser Wirtschaft. Dies erschwert Unterscheidungen und Untersuchungen erheblich.«[19]

Wie weit das geht, das steht schon in einem Bericht der Antimafia-Kommission des italienischen Parlaments aus dem Jahr 2000. Demnach sind »Cosa Nostra und Komplizen nur Teil eines mafiosen Komplexes, der über eigene Bankschalter, eigene Streitkräfte und Nachrichtendienste, eigene Finanzkreisläufe, Politiker, Minister, Beamte gebietet«. So unglaublich das ist: Nur was war damals daran eigentlich wirklich neu?

Bereits im Jahr 1983 gab der Journalist und Schriftsteller Giuseppe Fava die Antimafia-Zeitschrift *I Siciliani* heraus, und schon 1975 hatte er einen grandiosen Schlüsselroman gegen die Mafia veröffentlicht: *Ehrenwerte Leute*. Die Cosa Nostra unterteilte er in drei Kategorien: »In die Mörder, die Denker und die Politiker.« Die Mörder und Schlägertrupps sind die »Polizei« und Urteilsvollstrecker der Cosa Nostra. Sie sorgen beim Fußvolk für Disziplin, bedrohen lästige Zeugen und liquidieren denjenigen, der die Geschäfte gefährden könnte. Die »Denker« sind nach Giuseppe Fava »Anwälte, Bankiers, Anlageberater, Steuerberater und Marktstrategen«. Ihre Aufgabe ist es, die kriminell erwirtschafteten Einkünfte mit Kompetenz und Fantasie durch legale Operationen reinzuwaschen. Und die »Politiker« schließlich sind diejenigen Männer, die sich kaufen lassen oder mit der Mafia paktieren, weil die ihre Macht sichert. 1984 wurde Giuseppe Fava vor dem Theater in Catania erschossen, das er kurz zuvor gegründet hatte, um damit gegen die herrschende Mafiakultur in Sizilien Widerstand zu leisten. Aufgeführt wurde sein Antimafia-Drama *L'ultima violenza*.

Und wie sieht nun die Situation ein Vierteljahrhundert nach seiner Hinrichtung durch Mafiakiller aus? Der Einfluss der »Denker« und »Politiker« ist erheblich größer geworden, die Macht der Anwälte, Bankiers, Anlage- und Steuerberater überwältigend und die Mafia sowohl als wirtschaftliches System wie als Organisationsform ist internationaler geworden. Deshalb stellt sich nicht nur für die Sicherheitsdienste in Europa die Frage, ob wegen der vielfältigen Verbindungen zwischen den verschiedenen Mafiagruppen und der Politik überhaupt noch der notwendige Handlungsspielraum vorhanden ist, um die Mafia mit allen zur Verfügung stehenden rechtsstaatlichen Mitteln zu bekämpfen und auf Dauer zu beseitigen.

Ein kurzer Abstecher nach Bayern

Dass die bürgerliche Gesellschaft und die Mafia keine gegensätzlichen Pole oder voneinander abgetrennte Realitäten sind, zeigt sich an der mafiosen Kultur. Diese hat wenig mit einer konkreten kriminellen Handlung zu tun, sondern stellt vielmehr die gesellschaftliche Unterströmung der Illegalität dar, »geprägt von einem Netz gesellschaftlicher und ökonomischer Beziehungen, das von einem Klientelsystem gehalten und laufend erneuert wird. Dieses Klientelsystem umgeht staatliche Autorität, indem es sie privatisiert. In ihm zählt allein der direkte Kontakt, die Freund- oder Verwandtschaft oder auch die persönliche Abhängigkeit. Eine Kontrollinstanz, wo man sein Recht einklagen kann, gibt es nicht.«[20]

Diese Beschreibung trifft auch auf bestimmte Regionen Deutschlands zu. Trotzdem werden sowohl die Begriffe Mafia wie mafiose Kultur hierzulande höchst ungern benutzt, um einen bestimmten und bestimmenden gesellschaftlichen Zustand in Deutschland (und übrigens auch in Österreich) zu beschreiben. Die politisch korrekte Definition von Mafia lautet bei uns Organisierte Kriminalität, kurz OK genannt. Doch selbst dieser wertneutrale Begriff ist manchen Politikern nicht genehm. So wollte das Referat für Organisierte Kriminalität im Münchner Landeskriminalamt in seinem Jahresbericht 2007 über Organisierte Kriminalität die Schmiergeldaffäre bei Siemens als Fallbeispiel für OK aufführen. Im Innenministerium wurde diese Passage jedoch kurzerhand aus dem jährlichen OK-Bericht gestrichen.

Josef Geißdörfer, er ist Dezernatsleiter im Münchner Landeskriminalamt, bleibt dabei: »Das ist Organisierte Kriminalität!«

Der deutsche Weltkonzern Siemens als Beispiel für Organisierte Kriminalität – und damit also auch als ein Beispiel für die neue, bürgerliche Mafia? Das würde ja ein wohlgehütetes Dogma zusammenbrechen lassen und bestätigen, was sowohl Palermos Staatsanwalt Roberto Scarpinato wie Palermos Exbürgermeister Leoluca Orlando über die neue Mafia ausgesagt haben.

Dabei ist der Fall ziemlich eindeutig. Nach der heutigen offiziellen Definition zeichnet sich Organisierte Kriminalität durch folgende Merkmale aus: planmäßige Begehung von Straftaten, erhebliche Bedeutung der Straftaten, arbeitsteiliges Zusammenwirken von längerer oder unbestimmter Dauer, Gewinn- oder Machtstreben, gewerbliche oder geschäftliche Strukturen, Gewalt oder andere zur Einschüchterung geeignete Mittel, Einflussnahme auf Politik, Medien, öffentliche Verwaltung, Justiz oder Wirtschaft. Die Bereiche Geschäftsstruktur, Gewalt, Einflussnahme sind alternativ miteinander verknüpft, was so viel bedeutet, dass einer oder zwei dieser Bereiche Teil der Organisierten Kriminalität ist.

Für den Konzern Siemens wie für die Konzernverantwortlichen trifft diese Definition in allen Punkten zu. Der Wirtschaftskriminalist Uwe Dolata aus Würzburg stellt daher fest: »Im Fall Siemens ist zumindest allein unter dem Gesichtspunkt der Tatbestandsmerkmale von Organisierter Kriminalität der Anfangsverdacht der Organisierten Kriminalität begründbar. Sie finden bei Siemens den typischen hierarchischen Aufbau der Organisation, den man im Allgemeinen den mafiosen Strukturen unterstellt, verbunden mit der entsprechenden Abschottung und dem offensichtlichen ›System‹, das dahintersteht: Der Verlauf des Geldtransfers und das Anlegen schwarzer Kassen wurden geschickt verschleiert. Eine Organisationsebene wusste definitiv nicht, was die andere macht. Selbst die interne Revision blickte nicht

mehr durch. Ganz wichtig: Sie finden bei Siemens auch die starke Einflussnahme auf die Politik.«[21]

»Bei alledem hatten die Manager nur ein Ziel: ihre Kunden zu betrü-
gen, Manager von Konkurrenzfirmen sprechen sich ab, um höhere
Preise zu kassieren, als echte Konkurrenz hergeben würde. In ihrem
Kerngeschäft etabliert sich unterdessen systemische Illegalität.«[22]

Die Abschottung war ein Geschäftsprinzip. Sicher ist, dass gegen
führende Mitarbeiter des Weltkonzerns schwere Vorwürfe erhoben
wurden, unter anderem wegen systematischer und langjähriger Bestechung in fast allen Geschäftsbereichen. Eine Summe von mindestens
1,3 Milliarden Euro Schmiergeldzahlungen steht im Raum, die weltweit
gezahlt wurden, um lukrative Aufträge zu erhalten und die Konkurrenz
auszuschalten. Um nicht davon zu reden, dass eine Gegengewerkschaft
zur IG Metall mit dem Ziel finanziert wurde, den Einfluss einer unabhängigen Gewerkschaft zu schmälern. Da passt es, dass, um Aufträge
zu generieren, mit kriminellen Cliquen in Entwicklungsländern ange-
bändelt wurde, die nichts mit Demokratie und Rechtsstaat im Sinne
haben.

Doch davon will der ehemalige Siemens-Chef Heinrich von Pierer
nichts gewusst haben. Er sei davon ausgegangen, wird er in den Medien
zitiert, dass zu seiner Amtszeit alle notwendigen Maßnahmen ergriff-
fen worden seien, um Unregelmäßigkeiten auszuschließen.[23] Etwas anders sieht das Reinhard Siekaczek, Manager bei Siemens: »Uns Mana-
gern war allen klar, dass wir etwas Strafbares tun. Ich betone: Das war
allen klar, bis nach ganz oben.«[24] Würde der ehemalige Siemens-Chef
nicht in Deutschland, sondern in Italien leben, wäre er dort mit hoher
Wahrscheinlichkeit wegen der »Mitgliedschaft in einer Vereinigung
mafioser Prägung« vor Gericht gestellt worden. In Artikel 416 a des italienischen Strafgesetzbuches steht dazu Folgendes:

> »Wer Mitglied einer Vereinigung mafioser Prägung ist, die sich
> aus drei oder mehr Personen zusammensetzt, wird mit Gefäng-
> nis von drei bis zu sechs Jahren bestraft. Diejenigen, die die
> Vereinigung anregen, führen oder organisieren, werden schon
> deshalb mit Gefängnis von vier bis zu neun Jahren bestraft. Die
> Vereinigung ist mafioser Prägung, wenn ihre Mitglieder die Ver-

bindung der Vereinigung zum Zweck der Einschüchterung und den daraus folgenden Umstand der Ergebenheit und die Pflicht zum Schweigen (Omertà) gebrauchen, um Straftaten zu begehen, unmittelbar oder mittelbar die Führung oder Kontrolle über wirtschaftliche Betätigungen, Konzessionen, Genehmigungen, Ausschreibungen oder öffentliche Dienstleistungsunternehmen zu erwerben oder für sich *oder* andere zu erlangen.«

Eigentlich könnte man doch einmal von Italien lernen.

Und natürlich hat es bei den Ermittlungen gegen Siemens keinen Einfluss auf die Justiz in München gegeben. Die sei schließlich selbst verantwortlich dafür, wenn in Bezug auf Siemens und im Besonderen auf die Person Heinrich von Pierer eher zögerlich ermittelt wurde. Das Strafverfahren gegen mutmaßlich korrupte Siemens-Mitarbeiter selbst wird von jungen Staatsanwältinnen geführt, die höchstwahrscheinlich eher wenig Erfahrung mit den Finessen der Organisierten Kriminalität haben. Und damit wären wir wieder bei Ikonen der neuen Mafia, die sich auf ähnliche Art und Weise ihr Imperium gesichert haben wie die Capi aus Sizilien oder Kalabrien – und die lediglich physische Gewalt und Morde verabscheuen. Wie resümierte Wolfgang Hetzer nach den Mafiamorden von Duisburg: Es sei nicht das Entscheidende, dass ein paar tote Pizzabäcker auf der Straße in Duisburg liegen. Viel gefährlicher seien die Hintermänner in Nadelstreifen, die nicht mit der Beretta, sondern mit kaufmännischen Kalkulationen arbeiten und mit ihren dunklen Geschäften höchste Gewinnspannen bei geringem Risiko erwirtschaften.[25]

Teil I
Die italienische Mafia

1
Die italienischen Mafiagruppen

Es würde den Rahmen dieses Buches sprengen, wenn ich über alle vier großen italienischen Mafiagruppen gleichermaßen ausführlich berichten würde. Daher soll an dieser Stelle nur ein kurzer Überblick über die Gruppen gegeben werden, ihre Unterschiede und Gemeinsamkeiten, um dann in den folgenden Kapiteln detaillierter auf die 'Ndrangheta einzugehen. Zu dieser Auswahl habe ich mich nicht zuletzt deshalb entschlossen, weil die 'Ndrangheta sich in den letzten 20 Jahren wie ein rasant wucherndes Krebsgeschwür ausbreiten konnte und ihren Aktionsraum nach Norden in die Schweiz und nach Deutschland verlagert hat. Im Gegensatz zur Cosa Nostra und Camorra, über die es eine ganze Reihe wichtiger Bücher gibt,[1] ist die 'Ndrangheta wenig erforscht und bekannt.

Die vier italienischen Mafiaorganisationen – Cosa Nostra auf Sizilien, Camorra in Neapel, 'Ndrangheta in Kalabrien und Sacra Corona Unita (Heilige Vereinte Krone) in Apulien – zeichnen sich durch bestimmte Charakteristika aus. Dazu zählen insbesondere bei der Cosa Nostra und der 'Ndrangheta die Kontrolle über das Territorium (die Territorialität); die Fähigkeit, geheime und verschleierte Beziehungen zu institutionellen, wirtschaftlichen und administrativen Kreisen (der politische Charakter) zu knüpfen; die Fähigkeit, sich mit der bürgerlichen Gesellschaft zu mischen (die Tarnung). Sie bedienen sich dabei einer großen Vielfalt von Verdunkelungsstrategien bei der Planung von Straftaten und setzen dann gemeinsam ausgearbeitete Operationen zur Geldwäsche der illegal erwirtschafteten Erträge um. Dazu gehören Warentermingeschäfte, Aktienkäufe, Investitionen in Fonds, das gesamte Spektrum des internationalen Kapitalverkehrs. Aber ebenso der Kauf von Immobilien oder die Übernahme von Firmen, die in Liquiditätsschwierigkeiten sind.

Zentrales Unterscheidungsmerkmal ist die streng hierarchische Struktur der Cosa Nostra, mit einem Boss der Bosse an der Spitze, dem Capo dei Capi, im Gegensatz zur horizontalen Struktur der 'Ndrangheta, deren Familienclane (Cosce) zumeist autonom und in räumlicher Abgrenzung nebeneinander operieren. Sowohl die Camorra wie die Sacra Corona Unita hingegen stützen sich zwar auch auf Familienclane, jedoch ohne die historisch gewachsenen, engen sozialen Beziehungssysteme der 'Ndrangheta-Familien. Zu ihren nationalen wie internationalen Geschäftszweigen gehören unter anderem der internationale Drogen- und Waffenhandel, Schutzgelderpressung, Mord, Raub, der Handel und die Produktion gefälschter Produkte, Giftmüllentsorgung, Zigarettenschmuggel genauso wie Bilanzfälschung, Aktienmanipulationen, Anlagebetrug, Devisenspekulation, Korruption und natürlich Geldwäsche. Ihre Angehörigen gehören häufig der Geschäftsführung oder dem Vorstand großer Kapitalgesellschaften an.

Cosa Nostra

Sie war und ist immer noch eingebettet in die sizilianische Kultur. Nach dem Zweiten Weltkrieg war sie jahrzehntelang eine Art Parallelgesellschaft mit ihren eigenen Ritualen, Gesetzen, Sanktions- und Schutzmechanismen. Durch die Machtergreifung der Familie der Corleonesi kam es in den Siebziger- und Achtzigerjahren zu blutigen Konflikten, die in den sogenannten Mafiakriegen gipfelten, um die jeweiligen Rivalen auszuschalten. Zunehmend wurden Angehörige der italienischen Exekutive, der Politik oder Personen des öffentlichen Lebens (prominente Leichen)[2] brutal ermordet. Dem italienischen Staat wurde regelrecht der Krieg erklärt. Die Clane wollten damit deutlich machen, dass der Staat keine Chance hat, ihre Macht zu brechen.

Ich erinnere mich an Untersuchungsrichter Giovanni Falcone im Sommer 1984. Im hellen Anzug, die Aktentasche in der Hand, begleitet von Leibwächtern, geht er unbekümmert aus dem Gerichtsgebäude in Palermo. Vor der Eingangstür wartet sein gepanzerter Alfa Romeo. Und dann wird er, begleitet von seiner Eskorte, mit Sirengeheul in seine

Die italienischen Mafiagruppen

sichere Wohnung gefahren. Der weltweit bekannte Mafiajäger hatte Mitte der Achtzigerjahre sowohl die finanziellen wie die organisatorischen Verbindungen der sizilianischen Mafia, der Cosa Nostra, weltweit entschlüsselt und ihr einen entscheidenden Schlag versetzen können. Alle seine Vorgänger, die auf die gleichen Spuren wie er gestoßen sind, wurden bisher ermordet.

In einem Gespräch mit ihm am nächsten Tag in seinem kleinen Büro im Justizpalast erzählte er von seinem letzten Besuch bei Tomasso Buscetta. Der war kurz zuvor in den USA verhaftet worden. Er war das erste hochrangige Mitglied der Cosa Nostra, das als Kronzeuge (Pentito) aussagte. Er enthüllte Interna und ermöglichte, die Organisation der Cosa Nostra in Struktur und ihren Mechanismen aufzuklären. In den folgenden Jahren wurden aufgrund von Buscettas Aussagen gegenüber Richter Falcone über 30 Mitglieder seiner Blutsfamilie ermordet.

»Es gibt auch in Deutschland große Probleme«, sagte Falcone mir, während er sich eine Zigarette anzündete. »Sie haben Leute, Sizilianer und Italiener, die bei ihnen arbeiten und in den internationalen Drogenhandel verstrickt sind.«

Ich fragte ihn, ob er meine Meinung teile, wonach die Mafia inzwischen auch die nationalen Volkswirtschaften beeinflussen könne. »Vor allem im Drogenhandel sind sehr große Reichtümer erwirtschaftet worden, die in Bereiche investiert wurden, die ihrem Aussehen nach rechtmäßig sind. Damit wird natürlich die Volkswirtschaft eines ganzen Landes verzerrt. Die Mafia hat sich inzwischen von einer Vermittlerfunktion bei parasitären Tätigkeiten neuen Aufgaben zugewandt. Aktivitäten, bei denen sie direkte unternehmerische Verantwortung übernommen hat in Unternehmen, die scheinbar legal sind, in Unternehmen, die einen eigenen Markt haben. Es ist klar, dass das Eindringen von illegalen Geldern das Wirtschaftsgeschehen erheblich beeinflussen kann. Dadurch entstehen für die ganze Volkswirtschaft große Probleme. Und nicht nur in Italien, sondern überall in der Welt, wo die Mafia aktiv ist.«

Als ich mich von ihm verabschiedete, wünschte ich ihm viel Glück und ein langes Leben. Sein lachendes Gesicht sehe ich noch heute vor mir. Am 23. Mai 1992 wurden er, seine Ehefrau Francesca und drei seiner Leibwächter auf der Autobahn nahe Capaci bei Palermo durch eine 500 Kilogramm schwere Bombe ermordet, versteckt in einem Abflussrohr unter der Autobahn. Totò Riina, der damalige Boss der Bosse, war der Auftraggeber des Attentats.

Dann erinnere ich mich daran, dass – es war Anfang der Neunzigerjahre – ein anderer Boss der Bosse der Cosa Nostra, Bernardo Provenzano, seine in Deutschland lebenden Verwandten besuchte und fröhliche Geburtstage feierte, obwohl er international zur Fahndung ausgeschrieben war. Sein Bruder lebte am Niederrhein, in einem gemieteten Reihenhäuschen. Die beiden Söhne des einstigen Gottvaters der Mafia, Bernardo Provenzano, sprechen perfekt Deutsch. Sie hielten sich, zusammen mit ihrer Mutter Saveria, Ende der Achtziger-, Anfang der Neunzigerjahre in Deutschland auf. Die Cosa Nostra war also nie nur Sache der Italiener, sondern irgendwie auch von uns, wenngleich auf unterschiedlichen Ebenen. Damals, in den Achtziger- und Neunzigerjahren, kämpfte die Cosa Nostra gegen den Staat. Diese Strategie ist Geschichte.

Heute fällt die Cosa Nostra durch ihr diplomatisches Talent auf – im Gegensatz zur teilweise holzschnittartig agierenden Camorra oder 'Ndrangheta. Die Cosa Nostra hat es verstanden, mit und in den staatlichen Institutionen zu agieren. Sie arbeitet wie ein Lobbyist, wenn sie nicht sogar die Politik direkt dirigiert – zumindest in Italien. Als eine der ersten Mafiaorganisationen hat sie erkannt, dass die Zukunft im internationalen Finanzkapital liegt. Deutlich ist in den letzten Jahren eine Verschiebung im Investitionsverhalten der Cosa Nostra zu beobachten. Wurden in der Vergangenheit die erwirtschafteten Gewinne zu gleichen Teilen in Sizilien selbst, in Norditalien und im europäischen Ausland investiert, ist seit einigen Jahren Osteuropa Ziel der Investitionen.

In der Auswahl der Investitionsobjekte in Osteuropa ist ein Schema erkennbar. Vorrangige Investitionsziele sind der Fremdenverkehrsbereich, ebenso die Immobilienbranche, aber auch die Mode- und Bekleidungsindustrie, der Edelsteinhandel und der Sport, vor allem der Fußball. Aber: Durch die massiven Schwankungen an den internationalen Aktienbörsen hatte die Cosa Nostra Ende der Neunzigerjahre einen Teil ihres dort angelegten Kapitals verloren, »sodass sie nun neben Anlagen in Blue Chips auch wieder zu bodenständigen Investitionsobjekten wie Immobilien zurückgreift«.[3]

Gerade wegen des internationalen Finanzmarktes und der Rolle, die die Cosa Nostra dort spielt, benötigt sie entsprechende Führungskräfte, die hoch qualifiziert sind. Daher verwundert es nicht, dass zu den meistgesuchten Männern der Cosa Nostra etwa Domenico Raccuglia, ein führender Boss der neuen Computermafia der Cosa Nostra, und Umberto Di Fazio gehören, ebenfalls einer der Bosse der Cosa Nostra, die im Computerbereich eine Führungsfunktion innehaben.

Selbst der Bundesnachrichtendienst spricht im Zusammenhang mit der Cosa Nostra von »alter und neuer Mafia«. Die alte Mafia, repräsentiert durch Mafioso wie Totò Riina, hatte noch in bodenständige Werte wie landwirtschaftliche Güter und Betriebe, die Bauindustrie, Hotels, Restaurants investiert. Nach einer Übergangsphase, in der die Cosa Nostra teilweise den Bankensektor und den Fremdenverkehr infiltrierte, wandte sie sich in den Neunzigerjahren dem internationalen Finanzmarkt zu.

Als hochrangiger Vertreter dieser neuen Mafia gilt zum Beispiel der zur Führungsspitze der Cosa Nostra zählende Matteo Messina Denaro aus Trapani, der mit einem dichten Netz von Strohmännern gezielt Computer- und Finanzfachleute beschäftigen soll. Er war maßgeblich daran beteiligt, dass die Cosa Nostra sich zu einer reinen Wirtschafts- und Finanzmafia entwickelte. Dazu soll sie ein kleines Heer von zumeist jungen Finanzfachleuten angeworben und das internationale Geschäft auf dem Finanz- und Kapitalmarkt zu einem der wichtigsten Standbeine der allumfassenden kriminellen Tätigkeiten gemacht haben. Die neue Cosa Nostra unterwandert mittels eines Netzwerkes von Firmen und Strohmännern ganze Wirtschaftszweige und kontrolliert sie teilweise monopolartig. Mit illegalem Geld erworbene oder unterwanderte Unternehmen erwirtschaften legale Gewinne. Investitionen dienen somit nicht mehr nur der Bestandssicherung oder der reinen Geldwäsche, sondern auch der Anschubfinanzierung.

Ihr geradezu geniales System der Unterwanderung der Wirtschaft funktioniert deshalb so gut, weil einige Teile der Exekutive in Rom selbst eingebunden sind. Das führt zwangsläufig dazu, dass sich ein System entwickelte, mit dessen Hilfe Teile der italienischen Wirtschaft und Gesellschaft unterwandert werden konnten. »Nach wie vor gelingt es nicht, den Kampf gegen die Cosa Nostra von einer juristischen Basis auf eine ideelle, breite Teile der Bevölkerung erfassende Ebene zu heben«, steht in einer vertraulichen Analyse des Bundesnachrichtendienstes aus dem Jahr 2006. Gerade aus diesem Unvermögen schöpft die Cosa Nostra ihre Macht. Sie wird quasi zum Teil der alltäglichen Kultur und ist auch nur auf diesem Wege erfassbar. Die Cosa Nostra – und das unterscheidet sie von der 'Ndrangheta wie der Camorra, die erst am Anfang dieser Entwicklung stehen – ist die neue Mafia, die Mafia des 21. Jahrhunderts geworden. Sie fällt nicht auf, weil sie sich weitgehend staatskonform verhält. Und sie hat in den letzten 30 Jahren ökonomische Regelmechanismen entwickelt, die es selbst den gutwilligen Behörden außerordentlich schwer machen, ihren Protagonisten kriminelles Handeln vorzuwerfen.

Mittelpunkt der Cosa Nostra in Deutschland ist Köln. Sicherheitsexperten aus Palermo schätzen, dass in Köln und Umgebung mindestens 30 bis 40 Cosa-Nostra-Familien leben, die jedoch nicht nur in Restaurantbetrieben arbeiten, sondern auch im Baubereich und in der illegalen Arbeitnehmervermittlung tätig sind. Mir erzählte ein deutscher Unternehmer aus Köln, der im Geschäft mit Marmor aus Italien Erfahrungen sammelte, dass er dort zwangsläufig mit der Cosa Nostra zusammenarbeiten musste. Alle Gespräche und Verhandlungen wurden von in Köln ansässigen Angehörigen der Cosa Nostra geführt. »Sie haben hier ihre Statthalter und sind extrem gefährlich«, sagte er.

Als bekanntester Clan gilt der Clan C. aus Catania, dessen Angehörige auf 15 Aktive geschätzt werden, die in Köln leben, arbeiten und insbesondere das durch Drogenhandel und Erpressung erwirtschaftete Geld wieder in den legalen Wirtschaftskreislauf einführen.

»Massoneria devita« – abweichende Freimaurerlogen

In allen Berichten und Analysen der deutschen Sicherheitsbehörden wird ein Bereich prinzipiell weitgehend ausgeblendet, wenn es um die Mafia geht – den der direkten politischen Einflussnahme durch die

Die italienischen Mafiagruppen

»Massoneria deviata« (abweichende Freimaurerloge). Bei genauerem Hinschauen spielen bestimmte Logen, die mit den normalen Freimaurerlogen wenig zu tun haben, im Zusammenspiel mit der Mafia eine extrem wichtige Rolle. Sie sind in Italien ein zentrales Bindeglied zwischen Mafia und der bürgerlichen Gesellschaft.

Berühmt-berüchtigt war die Loge P2, deren Existenz Anfang der Achtzigerjahre bekannt wurde. In ihr waren Politiker, Bankiers, Rechtsextremisten, Unternehmer und Geheimdienstler vereint. Die politische Stoßrichtung der Geheimbündler war es, einen ihrer Meinung nach drohenden Einfluss der Kommunistischen Partei auf die italienische Innenpolitik mit allen Mitteln zu verhindern. Freien Zugriff hatten die Logenbrüder insbesondere auf die Archive der staatlichen Geheimdienste, die eng mit ihnen zusammengearbeitet hatten. Dadurch war es möglich, Politiker zu korrumpieren und zu erpressen und politische Beamte für ihre politischen Ziele einzusetzen.

Eng verbunden war diese Loge mit der sizilianischen Mafia. Zehn Jahre nachdem die Existenz der Loge P2 zu einem innenpolitischen Skandal wurde, sagte Pino Arlacchi, Soziologe (und später stellvertretender Generalsekretär der Vereinten Nationen, zuständig für Verbrechensbekämpfung), in einem Interview mit dem *Spiegel*: »In Kalabrien ist vor allem die Verbindung der Logen zu anderen kriminellen Kräften im Untergrund besonders eng. 30 Prozent aller italienischen Mitglieder von Freimaurerlogen leben in dieser kleinen Region von zwei Millionen Einwohnern.«[4]

Im Bericht der Parlamentarischen Antimafia-Untersuchungskommission vom 20. Januar 2006 wurde auf dieses Problem ausführlich eingegangen. Dort werden sie »abweichende Logen« genannt. »Sie haben ihre eigenen Rituale entwickelt, verfügen über großen Einfluss und könnten eine Alternative zur 'Ndrangheta sein oder mit den Regeln der 'Ndrangheta in Konflikt geraten. Die Kommission hat mit großer Aufmerksamkeit die Verbindungen zwischen der sogenannten ›Santa‹ (die Elite der 'Ndrangheta, Anmerkung des Autors) mit den sogenannten abweichenden Freimaurerlogen verfolgt.«[5]

Demnach gehören diesen Logen inzwischen Personen an, die zum Beispiel auch innerhalb der 'Ndrangheta eine führende Funktion innehaben.

Ausführliche Informationen über diese Zusammenarbeit lieferte den Behörden der Pentito Gaetano Costa. »Am Anfang hatte die 'Ndrangheta in den Freimaurerlogen eine untergeordnete Position. Es gab allenfalls eine Vermittlerposition zwischen der 'Ndrangheta und den Logen. Viele Persönlichkeiten, Politiker, Unternehmer, Richter, Banker und Polizeibeamte waren in den Freimaurerlogen. Daher hatten wir ein großes Interesse, eine Beziehung zu ihnen aufzubauen. Aber wir waren gezwungen, die Führung unserer Interessen an die Freimaurer zu delegieren. Das hatte zur Folge, dass unsere Einkünfte geringer wurden und wir unsere Interessen solchen Personen anvertrauen mussten, die nicht 100-prozentig vertrauenswürdig waren. Dann haben wir verstanden, wenn Mitglieder unserer Familien selbst Freimaurer werden, können wir uns mit den Vertretern der staatlichen Institutionen direkt in Verbindung setzen, um von ihnen vertreten zu werden.«[6]

Diese Doppelstrategie war erfolgreich. Einerseits die Infiltration des Staatsapparates von außen durch Finanzmittel und/oder Gewalt, andererseits der direkte Kontakt mit den Repräsentanten des politischen und administrativen Systems.

Camorra

»Nach Angaben italienischer Mafia-Experten hat die Camorra in Deutschland über Jahre hinweg flächendeckend – vor allem aber in Hessen und Rheinland-Pfalz – ein dichtes Netz von Filialen gegründet.«[7]

Bereits im Jahr 1820 wurde in der Kirche Santa Caterina a Fornielle im Stadtteil Porta Capuana in Neapel eine »Bella Società Riformata«, die »Gute Neugestaltete Gesellschaft«, gegründet. Sie gilt als erste Form einer Vereinigung strukturierter Kriminalität in Neapel und war auf das Eintreiben von Steuern auf sämtliche ungesetzliche Aktivitäten und Geschäfte spezialisiert. 150 Jahre später regierten in Neapel immer noch Ganoven, die sich bislang keinem Kommando unterwarfen, Banditen, die wahllos agierten. Dann kam Anfang der Sechzigerjahre Raffaele Cutolo. Im Alter von 18 Jahren beging er seinen ersten

Mord. Er wurde verhaftet und zu einer lebenslänglichen Gefängnisstrafe verurteilt.

Hier beginnt erst seine weitere Karriere. Aus dem Gefängnis heraus organisierte er, der einst als »kleine Nummer« von seinen Freunden verhöhnt wurde, den Aufbau der neuen Camorra. Das Gefängnis Poggioreale bei Neapel nannte er den »Staat von Poggioreale«. Und er war der Herrscher, der in seiner Nachbarzelle einen eigenen Koch beschäftigte. Die Befehle nahm seine Schwester Rosetta entgegen. Seine Komplizen schossen alle Konkurrenten vom Markt des Verbrechens. Seine Macht bröckelte Anfang der Achtzigerjahre, als einige der lokalen Chefs sich weigerten, ihm weiterhin loyal zu folgen. Einer von ihnen, Giuseppe Rogoli, gründete deshalb die Sacra Corona Unita, eine neue Mafia, die sich für die Region Pugliese zuständig fühlte und gegen den Einfluss der Neapolitaner in der apulischen Region kämpfte. Gleichzeitig bildete sich ein neuer Clan, die ehrenwerte Bruderschaft (Onorata fratellanza). Sie entschied den Machtkampf für sich. Dem vorausgegangen war ein blutiger Krieg unter den einzelnen Familien, bei dem zwischen 1980 und 1983 in Neapel und in der Umgebung hunderte Tote gezählt wurden.

Geschätzt wird, niemand kann es genau sagen, dass es heute in der Stadt Neapel rund 4200 Camorristi gibt. In der gesamten Region sollen circa 6000 Camorristi in 111 Familien leben, davon 42 Clane in Neapel selbst, die mit Verbindungen beziehungsweise regelrechten diplomatischen Außenstellen im Ausland operieren.[8]

Vor fast 20 Jahren schrieben die Journalisten Florence Antomarchi und Mark Saint-Upéry: »1985 wurde in der Region einstimmig ein Gesetz verabschiedet, dem zufolge die Lehranstalten zur Entwicklung eines gegen die Camorra gerichteten Bürgersinns beitragen sollen. Aber dem Gesetz folgten keine Mittel, und daher sind die Schulen baufällig, Kindergärten aus Personalmangel geschlossen, Krankenhäuser infolge Materialknappheit lahmgelegt, Jugendheime wegen schwerer an Jugendlichen verübten Gewalttaten geschlossen.«[9] Und sie zitierten eine Neurologin und Psychiaterin, die seit 1976 in den östlichen Vierteln von Neapel arbeitet: »Noch vor zehn Jahren war San Giovanni ein kerngesundes Arbeiterviertel. Die Leute arbeiteten in der Fabrik und wählten die Kommunistische Partei. Heutzutage arrangieren sich ihre Kinder mit der Camorra.«

Und 14 Jahre später? »Die gesamte Nord- und Ostperipherie Neapels, etwa ein gutes Dutzend Stadtviertel, sowie ein Großteil der Kommunen im Hinterland sind absolute No-go-Areas, in denen der Staat keinerlei Kontrolle mehr hat und die Camorra der größte Arbeitgeber ist. Von denen man nicht einmal weiß, wie viele Menschen genau dort leben.«[10]

Die Eroberung fremder Gebiete, auch im Ausland, leiten die Camorra-Clane mit der Auslagerung von Teilen der Clanstruktur in die avisierte Region ein. So ist beispielsweise auch der Casalesi-Clan vorgegangen. Geschätzt wird, dass 20 Prozent der Mitglieder außerhalb Italiens operieren. Die Repräsentanten des Clans in den jeweiligen Gebieten sind häufig mit der Sprache und Kultur des jeweiligen Landes vertraut. Denn sie sollen auch die Kontakte mit Vertretern der Wirtschaft und Politik herstellen und pflegen.

Deshalb tauchen sie im Ausland vorwiegend in der Tarnung normaler Geschäftsleute auf. Sie werden direkt nach Abschluss eines Wirtschaftsstudiums angeworben und in ihrer unternehmerischen Tätigkeit gefördert – ein System der Verschleierung, das inzwischen auch andere Mafiagruppen nutzen.

Damit die Geschäfte funktionieren, muss jedoch der blutige Machtkampf in der Heimat beendet werden. Deshalb haben sich einzelne Familien und Clane zu sogenannten Großkartellen zusammengeschlossen. Zu den bekanntesten zählt neben der Alleanza di Secondigliano, benannt nach dem Stadtteil, in dem der Bund beschlossen wurde, der Casalesi-Clan. Beide Kartelle sind international tätig, auch in Deutschland. Ihre Akteure treten insbesondere im Ausland überhaupt nicht mehr kriminell auf. Der oft zitierte Wechsel zur neuen Unternehmermafia wird hier genauso deutlich wie die Flexibilität derartiger Gruppen und ihre Fähigkeit, neue Märkte zu erschließen und zu erobern. Ihr Ziel ist die monopolartige Beherrschung eines Marktes. So konnte der Casalesi-Clan seine Herrschaft so weit festigen, dass seine Mitglieder bewusst auf die Anwendung von Gewalt verzichten und bei ihren Aktivitäten nur noch auf die dahinterstehenden Interessen der Casalesi verweisen.

Schon Anfang der Neunzigerjahre warnte der damalige Chef der Kriminalpolizei von Neapel, Umberto Vecchione, vor der Invasion der Camorra in Richtung Norden. »2000 Camorristen sind derzeit im

Die italienischen Mafiagruppen   35

Osten Deutschlands aktiv«, erzählte er mir damals. Geldwäscheaktivitäten werden vor allem durch die Großclane der Alleanza di Secondigliano (Neapel) und durch den Casalesi-Clan von Caserta mithilfe ihrer Hauptstützpunkte in den Ballungszentren Deutschlands betrieben. Dazu zählen nach Erkenntnissen der italienischen Behörden die Städte Berlin, Dortmund, Frankfurt, Hamburg, Hannover, Köln, Mainz, München, Stuttgart und Wiesbaden.»Der Casalesi-Clan soll allerdings auch in Dresden, Leipzig, Halle und Görlitz vertreten sein.«[11] Erkenntnisse zu den Aktivitäten und Strukturen der Camorra beziehungsweise des Casalesi-Clans in Deutschland stammen von dem mit der Kronzeugenregelung liebäugelnden Mafiachef Giuseppe Russo, der Anfang September 2003 auf der Autobahn München–Salzburg verhaftet wurde.

Lange Jahre war der »Deutschland-Referent« des Casalesi-Clans der am 5. März 2004 in Frankfurt verhaftete Antonio Natale. Er hatte sich in Deutschland vor allem um die Koordination der Kontakte zwischen der Spitze des Casalesi-Clans und der zahlreichen Zellen gekümmert. Sein Name fällt in Deutschland nicht nur im Zusammenhang mit Baufirmen, sondern auch mit dem Schmuggel von Waffen und Sprengstoff. Immerhin sind rund ein Fünftel der führenden Mitglieder der Casalesi in Deutschland und in den angrenzenden Staaten Osteuropas zu finden.

Ein Bereich, der zunehmend auch von den Clanen und Familien der Camorra durchdrungen wird, ist der Betrug mit EU-Fördergeldern. Nach Erkenntnissen des Bundesnachrichtendienstes hat allein der Casalesi-Clan in den Jahren 2001 bis 2004 die Summe von 25 Millionen Euro an EU-Fördergeldern erhalten. Dazu unterhielt er ein Netz von Scheinfirmen, geführt von Strohmännern mit Verbindungen in die lokale Politik. Tätig waren diese Firmen unter anderem in der Glaswiederverwertung, der Holzbearbeitung, dem Verlagswesen und der Telekommunikation.

Und wie die Clane anderer Mafiagruppen auch weicht der Casalesi-Clan von der seit einigen Jahren üblichen Drittelung der Investitionen erwirtschafteter Gewinne ab, nach der bisher zu gleichen Teilen in der jeweiligen Heimatregion, in Norditalien und im Ausland investiert wurde. Denn aus Angst vor Beschlagnahmung der Vermögenswerte werden sie jetzt überwiegend im Ausland, wieder wird Deutschland genannt, sowie in die neuen Mitgliedsländer der EU wie Rumänien, Slowakei und Bulgarien über Strohfirmen investiert. Dadurch werden gezielt Regionen und Staaten infiltriert, in denen neben entsprechend vorhandenen Investitionsanreizen und Marktchancen relativ problemlos Verbindungen in Politik und Wirtschaft hergestellt werden können. Die Internationalisierung der Camorra ist die logische Konsequenz ihrer finanziellen Macht.

Maßgeblich werden sowohl die Cosa Nostra wie die Camorra von außen beurteilt, und zwar durch die Form der Machtausübung. Die Unterschiede werden dementsprechend in den Medien und im politischen Salon sichtbar. Aufgrund der blutigen Revierkämpfe in Neapel und Umgebung konzentriert sich das Interesse auf die Camorra als kriminelles Ungeheuer, während die Cosa Nostra weitgehend unbehindert agiert. Ihr ist es deshalb in den letzten Jahren gelungen, im Gegensatz zur Camorra, Repräsentanten des Staatsapparates und der politischen Führung in Rom einzukaufen beziehungsweise für sich wirken zu lassen. Doch ob Cosa Nostra oder Camorra – an den sozialen und gesellschaftlichen Ursachen, die entscheidend für die Macht der Mafia sind, hat sich seit Jahrzehnten kaum etwas verändert. Sie werden ausgeblendet. Hoffnungs- und Perspektivlosigkeit, bittere Armut und gnadenlose Ausbeutung – sie waren und sind bis zum heutigen Tag der Nährboden für die mächtigen Mafiaclane. Das ist in Kalabrien nicht anders. Hier herrscht die 'Ndrangheta, die auf einmal als die gefährlichste und mächtigste Mafia dargestellt wird.

2
Die 'Ndrangheta – über die Familie und multinationale Konzerne

Die mäßig befahrene Bundesstraße S 106 zieht sich die gesamte östliche Seite Kalabriens entlang. In dem kleinen Küstenstädtchen Bovalino am Ionischen Meer zweigt eine kleine Straße rechts zu einer Ortschaft ab, die in keinem Reiseführer zu finden ist. Die Nebenstraße, mit der Bezeichnung SS 112, ist in einigen Abschnitten ungewöhnlich breit ausgebaut, dann wieder nimmt sie einen sehr engen Verlauf. Sie führt an neuen, leer stehenden Fabrikhallen vorbei, an Orangenhainen, Kakteen, aus denen wie ein gelbes Feuer die Blüten das Licht suchen. Gleich daneben häuft sich Abfall, und immer wieder sieht man diese halb fertigen Häuser mit den Gerippen aus Eisenträgern. Kurz vor dem Ort stehen große, neu gebaute Villen mit weit ausladenden Balkonen. Palmen stehen im Garten. Die Anwesen sind geschützt durch hohe Eisengitter und Videokameras, obwohl es keiner wagen würde, das Eigentum eines bekannten Mafiafürsten ohne dessen Zustimmung zu betreten. Auf dem Ortsschild steht »Plati - Gemeinde Europas«.

Plati ist ein »Mutterhaus« der 'Ndrangheta, eines der wichtigsten Zentren der kalabrischen Mafia oder wie es italienische Zeitungen schrieben: »Il paradiso della 'ndrangheta.« Ob das Schild »Gemeinde Europas« mehr als nur ein Symbol ist, geht mir durch den Kopf - vielleicht dafür, wie sich die Gemeinden Europas in Zukunft entwickeln könnten? Plati als Vorbild?

Auf einer Tafel stehen die wichtigsten Institutionen der Ortschaft mit seinen 3900 Einwohnern: Kirche, Grundschule, Bürgermeisteramt und, groß und fett geschrieben, der Friedhof. Ich fahre langsam durch die Hauptstraße des Ortes, der klassische Mafiageschichte geschrieben hat. Dicht aneinandergedrängt stehen in der Ortsmitte die einst weiß gekalkten Häuser mit ihren winzigen Balkonen, dazwischen verwahrlosen dem Verfall preisgegebene Gebäude. Einige Fantasie ist notwendig, um zu glauben, dass es in den Häusern weniger armselig wäre. Selbst die modernen, mehrgeschossigen Häuser am Ortsrand strahlen keinen Reichtum aus, sondern allenfalls eine gewisse kleinbürgerliche Normalität.

Trotzdem hält sich nachhaltig das Gerücht, hinter den Fassaden seien große Reichtümer angehäuft worden. Goldene Wasserhähne, teure Antiquitäten und wertvolle Gemälde werden vermutet. Unter dem Ort liege sogar »ein Schattenreich voller Gänge, Kammern, unsichtbarer Türen und drehbarer Treppen, in dem sich Verbrecher verstecken«.[12] Das Einzige allerdings, was italienische Soldaten im Sommer 2002 bei einer Razzia in Plati fanden, war ein unterirdischer Komplex von Tunneln und Geheimgängen. Sie dienten gesuchten Mafiosi als Unterschlupf und Fluchtweg.

Auf der Via Roma gehen alte Frauen in schwarzen, knielangen Röcken, während Jugendliche auf ihren Mopeds die Motoren aufheulen lassen. Langeweile, Feindseligkeit oder Neugierde? Und dieses Dorf soll heute noch ein Zentrum der kalabrischen Mafia sein? Von hier aus soll das Imperium 'Ndrangheta mitgesteuert werden?

Ich frage einen Jungen nach Familie Barbaro. Er schaut entgeistert und verschwindet. Wenn Augen sprechen könnten. Una bocca che non parla – ein Mund, der nicht spricht, bleibt am Leben, das ist hier eine Überlebensdevise, die schon den Kindern eingeimpft wird. Hätte ich mich nach den Familien Trimboli, Sergi, Perre oder Marando erkundigt – das Ergebnis wäre immer das gleiche gewesen. Familie Barbaro, angeführt von dem inzwischen über 80-jährigen Francesco Barbaro, ist mächtig. Der Clan, Mitglied der wichtigen Provinzialkommission[13], befasst sich heute hauptsächlich mit Erpressungen und dem internationalen Drogenhandel. Bereits in den Achtziger- und Neunzigerjahren war der Clan an insgesamt 60 Entführungen beteiligt gewesen. Giuseppe Barbaro, der Sohn des Clanführers Francesco, jedenfalls liebte Deutschland und ließ sich deshalb bei seinem Schwager in Krefeld ordentlich polizeilich anmelden. Und auch ansonsten leben Angehörige des Clans aus Plati in Deutschland.

Die 'Ndrangheta – über die Familie und multinationale Konzerne

Die kalabrische Mafia ist todbringend und füttert gleichzeitig diejenigen, die ohne Zukunft und Arbeit sind. Sie unterwirft die ehrlichen
Kalabresen durch Gewalt. Sie ist eine kriminelle Gemeinschaft, die
vom italienischen Staat verfolgt wird, doch zugleich ist sie eng mit
staatlichen Entscheidungsträgern und Politikern verbunden. Sie ist
ein multinationaler Konzern.

»Ihr Expansionsdrang, ihre Anpassungsfähigkeit an veränderte
Bedingungen, ihre besonders kriminelle Aggressivität und Skrupel-
losigkeit, die stabilen familiären Beziehungen weltweit in Verbindung
mit einer teilweise breit gefächerten akademischen Ausbildung ihres
Nachwuchses machen sie bereits jetzt zur möglicherweise gefährlichsten OK-Struktur in Europa.«[14] Weltweit führend ist sie im Drogenhandel, vor allem im Kokaingeschäft mit Südamerika. Milliarden-
erlöse kommen aus dem Drogenhandel mit den südamerikanischen
Drogenkartellen, Geld, das in Europa und auch in Deutschland oder
der Schweiz gewaschen wird. In einer Studie über die »'Ndrangheta-
Holding«, die im Mai 2008 veröffentlicht wurde, kam das Forschungs-
institut Eurispes zu dem Ergebnis, dass die Ndrangheta einen jährlichen Umsatz von 44 Milliarden Euro erzielt.[15] Das ist mehr als das
Bruttosozialprodukt von Estland (13,2 Milliarden Euro) und Slowe-
nien (30,4 Milliarden Euro) zusammen. Allein der Umsatz durch Erpressung und Zinswucher wird auf 4,1 Milliarden Euro pro Jahr geschätzt.

Reggio Calabria liegt an der Straße von Messina, am Übergang zur
Insel Sizilien. In der Antike war diese Landenge das Bermudadreieck,
der mythische Ort Schiffe verschlingender Meeresungeheuer. Jetzt soll
eine 3360 Meter lange Stahlbrücke das Festland mit der Insel über-
spannen, ein Weltwunder, wie italienische Politiker schwärmen.[16] Gerechnet wird mit einem Finanzvolumen von derzeit mindestens sechs
Milliarden Euro. Bereits 1998 warnte die Direzione Investigativa Antimafia (DIA)[17] vor dem besonderen Interesse der 'Ndrangheta und der
Cosa Nostra bei der Realisierung dieses milliardenschweren Projektes.
Beide Organisationen, Cosa Nostra wie 'Ndrangheta, könnten durch
korrupte Strukturen und durch subunternehmerische Tätigkeit in bislang kaum bekanntem Umfang profitieren. Einer nie veröffentlichten
Studie des Turiner Instituts Nomos nach werden 40 Prozent der Aus-

gaben, also knapp 2,4 Milliarden Euro, in die Kassen der kalabrischen und sizilianischen Mafia strömen.

Kalabrien mit seinen zwei Millionen Einwohnern ist ein Schmelztiegel arabischer, spanischer, türkischer und griechischer Volkstradition; es war und ist die ärmste Region Italiens. Seit jeher prägten Armut, Dauerarbeitslosigkeit und Hoffnungslosigkeit das karge Leben, bis für immer mehr kalabrische Familien der Wohlstand greifbar nahe war, und zwar durch die Internationalisierung der 'Ndrangheta. Die Provinz hat die höchste Kriminalitätsdichte Italiens, gefolgt von Kampanien (Camorra) und Sizilien (Cosa Nostra). Niemand kann genau sagen, wie viele Mitglieder und Sympathisanten die kalabrische Mafia überhaupt hat. Ging man in den Neunzigerjahren von 5000 bis 10 000 Mitgliedern aus, wird ihre Zahl heute auf einige 10 000 Personen geschätzt. Allein die kriminellen Clane in Reggio Calabria verfügen über mehr als 7000 Mitglieder, jene in Catanzaro über fast ebenso viele. Zwar wurden innerhalb nur eines Jahres 4000 Mitglieder und Unterstützer der Clane verhaftet, aber ihre Zahl hat trotzdem nicht ab-, sondern zugenommen.

Die 'Ndrangheta ist an der Basis in sogenannten Locali (oder 'Ndrine – Zellen – beziehungsweise Cosca – Familien – organisiert. Gibt es mehrere dieser 'Ndrine in einer Stadt, bilden sie ein Locale. Vom Grundsatz her sind diese Familien in ihren kriminellen Aktivitäten unabhängig, in der Realität allerdings arrangieren sich die kleineren Familien aus Überlebensgründen häufig mit den großen und mächtigen Familien.

Jede Familie ist in ihrer inneren Struktur autark. Rekrutierung, die Befehlsstränge, Disziplinierungsrituale und die Schweigepflicht sichern ihren sozialen Zusammenhalt. Oberhaupt der Familie ist der Capo Famiglia. Neue Mitglieder werden als Camorristi bezeichnet. Rangmäßig nachgeordnet sind die Gruppe der Picciotti (Soldaten) und der Fiori (Anwärter). Tauchen interfamiliäre Probleme auf, sollen sie im Prinzip in dem »gemeinsamen Rat« geregelt werden, was nicht immer funktioniert, wie die Faida in San Luca und das Massaker in Duisburg zeigen. Die Provinzialkommission ist diejenige Einrichtung, in der die jeweiligen Capi Famiglia vertreten sind, wobei keiner von ihnen eine höhere Position einnimmt, mehr Prestige genießt oder Macht über die anderen hat. Die führenden Vertreter aus den anderen Provinzen Kalabriens sind erst nach erfolgter Wahl mit Sitz und Stimme in diesem Gremium vertreten. Einmal im Jahr findet ein gemeinsames Treffen statt, in der Regel in der näheren Umgebung von San Luca.

Bei diesen Zusammenkünften wird über die allgemeine Strategie gesprochen, darüber, in welche Geschäftsbereiche investiert wird, mit welchen politischen Parteien eine Zusammenarbeit intensiviert werden muss, genauso wie darüber, wer innerhalb der Clane für welche Geschäftsbereiche zuständig sein soll. Die Provinzialkommission ist also so etwas Ähnliches wie der Aufsichtsrat eines multinationalen Konzerns.

Dieser Struktur samt der sozialen Regelmechanismen muss sich jedes Mitglied der 'Ndrangheta unterwerfen, auch ein Mitglied, das sich im Ausland befindet, ob in Deutschland oder in Venezuela. »Einmal Mafioso, immer Mafioso« ist daher kein Vorurteil, sondern Bestandteil des Mafiasystems. Übereinstimmend erklären italienische Staatsanwälte, die Repräsentanten der Direzione Investigativa Antimafia (DIA), der Carabinieri und der Guardia di Finanza: Selbst wer von einem Gericht wegen Mitgliedschaft in einer Vereinigung mafiosen Charakters freigesprochen wurde, gilt für sie weiterhin als Mitglied der 'Ndrangheta. Ein hochrangiger Beamter der DIA aus Catanzaro machte mir das mit folgenden Worten klar: »Nur dann, wenn sich der Betroffene von der Familie löst, alle bestehenden Beziehungen aufgibt und sich öffentlich distanziert, steht er nicht mehr unter unserer Beobachtung. Doch das haben wir bislang nur in Ausnahmefällen erlebt.« Wer mit der Polizei zusammenarbeitet, hat sein Leben verwirkt. Das gilt gleichermaßen für die in Deutschland lebenden Angehörigen der 'Ndrangheta.

Im Gegensatz zur Camorra - und vor allem zur Sacra Corona Unita in Apulien - sind Menschenhandel und die Prostitution bislang keine zentralen Geschäftszweige der 'Ndrangheta gewesen. Doch einige Großclane sollen in den letzten Jahren auch in diesen Geschäftsbereich vorgestoßen sein. Das gilt vor allem für die Clane der Fiaré und der Morabito. Die Morabitos unterhalten in Rom und Mailand eigene Klubs, in denen Prostituierte aus Serbien, Rumänien, der Ukraine und Moldawien tätig sind. Den Clanen geht es dabei allerdings weniger um die direkte Gewinnerzielung aus Menschenhandel und Prostitution, sondern um die Einnahme von Schutzgeldern jener kriminellen Banden, die in diesen Bereichen tätig sind. Angeblich verlangt die 'Ndrangheta von diesen Banden einen Prozentsatz von 15 bis 20 Prozent des Umsatzes für die Duldung von deren Aktivitäten.

Seit einigen Jahren handelt die 'Ndrangheta wie andere Mafiaorganisationen mit Sonder- und Nuklearmüll. Beteiligt sind praktisch alle großen Clane, die auch im Drogenhandel aktiv sind. Dazu wird in Süditalien über Strohmänner Land aufgekauft, auf dem wilde Mülldeponien angelegt werden. »In der Abfallwirtschaft sind Verbindungen bis in hohe politische Ebenen bekannt geworden.«[18] Bereits Mitte der Neunzigerjahre wurden im kalabrischen Städtchen Cirò verlassene Bergwerke und unterseeische Höhlen als Deponien für radioaktive Abfälle genutzt. Und die Umweltorganisation Lega Ambiente meldete, dass mit Giftmüll und radioaktivem Abfall beladene Schiffe vor der Küste Kalabriens versenkt wurden. Trotz vieler Hinweise hatte die italienische Regierung kein Interesse, sich um die toxische Fracht im Meer zu kümmern.

Ein weiteres Deliktfeld ist der Waffenschmuggel, der oftmals mit dem Drogenschmuggel einhergeht, da die gleichen Wege genutzt beziehungsweise Waffen gegen Drogen getauscht werden.

Nach Aussage eines ehemaligen Sicherheitsexperten verfügt jede noch so kleine Zelle der 'Ndrangheta über ein eigenes Waffendepot mit Gewehren, Pistolen und Dynamit. Heute habe jede dieser Zellen sogar Bazookas[19] zur Verfügung. Eine Bazooka wurde bei der Eliminierung des Mafioso Antonio Dragone am 10. Mai 2004 eingesetzt. Der Mord geschah im Rahmen einer Fehde zwischen den Clanen Dragone-Arena und Grande Aracri-Nicoscia aus dem Städtchen Curto, die zu den führenden Clanen im Handel mit Waffen und Sprengstoff zählen. Trotz der Verhaftung des Clanführers Nicolino Grande Aracri ist die Operationsfähigkeit dieses Clankartells ungebrochen. Erst Ende November 2007 wurde im Auftrag des inhaftierten Nicolino Grande Aracri ein Mitglied eines anderen Clans erschossen. Nur am Rande sei vermerkt, dass der Bruder des Clanführers, der gleichzeitig Mitglied des Clans ist, in Süddeutschland lebt. Ebenso wie dessen Neffe. Der betreibt eine gut gehende Pizzeria und gilt dort bereits seit Jahren als Respektsperson für die »Italienerszene«, weiß man bei der örtlichen Polizei.

Die 'Ndrangheta – über die Familie und multinationale Konzerne

Zahlreiche Angehörige dieses Clans halten sich auch im verschlafenen Münster auf. Das recherchierte die Journalistin Nadine Jansen. Sie hatte darüber in der *Westfälischen Zeitung* berichtet und erntete heftige Proteste. Denn sowohl die Polizei in Münster wie die zuständige Staatsanwaltschaft bezeichneten ihre Recherchen als Märchen. Es gebe nämlich überhaupt keine 'Ndrangheta in Münster. In einem Kommentar des Konkurrenzblattes stand sogar, dass es politische Brandstifterei sei, zu behaupten, Italiener in Münster seien mit der Mafia verbandelt. Dabei liegt der Direzione Investigativa Antimafia (DIA) in Cosenza ein ausführliches Dossier über den 'Ndrangheta-Clan Grande Aracri in Münster vor. Aufgeführt sind dort zahlreiche Restaurants und eine Immobiliengesellschaft.

Bei einem Gespräch mit dem zuständigen Maresciallo von der DIA im August 2008 in Catanzaro bestätigte er die Existenz dieses Clans in Münster. Er berichtete davon, dass der Clan Grande Aracri über Strohleute ganze Häuserzeilen aufgekauft habe, und wunderte sich darüber, dass die dortigen Behörden das nicht wahrhaben wollen. Aus Angst, aus Bequemlichkeit oder Unkenntnis über die Mafia?

Die Unternehmenspolitik

Einzelnen Clanen ist es in den letzten Jahren gelungen, systematisch Spitzel in die kalabrische Polizei, in Teile der Justiz und in die Regional- und Kommunalverwaltungen einzuschleusen. »Ähnliches soll selbst für offenbar gut bezahlte Kontaktpersonen in der Sicherheitsabteilung des Innenministeriums in Rom gelten, wo die 'Ndrangheta versuchte, Einfluss auf Ernennungen und Beförderungen, vor allem aber auf die Versetzung unbequemer Polizeipräsidenten und Richter zu nehmen.«[20] Außerdem, so der Bundesnachrichtendienst, konnten einzelne Clane in der Vergangenheit Abgeordnete oder Senatoren in diverse Kommissionen einschleusen, um sich damit unter anderem einen wertvollen Informationsvorsprung zu verschaffen. Hier habe die Mafia ihren langen Atem bewiesen, indem sie die Beziehungen über Jahre hinweg aufgebaut habe, um sie dann in einem unverdächtigen Zeitraum als Quellen zu nutzen.

Teil I: Die italienische Mafia

Die Legalisierung der Riesengewinne, insbesondere aus dem Drogenhandel, der Schutzgelderpressung und dem Betrug, geschieht auf dem internationalen Finanzmarkt. Die 'Ndrangheta hat für diesen »Geschäftsbereich« keine Probleme, die für internationale Geschäftsoperationen notwendigen geeigneten Juristen, Wirtschafts- und Finanzfachleute oder Steuerberater zu rekrutieren. Vor allem die Söhne und Töchter vieler 'Ndrangheta-Clane, die in den Drogenhandel involviert sind, haben sich bevorzugt zu Richtern, Notaren, Rechtsanwälten (speziell Strafverteidigern), Wirtschafts- und Steuerberatern sowie Computer- und Bankfachleuten, aber auch zu Ärzten ausbilden lassen. Das erklärt auch die Durchdringung dieser Berufsgruppen durch die 'Ndrangheta.

Der Organisation ermöglicht das, über ihre Familienmitglieder oder Vertrauensleute kriminelle Aktivitäten zu entwickeln oder abzuschirmen. Ein Motiv für die zunehmende internationale Orientierung der 'Ndrangheta ist die Abkehr von dem Grundsatz, die aus den kriminellen Aktivitäten erwirtschafteten Gewinne in Kalabrien selbst zu waschen und überwiegend in Immobilien oder der Tourismusbranche zu reinvestieren. Inzwischen verbleibt nur ein geringer Teil der Gewinne in der Region. Einzelne Clane verkaufen sogar Teile dieser regionalen Besitztümer.

3
Spätzle und Pizza – das Netzwerk von Familien und Vertrauten der 'Ndrangheta in Baden-Württemberg

»Im süddeutschen Raum sind der Raum Stuttgart und das Land Baden-Württemberg fest in der Hand kalabrischer Gruppierungen, insbesondere des Clans von Farao.« Das sagte im Dezember 2007 anlässlich einer Fachtagung des Bundes Deutscher Kriminalbeamter der leitende Oberstaatsanwalt von Palermo, Roberto Scarpinato, der in ständigem Informationsaustausch mit seinen Kollegen in Kalabrien ist. Ende August 2008 erklärt mir ein leitender Beamter der Direzione Investigativa Antimafia in Catanzaro: »Der Clan Farao ist aktuell eine der gefährlichsten und aktivsten kriminellen kalabrischen Gruppen, mit großen Aktivitäten in Deutschland. Er ist vor allem im Drogenhandel aktiv. Das im Verlauf der Jahre geknüpfte solide Netz in Italien und speziell in Baden-Württemberg erlaubt es heute dem Clan weiterhin seine Geschäfte abzuwickeln.« Wer ist dieser Farao-Clan und welche Bedeutung hat er tatsächlich in Baden-Württemberg?

Bei der Suche stoße ich auf Clan-Mitglieder, die in Mandatoriccio und Cirò leben, aber auch in Baden-Württemberg, Hessen und Rheinland-Pfalz eine große Bedeutung zu haben scheinen. Wer nach Mandatoriccio in der Provinz Cosenza, gelegen im östlichen Teil Kalabriens, fahren will, der muss die Nationalstraße 106 benutzen und dann, kurz vor Lido di Mandatoriccio, auf eine kleine Straße abbiegen, die in das Dorf führt. Auch ich mache das im Juli 2007.

Auf dem Dorfplatz von Mandatoriccio, der Piazza del Populo, sitzen und stehen die Männer vor der Bar. Ich setze mich an einen freien Tisch mit Blick auf Santi Pietro e Paolo, eine Kirche aus dem 17. Jahrhundert.

Auf meine Fragen, ob M. aus Stuttgart bekannt und wo er zu finden sei, mustern mich die Männer ein wenig intensiver. Vielleicht denken sie, warum erkundigt sich ein Tourist ausgerechnet nach M. und nicht nach der Geschichte der Kirche?

Schließlich erbarmt sich ein älterer Mann und antwortet in gebrochenem Deutsch. »Nein, einen M. aus Stuttgart kennt man hier nicht.« Begleitet von mürrischen Blicken wird mir gleichzeitig ein Espresso auf den Tisch geknallt. Schwarze Kaffeespritzer zieren jetzt die Tischplatte. Während ich den Espresso trinke, erinnere ich mich an eine lange zurückliegende Episode, eine Inszenierung über das ewige Thema Intrigen, Freundschaft und Politik – nicht in Kalabrien, sondern in Baden-Württemberg. Es war eine Inszenierung, in der M., nach dem ich mich erfolglos erkundigt habe und den niemand kennen will, eine tragende Rolle spielte.

Es war am 25. Oktober 1993. Ich hielt in Karlsruhe bei einem internationalen Symposium, veranstaltet von der Landeszentrale für politische Bildung Baden-Württemberg, einen Vortrag zum Thema »Europa im Griff der Mafia?«. Wobei ich, wenn ich heute auf das Datum zurückblicke, verblüfft darüber bin, wie lange das bereits ein Problem ist – ohne qualitativ positive Veränderungen, im Gegenteil. Ich behauptete damals unter anderem: »In Stuttgart soll es, so weiß es das italienische Generalkonsulat, mindestens zwei mächtige Capi der italienischen Mafia geben. Enge Kontakte zu einem bekannten 'Ndrangheta-Boss aus Cirò soll auch ein stadtbekannter Restaurantbesitzer haben, behaupten übereinstimmend Polizei und ein Pentito, ein Kronzeuge der Behörden. Befreundet mit dem CDU-Fraktionschef darf dieser italienische Restaurantbesitzer schon einmal Partys der CDU-Landtagsfraktion ausrichten.«

Ich hatte mich vergleichsweise zurückhaltend ausgedrückt, doch ausnahmsweise gab es Reaktionen. Kurze Zeit später rief mich der CDU-Fraktionsvorsitzende an. Er befand sich gerade in den USA und wollte erfahren, was ich über den erwähnten Restaurantbesitzer wisse und was ich gesagt habe. Nach meinem Vortrag hatten Stuttgarter Journalisten über den Vorgang berichtet und viel Neues herausgefunden über die Männerfreundschaft zwischen dem Restaurantbesitzer, eben jenem M., und Günther Oettinger, dem Politiker und ehrgeizigen CDU-Fraktionsvorsitzenden. Seit Jahren schon »vergehen kaum eine CDU-Party und kaum ein Landtagssommerfest, dessen Wirt nicht M. heißt«.[21]

Spätzle und Pizza – das Netzwerk von Familien und Vertrauten   47

Sogar den 40. Geburtstag des CDU-Fraktionsvorsitzenden am 15. Oktober 1993 hatte M. mit viel Pomp ausgerichtet. Und das zu einer Zeit, als Günther Oettinger bereits wusste, dass gegen seinen Freund M. polizeiliche Ermittlungen im Gange waren, und zwar wegen vermuteter Beziehungen zur 'Ndrangheta. Widersprüchlich war seine Aussage, dass er zwar einerseits von den Vorwürfen gegen M. »völlig überrascht« gewesen sei, dann jedoch zugab, »schon seit Langem zu wissen, dass M. vielleicht nicht nur mit Pizza sein Geld verdient«.[22] Gewusst hatte er davon seit Herbst 1992, weil Günther Oettinger zu jener Zeit über die Verdächtigungen gegen seinen damaligen Freund M. von Innenminister Thomas Schäuble informiert wurde und den dringenden Rat erhielt, sich zurückzuhalten, insbesondere nicht in M.s Restaurant zu gehen. »Und was die Finanzierung der ›kalabrischen Abende‹ für die CDU-Fraktion angeht, da habe M. bis auf den Materialpreis ›kostenfrei‹ gearbeitet.«[23]

Die zentrale Frage, woher sein Geld komme, war nicht ganz klar. M., der Restaurantbesitzer, geriet jedoch nur deshalb in die Schlagzeilen, weil er des Drogenhandels und der Geldwäsche für einen 'Ndrangheta-Clan beschuldigt wurde. Ein Grund für den Verdacht mag die Beobachtung von Fahndern gewesen sein, die ihn – begleitet von Goldkettchen tragenden Herren – zur Berner Kantonalbank in Thun gehen sahen. »Als die Beamten seinen Banksafe und seine Konten in Thun prüften, fanden sie Gold und Effekten im Wert von über einer Million Mark.«[24]

M. hingegen sagte laut *Spiegel* vom 7. März 1993: »Ich arbeite doch den ganzen Tag in meiner Pizzeria und habe für Mafiageschäfte keine Zeit.« Er wehrte sich gegen die inzwischen bundesweit bekannt gewordenen Vorwürfe, ein Mann der kalabrischen Mafia zu sein, und bestritt sie vehement. Immerhin war er clever genug, um mit den von den Medien gegen ihn erhobenen Vorwürfen Werbung für seine Unschuld zu machen. Das war im Sommer 1994. Er war damals Stargast bei einer PR-Show eines Blumengroßhändlers. »Mafiachefkoch Signor M., bekannt durch Rundfunk und Fernsehen«, präsentierte laut Einladung zur Show »kulinarische Genüsse mit Musik, Show und Unterhaltung«. Verkauft wurden Blumen zu »mafiastarken Sonderpreisen«, etwa ein Margeritenstock zu 8,45 Mark mit dem Hinweis »Schutzgelder sind bereits im Preis enthalten«. 3000 Besucher lockte der Ruch der Mafia.

In Stuttgart wurde im gleichen Jahr ein parlamentarischer Untersuchungsausschuss gebildet, nachdem bekannt geworden war, dass Innenminister Thomas Schäuble den CDU-Fraktionschef Günther Oettinger über die Telefonüberwachung seines Freundes M. informiert hatte. Günther Oettinger wies alle Vorwürfe in der Folgezeit zurück. Die Fraktion der Grünen hingegen führte in einem Minderheitenbericht aus: »Die Grünen vertreten die Auffassung, Politiker, an die sich die Mafia heranmacht, sollten nicht gewarnt werden, um der Polizei nicht wichtige Erkenntnisquellen zu verschütten. Solange die Kontakte nicht ›in gelungene Korrumpierung‹ umschlügen, müsse den betroffenen Politikern zugemutet werden, dass sie sich einer öffentlichen Diskussion stellen. Wenn die Kontakte aber zur Korrumpierung führten, müssten diese Fälle juristisch und politisch aufgearbeitet werden.«[25]

Ich habe in bleibender Erinnerung, dass derjenige Beamte des Landeskriminalamts in Stuttgart, der in den Neunzigerjahren die Ermittlungen gegen M. und den Farao-Clan leitete und dabei durch abgehörte Telefongespräche auch von der Freundschaft zwischen M. und dem heutigen Ministerpräsidenten Günther Oettinger erfuhr, massive Probleme bekam. Sowohl durch Italiener, die ihn und seine Familie mit dem Tod bedroht haben sollen, wie durch die zögerliche Unterstützung seiner Ermittlungen wegen der Beziehungen des verdächtigten M. zu dem mächtigen CDU-Fraktionsvorsitzenden Günther Oettinger. Entnervt vom Druck aus der Staatskanzlei, gab der Beamte schließlich auf. Er wurde in eine andere Abteilung des Landeskriminalamts versetzt, die aber rein gar nichts mehr mit der Bekämpfung der Mafia zu tun hatte.

1995 wurde M. wegen des Verdachts der Geldwäsche und Unterstützung für die kalabrische Mafiafamilie Farao mit Handschellen gefesselt nach Italien ausgeliefert. Die Staatsanwälte aus Catanzaro behaupteten, dass sich aus ihren Ermittlungen ergeben habe, dass M. eine wichtige Rolle bei den Geschäften des Farao-Clans spiele. Verdächtig waren die häufigen Telefonate zwischen M. und dem Boss der Mafiafamilie, und zwar ohne ein Anzeichen der Unterwürfigkeit. Diese Telefonate sind in den Unterlagen der Raggruppamento Operativo Speciale (ROS), einer Spezialeinheit der Carabinieri aus Catanzaro, nachzulesen. »Aus

Spätzle und Pizza – das Netzwerk von Familien und Vertrauten 49 den abgehörten Telefongesprächen geht klar hervor«, schreiben die Carabinieri, »dass Drogengeschäfte auf breiter Ebene zwischen Italien und Deutschland abgewickelt werden. An der Spitze dieses Geschäfts befinden sich die Faraos, wobei M. die ›Schlüsselperson‹ darstellt.«[26]

In einem abgehörten Telefongespräch vom 30. Dezember 1993 beschwerte sich M. aber auch darüber, dass die deutschen Steuerbehörden seine Finanzen untersuchen würden. Sein Gesprächspartner: »Ja, ich habe verstanden, ich habe verstanden. Rede nicht.«[27]

Nach acht Monaten Untersuchungshaft wurde M. wegen Verfahrensfehler aus dem Gefängnis entlassen. Unterdessen war die deutsche Steuerfahndung aktiv geworden. Das Landgericht Stuttgart brummte ihm 1995 wegen Steuerhinterziehung eine 21-monatige Freiheitsstrafe auf Bewährung und eine Geldbuße von 250 000 Mark auf.

Aus den abgehörten Telefongesprächen geht übrigens hervor, dass sich seine Freunde bemühten, diese Summe zu beschaffen. In den Ermittlungsakten der ROS ist darüber Folgendes zu lesen: »Es ist dabei interessant, die Modalitäten zu verfolgen, um das Geld zusammenzubekommen und welche Personen dazu aktiviert wurden. In diesem Zusammenhang sind die folgenden Telefongespräche von Bedeutung: Telefonat vom 25. Mai 1994. Aus diesem Gespräch geht hervor, dass der Betrag für die Kaution zusammengekommen ist und die Bank für die Überweisung des Geldes ins Ausland ihr Okay gegeben hat. Aus der Reihenfolge der Telefongespräche geht auch die weitere Bestätigung hervor, mit welch großer Leichtigkeit die Gruppe Beträge in beträchtlicher Höhe zugunsten von M. zur Verfügung stellen konnte.«

Im Januar 1996 dann begann ein Mammutprozess in Catanzaro gegen 191 Angeklagte. Unter ihnen war auch M. Es ging in dem Maxi-Prozess um 30 Morde, 50 Mordversuche, zahlreiche Erpressungen und um den Drogenhandel. In der Anklageschrift gegen M. wie gegen weitere Angeklagte des Farao-Clans steht, dass er einer Gruppe von Verbrechern mafiosen Typs angehörte, die durch Einschüchterung und dem System Omertà die Kontrolle des Drogenhandels übernahm. Erschwerend wertete die Staatsanwaltschaft, dass die Gruppe, der M. angehörte, eine bewaffnete Vereinigung war.

Im Juli 1999 wurde er von allen Anklagepunkten freigesprochen – das war also ein Freispruch erster Klasse – und er kehrte danach als freier

50   Teil I: Die italienische Mafia

und unschuldiger Mann wieder nach Stuttgart zurück. Warum die Staatsanwaltschaft ihn zu den Führungskräften der 'Ndrangheta zählte und des Drogenhandels beziehungsweise der Geldwäsche beschuldigte und trotzdem eine so schwere Niederlage einstecken musste – für viele ist das bis heute immer noch ein Rätsel. Der zuständige Staatsanwalt in Catanzaro wollte mir gegenüber dazu keine Auskunft geben.

Im Jahr 2000 ging das Bundeskriminalamt in einer Auswertung über die 'Ndrangheta noch einmal auf M. ein: »Der Clan Greco wird angeführt von Francesco Greco aus Mandatoriccio und seinem Cousin Michele Greco, ebenfalls aus Mandatoriccio. Aus den Ermittlungen in Italien (Operation Galassia 1990–1994) und Stuttgart gegen den Clan Farao ging hervor, dass der in Stuttgart wohnende M., geboren in Mandatoriccio, eng mit dem Clan Farao zusammengearbeitet hat. Er ist mit den Clanführern direkt verwandt.« So weit diese Behauptung.

In Italien selbst ist der Vorgang um M. und den baden-württembergischen Politiker hingegen immer noch präsent. »Bei ihnen in Italien, so fabulierten italienische Ermittler, wäre Oettinger nicht Ministerpräsident geworden, sondern hätte eher juristische Probleme bekommen wegen eines Verdachts, der bei ihnen zu Ermittlungen führen würde – nämlich ›favoreggiamento‹, Begünstigung. Die italienischen Ermittler verwiesen darauf, dass dieser Verdacht in ihrem Heimatland auch schriftlich fixiert wurde – noch im Jahr 2005.«[28] Eine Reaktion auf diese Schilderung von Rainer Nübel in dem Buch *Wir können alles – Filz, Korruption & Kumpanei im Musterländle* blieb seltsamerweise aus, obwohl der Ministerpräsident eigentlich empört hätte reagieren müssen oder zumindest die Opposition. Will man einen Ministerpräsidenten nicht mit läppischen Beschuldigungen konfrontieren?

Zufällig stoße ich nach meinem Besuch in Mandatoriccio wieder auf M. Und das kam so: Ein Bekannter lud mich im Herbst 2007 in ein italienisches Restaurant in der Nähe von Frankfurt ein. Dort gebe es die besten italienischen Speisen weit und breit. Außerdem treffe man dort bekannte Sportler, aber auch Leute, die nicht unbedingt zu den seriösen Persönlichkeiten von Frankfurt und Umgebung zählen würden. Ein bunter Mix halt, aber die seien ganz lustig. Auf den Fotos im Lokal, sie zieren eine ganze Wandseite, sind Sportler zu sehen wie Boris Becker und Rudi Völler, aber auch Politiker und Sportfunktionäre wie der ehe-

malige CDU-Minister aus Baden-Württemberg Gerhard Mayer-Vorfelder[29]. Der Besitzer dieses Restaurants hat den gleichen Nachnamen
wie M. aus Mandatoriccio, der einstige Freund des heutigen Ministerpräsidenten.

Deshalb frage ich den Besitzer, ob er M. kennen würde.

»Ja, natürlich. Das ist mein Cousin. Ich habe erst vor Kurzem mit
ihm telefoniert.«

Ich spreche ihn darauf an, dass M. doch damals verhaftet und nach
Kalabrien ausgeliefert worden sei.

»Ja, da war etwas. Er wurde aber freigesprochen.«

Hat es ihm geschadet, will ich wissen.

»Nein, er ist danach dort unten, wie man so hört, aufgestiegen.
Wenn wir Italiener heute irgendein Problem haben, dann wenden wir
uns an M. Er regelt alles.«

Das kann viel bedeuten. Der Besitzer spricht in diesem Zusammenhang von einem Brand in einem italienischen Restaurant in Mann-
heim, wobei mir nicht klar ist, was M. damit zu tun haben soll, davon
abgesehen, dass ein Verwandter von M. dort ein Restaurant hat.

Beim nächsten Besuch zeige ich dem Restaurantbesitzer einige
Fotos aus Mandatoriccio. Er ist begeistert.

»Das ist meine Heimat. Ein wunderschöner Ort.«

Ich nehme die Gelegenheit wahr und frage ihn, was M. jetzt eigentlich macht.

»Er hat dort unten ein tolles Fischrestaurant eröffnet.«

Mich interessiert offen gesagt mehr, ob er etwas zu dem damaligen
CDU-Fraktionsvorsitzenden Oettinger sagen kann. Der ist heute schließlich Ministerpräsident und bestritt einst heftig, jemals in Kalabrien gewesen zu sein und schon überhaupt nicht mit M. Gerüchteweise soll er
mit ihm sogar in Brasilien gewesen sein, damals, als beide noch Freunde
waren.

In der Zwischenzeit hatte der Restaurantbesitzer, erzählt er mir,
mit M. telefoniert. »Ach ja, die waren befreundet.«

Und was ist mit dem Besuch seines Freundes in Kalabrien und in
Brasilien? Das wollte ich beim letzten Mal schon wissen. Anscheinend
hat er vergessen, M. danach zu fragen.

»Soll ich M. anrufen?«

52   Teil I: Die italienische Mafia

Er greift zu seinem Mobiltelefon und tippt M.s Handynummer ein. Zu den damaligen Verhältnissen, zur aufgekündigten Freundschaft des Ministerpräsidenten will M. jedoch nichts mehr sagen.

»M. will seine Ruhe«, richtet mir der Restaurantbesitzer noch von ihm aus. M. sei ein freier Mann und nach dem Gesetz unschuldig. Hin und wieder komme er noch nach Deutschland.

Im Sommer 2008 fahre ich noch einmal nach Mandatoriccio beziehungsweise Mandatoriccio Mare. Ich will mir die Anlage anschauen, die sich M. dort am Strand gekauft hat. Das weiträumige Gelände liegt ziemlich abseits der Touristenströme. Doch am Kieselstrand liegen viele Touristen. Ein riesiges Restaurant fällt auf, bekannt für eine ausgezeichnete Pizza, und ein halb fertiges, ebenfalls ziemlich mächtiges Gebäude. Viele Autos mit deutschen Kennzeichen stehen herum. Und dann kommt ein kräftiger, braun gebrannter Mann auf mich zu, sportlich gekleidet, mit einer weißen Hose und blauem T-Shirt. Es ist M. persönlich.

Ich gebe mich als Tourist aus. Glücklicherweise kennt er mein Gesicht nicht. M. schwärmt, wie schön es hier doch sei, und fragt, ob ich nicht übernachten möchte. Das hätte ich sogar gerne getan. Aber aufgrund einiger Gäste aus Frankfurt und weil ich meinen Personalausweis abgeben müsste, lehne ich ab.

»Sie sprechen ja so gut Deutsch«, sage ich.

»Ich habe 30 Jahre in Stuttgart gelebt«, antwortet er. Und dann erzählt er, dass er einige Restaurants in Deutschland habe, viele Verwandte und Bekannte auch in Frankfurt. »Fast jeder aus Mandatoriccio hat in Deutschland ein Restaurant.« Zum Abschluss lässt er sich sogar noch mit mir fotografieren.

Nach diesem Erlebnis erkundige ich mich bei der Staatsanwaltschaft in Reggio Calabria, was sie über M. wisse. »Er gehört noch dazu«, sagt mir der leitende Staatsanwalt und drückt mir über 2000 Seiten der Akte Galassia in die Hand, in der M. eine bedeutsame Rolle im Zusammenhang mit der 'Ndrangheta gespielt habe. Unter der Aktion Galassia liefen von 1990 bis 1996 die Ermittlungen gegen die 'Ndrangheta-Clane aus Cirò und Mandatoriccio.

In Catanzaro bei der Guardia di Finanza sagt mir der verantwortliche Beamte, der an der Operation Galassia maßgeblich beteiligt war: »Er ist nach seiner Verhaftung in der Hierarchie der 'Ndrangheta aufgestiegen.« Damit bestätigt er das, was mir der Restaurantbesitzer bereits in Frankfurt sagte.

Und Fabio Iacono Manno von der DIA in Catanzaro glaubt zu wissen: »Er hat dem Farao-Clan nie abgeschworen, den Ort nicht gewechselt, und obwohl er freigesprochen wurde und ein freier Mann ist, für uns ist er immer noch ein Mitglied des Farao-Clans.

Was sagt M. zu diesen Behauptungen?

Am 1. September 2008 schreibe ich ihm eine E-Mail und frage unter anderem: »Waren Sie jemals Mitglied eines 'Ndrangheta-Clans? Warum hatte Sie die Staatsanwaltschaft in den Neunzigerjahren angeklagt? Haben Sie heute noch Verbindungen zu den Mitgliedern der Familie Farao in Cirò? Welche Restaurants besitzen Sie heute noch in Deutschland? Wie oft war Herr Oettinger bei Ihnen in Mandatoriccio? Sowohl die italienische DIA wie die Staatsanwaltschaft in Reggio Calabria sagen, wer einmal in der 'Ndrangheta war, bleibt es bis zu seinem Lebensende. Was sagen Sie zu dieser Aussage?«

Am 5. September 2008 antwortete mir sein Rechtsanwalt aus Stuttgart unter anderem: »Herr (...) hat nicht die Absicht, Fragen von Medienvertretern zu beantworten. Dies gilt insbesondere auch für den von Ihnen übersandten absurden Fragenkatalog. Herr (...) möchte von Ihnen nicht weiter behelligt werden.«

Wie dieser Farao-Clan für Disziplin in den eigenen Reihen sorgt, zeigt die Ermordung des Ehepaars Cariati 1996. Der Mann hatte seiner Frau Einzelheiten über Straftaten des Clans erzählt. Das war unverzeihlich. Deshalb wurde an beiden ein mörderisches Ritual vollzogen. Der Frau wurde zuerst in den Mund geschossen, weil sie zu viel erzählt hatte. Danach wurde ihr mit einem Messer ins Geschlechtsteil gestochen, da sie ihren Mann betrogen hatte. Als beide getötet waren, wurden sie so vergraben, dass noch ein Bein aus dem Boden herausragte – als immer sichtbare Mahnung.

Der Clan Farao spielt bis heute in Deutschland eine gewichtige Rolle. Bereits Mitte der Neunzigerjahre bot sich ein Clanmitglied in Deutschland als Zeuge an. Er schrieb eine lange Liste über die deutschen Clanmitglieder. Viele davon kamen aus zwei Dörfern in Kalabrien: Cirò und Mandatoriccio. Immerhin wurden in den letzten 15 Jahren viele Immobilien gekauft. Ein hochrangiger Beamter der Guardia di Finanza aus Catanzaro berichtete mir von einem abgehörten Telefongespräch. Da wollte ein Mitglied des Farao-Clans aus Stuttgart von seinen Bossen wissen, ob er eine bestimmte Immobilie kaufen solle. Die Antwort war eindeutig: »Das haben wir doch schon, die ganze Häuserzeile gehört uns doch bereits.«

In Backnang – das ist von Stuttgart nicht besonders weit entfernt – lebt ein weiterer Angehöriger des Farao-Clans. Es ist der Exschwager von M., der von 1982 bis 1984 bei M. in der Pizzeria gearbeitet hatte. Anschließend eröffnete er sein eigenes Restaurant. Gegen ihn, so das Bundeskriminalamt, sei ein Strafverfahren der Staatsanwaltschaft Catanzaro wegen Bildung einer mafiosen Vereinigung anhängig. Im Bereich Backnang/Waiblingen leben nach Aussage der Polizei Waiblingen circa 2000 italienische Staatsangehörige aus Cirò und Mandatoriccio – und das bei einer Gesamteinwohnerzahl von knapp 46 000. Sicher ist nicht jeder, der aus diesen beiden Gemeinden kommt, ein Angehöriger oder Sympathisant der 'Ndrangheta. Aber ein fruchtbarer Boden ist diese Region im Süden Deutschlands allemal, zumal sich die italienische Gemeinde in der Gegend untereinander nicht spinnefeind ist.

Bei den kriminellen Handlungen dieses Clans werden immer wieder der Drogen- und Waffenhandel genannt, Schutzgelderpressung, Brandstiftungen und Geldwäsche. Der Farao-Clan kam übrigens erst an die Macht, nachdem ein anderer Clan ausgeschaltet worden war. Und das lief folgendermaßen ab: Das Oberhaupt des verfeindeten Clans wurde zuerst angeschossen. Anschließend brachte man ihn in eine Orangenplantage. Dort feuerten die anderen Clanmitglieder auf ihn, damit nicht nur eine Person die Verantwortung für den Mord übernehmen musste. Nach seiner Hinrichtung übernahm Giuseppe Farao die Führung, bis er selbst verhaftet wurde.

Und wo lebte er lange Zeit? In Oberhessen. Dort residieren inzwischen andere Angehörige seines Clans. Vincenzo C. gehört dazu. Er ist offiziell als Kellner in einem Clubheim beschäftigt. Gegen ihn wurde zwar wegen des Verdachts der Mitgliedschaft in einer kriminellen Vereinigung ermittelt. Doch er wurde niemals angeklagt. Gegenwärtig sei eine Zelle des Farao-Clans im eher abgelegenen mittleren Fuldatal zu finden, glaubt das BKA. Und zwar in einer Gaststätte in Körle. Das sagte ein Kronzeuge der italienischen Polizei aus. Und wenn man dem BKA glauben darf, halten sich »die Auftraggeber für Raubstraftaten und Mordaufträge sporadisch« in diesem kleinen Ort mit seinen knapp 3000 Einwohnern auf.

Nicht weniger aufschlussreich ist die Karriere von Antonio A., der in der Nähe von Darmstadt lebt und ebenfalls ein Mitglied des Farao-Clans ist. Antonio A. gibt als Beruf Kaufmann an. Ein Kronzeuge der Polizei behauptete, Antonio A. habe Giuseppe Farao Kokain und eine Waffe geliefert. Außerdem soll er an einem versuchten Mord in Eschollbrücken/Pfungstadt beteiligt gewesen sein. Deshalb wurde er Anfang der Neunzigerjahre angeklagt und wegen schwerer Körperverletzung zu gerade mal acht Monaten Gefängnis verurteilt. Später ermittelte die Polizei gegen ihn wegen Betruges und Drogenhandel. Auch diese Verfahren gingen für ihn glimpflich aus.

Seine legalen Geschäfte laufen ebenfalls blendend, ist aus seiner Umgebung zu vernehmen. Richtig reden will niemand darüber, schließlich müsse man verstehen, dass aufgrund seiner Geschäfte gewisse Abhängigkeiten bestehen.

Und die Besuche aus Kalabrien, die schweren Limousinen vor seinem Anwesen? Er habe eben zahlreiche Freunde.

Um noch einmal auf M. und die offiziell lange zurückliegende Freundschaft mit dem heutigen Ministerpräsidenten Günther Oettinger zurückzukommen. Ob dieser Kontakt abgebrochen ist, bezweifeln nämlich, nach einem Bericht der *Badische Zeitung* vom 11. Oktober 2008, sowohl einige führende Stuttgarter Ermittler im LKA wie politische Funktionsträger im Musterländle. Demnach habe es Ende 2004 eine rauschende Siegesfeier gegeben. Der Grund war, dass sich Günther Oettinger parteiintern als Nachfolger des damaligen Ministerpräsidenten Erwin Teufel gegenüber seiner Rivalin Annette Schavan durchgesetzt hatte. Und die Siegesfeier sei ausgerechnet von M. kulinarisch betreut worden. Eine Reaktion auf diesen Bericht gab es nicht. Deshalb fragte ich in der Staatskanzlei, ob diese Meldung stimme. Am 20. Oktober 2008 antwortete mir die Staatskanzlei: »Diese Aussage ist falsch. Die ›Siegesfeier‹ fand in der Ludwigsburger Gaststätte Sudhaus ohne externes Catering statt. Nach Bekanntwerden der Ermittlungen gegen M. im Jahr 1994 hat Herr Oettinger den Kontakt zu M. abgebrochen. Dies gilt bis heute.«

4
Neue Heimat – nicht nur in Nordrhein-Westfalen

Fast ein Jahrzehnt ist es her, da meldete die bolivianische Zeitschrift *Presencia*: »Die Mafia exportierte zwischen 1991 und 1995 acht Tonnen Drogen und exportiert weiterhin Drogen nach Europa. Dies geht aus offiziellen Berichten über die Nachforschungen hervor, die über den Clan Dipo Dato angestellt wurden. Damit wurde klar, dass sich die kalabrische Mafia vier Hauptaktivitäten widmet: Waffenhandel, Handel mit politisch kompromittierenden Informationen, Betrieb von illegalen getarnten Kasinos, die durch zweifelhafte Ausschreibungen gekauft wurden, und dem Drogenhandel.«

Ausgangspunkt für diese Meldung waren Ermittlungen der Bochumer Polizei gegen Angehörige der sogenannten Santa Cruz Connection. Demnach hatten vorwiegend italienische und bolivianische Bürger seit 1991 mindestens 360 Kilogramm Kokain von Bolivien über Brasilien und Belgien nach Westeuropa eingeschmuggelt. Im Zuge dieser Ermittlungen wurden enge Kontakte der Santa Cruz Connection zur Familie La Minore aus dem Bereich Reggio Calabria sowie einer sardischen Drogenhändlerorganisation festgestellt. Die Operationszentrale des La-Minore-Clans war die Gaststätte L' Opera in Essen. Der La-Minore-Clan mit Stützpunkt in Nordrhein-Westfalen wird in Italien für über 150 Entführungen verantwortlich gemacht.

Friedhelm Althans ist Erster Hauptkommissar im Bochumer Polizeipräsidium und einer der raren Experten, die sich seit über 15 Jahren mit der italienischen Mafia beschäftigen. Er sagt: »Mehrfach wurde versucht, das Bundeskriminalamt für die weiteren Strukturermittlungen der Santa Cruz Connection« zu interessieren. Daraus wurde nichts. Denn »die Übernahme der Ermittlungen wurde mangels angeblich nicht vorhandener Deutschlandbezüge abgelehnt«. Das war umso unverständlicher, als sich bei den Ermittlungen herausstellte, dass es enge Verbindungen zu Angehörigen der 'Ndrangheta-Clane aus San Luca mit Sitz in Duisburg gab. Und sie wurden bereits Anfang der Neunzigerjahre nicht wegen krimineller Lappalien beschuldigt, sondern es ging um den internationalen Drogen- und Waffenhandel, den Handel mit Falschgeld und damit verbundene Morde im In- und Ausland. Bei einer Sicherstellung von 100 Kilogramm Kokain im Jahr 1999 wurden sogar Inhaberwertpapiere im Wert von 100 Millionen Mark beschlagnahmt.

Auch bei Ermittlungen in Recklinghausen im Zusammenhang mit Kokainhandel und gefälschten Inhaberwertpapieren waren Personen aus San Luca und ihre Amigos in Duisburg beteiligt. In der gleichen Zeit wurde in Duisburg ein 'Ndranghetista zu einer einjährigen Gefängnisstrafe verurteilt, und zwar wegen Verstoßes gegen das Betäubungsmittelgesetz. Die Anklage, dass er 100 Kilogramm Heroin für den Mammoliti-Clan mitorganisiert haben soll, musste jedoch fallen gelassen werden. Nicht zur Anklage kam auch, dass in seiner Wohnung Schecks aus Wohnungseinbrüchen und Falschgeld sichergestellt wurden. Im Laufe der Untersuchungen erkannten die Ermittler, dass es eine enge Verbindung zwischen dem kalabrischen La-Minore-Clan und der türkischen Mafia gab.

Knapp 15 Jahre ist das her. Doch erst nach den Morden in der Pizzeria Da Bruno im August 2007 in Duisburg spricht man in der Öffentlichkeit davon, dass es hier in Deutschland eine 'Ndrangheta gibt, so als sei sie aus dem Nichts entstanden. Nordrhein-Westfalen jedenfalls war und ist mindestens seit Beginn der Neunzigerjahre nicht nur Ruheraum der Mafia, bestätigt Friedhelm Althans, der ziemlich genervt ist von der bis heute anhaltenden Politik der Verharmlosung mancher Politiker. Und er arbeitet bereits seit über 15 Jahren im Polizeipräsidium Bochum über die italienische Mafia. »Hier geht es um massive Verbrechenstatbestände wie internationalen Drogenhandel, Waffenhandel, Fälschungsdelikte sowie versuchte und vollendete Tötungsdelikte«, klagte er nach den Mafiamorden in Duisburg mir gegenüber. Es sind Sätze, die im Düsseldorfer Innenministerium nicht gerne gehört werden. Nichts sehen, nichts hören und daher nichts sagen können – das ist das gewünschte Verhalten.

Erst am 15. Dezember 1997 fand im Bundeskriminalamt überhaupt die erste Tagung von Sachbearbeitern der einzelnen Landeskriminalämter zu dem Thema »Aktivitäten der 'Ndrangheta in Deutschland« statt. Hier sei es gelungen, meldete das Bundeskriminalamt stolz, wertvolles Grundlagenwissen zu vermitteln und im Rahmen von Workshops einen Informationsaustausch zu aktuellen Ermittlungsverfahren durchzuführen. Im Februar 1999 kam es zu einer weiteren Tagung der Experten, bei der der Schwerpunkt auf die wichtigsten 'Ndrangheta-Familien in Deutschland gelegt wurde. Danach tat sich nicht mehr viel.

Immerhin konnte festgestellt werden, dass in Kalabrien 184 Clane mit 6150 Mitgliedern agieren. Da die Mitgliederzahlen ständig variieren, dürfte auch diese Zahl wenig überzeugend sein. In einem Bericht der italienischen Direzione Investigativa Antimafia (DIA) vom Juni 2006 ist zu lesen, dass allein in der Provinz Reggio Calabria 112 Clane mit circa 7300 Mitgliedern organisiert sind.

Ein Clan findet die besondere Beachtung des Bundeskriminalamts, weil er in Deutschland sehr wichtig sein soll. Es ist der Clan Mazzaferro, der seinen Ursprung in der Gegend von Marina di Gioiosa Ionica am Ionischen Meer hat. Die »Unternehmensbereiche« schließen den Drogenhandel, Entführungen und Erpressungen ein. Der Clan soll eigene Kokainfelder in Kolumbien besitzen und damit auch die anderen Clane mit Drogen versorgen.

Insgesamt gibt es in Deutschland im Vergleich zu allen anderen westeuropäischen Ländern die meisten Locali. Sie sind nach Angaben der italienischen und deutschen Polizeibehörden in den meisten Bundesländern zu finden. Im Zusammenhang damit werden die Namen der Clane Romeo, Longo-Versace, Maiolo, Carelli, Ruga, Calabrese, Farao, Greco, Muto, Ferrazo, Pelle, Dina, Barbaro, Morabito, Tolone, Giglio, Elia oder Callaci-Cimino genannt.

Der Clan Callaci-Cimino beschäftigt sich überwiegend mit dem Drogenhandel und Erpressungen. Der Cousin des Clanführers lebt in Bayern. In Italien ist er wegen der Zugehörigkeit zu einer mafiosen Vereinigung und Mordbeteiligung sowie anderer Verbrechen vorbestraft. In Deutschland selbst musste er für einige Jahre wegen Handels mit Falschgeld ins Gefängnis. Jetzt arbeitet er in einer bayerischen Pizzeria. Sein Arbeitgeber ist Giuseppe G., ebenfalls ein Callaci-Cimino-Clan-Mitglied und als Koch in der gleichen Pizzeria beschäftigt. In ihrer Umgebung hielt sich häufig Candido Cimino auf, der wegen Mordes international zur Fahndung ausgeschrieben ist.

In Deutschland in Sicherheit gebracht haben sich auch Angehörige des Santoro-Clans aus Cirò, diesem fruchtbaren Weinanbaugebiet im Süden Kalabriens. Seit Ende 1998 lebt deshalb Domenico, der in Italien in seinem Auto angeschossen und schwer verletzt wurde, in Baden-Württemberg. Er ist in Italien vorbestraft, wegen Mordes, Verstoßes gegen das Waffengesetz und Verstoßes gegen das Betäubungsmittel-gesetz.

Auch der Vallelunga-Clan aus Vibo Valentia ist in Deutschland vertreten. So soll der in Deutschland lebende Savario Vallelunga die Waffen besorgt haben, mit denen später ein Krieg zwischen dem Callace-Clan mit dem Ciconte-Clan ausgetragen wurde. Doch die Beweise für eine Verurteilung reichten anscheinend nicht aus.

Mächtig und entsprechend einflussreich sind die 'Ndrangheta-Clane aus der Provinz Cosenza. Insgesamt werden in dieser Provinz 26 kriminelle Clane gezählt. 16 davon haben enge Beziehungen nach Deutschland. In der Provinz Cosenza liegt die Ortschaft Sibari mit ihren riesigen Hafenbecken und langen Lade- und Containerplätzen. Manche bezeichnen den Hafen als »Geisterhafen«, Jachtbesitzer freuen sich, hier immer einen freien Platz zum Ankern zu finden. Die gesamte Umgebung von Sibari wird allein von drei Clanen beherrscht. Auch hier spielte und spielt Deutschland eine entscheidende Brückenfunktion.

Einer der drei Clane ist der Carelli-Clan, der von dem 1939 geborenen Santo Carelli angeführt wird. Der Clan soll über 120 Personen umfassen mit einem Einflussgebiet, das sich nicht nur auf Corigliano Calabro (35 600 Einwohner), Cassano allo Ionio (18 500 Einwohner) und Rossano (33 600 Einwohner) erstreckt, sondern bis nach Deutschland reicht. Genannt werden die Städte Essen, Mülheim, Gelsenkirchen, Saarbrücken, Donaueschingen, Feucht, Neumarkt und Altdorf.

Nachdem Santo Carelli in Kalabrien verhaftet worden war, übernahm Pietro Marinaro die Clanführung. Im Frühjahr 1998 informierten die italienischen Behörden ihre deutschen Kollegen in München und Wiesbaden darüber, dass sich mehrere international gesuchte

Mitglieder dieses Clans in Deutschland aufhielten und kriminelle Geschäfte tätigen würden. Bis zu diesem Zeitpunkt wussten die deutschen Behörden kaum etwas über dieses Treiben. Wenige Wochen nach diesen Informationen konnten in Frankfurt zwei maßgebliche Mitglieder des Clans und in Mülheim/Ruhr der international wegen mehrfachen Mordes gesuchte Clanführer Marinaro verhaftet werden.

Er hatte nach der Festnahme des Clanbosses Santo Carelli nicht etwa von Kalabrien die Geschäfte des Clans geleitet, sondern von Deutschland aus. Marinaro war der bewaffnete Arm des Clans und dürfte, so das Bundeskriminalamt, an über einem Dutzend Morde direkt oder indirekt beteiligt gewesen sein. Sein Betätigungsfeld in Deutschland ergab sich aus einem bei ihm gefundenen Zettel. Auf dem waren fein säuberlich Geldbeträge aufgeführt: 3300 Mark, 500, 1000, 3800, 3500 und so weiter. Nach Aussagen eines Kronzeugen waren es die Einnahmen von Schutzgelderpressungen in Deutschland. Immerhin ist es der Polizei gelungen, die damals herrschende Führungsstruktur zu zerschlagen. Trotzdem besteht bis heute eine Unterstützerszene beziehungsweise gibt es dem Clan nahestehende Personen, die sich hier etabliert haben.

Eines der bekanntesten Führungsmitglieder des Carelli-Clans war Giorgio Basile. Bereits in einer Vernehmung von Giovanni Cimino, einem Angehörigen der 'Ndrangheta, bei der Staatsanwaltschaft Frankfurt im Zusammenhang mit Ermittlungen gegen den Carelli-Clan tauchte Basiles Name auf. Cimino bekannte sich unter anderem für den Mord an einem konkurrierenden Clanmitglied verantwortlich. Er gab zu Protokoll: »Diese in Deutschland getötete Person besaß verschiedene Lokale und eine Diskothek, die von Giorgio Basile geführt wurde, für die Basile eine monatliche Pacht von 10 000 Mark zahlte.«

Nicht weniger aufschlussreich war das, was Cimino über die Aufnahmezeremonie in die 'Ndrangheta erzählte. Nach seinen Worten würden in Deutschland die »Taufen« heute nicht mehr nach der alten Aufnahmezeremonie abgehalten, sondern nur noch mit »Handauflegen«. Man würde den Arm um eine Person legen und ein paar bestimmte Sätze sprechen, zum Beispiel: »Wir gehören zusammen, was mein Leid ist, wird auch dein Leid sein, wir werden uns nie mehr voneinander trennen.«

Giovanni Cimino durfte diese Taufen vornehmen. Nach seinen

Angaben habe der Carelli-Clan in Frankfurt eng mit dem Camorra-Clan Liciardi zusammengearbeitet. So habe etwa der Wirt einer Kneipe der Camorra kein Schutzgeld bezahlen wollen. Man sei dann zu Mitgliedern des Carelli-Clans gegangen. Die seien wiederum zu dem Wirt gegangen und hätten Schutzgeld verlangt, woraufhin der Wirt große Angst bekam und sich deshalb an die Leute des Liciardi-Clans wandte. Die haben dem Wirt zugesagt zu helfen und die Angelegenheit zu bereinigen. Allerdings müsse er dafür etwas bezahlen. Seitdem zahlt er das geforderte Schutzgeld. Von wegen Deutschland als Ruheraum der Mafia. Das belegt insbesondere die Geschichte von Giorgio Basile.

Der hochintelligente Giorgio Basile war unter anderem Auftraggeber für Morde. Bereits im Jahr 1984 setzte er in Mülheim/Ruhr wegen finanzieller Probleme die von ihm betriebene Pizzeria in Brand. 1985 wurde in Duisburg der Gastronom Mühlenbeck ausgeraubt und brutal ermordet. Es war Basile, der damals eine Diskothek in Metzingen besaß und den Tipp gab, dass bei Mühlenbeck »etwas zu holen wäre«. Im gleichen Zeitraum wurde von der Gruppe um Basile eine Raub- und Überfallserie auf Kasinos und Pizzerien im Raum Duisburg verübt. Er selbst war im Auftrag seines Clans an 30 Morden an verfeindeten Mafiamitgliedern beteiligt. Allein im Jahr 1993 brachte er fünf Menschen um. Einige seiner Opfer hatte er offenbar stundenlang gefoltert und anschließend erschlagen. Seine Gruppe ging, so stellte die Polizei fest, immer bewaffnet vor. Bei einem Überfall wurde über 50 Mal geschossen.

Nach seiner Verhaftung am 2. Mai 1998 in Kempten wurde Giorgio Basile zum Kronzeugen umgepolt. Er konnte festgenommen werden, weil es einen Hinweis auf seinen Aufenthaltsort durch Antonio P. gab, der als Unterstützer des Carelli-Clans galt. Verhaftet wurde Giorgio Basile daraufhin offiziell im Rahmen einer Schleierfahndung. Den Ermittlern des LKA München ist es zu verdanken, dass sie aufgrund ihrer hervorragenden Kenntnisse über die Mafia, insbesondere was die Basile angelasteten Morde angeht, ihn davon überzeugen konnten, ein Geständnis abzulegen.

Nachdem er sich bereit erklärte, mit der Polizei zu kooperieren, wurde er regelmäßig zu verschiedenen Vorgängen vernommen. Basile machte umfangreiche Aussagen, auch zu Drogengeschäften und Geldwäscheaktivitäten von Antonio P., dem Mann, der ihn ans Messer geliefert hatte. Er erzählte den vernehmenden Beamten auch über diverse bisher unbekannte Morde, darunter den Mord an einem Drogenhändler in Holland, den er in einem Abwasserrohr versteckt hatte. Danach wurde er nach Italien ausgeliefert und in das Zeugenschutzprogramm aufgenommen.

Durch die Aussagen dieses Killers erhielt die Polizei tiefe Einblicke in die Struktur der 'Ndrangheta in Deutschland, von denen sie zuvor nichts oder nur sehr wenig wusste. Und es gelangen, nachdem er konkrete Aussagen zu den ihm vorgeworfenen 30 Morden machte, zahlreiche Festnahmen in Deutschland und Europa. Unter anderem gelang es der bayerischen Polizei, »im Dezember einen Nürnberger Mafiaring zu sprengen, der dort Schutzgelderpressung, Drogen- und Waffenhandel, Raub und Brandstiftung betrieben hatte. Sieben maßgebliche Clanmitglieder wurden verhaftet.«[30]

In einem Interview mit dem Journalisten Markus Rosch sagte Giorgio Basile im Frühjahr 2008: »Ich habe in jede Richtung gearbeitet. Angefangen von Morden bis Drogenhandel, Waffenschmuggel, das Einzige, was ich nicht gemacht habe, waren Zuhälterei und mit Heroin gedealt. Die Morde kamen einfach. Du wolltest an die Spitze kommen, du wolltest dich zeigen, die gingen dir auf den Nerv. Wenn wir die nicht umgebracht hätten, hätten die auf uns eines Morgens gewartet. Es ging darum, die oder wir.«[31]

Weiträumig agierte sein Carelli-Clan in Nürnberg, Kempten, Frankfurt. Aufgefallen ist in Frankfurt etwa Leonardo P., als er 1996 mit einer Schussverletzung am Bein in ein Krankenhaus gebracht wurde. Er sei überfallen worden, erklärte er der Polizei. Doch schnell stellte sich heraus - damals funktionierte noch die OK-Abteilung im Polizeipräsidium -, dass es sich um eine Bestrafungsaktion von Mitgliedern des Carelli-Clans gehandelt hatte. Leonardo P. wollte eine bestimmte Summe für flüchtige Clanmitglieder nicht bezahlen.

Als weitere Mitglieder des Clans gelten die Betreiber von drei Pizzerien und vier Restaurants in Mülheim. Zwei der Restaurants wurden nach der Festnahme des Clanmitglieds Marinaro 1998 geschlossen, wovon eines inzwischen wieder eröffnet ist. Drogengeschäfte sollen demnach über eine Pizzeria vermittelt worden sein. Es bestehe für die Polizei der Verdacht, dass der Betreiber der Pizzerien zumindest als

Neue Heimat - nicht nur in Nordrhein-Westfalen

Strohmann für Marinaro agierte. Verschiedene Kronzeugenaussagen untermauern anscheinend diese Vermutung des Bundeskriminalamts. Demnach gibt es zudem konkrete Hinweise, dass Rosario M. vom Carelli-Clan Kontakte zu einem Waffenladen im Süden Brandenburgs gehabt haben soll. Dessen Besitzer soll nach der Wende illegalen Waffenhandel betrieben haben und einst Mitarbeiter des Ministeriums für Staatssicherheit gewesen sein.

Enge Verbindungen des Carelli-Clans bestehen zumindest in Deutschland zu dem Clan Polillo-Musacchio aus Cerzeto. Der Clanchef selbst war häufig bei seinem Sohn in Nürnberg zu Besuch. Dabei stellte sich heraus, dass der Clanchef eine engmaschige Struktur von 'Ndrangheta-Angehörigen aus Corigliano Calabro in Deutschland aufgebaut hatte. Deren Betätigungsfeld sind Drogenhandel, Verbreitung von Falschgeld und Schutzgelderpressung. Ob sein Sohn selbst ein Angehöriger der 'Ndrangheta ist, konnte bislang nicht nachgewiesen werden.

Hingegen ist bekannt, dass mehrere Angehörige des Clans Tripodore-Morfo-Manzi in Deutschland agieren. Einer der Clanangehörigen ist Francesco B. Er gilt als ein ausführendes Organ des Clans.

Ein Anwärter für die Mitgliedschaft in der kalabrischen Mafia ist Domenico G. aus Rheinland-Pfalz. Verdächtigt wurde er, an der Ermordung zweier Personen aus Cosenza beteiligt gewesen zu sein. Wegen mangels an Beweisen wurde er jedoch freigesprochen. Danach wurde er in Italien wegen versuchten Mordes zu einem Jahr Freiheitsstrafe verurteilt. Seitdem arbeitete er in einer deutschen Pizzeria. Dessen Inhaber wiederum gilt als Mitglied eines Cosa-Nostra-Clans aus Catania.

»Hessens schönster Ausflug führt in den Vogelsberg nach Lauterbach.« Mit diesen Worten wirbt die Gemeinde um Gäste. Die liebliche Kleinstadt scheint für Angehörige des Ruga-Clans eine besondere Anziehungskraft zu haben. Sie betreiben üblicherweise Drogen- und Waffengeschäfte. Nur unter seiner Handynummer ist dort ein Mann zu erreichen, dem nachgesagt wird, so etwas wie der Vertreter des Ruga-Clans zu sein. Aufgefallen ist er dadurch, dass auf seinen Sohn eine Gaststätte eingetragen ist und sein Freund Antonio die Erteilung einer Gaststättenerlaubnis für ein Bistro beantragte, die dieser auch erhielt. Und so speist der Gast in einem Restaurant, hinter dem die 'Ndrangheta steht.

Ähnlich attraktiv muss es in Südhessen sein. Hier hat der Di-Giovine-Clan aus Reggio Calabria eine wichtige Anlaufstelle gefunden. Über diesen Clan weiß man einiges. Er hat nicht nur Verbindungen nach San Luca, sondern ist verwandtschaftlich mit dem mächtigeren Clan Serraino aus Reggio Calabria verbunden. In Südhessen residiert Giovanni mit seiner deutschen Ehefrau und gilt als Anlaufstelle und Kontaktperson der »Italienerszene« in dieser zentralen Region des Rhein-Neckar-Gebiets. Mehrfach wurden bereits Ermittlungsverfahren wegen Betrugs und Verdachts der internationalen Autoverschiebung gegen ihn geführt, die jedoch alle eingestellt werden mussten. Giovanni besorgt jedenfalls Clanangehörigen Zimmer oder stellt gewünschte Fahrzeuge zur Verfügung.

5
San Luca – über ein kalabrisches Dorf, das plötzlich in Deutschland berühmt wurde

Diese Tage nach dem 15. August 2007 werden die knapp 4100 Bewohner von San Luca in der Provinz Reggio Calabria nicht so schnell vergessen. In den letzten Jahren ist, abgesehen von der Polizia di Stato und den Carabinieri, kaum jemand von der Nationalstraße unten am Ionischen Meer eine mäßig asphaltierte Nebenstraße ins bergige Landesinnere hineingefahren, vorbei an mannshohen Kakteen, Olivenbäumen und einer Brücke, die ins Nichts führt. Die Staatsanwaltschaft in Reggio Calabria geht davon aus, dass in San Luca zwischen 500 bis 600 Bewohner der 'Ndrangheta angehören.

Doch nach diesem 15. August fielen zahlreiche als Plage empfundene italienische Polizisten und viele Journalisten aus Deutschland und Italien in San Luca ein und schnüffelten dort herum. Die Journalisten suchten die kalabrische Mafia, und die Polizei hoffte Hinweise auf die Mörder und Hintermänner des Duisburger Massakers zu finden. Stereotyp las und hörte man danach in den Medien vom »eiskalten Schweigen« der San Lucheser und den »leer gefegten Straßen«. Begehrter Gesprächspartner war Don Pino, der Pfarrer von San Luca. »So viele Menschen sind weggeblieben nach all dem, was die Zeitungen über Duisburg und San Luca und die 'Ndrangheta geschrieben haben«, klagte Pino Strangio. »Es klang ja gerade so, als wolle die Mafia hier eine Metzelei anrichten. Das war blanker Unsinn.«[32]

Von ihm wird auch gerne der schöne Satz zitiert: »Wir müssen dem Bösen das Gute entgegensetzen.« Hätte man Oberstaatsanwalt Nicola Gratteri aus Reggio Calabria gefragt, wäre das Bild des unschuldigen Seelsorgers ein wenig relativiert worden. Die Ermittler glauben, aus abgehörten Telefongesprächen erfahren zu haben, dass der Mann der

Kirche für die 'Ndrangheta-Clane in San Luca mehr als ein Beichtvater war.

Im Zusammenhang mit den Duisburger Morden und der kalabrischen Mafia in Deutschland fielen auf einmal Clan-Namen wie Romeo, Vottari, Nirta, Strangio, Mammoliti. Und alle stammen aus diesem furchtbar ärmlichen und langweiligen Dorf San Luca, 2146 Kilometer und 22 Stunden Autofahrt von Duisburg entfernt.

Noch bevor die Mordkommission der Duisburger Polizei überhaupt ahnte, welch enge Verbindungen zwischen den sechs Ermordeten aus Deutschland und San Luca bestanden, wusste der damalige italienische Innenminister Giulio Amato von den beteiligten verfeindeten Clanen aus San Luca und deren Beziehungen nach Nordrhein-Westfalen. Trotzdem wollte die Duisburger Polizeiführung in den ersten Tagen nicht von Mafiamorden sprechen und spekulierte über viele andere Motive. Die italienische Mafia in Duisburg? Nein – die gibt es da nicht. Dabei war Stunden nach den Morden jedem kundigen Kriminalbeamten in Nordrhein-Westfalen alleine aufgrund der Familiennamen und des Tatorts klar, dass in dieser Nacht die blutige Fehde einzelner Clane aus San Luca auf deutschem Boden ausgetragen wurde.

Denn wegen der seit 1991 geführten Faida zwischen dem Strangio-Nirta-Clan und dem Pelle-Romeo-Clan wusste das Bundeskriminalamt Wochen vor den Morden, dass Waffen für geplante Attentate in Deutschland beschafft werden sollen. Die italienischen Ermittler aus Reggio Calabria hatten dem BKA mitgeteilt, dass Anfang Juni 2007 zwei Mitglieder des Romeo-Clans (Alias-Name Staccu) nach Duisburg in die Mülheimer Straße ins Restaurant Da Bruno gefahren sind, um Verkaufsverhandlungen für Waffen zu führen, unter anderem ging es um ein amerikanisches Präzisionsgewehr. Wurden diese Informationen vom BKA vielleicht nicht nach Duisburg weitergeleitet? Oder hatten die italienischen Behörden das BKA nicht ausreichend informiert? Tatsache ist, das geht aus dem Haftbefehl (940 Seiten) der Staatsanwaltschaft Reggio Calabria vom 12. Oktober 2007 gegen die insgesamt acht mutmaßlichen Mörder und die Auftraggeber hervor, dass das Auto, mit dem sie nach Deutschland fuhren, mit Abhörgeräten verwanzt war und alle ihre Telefonate abgehört wurden. Die Italiener waren über jeden einzelnen Schritt der Killer – von ihrer Abfahrt in San

Luca bis zu ihrer Ankunft in Duisburg - informiert. Die entsprechenden Telefongespräche wurden alle im Haftbefehl aufgeführt. Das Massaker konnte trotzdem nicht verhindert werden.

In Deutschland wusste hingegen jeder einigermaßen kundige Kriminalist seit mindestens einem Jahrzehnt von der besonderen Bedeutung San Lucas für die 'Ndrangheta, dass der Ort als ein sogenanntes Mutterhaus der 'Ndrangheta berühmt-berüchtigt war und ist. Enzo Ciconte, Autor verschiedener Bücher über die 'Ndrangheta und Exberater der Parlamentarischen Antimafia-Kommission, spricht davon, dass es die Familien aus San Luca sind, die entschieden haben und entscheiden, wer zur 'Ndrangheta gehört und wer nicht. Wenn sich in England, Holland oder Deutschland ein neuer Clan niederlassen will und nicht die Zustimmung der Familien in San Luca erhält, dann gibt es in diesen Ländern keinen 'Ndrangheta-Clan.

Tatsächlich erklärte schon Mitte der Neunzigerjahre ein Kronzeuge aus den Reihen der 'Ndrangheta: »Bildet sich ein Locale, ist dies der ›Mamma‹ in San Luca zu melden, von dort wird ein Vertreter geschickt, der die Versammlung des Locale in Anwesenheit aller Mitglieder dieses Ortes organisiert. In den Locali mit höherer Mafiadichte entsteht die sogenannte Maggiore (die höhere Gesellschaft) oder die Santa (die heilige Gesellschaft). Diese Santa ist die Elite der 'Ndrangheta. Nur in wenigen Locali ist es möglich, die Santa zu gründen.«

Wie in kleinen, einst von der Außenwelt abgeschlossenen Gemeinden üblich, gab und gibt es in San Luca Familien, die auch untereinander durch Blutsbande verbunden sind, unter anderem durch Heirat. Biologischer Inzest ist dabei eingeschlossen. Nach innen herrscht in den Clanen die absolute Sittlichkeit - nach außen genau das Gegenteil. Leitfiguren dieser 'Ndrangheta-Clane aus San Luca sind die ehrenwerten Familien von Antonio Romeo (alias Staccu), Santo Vottari (alias Frunzu), Antonio Pelle (alias Gambazza), Francesco Nirta (alias Scalzone), Francesco Strangio (alias Barbaro) und Giuseppe Giampaolo (alias Russelo). Sie sind, neben den Mammolitis, die mächtigsten der insgesamt 39 Familien in San Luca. Im Telefonbuch sind für San Luca 35 Strangios und 20 Nirtas eingetragen. Sie verbindet, dass sie Brüder, Schwestern, Onkel, Cousins oder Neffen in bestimmten Regionen Deutschlands haben.

Über den Romeo-Clan – er ist in Deutschland besonders stark vertreten – sagte ein Kronzeuge der Polizei Folgendes aus: »Bei dem Clan Romeo aus San Luca betragen die Erträge aus dem Drogenhandel etwa 50 Prozent der Gesamteinkünfte. Die restlichen 50 Prozent werden durch Waffenhandel, Erpressungen, Auftragsvergabe von öffentlichen Aufträgen etc. erzielt.«

Ermittlungen in Italien haben darüber hinaus gezeigt, dass es in Deutschland für jeden einzelnen Clan aus San Luca einen eigenen »Manager« gibt, der nur für die internationalen Drogengeschäfte zuständig ist. Das sind in der Regel jüngere Clanmitglieder, die in ständigem Kontakt zu dem Mutterhaus in San Luca stehen. Laut Erkenntnissen des Bundeskriminalamtes aus dem Jahr 2007 leben derzeit circa 160 Angehörige dieser Clane in Deutschland, abgesehen von jenen Sympathisanten, die sich nur zeitweise in Deutschland aufhalten und nicht angemeldet sind. Deren Zahl wird nochmals auf ungefähr 200 bis 300 geschätzt. Als Schwerpunkte dieser Clane tauchen in den Ermittlungen der italienischen wie der deutschen Polizei immer wieder die Städte Bochum, Duisburg, Erfurt, Leipzig, München, Neukirchen-Vluyn und sogar der unscheinbare Ort Deizisau auf.

Bezeichnend ist die Aussage eines Richters aus Bologna zu dem bis 1993 in Deutschland lebenden Antonio Mammoliti aus San Luca: »Er hat dank der Unterstützung von Finanzexperten innerhalb der Organisation die Investition der Gelder aus dem illegalen Drogenhandel organisiert. Dabei bediente er sich des Mittels des Umtausches in ausländische Währung, vor allem der Deutschen Mark, wobei er die Mitarbeit von weiteren, in Deutschland wohnenden Mitgliedern der Organisation nutzte. Die in Deutschland ansässigen Mitglieder waren und sind insbesondere Inhaber oder Geschäftsführer von Restaurants, die als Strohmänner fungierten. Dabei wurden alle Lokale mit Geldern aus dem Drogenhandel gekauft. Mit dieser Tätigkeit konnte er eine grundlegende Basis für das weitere Bestehen der Organisation aufbauen. Durch die ›Geldwäsche‹ und durch seine Kapitalisierung konnte er frische wirtschaftliche Mittel für den Kauf von Drogen freisetzen.«

Als ich in Reggio Calabria den leitenden Staatsanwalt Nicola Gratteri fragte, ob der Clan Mammoliti ein wichtiger Clan sei oder nur eine untergeordnete Rolle in Deutschland spiele, sagte er: »Er ist für uns einer der wichtigsten Clane der 'Ndrangheta in Deuschland, genauso wichtig wie die von Strangio und Nirta.«

Von zentraler Bedeutung für die kriminellen Clane aus San Luca war in Duisburg das Restaurant Da Bruno. In der Vergangenheit schauten häufiger Prominente beim Wirt Sebastiano Strangio vorbei, seine Freunde nennen ihn Basti. Das BKA glaubte bereits im Jahr 1992 sicher zu wissen, dass dieses Restaurant ein Stützpunkt für Drogen- und Falschgelddelikte sein musste.

Damals wurde das Restaurant von Domenico G. alias Ciceri betrieben, ebenfalls aus einem weitverzweigten Familienverbund aus San Luca, in dem es mehrere Domenico G. gibt. Sie können deshalb nur durch ihr Geburtsdatum und ihren Spitznamen unterschieden werden. Obwohl er offiziell nur über ein monatliches Einkommen von circa 800 Mark verfügte, soll er 250 000 Mark für die Pizzeria in bar bezahlt haben. Domenico G. alias Ciceri ist auch bei der Polizei in Italien kein Unbekannter. Er wird von ihr verdächtigt, schreibt das BKA in seiner vertraulichen Analyse aus dem Jahr 2007, »einer der fähigsten jungen Leute aus San Luca im Bereich von Entführungen sowie Überfällen, Erpressungen und weiteren Straftaten zu sein, die sowohl in Kalabrien, an der ionischen Küste und in Norditalien verübt wurden«.

Im Jahr 1994 wurde er von einem Kronzeugen belastet. Er soll 1981 zusammen mit Giuseppe Pelle, dem Sohn des Pelle-Clanführers, in Italien einen Mord im Auftrag des 'Ndrangheta-Clans Di Agostino verübt haben. Der Kronzeuge war bei dem Mord persönlich anwesend. Damals lebte Domenico G. alias Ciceri bereits in Deutschland. Mit diesem Mord, so die These, sei er endgültig in die 'Ndrangheta aufgenommen worden beziehungsweise in der Hierarchie einen Rang aufgestiegen. Alle diese Ermittlungsergebnisse wurden durch weitere Kronzeugenaussagen untermauert.

Trotzdem wurde das Verfahren 1997 in Italien eingestellt. 2002 gab ein weiterer Kronzeuge gegenüber der Staatsanwaltschaft in Reggio Calabria an, dass Domencio G. inzwischen ein »getauftes« Mitglied der 'Ndrangheta geworden sei.

Ein Komplize von Domenico G. war Bruno Giorgi, ebenfalls aus San Luca. Bruno Giorgi war international wegen Drogenhandels zur Festnahme ausgeschrieben und wurde Anfang Februar 2005 in Belgien verhaftet. Zudem bestand gegen ihn ein Haftbefehl der Staatsanwalt-schaft Reggio Calabria zur Vollstreckung einer Freiheitsstrafe von 16 Jahren. Er ist Mitglied des 'Ndrangheta-Clans Romeo alias Staccu. Auch sein Bruder Fortunato wird international wegen Drogenhandels gesucht; außerdem liegt ein italienischer Haftbefehl zur Vollstreckung einer Freiheitsstrafe von 20 Jahren gegen ihn vor.

Ein weiterer enger Verwandter Bruno Giorgis ist Antonio G., der Ge-schäftsführer einer Pizzeria in Ulm ist. Dazu findet sich in BKA-Unterla-gen aus dem Jahr 2007 folgender Vermerk: »Im Zusammenhang mit den Fahndungen nach Bruno Giorgi und Fortunato Giorgi wurden Ermitt-lungen der Squadra Mobile in Reggio Calabria geführt. Im Rahmen der Ermittlungen wurde bekannt, dass sich die Gesuchten unter anderem in Deutschland bei ihrem Verwandten aufgehalten haben könnten.«

Betreiber des Restaurants Da Bruno in der Duisburger Tonhallen-straße, das durch das Massaker am 15. August 2007 in die Schlagzeilen geriet, war bis zum 8. August 2003 eine Firma namens Benedetta Gas-tronomie Betriebs GmbH. Als Prokurist war ein Mitglied des Strangio-Clans eingetragen. Seit April 2006 wurden in der Tonhallenstraße um-fangreiche Bau- und Sanierungsmaßnahmen durchgeführt. Ein neues Spielkasino sollte entstehen, und ein neues Einkaufszentrum war geplant. Daher wurde das Restaurant Da Bruno in die Mülheimer Straße verlegt und in Da Bruno im Klöcknerhaus umbenannt. Seit dem 20. September 2005 wird das Da Bruno von einer neuen Inhaberin ge-führt. Deren Bruder arbeitet in einer Pizzeria und gilt, behauptet je-denfalls das Bundeskriminalamt, als enge Kontaktperson zu der Täter-gruppierung um Antonio Mammoliti.

Häufig genannt wird auch der Unternehmer und Hotelier Antonio Pelle aus Duisburg im Zusammenhang mit der 'Ndrangheta in Nord-rhein-Westfalen. Seinem offiziellen Lebenslauf nach ging es seit seiner Einreise nach Deutschland im Jahr 1972 bergauf. In Duisburg arbeitete er zuerst als Schweißbrenner bei Thyssen, danach arbeitete er bis 1977 im Gastronomiebereich in Velbert. 1978 eröffnete er das erste eigene Restaurant La Gioconda in Duisburg, drei Jahre später das zweite Res-taurant La Gioconda 2, ebenfalls in Duisburg. 1997 folgte die Eröffnung eines Hotels mit angeschlossenem Restaurant, das eine der ersten Adressen in Duisburg und Umgebung ist.

Nach den Morden in Duisburg war er, da er auch aus San Luca stammt, eine der wenigen Anlaufadressen für kundige Journalisten. Und ihnen gegenüber äußerte er sich folgendermaßen: »Fakt ist, dass es in Deutschland Kriminalität gibt, aber die haben doch nicht wir mitgebracht, die Kalabresen, die hier ihrer ehrlichen Arbeit nachgehen.«[33]

Im Zusammenhang mit seinem Hotel wurde 1997 wegen des Verdachts der Geldwäsche ein Ermittlungsverfahren geführt. Das Bundeskriminalamt glaubte zu wissen, dass Antonio Pelle und sein Kompagnon das Hotel in einem sogenannten Wasserschutzgebiet für 19 Millionen Mark erworben hätten, obwohl sie beide nicht über die entsprechenden finanziellen Mittel verfügten. Die späteren Ermittlungen des Landeskriminalamts in Düsseldorf ergaben jedoch keinerlei Anhaltspunkte für Geldwäscheaktivitäten im Zusammenhang mit dem Kauf des Hotels. Das Hotel wurde vielmehr mithilfe von EU-Subventionen sowie mit Krediten des Bundes, des Landes und der Stadt finanziert. Die Grundfinanzierung erfolgte über die Dresdner Bank in Duisburg.

Trotzdem glaubt das BKA heute noch, auch wenn bisher keine illegalen Geldströme nachgewiesen werden konnten, dass das Hotel hervorragende Möglichkeiten böte, um international gesuchte Clanangehörige zu verstecken beziehungsweise bei der Tilgung von Krediten Gelder zu waschen. Das dürfte auch der Grund dafür gewesen sein, dass das BKA in seinem Auswertungsbericht über San Luca aus dem Jahr 2007 auf Seite 27 Folgendes schreibt: »Im Frühjahr 2002 wurde hier bekannt, dass auch Bundeskanzler Schröder im Hotel übernachten wollte. Er wollte sich dort unter anderem mit der Musikgruppe Scorpions treffen. Durch OA 12 (die für OK-Bekämpfung zuständige Abteilung im BKA, Anmerkung des Autors) wurde eine entsprechende Hintergrundinformation zu dem Hotel mündlich an die Sicherungsgruppe weitergegeben, sodass der Besuch letztendlich abgesagt worden ist.«

Meine E-Mail-Anfrage vom 28. März 2008 bei Antonio Pelle in Duisburg, was er zu den Vorwürfen zu sagen habe, beantwortete er mit folgenden Worten: »Vielen Dank für Ihre Mail. Gerne beantworte ich Ihre Fragen, auch wenn Sie sich sicherlich vorstellen können, dass ich als mittelbar Betroffener (Rufschädigung etc.) mittlerweile recht dünnhäutig auf diesen Themenkomplex im Generellen reagiere. Aus diesem

Grund habe ich selber ein Buch geschrieben, dessen Inhalt San Luca, meinen Werdegang und das Leben als San Lucheser behandelt, der in die kriminelle Problematik nicht involviert war und ist – der sich aber trotzdem täglich der Verpflichtung ausgesetzt sieht, sich für seine Herkunft zu rechtfertigen.«

Zu den konkreten Vorwürfen schreibt er: »Ein Antonio Romeo ist nicht Gast in meinem Haus gewesen. Es bestehen keinerlei geschäftliche Beziehungen zur Familie Romeo/Staccu. Es ist allerdings so, dass in dem 4000-Seelen-Dorf San Luca irgendwie jeder mit jedem verwandt ist und ich daher nicht ausschließen kann, in irgendeiner Form dort auch verwandt zu sein, ohne diese ›Beziehung‹ zu pflegen, wie das normalerweise bei verwandtschaftlichen Beziehungen üblich ist. Ich weiß, dass ein Domenico Mammoliti in San Luca lebt beziehungsweise lebte. Seit circa 15 Jahren habe ich ihn weder persönlich gesehen noch anderweitigen Kontakt zu ihm gehabt.«

Und er schließt mit den Worten: »Auch ich bin daran interessiert, zur Klärung der vielen Fragen beizutragen und das Leben aller diskriminierten Kalabresen in Deutschland erträglicher zu machen.« Inzwischen hat er ein Buch veröffentlicht mit dem Titel *Geboren in San Luca.* Er schreibt: »Natürlich gibt es in San Luca Kriminelle wie in anderen Orten auch. Aber es gibt dort auch genauso viele gute Menschen wie anderswo. Den Journalisten ist selbst unsere geliebte Madonna di Polsi im Santuario auf dem Berg nicht heilig, wenn sie sie als ›Mafia-Madonna‹ beschimpften.« Das Wort 'Ndrangheta benutzt er im ganzen Buch nicht.

Zum Romeo-Clan ist noch zu sagen, dass bei der Fahndung nach dem 60-jährigen Antonio Romeo aus San Luca – er hat den Spitznamen »Cento capelli« und gilt als Organisator für den Drogenhandel der Romeo-Familie – die Carabinieri in San Luca beobachteten, dass Aurelio Mammoliti mehrmals in der Woche zur Wohnung von Romeo fuhr. Deshalb wird die Familie um Mammoliti von den italienischen Ermittlungsbehörden auch als »operativer Drogenarm« des Romeo-Clans alias Staccu angesehen.

Es bleibt festzuhalten: Ob in Duisburg, Dortmund, Bochum oder Oberhausen – bei vielen italienischen Restaurants oder Pizzerien kann davon ausgegangen werden, dass es Verbindungen nach San Luca und

Plati gibt und damit zwangsläufig zur 'Ndrangheta. Entsprechend häufig tauchen die bekannten Familiennamen aus San Luca bei Ermittlungen entweder der deutschen oder italienischen Polizei auf. Dabei geht es vom Mord über Entführungen, den Drogen- und Waffenhandel bis zur Schutzgelderpressung. Selbst in Soest gibt es zum Beispiel zahlreiche kriminalpolizeiliche Erkenntnisse über Angehörige des Stipo-Clans, der sich dem Romeo-Clan alias Staccu angeschlossen hat. Gegen ein Stipo-Clanmitglied wird seit mehreren Monaten wegen Schutzgelderpressung ermittelt.

Offiziell betreibt der Stipo-Clan in San Luca ein Bauunternehmen. Das florierte deshalb so gut, weil er aufgrund seiner guten Beziehungen zu den zuständigen Behörden in den Genuss staatlicher Bauaufträge kam. Seit 2007 wird gegen ein Mitglied des Stipo-Clans wegen des Verdachts des internationalen Drogenhandels und Schutzgelderpressung ermittelt.

6
Erfurt – die östliche Filiale von San Luca

Im Mai 2004 trommelte der CDU-Kreisverband Erfurt für Wählerstimmen direkt vor dem Eiscafé jenes italienischen Padrone, von dem das Bundeskriminalamt behauptet, er sei ein Mitglied der 'Ndrangheta. Das Bundeskriminalamt schreibt darüber Folgendes: »Als Abschlussveranstaltung des CDU-Kreisverbandes ist man dann zur ›Italienischen Nacht‹ zum Fischmarkt gegangen, die von S. organisiert worden ist. Weiterhin wurde bei einer anderen Wahlkampfveranstaltung der CDU eine Modenschau von den Italienern um S. organisiert und bezahlt.«[34] Auf meine E-Mail-Anfrage vom 16. Mai 2008 beim CDU-Kreisverband Erfurt, ob dieser vom BKA mitgeteilte Sachverhalt stimmte, erhielt ich keine Antwort. S. bestätigte mir gegenüber am 30. Oktober 2008: »Ich bin nur für das Catering der Veranstaltungen verantwortlich gewesen.« Bleibt die Frage: Warum und wie hatten die Italiener Erfurt überhaupt entdeckt?

Irgendwann im Jahr 1996 muss es gewesen sein, als sich einige in Nordrhein-Westfalen lebende Angehörige der kalabrischen Mafia in Richtung Osten begaben. Ihr erstes Ziel war Erfurt, die Landeshauptstadt von Thüringen. Später sind ihnen andere gefolgt – Söhne, Brüder, Schwestern, Cousins, Neffen, Enkel und Schwippschwager. Innerhalb weniger Jahre eröffneten sie in Erfurt Restaurants der gehobenen Gastronomie und schufen so eine kulinarische Oase in der damals vorherrschenden tristen ostdeutschen Küche. Heute verfügen die Familien aus Kalabrien zumindest in Erfurt fast über ein Monopol der italienischen Restaurationsbetriebe.

Das Seltsame ist jedenfalls, dass über die meisten der aus San Luca und Umgebung kommenden Kalabresen keine deutschen aktuellen justiziablen Erkenntnisse vorliegen. Sie sollen aber nach Ansicht des

Bundeskriminalamts und der italienischen Sicherheitsbehörden trotzdem direkt oder über verwandtschaftliche Beziehungen zu den wichtigsten kriminellen kalabrischen Clanen gehören. Wie dieser Widerspruch aufgelöst werden kann, lässt sich an einer italienischen Persönlichkeit demonstrieren.

Es ist der im vorangehenden Kapitel schon erwähnte S. aus Duisburg. Er soll von Domenico G. überredet worden sein, in das Paganini in Erfurt einzusteigen. Das war das erste italienische Restaurant, das im Mai 1996 in Erfurt eröffnet wurde und dessen Personal auch aus der Pizzeria Da Bruno in Duisburg stammte. Als offizieller Konzessionsinhaber war Maurizio eingetragen. Er wird vom BKA dem Strangio-Clan zugerechnet. Seitdem liefen die Geschäfte in Thüringen in jeder Beziehung blendend.

Die Geschichte von S. ein wenig ausführlicher zu erzählen ist deshalb der Mühe wert, weil es da einen schwerwiegenden Vorwurf des BKA gibt. In einem Auswertungsbericht zur 'Ndrangheta aus dem Jahr 2007 wird behauptet: »Aufgrund des hohen Ansehens, welches S. in der ›Italienerszene‹ genießt, *muss* er ein vollwertiges Mitglied der 'Ndrangheta sein.« Ist er das tatsächlich? Nachzuprüfen dürfte das nicht sein, denn eine vollständige Mitgliederliste der 'Ndrangheta und insbesondere ihrer Unterstützer existiert nicht. Auf meine Frage, was er zu den Behauptungen des BKA sage, er sei Angehöriger der 'Ndrangheta oder habe enge Verbindungen zu 'Ndrangheta-Mitgliedern, antwortete S.: »Das ist alles gelogen. Es sind Gerüchte, Märchengeschichten. Ich kenne niemanden von der 'Ndrangheta, sondern nur Leute, die 18 Stunden wie bekloppt arbeiten.« Und er fügte hinzu: »Die 'Ndrangheta gibt es vielleicht in einem kleinen Dorf in Kalabrien. Aber in Deutschland gibt es so etwas überhaupt nicht.«

Tatsache ist hingegen, dass S. zumindest in Thüringen niemals von Polizei und Justiz behelligt wurde. Wie passt das zusammen? Einerseits soll er zur 'Ndrangheta gehören, der gefährlichsten Mafiaorganisation in Europa, andererseits genießt er, gut versorgt und hoch angesehen, seinen Lebensabend in Erfurt? Kann es sein – vorausgesetzt der Vorwurf des BKA stimmt –, dass Mitglieder der 'Ndrangheta in den neuen Bundesländern überhaupt keine kriminellen Aktivitäten mehr entwickeln müssen, weil sie bereits Teil der »normalen« Gesellschaft geworden sind, sozial und kulturell integriert und in jeder Beziehung unbelastet? Darf die Polizei sie daher überhaupt noch beobachten? Oder trifft auf sie das zu, was von Mafiaexperten Italiens gemeinhin als »neue bürgerliche Mafia« bezeichnet wird?

1994 hielt S. sich - zusammen mit dem damaligen Chef des Landeskriminalamts von Saarbrücken - in Rom auf. Eingeladen hatte ihn Valery Eriksson aus dem Saarland, der als ein führendes Mitglied der usbekischen Mafia galt, über gute Beziehungen ins Innenministerium verfügte und ebenfalls an der Reise nach Rom teilnahm. Anlass war eine internationale Interpoltagung, bei der es auch um die Strategien im Kampf gegen den Drogenschmuggel ging. Nach der Tagung in Rom soll er gegenüber einem Angehörigen der 'Ndrangheta damit geprahlt haben, welche wichtigen Erkenntnisse über polizeiliche Drogenbekämpfungsstrategien er in Rom erfahren habe. Aus einem Schreiben des BKA vom 20. Februar 1996 an das Bundesministerium des Innern geht hervor: »Leiter LKA Saarbrücken hat beide in Rom anlässlich dienstlicher/geschäftlicher Veranstaltungen getroffen.« S. selbst bestätigt nur den Besuch in Rom.

In einer Auswertung des Bundeskriminalamts aus dem Jahre 2000, in der der Name S. besonders häufig erwähnt wird, wurde dieser Vorgang folgendermaßen beschrieben: »Weiterhin gab S. in einer Vernehmung an, dass er mit einer saarländischen Delegation unter Beteiligung des Innenministers einen Besuch bei Polizeioffizieren in Tunesien unternommen hätte. Zu erwähnen ist hierbei, dass der damalige Innenminister des Landes Thüringen früher Staatssekretär im Innenministerium des Saarlandes war.« In den Augen der Ermittler war S. das Bindeglied zwischen der 'Ndrangheta und der usbekischen Mafia im Drogengeschäft. Denn Valery Eriksson war stark in den Drogenhandel mit Usbekistan eingebunden, prahlte sogar am 22. Dezember 1995 mit seinen Beziehungen zu S. In einem Schreiben des Bundeskriminalamtes an das Bundesministerium des Innern vom 20. Februar 1996 mit dem Betreff »Bekämpfung der Organisierten Kriminalität - Bericht zu vermuteten Hintergründen Organisierter Kriminalität: S., Valery Eriksson« ist zu lesen: »Auf Anordnung des Generalbundesanwalts wurde von Kräften des BKA eine Durchsuchung des Restaurants Da Bruno und der Wohnung des S. in Duisburg vorgenommen. Es wurden falsche US-Dol-

Erfurt - die östliche Filiale von San Luca   77

lar-Banknoten und verfälschte Scheckformulare, die aus Diebstählen im Raum Köln, Bonn und Bergheim stammten, sichergestellt. Bereits jetzt deutet sich an, dass die Personen Eriksson und S. im Zusammenhang mit dem Auswertungsprojekt des BKA Bedeutung erlangen: Kontakte zu Personen, die der russischen und italienischen OK zuzurechnen sind, Zusammenarbeit von italienischen und ex-sowjetischen Straftätern, ungeklärte bzw. vermutete Kontakte zu staatlichen Entscheidungsträgern.« Was seine Anwesenheit in Rom bei der 63. Generalversammlung von Interpol angeht, erzählte mir S., dass er doch nie einen Ausweis von Interpol erhalten hätte, wenn er nicht sauber gewesen wäre. Den Kontakt zu Eriksson bestreitet er hingegen nicht, doch er habe nichts mit dem Drogenhandel zu tun.

1996 kam es in München zu einem Ermittlungsverfahren gegen S. und zwei 'Ndrangheta-Mitglieder wegen räuberischer Erpressung eines Münchner Pizzeriainhabers. In der Urteilsbegründung führte das Schöffengericht unter anderem aus, dass S. einer mafiaähnlichen Organisation angehöre, die sich mit Geldbeschaffungen aller Art, unter anderem mittels Erpressung und Autoschiebereien, beschäftige. Dazu bemerkte S.: »Es ging um Geldwäsche. Da haben sie mich als Zeugen geladen.« Auf meine Nachfrage, dass in dem Urteil aber steht, er selbst gehöre einer mafiaähnlichen Organisation an, antwortete er mir: »Ach ja, die schreiben viele Sachen.«

S. war derweil auch in einem anderen Ermittlungsverfahren aufgetaucht. Im Strafverfahren des Amtsgerichts Duisburg wurde er laut Anklageschrift »wegen des Verdachts des Handels mit Betäubungsmitteln in nicht geringen Mengen, Inverkehrbringens von Falschgeld und Hehlerei« beschuldigt. Ihm wurde unter anderem vorgeworfen, eine Lieferung Kokain über einen Guiseppe Mammoliti finanziert zu haben. Deshalb befand er sich von Dezember 1995 bis Juli 1996 in Untersuchungshaft. Das Amtsgericht Duisburg verurteilte ihn zu einer einjährigen Freiheitsstrafe. S. erläuterte mir den Vorgang so: »Ich war fünf bis sechs Monate unschuldig in Haft. Dann wollten sie keine Haftentschädigung bezahlen. Da habe ich meinem Anwalt gesagt: Ja, Okay, da machen wir nichts.«

Der Hauptbelastungszeuge, der zuvor S. beschuldigt hatte, machte im Gerichtsverfahren keine Aussagen mehr gegen ihn. Doch im Ermittlungsverfahren hatte der Hauptbelastungszeuge noch erklärt, dass S. mehrere niederländische Personen, die mit kalabrischen Straftätern aus der Gruppierung Falschgeldgeschäfte gemacht und sie betrogen hätten, zu einem weiteren Falschgeldgeschäft bestellt hätte. Das Geschäft sollte im niederländischen Breda abgewickelt werden. Tatsächlich aber wurden die Niederländer von der italienischen Gruppe erwartet. Es kam zu einem Schusswechsel, bei dem eine Person schwer verletzt wurde.

Im gleichen Zeitraum – S. musste sich noch vor Gericht verantworten – gab es erneut ein Ermittlungsverfahren gegen ihn, und zwar wegen des Verdachts der Beteiligung an dem Mordversuch an Matteo Villani. Beide kannten sich seit sieben Jahren. Aus Vernehmungen der Lebensgefährtin von Matteo Villani ging hervor, dass dieser mehrfach Kleidungsgegenstände, Schmuck und Parfümartikel von S. in sein Fahrzeug geladen haben soll. Außerdem soll Matteo seinem Freund S. 50 000 Mark geliehen haben. Nach S.s Verhaftung wegen Drogenhandels befürchtete Matteo Villani, dass die Freunde von S. glauben könnten, er habe der Polizei einen Hinweis gegeben. Aus diesem Grund zog sich Villani aus dem Umkreis der Pizzeria Da Bruno zurück. Das schien nicht viel genutzt zu haben. Ein unbekannter Täter schoss ihm aus kurzer Distanz in die Beine. Eine Beteiligung an dem Mordversuch konnte S. nicht nachgewiesen werden. Aber im Protokoll der Kripo Oberhausen vom 12. Dezember 1996 steht auch: »Der Verdacht, dass S. als Auftraggeber für die Tat in Betracht kommt, konnte jedoch auch nicht ausgeräumt werden.« S. bestreitet den Vorwurf.

Das alles geschah, bevor S. Erfurt entdeckte. Kaum sesshaft geworden, geriet er wieder in das Visier der Behörden. In einem Protokoll des Landeskriminalamts Thüringen, Abteilung 6/ZOK, heißt es: »Der Italiener trat hier unter anderem Namen als Mäzen auf und ließ sich diesbezüglich in der Regionalpresse abbilden.« Danach blieb es ruhig. S. entwickelte sich in Erfurt zu einer Art Wohltäter. So war er laut Angaben des Bundeskriminalamts offizieller Sponsor des Fußballklubs FC Rot-Weiß-Erfurt und Förderer des regionalen Golfklubs. Der Golfklub hingegen erklärte auf meine entsprechende Nachfrage, dass er dort weder Mitglied noch Förderer gewesen sei, der Fußballklub reagierte auf meine Anfrage nicht.

Erfurt – die östliche Filiale von San Luca

Außerdem warb S. öffentlich für eine Erfurter Galerie. Die Galerie knüpfte Kontakte nach Brasilien, Chile, Pakistan und in die Ukraine. Ein Teil der Erlöse aus dem Verkauf von Bildern und Plastiken sollte einem Kinderheim zugutekommen.»Diese Verbindungen des S. machen deutlich«, behauptet das BKA in einem Analysebericht über die 'Ndrangheta, dass er »nicht nur in der typischen ›Italienerszene‹ über einen großen Einfluss verfügt«. Interessant sei zudem, bemerkte das BKA, dass seine beiden Restaurants »häufig von angesehenen Persönlichkeiten beziehungsweise Politikern besucht werden beziehungsweise wurden.«

Diese Feststellung ist nicht besonders neu. Bereits im Jahr 1996 wurden bei der Durchsuchung des Paganini im Rahmen der Mordermittlung im Fall Matteo Villani zufällig der damalige Ministerpräsident und der damalige Innenminister angetroffen. Die Personenschützer des Landeskriminalamts waren vollkommen überrascht, als ein Sondereinsatzkommando das feine Restaurant stürmte. S. erklärte später dazu, dass die beiden Politiker nur zufällig im Restaurant gewesen seien. Der Innenminister war zwar zuvor vom LKA gewarnt worden, dass dieses Restaurant nahe dem Landtag unter Umständen seinem untadeligen Ruf abträglich sein könnte. Doch das abwechslungsreiche leichte Essen war verständlicherweise wichtiger als irgendein dubioser Verdacht des LKA-Direktors. Denn mehr gab es nicht, da das LKA weder Personal noch Informationen hatte, um sich näher mit dem Neuzugang aus Duisburg zu beschäftigen.

In den nächsten Jahren sorgte S. nur für positive Stimmung. In einem seiner Restaurants begrüßte er die 16 schönsten verheirateten Frauen Deutschlands und weihte sie in die Geheimnisse der Pizzakunst ein. Er wurde sogar Sponsor eines Verkehrsprojektes für Verkehrsanfänger und verfügte dadurch über Kontakte zur zuständigen Erfurter Polizei. Am 28. Februar 1999 wurde das Restaurant Paganini geschlossen, und 2003 eröffnete er ein noch viel schöneres Restaurant, das Paganini im Gildehaus, dem Sitz der Erfurter Handwerkskammer.

Die Neueröffnung des Paganini feierte er mit Hunderten geladenen Gästen. Im Restaurant-Testbericht der Erfurter Tageszeitung ist über das neue Restaurant zu lesen:»Gekoppelt mit dem Namen einer Kultfigur italienischer Musikgeschichte, des Teufelsgeigers Paganini, gleicht das Ristorante einem Bollwerk mediterraner Verheißungen. Sie verwirklichen an diesem zentralen Platz Erfurter Geschichte das bewährte Erfolgsrezept des Exportes italienischer Gaumenfreuden. Und haben sich einen Namen gemacht. Signore Domenico mehr als der hinter den Kulissen Fäden ziehende Impressario, Signore P. sozusagen als Mann an der Front mit PR-Aufgaben. Allgemein nennt man ihn deshalb Padrone oder sogar Don S., Ausdruck verdienter Ehrfurcht oder Neids.«[35]

Da wurden wahrlich die Verhältnisse durch einen Gastronomiekritiker klargestellt, die selbst die Polizei nicht besser formulieren könnte. S. soll für die Restaurierung des Gebäudes übrigens 1,2 Millionen Mark investiert haben. Den Kredit habe er, meinen die Ermittler, über die EurohypoBank in Erfurt erhalten. Seit 1. Januar 2005 wird das Paganini von einer neuen Gesellschaft betrieben.

Heute hat S. alles erreicht, was ein ehemaliger Kellner aus Koblenz wohl erreichen kann. In der *Hotel- und Gastronomie-Zeitung* wurde das Anfang 2008 mit den Worten kommentiert:»Italienischer Platzhirsch auf dem Rückzug.« S. wolle jetzt die »Früchte seiner geschäftlichen Tätigkeiten« genießen. Und man erfährt noch mehr.»Doch auch in anderen Teilen Deutschlands hat er seine Spuren hinterlassen, und er nennt das Fra Diavolo am Leipziger Burgplatz sowie eine Gaststätte im Hauptbahnhof. Seit wenigen Wochen können Besucher des Saale-Parks an der Autobahnabfahrt Leipzig-West eine neue Pizzeria-Variante erleben.«

Bei all diesen Erfolgen der Italiener in Erfurt konnte nicht ausbleiben, dass über Expansionsmöglichkeiten diskutiert wurde. Aufgrund abgehörter Telefongespräche im Rahmen der BKA-Aktion FIDO, mit der das BKA im Jahr 2002 zusammen mit den italienischen Behörden versuchte, die Strukturen der 'Ndrangheta aufzuklären, »plante demnach die Gruppe aus Erfurt, ein Lokal auf der Insel Rügen zu übernehmen.« Weiterhin entwickelte sie erhebliche Aktivitäten im Immobilienbereich. Ganz selten nur gab es in der italienischen Szene von Erfurt Störungen, und die wurden auf wundersame Art und Weise behoben. So erhielt Enzo S., Betreiber eines Restaurants in Erfurt, im Februar 2004 einen Brief mit einer Patronenhülse. Er erstattete Anzeige, nahm diese jedoch nach kurzer Zeit wieder zurück. Die Ermittlungen mussten daher eingestellt werden.

Wie jedoch konnten sich einzelne Clane der 'Ndrangheta beziehungsweise deren Angehörige überhaupt derart erfolgreich in Thüringen ausbreiten, ohne dabei gegen deutsche Gesetze zu verstoßen? Die Antwort lautet: durch eine wohlüberlegte Finanzstrategie. Die finanziellen Investitionen wurden über ein komplexes System getätigt. Daran beteiligt waren Vertrauenspersonen, die mit der Durchführung von Kaufverhandlungen beauftragt wurden. Zur Übernahme der Objekte gründete man Gesellschaften und legte Beteiligungen fest.

Bei den Konzessionären handelte es sich in der Regel um Strohmänner, die in der Hierarchie der Organisation auf einer der unteren Ebenen standen und die fast ausschließlich mit den Hauptorganisatoren verwandt waren. Die wiederum hielten sich im Hintergrund. Woher das Geld kam, war bisweilen ungeklärt, die Summen standen zumindest in gewissem Widerspruch zur offiziellen finanziellen Potenz derjenigen, die als Inhaber der Gastronomiebetriebe auftraten. Häufig erhielten sie Kredite von Banken, wobei nicht immer ersichtlich war, welche Sicherheiten dafür vorhanden waren.

Bei der BKA-Aktion FIDO von 2002 gelangten die Beamten zu der Erkenntnis, dass sich in Erfurt zwei Zweige italienischer Investoren und Restaurantbetreiber etabliert haben. Zum einen die Personengruppe um den zuvor in Duisburg wohnenden Capo locale Domenico G., dessen Betrieb nach außen durch S. repräsentiert wurde. Und zum anderen eine Gruppe um den Cousin und gleichzeitigen Schwager von Domenico G. Und wieder fallen Clannamen aus San Luca auf, etwa Giorgi, Lazzaretti, Nirta. Beide Gruppen teilen sich die Gesamtverantwortung, indem sie die Restaurants unter sich aufteilen. Ein Indiz dafür ist der häufige Austausch von Angestellten zwischen allen Lokalen. Vermutet wird außerdem, dass die Fäden bei den Entscheidungsträgern in Italien wieder zusammenlaufen.

Seit März 2003 ist zum Beispiel ein enger Verwandter des Clanführers Antonio Pelle in Erfurt gemeldet. Er ist nicht identisch mit dem Hotelier Antonio Pelle aus Duisburg, sondern verwandt mit dem Clanführer aus San Luca mit dem Spitznamen Gambazza. Über Antonio Pelle liegen beim Bundeskriminalamt Erkenntnisse der italienischen Behörden vor. Die werfen ihm Mord, Raub, Waffenbesitz und Mitgliedschaft in einer mafiosen Vereinigung vor. Merkwürdig ist, dass zwar diese Behauptung in einem BKA-Bericht aus dem Jahr 2007 auftaucht. Doch sie führte anscheinend zu keinen Konsequenzen. Konnten die italienischen Behörden keine stichhaltigen Beweise für die schweren Vorwürfe liefern? Nachfragen von mir in Kalabrien bei den zuständigen Behörden blieben ergebnislos.

Eine weitere wichtige Person dürfte zumindest nach BKA-Erkenntnissen der oben genannte Kalabrese Domenico G. sein. Er ist seit September 2000 in Erfurt unter der Anschrift eines Eiscafés gemeldet. Doch bereits seit Oktober 1998 hatte er einen zehnprozentigen Anteil an einer Firma in Erfurt. Inoffiziell sei er zudem an verschiedenen Gastronomiebetrieben in Erfurt beteiligt. Dazu gehört ein Nachtklub, für den ein eigener Gewerbebetrieb gegründet wurde.

Über die Eröffnungsfeier des Nachtklubs im Frühjahr 2005 berichtete ausführlich die Lokalpresse.»Glamourös, stilvoll und extravagant – so präsentiert sich die neueste Location des Erfurter Nachtlebens.« Auf einem Foto sieht man S. zusammen mit zwei Prominenten. Das BKA behauptet in einem Analysebericht:»Es wird hier sehr deutlich, dass der Einfluss der Gruppierung bis in die ›höchsten Kreise‹ reicht. Für den Nachtklub benötigt man eine Mitgliedschaft, sodass nur ausgewählte Gäste den Klub besuchen dürfen. Auch dies sei ein weiteres Indiz für die sehr gute Abschottung der Gruppierung.« Dem hält man in dem Nachtklub entgegen, dass man niemanden ausschließen wolle, vielmehr sei das Gewölbe für gute Freunde des Hauses gedacht.

Derweil ist S. im nordhessischen Kassel aktiv geworden. Am 25. Oktober 2008 wurde im Zentrum der Stadt ein neues italienisches Restaurant eröffnet. Nach Zeitungsmeldungen hat S., zusammen mit dem Eigentümer der Immobilie, mehrere Hunderttausend Euro in den Umbau und die Sanierung des Gebäudes gesteckt. Bei den Gästen gilt S. als außerordentlich freundlicher und liebenwerter Gastronom. Und er beabsichtige, erzählte er mir, ein Buch darüber zu schreiben, wie er als ehrlicher Gastronom verleumdet werde, so wie es bereits Antonio Pelle in Duisburg getan habe.

7
Sachsen – das Niemandsland für die Mafia

Kurz nach den Morden in Duisburg behaupteten italienische Staatsanwälte und Journalisten, in Sachsen gebe es Strukturen der italienischen Mafia. Daraufhin veröffentlichte das Landeskriminalamt (LKA) Sachsen am 16. August 2007 eine Presseerklärung, die von den sächsischen Medien kritiklos kopiert wurde. Demnach leben im Freistaat Sachsen zwar viele italienische Staatsbürger, und es könne nicht ausgeschlossen werden, dass sich unter ihnen Personen befänden, die kriminellen Mafiaclanen angehören würden. Aber es könnten, laut LKA, keine gesicherten Erkenntnisse über Verbindungen zwischen in Sachsen lebenden Italienern und Mafia-Organisationen in Italien festgestellt werden. Es gebe auch keine Hinweise, dass Gelder aus kriminellen Geschäften in Sachsen investiert worden seien.

Dieser Behauptung schloss sich artig der Landesvorsitzende der Gewerkschaft der Polizei (GdP) an. Er wird mit folgenden Worten zitiert: »Es sei nicht einmal gesichert, ob das Organisierte Verbrechen in Leipzig überhaupt Verbindungen zu Syndikaten wie Cosa Nostra, Camorra oder 'Ndrangheta habe.«[36] Gleichzeitig erklärte die Staatsanwaltschaft laut Zeitungsmeldung, dass seit dem Jahr 2006 die Szene nicht mehr beobachtet werde.[37] Niemand stellte die Frage, woher man denn dann eigentlich wisse, dass es keine italienische Mafia in Sachsen gebe?

Klaus Bartl, Abgeordneter der Linkspartei im Sächsischen Landtag, wandte sich an die Staatsregierung und wollte wissen, welche Erkenntnisse sie über die Existenz von Strukturen der italienischen Mafia im Allgemeinen und der Camorra beziehungsweise der 'Ndrangheta im Besonderen im Freistaat Sachsen habe. Das Innenministerium antwortete ihm wenig später. Demnach gab es zwar seit 1996 eine Anzahl von Ermittlungsverfahren gegen italienische Tatverdächtige, »die gemein-

84   Teil I: Die italienische Mafia

sam mit Deutschen und Albanern vor allem im Kriminalitätsbereich der Eigentumskriminalität, internationale Kfz-Verschiebung, Betrug und Unterschlagung auffällig wurden«. Trotzdem »konnten in keinem dieser Ermittlungskomplexe Verbindungen zur ›italienischen Mafia‹ nachgewiesen werden«.[38] Die italienische Mafia ist demnach – im Gegensatz zu Bayern oder Baden-Württemberg – in Sachsen nicht existent.

Auf der anderen Seite ist in einem im Januar 2006 veröffentlichten Bericht der italienischen Parlamentarischen Antimafia-Kommission in Rom zu lesen: »Das internationale Profil der 'Ndrangheta zeigt sich in Deutschland insbesondere in den Regionen Sassonia, Turingia und Baviera.« Sassonia heißt in der deutschen Übersetzung – Sachsen. Und weiter steht in diesem Bericht: »Die Zellen von der ionischen Küste haben ... demnach auch in Sachsen das aus dem Drogenhandel und Schutzgeld erwirtschaftete Kapital reinvestiert.«[39]

Das Landesamt für Verfassungsschutz (LfV) ist zudem in den Jahren 2004 bis 2006 einer Vielzahl von Hinweisen nachgegangen, wonach italienische Mafiaangehörige insbesondere in Leipzig sehr aktiv seien. Eine Quelle des LfV mit Namen Jaguar hatte direkten Zugang zu hochkarätigen italienischen Mafiosi. Diese Erkenntnisse, das wird man später sagen, hätten keinen Hinweis auf kriminelle Aktivitäten ergeben. Aber das wurde in den Berichten der Verfassungsschützer auch an keiner einzigen Stelle behauptet.

Wer hat also recht? Mafiaexperten aus Italien, unter anderem Staatsanwälte aus Kalabrien, die Guardia di Finanza, die Carabinieri, das Landesamt für Verfassungsschutz und insbesondere das Bundeskriminalamt, die alle von der Existenz der 'Ndrangheta in Sachsen ausgehen? Oder sind es die sächsischen Behörden, also Polizei und Staatsanwaltschaft?

Zum einen existiert eine halb fertige Aufstellung des Landesamts für Verfassungsschutz aus dem Jahr 2006, in der insgesamt 20 Personen aufgeführt sind, die in Leipzig der italienischen Mafia angehören sollen. Genannt werden sieben Mitglieder der Cosa Nostra, acht Mitglieder der 'Ndrangheta, drei Mitglieder der Camorra und vier Mitglieder der Sacra Corona Unita (SCU). Dass diese Personen, die in den Dossiers mit Lichtbild und genauer Adresse aufgeführt werden, zu den jeweiligen kriminellen Organisationen gehören, stützt sich überwiegend auf Erkenntnisse des Bundeskriminalamtes, teilweise auf Informationen der Quelle Jaguar und Observationen des LfV selbst.

Bedeutsamer als die umstrittenen Erkenntnisse der Verfassungsschützer sind daher diejenigen des Bundeskriminalamtes und der italienischen Polizei. Nach Informationen des BKA ist in Leipzig als Ansprechpartner für die Erfurter Gruppe ein gewisser Marcello aktiv. Er erhalte aus Erfurt Aufträge, um geeignete Investitionsmöglichkeiten für Leipzig zu suchen, und sei wegen Diebstahls sowie Betruges vorbestraft. Bis September 2005 war er in Leipzig als Kellner beschäftigt. Das Restaurant, in dem er arbeitete, wiederum werde, behauptet zumindest das BKA, der Gruppe um den bereits mehrfach erwähnten Domenico G. zugeordnet, der in Erfurt als 'Ndranghetista bekannt sei. Domenico G. sei zudem Geschäftsführer eines weiteren Restaurants in Leipzig.

»Interessant ist«, bemerkt das BKA, »dass im Juni 2007 im Rahmen der bisher erfolglosen Fahndung nach dem hochrangigen Camorraboss Pasquale Scotti Verbindungen zu Marcello in Leipzig festgestellt werden konnten.« Demnach soll sich Pasquale Scotti sogar bei Marcello versteckt gehalten beziehungsweise dessen Identität benutzt haben, »da sich beide sehr ähnlich sehen würden«. Außerdem soll Marcello zehn Millionen US-Dollar in einem Bergbauunternehmen in der Mongolei investiert und dann gewaschen haben.

Diese Erkenntnisse des Bundeskriminalamts aus dem Jahr 2007 decken sich mit den Informationen des Landesamtes für Verfassungsschutz, die von der Quelle Jaguar und einer weiteren »Szenegröße« stammen. In dem entsprechenden Dossier heißt es: »Marcello soll Ansprechpartner in Leipzig für mutmaßliche Angehörige von 'Ndrangheta-Strukturen in Erfurt sein. Er ist seit mehreren Jahren in Leipzig aktiv und soll ein gut gehendes Lokal besessen haben, welches er aus nicht nachvollziehbaren Gründen plötzlich habe schließen müssen.«

Ein »geweihtes« Mitglied der 'Ndrangheta ist der in Leipzig wohnende Antonio R. aus San Luca. Er habe, so das BKA, Umgang mit den bekannten Persönlichkeiten aus der Familie Romeo alias Staccu. Es lägen nachweislich Erkenntnisse darüber vor, dass die Männer aus San Luca bereits »Gespräche über mögliche Lokalübernahmen in Dresden geführt haben«. So sind seit Januar 2003 in Dresden zwei Personen angemeldet, die dem Giorgi/Pelle-Clan aus San Luca angehören und bereits in Duisburg und Erfurt als große Investoren aufgetreten sind. Sie sind in der Wohnung des Mannes angemeldet, der 1994 in Reggio Calabria wegen Raubes und Waffenbesitzes verurteilt wurde. Von einem bereits erworbenen Restaurant weiß man, dass der eingetragene Betreiber ein Vertreter des Nirta-Clans ist. Im Zusammenhang mit den Erkenntnissen des BKA glaubten die Ermittler zudem auf eine brisante Verbindung gestoßen zu sein.

Demnach gebe es zwischen der Gruppe um den Giorgi-Clan aus San Luca und Arturo Verbindungen. Grund für diese Annahme waren Mietverträge für einen Leihwagen, die bei einem gesuchten Mafioso gefunden wurden. Bei einigen Verträgen war die Anschrift eines Restaurants in Dresden angegeben, dessen Betreiber Giuseppe N. ist, der dem BKA zufolge der Erfurter Gruppe zugerechnet wird. Gleichzeitig wurde bekannt, dass diese Gruppe in Dresden ein Restaurant sucht. Deshalb sei ein Arturo in München kontaktiert worden. Über den wiederum habe es in der Vergangenheit zahlreiche Hinweise gegeben, wonach er Kontakt zur apulischen Mafia habe, also der Sacra Corona Unita, um deren Gelder in Deutschland zu investieren.

Die Sacra Corona Unita hat aber in Leipzig selbst einen Repräsentanten namens Nicola P. Er soll, so das sächsische Landesamt für Verfassungsschutz, eine einflussreiche Szenegröße sein. Im Oktober 2004 habe sich Nicola P., behauptete die Quelle Jaguar, mit dem eigens nach Leipzig angereisten Mafiaboss Spiotta aus Sizilien getroffen.

Doch nicht nur einzelne Angehörige bekannter 'Ndrangheta-Clane haben sich in Sachsen häuslich niedergelassen. In einem geheimen Auswertungsbericht des Landesamts für Verfassungsschutz aus dem Jahr 2006 steht: »Als eine der zentralen Personen in Leipzig gilt Giovanni aus Catania. Er gehört zur Cosa Nostra und er fällt dadurch auf, dass er immer sehr elegant gekleidet ist. Innerhalb der italienischen Szene wird er als ›Pate‹ bezeichnet. Denn alle haben ›Respekt‹ und ›Achtung‹ vor ihm und verhalten sich entsprechend.« Auffällig sei bei ihm, dass er sich sehr konspirativ verhalte, sich nicht fotografieren lasse und selten seinen vollständigen Namen nenne. Wie er zu erreichen ist, gibt er nur ausgewählten Personen bekannt.

Sachsen – das Niemandsland für die Mafia

Will man Giovanni kennenlernen, trifft man ihn mit etwas Glück in den italienischen Restaurants Bei Toni, im San Remo oder im Subito. Am 14. März 2005 zum Beispiel in einem Hinterzimmer eines dieser Restaurants. Das Zimmer ist nur über den Hintereingang zu erreichen, circa zehn Quadratmeter groß und bietet Platz für maximal acht Personen. Hier habe, meldet Quelle Jaguar, ein wichtiges Treffen stattgefunden. Neben Jaguar seien fünf weitere Männer dabei gewesen, unter anderem Rosario A. - er wird der Cosa Nostra zugerechnet - und Nicola P. von der apulischen Mafia Sacra Corona Unita. »Wenn alles klappt«, hätten die Teilnehmer gesagt, »dann haben wir einen Grund zum Feiern.«

Gegenstand der Gespräche im Hinterzimmer waren Immobiliengeschäfte und das Verschieben von Kraftfahrzeugen. Bei einem weiteren Treffen mit zwei Sizilianern, die nach Giovannis eigenen Angaben »zur Familie« gehören, sei es gleichfalls um Baugeschäfte und Investitionen in Sachsen gegangen.

Sozusagen eine Art Leipziger Statthalter der Cosa Nostra war darüber hinaus lange Jahre G. Er besitze ein feines Restaurant in der Leipziger Innenstadt, halte sich jedoch nur noch gelegentlich in Leipzig auf. Letzteres sind Aussagen einer Quelle des Landesamtes für Verfassungsschutz, die jedoch von den Beamten nachgeprüft wurden. Was auffällt ist, dass die Vertreter unterschiedlicher italienischer Mafiagruppen in Leipzig kooperieren und sich nicht gegenseitig bekämpfen.

»Kooperation, nicht Konkurrenz kennzeichnet die Geschäfte der Mafia«, wird Francesco Forgione, Vorsitzender der Antimafia-Kommission in Rom, in der *Zeit* vom 28. Juni 2007 zitiert. Das Beispiel Sachsen bestätigt diese Erkenntnis, dass es für die vielfältigen geschäftlichen Unternehmen abträglich wäre, wenn es zu Auseinandersetzungen käme. Ob aber tatsächlich, wie in italienischen Medien behauptet, in den letzten Jahren in Leipzig ganze Straßenzüge von der Mafia aufgekauft wurden, ist hingegen mehr als fraglich. Doch das Gegenteil ist ebenso schwer zu beweisen. Gerade deshalb sollte man sich an die Fakten halten und ein wenig die komplizierten Strukturen verstehen. Und die sehen so aus:

1. Als stärkste 'Ndrangheta-Clane in Deutschland gelten nach übereinstimmenden deutschen und italienischen Polizeierkenntnissen die Clane Romeo-Pelle-Nirta, Mammoliti, Farao und Carelli.

2. Der Clan Romeo-Pelle-Nirta ist in der Provinzialkommission mit drei Clanführern vertreten, das heißt, er hat mehrere Stimmen im übergeordneten Kontroll- und Lenkungsausschuss in Kalabrien.

3. Wie bei der kalabrischen Mafia üblich, werden die durch Mord, Raub, Erpressungen, Betrug, Drogen- und Waffenhandel erwirtschafteten Gewinne im Ausland gewaschen und angelegt.

4. Insbesondere der Clan Romeo-Pelle-Nirta verfügt über zahlreiche Stützpunkte in Deutschland und stützt sich dabei auf eine große Zahl von Mitgliedern und Vertrauenspersonen, die teilweise seit zwei Jahrzehnten in Deutschland leben.

5. In einem BKA-Auswertungsbericht aus dem Jahr 2007 wird behauptet: »Dieser 'Ndrangheta-Clan hat bisher als einziger Stützpunkte in den neuen Bundesländern gegründet.«

Und eines dieser neuen Bundesländer ist Sachsen. Fakt ist, dass der Clan Romeo-Pelle-Nirta in Leipzig diverse Repräsentanten platziert und hier Investitionen getätigt hat. Unter ihnen sind geweihte Angehörige der 'Ndrangheta, die ein Initiationsritual (Weihe) in ihrer Heimat durchlaufen haben. Wenn sie bisher in Sachsen keine Straftaten begangen haben sollten, dann deshalb, weil sie sich gemäß den strategischen Anweisungen des Kontroll- und Lenkungsausschusses in Kalabrien verhalten haben. Ihre primäre Aufgabe wird es sein, Investitionen zu tätigen und als logistische Basis für weitere Eroberungszüge in Richtung Osten zur Verfügung zu stehen.

Und nur manchmal helfen sie ihren mit internationalem Haftbefehl gesuchten Verwandten oder organisieren den Drogenhandel. Dieser Sachverhalt lässt sich schwerlich bestreiten. Trotzdem werden die Erkenntnisse der italienischen Antimafia-Kommission und des Bundeskriminalamtes beiseitegewischt, denn nur dann kann überzeugend verkündet werden, es gebe in Sachsen keine italienische Mafia. Dass eine derartige intellektuelle Leistung der sächsischen Behörden gegebenenfalls mit der mafiosen Kultur in Sachsen zu tun haben könnte, wird im dritten Teil dieses Buches ausführlich beschrieben.

Sachsen – das Niemandsland für die Mafia

8
Die widersprüchliche Geschichte von Antonio Lai, der in Sachsen Karriere machen wollte

Es ist auffällig, dass es in den entsprechenden polizeilichen Datenbanken unendlich viele Namen gibt, die der Mafia zugeordnet werden, doch deren Namensträger können hier in Deutschland mehr oder weniger vollkommen unbehindert agieren. Das liegt vielleicht daran, dass ihnen entweder juristisch aufgrund der hiesigen Gesetzeslage nichts nachzuweisen ist oder dass sie tatsächlich hierzulande keinerlei kriminellen Aktivitäten nachgehen.

Dem widerspricht allerdings, dass sie dem Gesetz des absoluten Gehorsams gegenüber ihren Familien unterworfen sind, die wiederum eine aktive Rolle in vielen Bereichen der Kriminalität spielen, angefangen vom Drogenhandel bis hin zur Schutzgelderpressung. Die Mär, dass die Familienangehörigen beziehungsweise ihre Unterstützer in Deutschland, in diesem Fall in Sachsen, allenfalls als Rückzugsgebiet von Bedeutung sind, lässt sich aufgrund der kalabrischen kriminellen Familienbiografien nicht aufrechterhalten. Sie profitieren davon, dass die Polizei in Sachsen – wie auch in anderen östlichen Bundesländern – anderes zu tun hat, als sich mit der italienischen Mafia zu beschäftigen.

Mit diesen Kenntnissen im Hintergrund möchte ich mir eine Person genauer anschauen, die sowohl in den Dossiers des Verfassungsschutzes wie des Bundeskriminalamtes genannt wird. Das BKA erfindet ja in der Regel nichts, zumal einige Erkenntnisse aus italienischen Quellen genährt wurden. Dabei interessiert mich auch nur am Rande, ob die gegen diesen Mann erhobenen Vorwürfe zutreffen. Vielmehr möchte ich einfach nur erfahren, in welchem sozialen Umfeld er lebt und was er zu sagen hat.

Also zuerst einmal die polizeilichen Informationen. In dem bereits mehrfach erwähnten BKA-Analysebericht zur 'Ndrangheta aus dem Jahr 2007, der sich teilweise auf italienische Erkenntnisse der dortigen Sicherheitsbehörden stützt, wird über diesen Mann, es ist der Gastronom Antonio Lai, Folgendes behauptet: »Im Juni 2000 wurde in Italien gegen Antonio Lai und Giusepe F. wegen des Verdachts des Verstoßes gegen das Betäubungsmittelgesetz ermittelt. Im Rahmen der Ermittlungen wurde bekannt, dass die Personen ein größeres Rauschgiftgeschäft planen. Das Rauschgift soll von einem Restaurant ›Lazzaretti‹ in Berlin nach Mailand geschmuggelt werden. Lai soll Inhaber des Restaurants in Berlin sein und sich auch dort als Ansprechpartner zur Verfügung stellen.«

Doch die entsprechenden Abklärungen des BKA blieben ergebnislos, und was aus den Ermittlungen in Rom geworden ist, konnte ebenfalls nicht geklärt werden. Weiter werden in dem BKA-Dokument Investitionen von Antonio Lai in Sachsen erwähnt, unter anderem dass er das alte Ringcafé in Leipzig für fünf Millionen Mark renovieren und danach neu eröffnen wollte. Das Landesamt für Verfassungsschutz zitiert die Quelle Jaguar, die behauptet, »Lai sei eine wesentliche Größe innerhalb der 'Ndrangheta-Strukturen«. So weit die Geschichte aus der Sichtweise italienischer Behörden und des BKA. Ich versuche daher, mehr zu erfahren.

Tatsächlich ist Antonio Lai als Gesellschafter der Niro Ristoranti GmbH in Halle im Handelsregister von Halle eingetragen. Zu finden sind auch Handelsregistereintragungen in Potsdam über das Unternehmen Cimmi-GmbH. Die Firma wurde im März 2000 im Potsdamer Handelsregister eingetragen und im März 2001 wieder aufgelöst. Als Liquidatoren werden Sergio Lazzaretti und Antonio Lai genannt.

Genau in diesem Zeitraum interessierte sich Antonio Lai für das einst größte DDR-Lokal, das legendäre Ringcafé am Roßplatz in Leipzig, das auch im BKA-Bericht erwähnt wurde. Das Café, zur Vorwendezeit ein beliebtes Ausflugsziel, liegt inmitten eines großen im Stalin-Barock gebauten Gebäudekomplexes. Seit 1992 stand es leer und die Stadtverwaltung suchte vergeblich einen Mieter. In der *Leipziger Volkszeitung* ist im Dezember 2000 zu lesen: »Im Juni dieses Jahres wurde der Mietvertrag zwischen dem Italiener Antonio Lai und dem

Die widersprüchliche Geschichte von Antonio Lai

Hauseigentümer Leipziger Wohnungs- und Baugesellschaft (LWB) unterzeichnet. Gültigkeit 20 Jahre. Wie es noch im Sommer hieß, sollte es im Oktober eröffnet werden, ›wenn alles gut läuft‹.«[40] Antonio Lai sprach davon, dass im Restaurant Livemusik gespielt werden und jede Woche unter einem anderen gastronomischen Motto stehen würde. Auch Riesenbüfetts sollte es geben, aber »nicht so teuer«, wie Antonio Lai in der Lokalzeitung zitiert wurde.

Es lief anscheinend nicht wie geplant. Im Zusammenhang mit Antonio Lai und seiner Investition in Leipzig stand im Februar 2002 in der Lokalzeitung: »Der Gastronom Antonio Lai, der hier bekanntlich ein Gasthaus mit bis zu 1500 Sitzplätzen einrichten wollte, warf das Handtuch. Knackpunkt war die Finanzierung.«[41]

Knapp sechs Wochen später hatte sich erneut alles verändert. »Unterdessen ist als fünfter Bewerber für eine dauerhafte Anmietung des gesamten Ringcafés der Wirt Antonio Lai wieder aufgetaucht. Er hatte im Sommer 2000 für dieses Objekt bereits einen Mietvertrag mit 20 Jahren Laufzeit geschlossen. Doch im vergangenen Herbst platzte das Geschäft. ›Knackpunkt war die Finanzierung‹, berichtet LWB-Sprecher Gregor Hofmann. Das sieht Lai nicht anders. Jedoch sagt sein Vertreter Kay Orzschig, das Problem sei durch unannehmbare Bedingungen des städtischen Wohnungskonzerns erst hervorgerufen worden.«[42]

Unterdessen hatten Lai und sein Kompagnon in Halle das Ristorante Caruso eröffnet, und sie planten, konnte man in der *Leipziger Volkszeitung* lesen, zwei weitere Lokale für den Hallenser Hauptbahnhof und den Samenkrug am Markt. Dabei gibt es dort schon einige Italiener, wie das Ristorante Al Capone, das Ristorante San Luca, das Bella Italia oder ein Ristorante, dessen Namen einmal nichts mit einer bewegten Vergangenheit zu tun hat, das Fellini.

Mit dem Unternehmensberater Lothar Larsson aus der Anwaltskanzlei Schwennen in Köthen – er vertritt Lais wirtschaftliche Interessen – gehen wir im Spätherbst 2007 zu Antonio Lai. Direkt im Zentrum von Halle, an das Nobelhotel Kempinski angrenzend, empfängt er uns geradezu überschwänglich freundlich in seinem Restaurant, dem Caruso. Für mein Empfinden ist das Lokal etwas überdimensioniert, ziemlich kitschig und muffelig. Fast alle Tische sind besetzt.

Antonio Lai ist ein kräftiger, großer Mann. Sehr dunkelhäutig, mit dichtem schwarzem Haar und einer tiefen Stimme. Wir sitzen, abgetrennt von den übrigen Gästen, an einem der hinteren Tische bei schummrigem Licht. Lais Rechtsanwältin Manuela Schwennen ist bereits da. Natürlich spreche ich ihn auf die Vorwürfe an. Er redet sehr schwerfällig. Sein Deutsch ist nicht unbedingt perfekt.

»Alles Unsinn«, weist er die Vorwürfe kategorisch von sich. Dafür erzählt er ausführlich von seinen Problemen mit der Stadtverwaltung, dem Ordnungsamt und der Polizei, den unverschämten Schikanen und Repressionen, den ständigen Kontrollen. Für ihn sei das unbegreiflich. Alles sei bei ihm doch tipptopp.

Ich könnte ihm ja sagen, dass das vielleicht mit den Gerüchten zu tun haben könnte, die über ihn kursieren. Aber zu Beginn eines Gesprächs wäre das eher unklug.

Er jedenfalls überlege jetzt ernsthaft, sagt Antonio Lai mir, die neuen Bundesländer zu verlassen. »Ich bin 25 Jahre hier in Deutschland, habe immer gearbeitet, niemals Insolvenz gehabt. Aber den anderen Verbrechern hier in Halle wird geglaubt, und ich werde als Al Capone angesehen.« Einmal wurde er wegen einer Lappalie kontrolliert, wie er sagt. Da seien sage und schreibe 62 Polizeibeamte, mit Maschinenpistolen bewaffnet, in sein Restaurant einmarschiert.

»Das ist doch unglaublich. Das zerstört seine geschäftliche Existenz«, kommentiert seine Anwältin. Und Antonio Lai fügt verbittert hinzu: »Die Leute denken dann, alle Italiener sind Mafiosi. Aber die anderen Italiener hier in Halle werden nicht kontrolliert. Wir sind das einzige Restaurant, in dem alle Angestellten ordnungsgemäß angemeldet sind.«

Der Unternehmensberater Lothar Larsson erzählt von einem Vorfall, der in Halle gang und gäbe sei. »Da kam wegen einiger Probleme, die Herr Lai mit der Bezahlung seiner Sozialversicherungsbeiträge hatte - die Geschäfte liefen damals nicht gut -, doch eine Frau von der AOK und sagte ihm, das Preis-Leistungs-Verhältnis würde nicht stimmen. Alles sei viel zu teuer. Und sie erzählte ihm, beim anderen Italiener, in der Ulrichstraße, bekomme sie jedes Mal Wein und Essen. Da brauche sie nicht zu bezahlen. Hier sei das unmöglich. Das ist kein Handelsverhältnis.«

Die widersprüchliche Geschichte von Antonio Lai

Alle am Tisch schütteln den Kopf. Denn in der Tat scheint die alltägliche Korruption kein Einzelfall zu sein, glaubt man den Beteuerungen von Antonio Lai, seiner Anwältin und seinem Unternehmensberater.

»Im Ordnungsamt habe ich gefragt: ›Warum macht ihr das nur gegen mich und nicht die anderen?‹ Die Antwort war: ›Sie haben bessere Beziehungen.‹ Da habe ich keine Worte mehr. Das ist hier aber die Normalität.« Antonio Lai versteht die angeblich so saubere deutsche Welt nicht mehr.

So läuft es eben, in Halle wie da unten, in Süditalien, denke ich bei den Erzählungen Lais und seines Unternehmensberaters. Ein klein wenig geben, ein klein wenig nehmen und man macht sich gute Freunde, die bei eventuellen Problemen hilfreich zur Seite stehen. Ich finde, das Gespräch nimmt einen guten Verlauf. Anstatt eine Abwehrhaltung einzunehmen, greift er an. Und das, was er mir erzählt, klingt ja durchaus überzeugend.

Er berichtet von einer typischen Erpressung nach Mafiaart. Manches wird darüber seit Jahren gemunkelt, Beweise gibt es kaum. Niemand wagt es, zu reden, weil eine schützende Hand der Mafia allemal sicherer ist als die einer Polizei, die wegen Personalmangels die Betroffenen langfristig nicht schützen kann. Deshalb, ich habe das auch in anderen Städten bemerkt, sagt ja die Polizeiführung voller Überzeugung, wir wissen nichts von Schutzgelderpressung.

Folgendes hatte sich laut Antonio Lai zugetragen: Am 1. März 2006 wurde kurz vor Mitternacht sein Restaurant überfallen. Das Lokal war noch voll mit Gästen. Plötzlich stürmten sie herein, mehrere mit Pistolen bewaffnete Italiener begannen das Lokal zu demolieren und hielten Antonio Lai eine Pistole an den Kopf. Verzweifelt versuchte Lai seinen Freund im Anwaltsbüro anzurufen. Der sagte ihm, er solle sofort die Polizei alarmieren. Die kam auch, gemächlich.

Italiener eines benachbarten italienischen Lokals waren für den Überfall verantwortlich. Es gehört einem Wettbewerber aus Neapel. Camorra? »Er hat sich mir persönlich als Repräsentant der Camorra vorgestellt, als er in Köthen ein Restaurant übernehmen wollte, das zu diesem Zeitpunkt von Herrn Lai betrieben wurde.« Das schrieb mir Unternehmensberater Lothar Larsson am 15. September 2008.

»Sie sagten mir, dass ich ab sofort jede Expansion, die ich tätigen möchte, jede Immobilie, die ich kaufen möchte, mit ihnen absprechen muss. Es gibt keine Alleingänge mehr. Wenn nicht...«, entrüstet sich Antonio Lai.

Während er mir das erzählt, nähert sich einer seiner Kellner unserem Tisch. Von einer Sekunde auf die andere wird Antonio Lai schweigsam. Als der Kellner wieder gegangen ist, flüstert er: »Die schicken mir Kellner als Spitzel, damit die sehen, was ich mache.«

Die Methode ist allseits bekannt. Um herauszubekommen, was als Schutzgeld von einem Restaurantbesitzer zu holen ist, informiert man sich zuvor.

Ich frage Antonio Lai und seine Anwältin, warum sie denn keine Anzeige wegen des Überfalls erstattet hätten.

»Wir haben doch eine Strafanzeige gestellt«, antwortet sie.

Bei der Staatsanwaltschaft Halle lag in der Tat eine Anzeige gegen Angestellte von Antonio Lais italienischem Wettbewerber vor - wegen gefährlicher Körperverletzung. Einer derjenigen, der angezeigt wurde, war Gennaro, der in einem italienischen Lokal arbeitete und als der Mann fürs Grobe in der Szene bekannt war.

Am 10. Mai 2006 schrieb die Staatsanwaltschaft an Lais Anwältin: »Ich bitte um ergänzende Angaben zum Hintergrund der Auseinandersetzung, zum genauen Ablauf, welche Waffe von wem geführt wurde, und zur Verletzung Ihres Mandanten.«

Eine Antwort erhielt die Staatsanwaltschaft nicht. Antonio Lai hatte sich entschieden, die Anzeige zurückzunehmen. »Das Personal hat mir gesagt, wir haben Angst um unser Leben. Das eskaliert. Die bringen uns alle um. Daraufhin habe ich die Anzeige zurückziehen müssen.«

Und Lothar Larsson, sein Unternehmensberater, fügt hinzu: »Seine Familie wurde ja auch bedroht. Er hat vier Söhne. Die haben Schreiben bekommen, es wird etwas passieren.« Er erwähnt einen anderen Vorgang, um mir die Bedrohungssituation für seinen Mandanten deutlich zu machen. »In Bremerhaven ist das Restaurant von Pepe in die Luft geflogen. Der hatte gesagt, ich will nicht mehr, das mache ich nicht. Und in Hamburg beim besten Italiener. Was ist denn da passiert? Zack, Brandsatz rein und alles war weg. Da verstehe ich, dass man Angst bekommt.«

Die widersprüchliche Geschichte von Antonio Lai

Die Erpresser, erzählt Lothar Larsson, müssen in Halle gute Beziehungen haben. Ein Schwager des Restaurantbetreibers sei ein ehemaliger CDU-Landtagsabgeordneter, und die FDP würde sich dort manchmal treffen. »Aber natürlich nicht der Genscher. Deshalb wird dieses Lokal der Neapolitaner auch nie kontrolliert, obwohl es dazu viele gute Gründe gibt.« Im Lokal seines Mandanten seien keine Schwarzarbeiter beschäftigt, da sei nichts mit Drogen und alles sei sauber. »Da fragt man sich, warum gehen die nicht in diese Gaststätten und kontrollieren, sondern genehmigen dort alles.«

Antonio Lai fügt hinzu: »Ich habe beim Amt angerufen und gesagt, da arbeiten Marokkaner mit italienischen Papieren. Das hat die nicht interessiert.« Die Familie aus Neapel besitze, sagt er, mehrere Restaurants, unter anderem in Göttingen, Frankfurt und Wiesbaden. Ständig würden die Angestellten untereinander ausgetauscht.

Ein Blick in die Bilanz dieser Neapolitaner zeigt jedenfalls, dass das Restaurant keine sprudelnde Geldquelle ist. Im Jahresabschluss 2006 sind als Eigenkapital die Ziffer 0, ein Jahresfehlbetrag von 32 000 Euro und Verbindlichkeiten in Höhe von 260 000 Euro eingetragen. Anscheinend haben die Banken entsprechende Sicherheiten oder üben sich in Geduld. Eigentlich untypisch. Denn die Bilanz ein Jahr zuvor sah nicht viel besser aus. Dies sind nur einige Impressionen über italienische Geschäftserfolge und Erpressungen in Halle an der Saale.

Nun ist in den Polizeiunterlagen über Antonio Lai zu lesen, dass er Verbindungen nach Leipzig haben soll, zu den Männern aus San Luca – also zur 'Ndrangheta. Wie sieht er das? Auf jeden Fall aus einem ganz anderen Blickwinkel als die Polizei.

»Ich hatte die Gelegenheit, zwei Jahre mit ihnen zusammenzuarbeiten. Die Jungs aus San Luca sind aufgrund einer Zeitungsannonce, die Lazzareti aufgegeben hatte, zum ersten Mal hierhergekommen. Wir hatten damals kein Personal. Lazzaretti hat immer diese Jungs aus San Luca genommen. Die sind alle verwandt, haben zwölf Stunden am Tag für wenig Geld gearbeitet. Aber dafür bist du Chef, haben wir gesagt, weil sie an jedem Restaurant mit einem nach und nach steigenden Prozentsatz, mit zwei, drei Prozent beginnend, beteiligt wurden. Sie haben schönes Geld verdient, haben ehrlich gearbeitet. Muss ich ehrlich sagen. Die Jungs aus dem Leipziger Brauhaus an der Thomaskirche –

das sind Pizzabäcker, Kellner, Köche. Damals war ich ja dort der Verantwortliche. Aber die Jungs waren sehr alleine. Sie brauchten immer jemanden, der auf sie aufpasst. Sie haben den kleinen Mafioso gespielt,
mit dicken Zigarren und so. Auch das Geld, das investiert wurde, kam
nicht aus San Luca. Aber kriminell sind die alle nicht.«

Und während wir über die braven Jungs aus San Luca sprechen,
wirft Unternehmensberater Larsson kurz ein, dass es sowohl hier in
Halle wie in Leipzig ein hochkriminelles Unternehmen gebe, eine Art
Sicherheitsfirma. »Die gehen in die Geschäfte, kaufen ein und zahlen
nicht. Das ist Schutzgeld. Frauenhandel, Erpressung, Drogenhandel,
die machen alles – aber niemand kümmert sich darum. Im letzten Jahr
bat mich ein Mandant, zu einem Gespräch zu kommen, abends. Da kam
Herr M. von diesem Sicherheitsunternehmen, zusammen mit einem
kleineren Typen. Sie wollten, dass mein Mandant ihnen sein Restaurant abgibt, 30 000 Euro und fertig. Und ständig ging das Telefon, ein
Anruf aus Kiew, ein Anruf aus Riga. Die sind international wie ein Konzern strukturiert.«

Dann fügt er hinzu: »Razzien werden denen verraten.« Die »Firma«,
von der er spricht, sie ist einschlägig bekannt – ein deutsches Unternehmen mit deutschen Angestellten!

Welche allgemeinen Schlüsse lassen sich aus den Erfahrungen von
Antonio Lai aus Halle ziehen, der die »Jungs« aus San Luca in Leipzig
gut kannte?

Zum einen gibt es innerhalb der italienischen Restaurantszene zumindest in Halle heftige Revierauseinandersetzungen, von denen die
Polizei wenig oder überhaupt nichts erfährt. Wichtiger ist jedoch das
Milieu von Gefälligkeiten gegenüber Freunden, Amigos. Das unterscheidet sich interessanterweise überhaupt nicht von dem in Kalabrien oder Sizilien.

Die widersprüchliche Geschichte von Antonio Lai

9
Die Mafia an der Ostsee – Sacra Corona Unita

Ein wenig klarer wird das Problem der italienischen Mafia in manchen anderen neuen Bundesländern gesehen. Zumindest ist es dort innerhalb der Polizei kein Tabuthema – im Gegenteil. Aber fest steht auch: In Mecklenburg-Vorpommern herrscht wie in Sachsen eine Kultur der Omertà, wenn es darum geht, mafiose Machenschaften zu schützen. Einige Medien und viele Politiker sind schmiegsam – geschmiert wurde und wird im schönen Mecklenburg-Vorpommern nicht weniger intensiv als in Süditalien auch. Deshalb wäre es abenteuerlich, zu glauben, dass jene Kräfte, die sich in einem solchen Klima besonders wohlfühlen, sich hier nicht eingenistet hätten. Abgesehen von den bereits vorhandenen alten SED- und Stasi-Seilschaften, die in Mecklenburg-Vorpommern eine ähnliche gesellschaftliche Funktion haben wie die Logen für die 'Ndrangheta in Kalabrien als geheime Bruderschaft mit innigen politischen Beziehungen. Der Zusammenhang zwischen mafioser Kultur und den Strukturen der Mafia – in Mecklenburg-Vorpommern ist er offenkundig.

Bereits im April 1994 erklärte Emilio Ledonne, Antimafia-Staatsanwalt aus Rom, dass sich die apulische Mafia, die Sacra Corona Unita (SCU), schwerpunktmäßig in den neuen Bundesländern niedergelassen habe.[43] Im Jahr 2007 berichtete das Magazin *stern* über einen Italiener in Rostock, der bis heute ganz und gar unauffällig als Angestellter in der Rostocker Gastronomie arbeitet. »Tatsächlich sollen ihm aber mehrere Lokale in Rostock gehören. Restaurants, die offiziell von Deutschen erworben und geführt werden. Die seien allerdings nur Strohmänner, die regelmäßig sämtliche Gewinne an den unauffälligen Italiener abführen müssen, heißt es. ›Eindeutig‹ soll auch die Rolle eines Hoteliers sein, der vor allem auf Rügen agiert. ›Der hat beim Aufbau seines Vermögens direkt von der Mafia profitiert‹, behaupteten Informanten. Der Mann stehe mitten in der Gesellschaft, habe verschiedene Funktionen, engagiere sich.«[44]

Im Februar 2008 wurde in den deutschen Medien auszugsweise aus einem Untersuchungsbericht der Antimafia-Kommission des italienischen Parlaments zitiert, der kurz zuvor in Rom veröffentlicht worden war. Demnach habe die kalabrische Mafia erhebliche finanzielle Investitionen an der Ostsee getätigt. Eine Quelle für diese Behauptung wurde nicht genannt.

Daraufhin meldete sich der Kriminalist Ronald Buck, der Landesvorsitzende des Bundes Deutscher Kriminalbeamter (BDK), zu Wort. »Richtig« seien diese Feststellungen. Nach seinen Kenntnissen hätten sich die mafiosen Strukturen an der Küste verfestigt. Begünstigt worden sei dieser Zustand dadurch, dass das Problem verharmlost werde oder bestimmte Personen selbst in die Machenschaften verstrickt seien. Die Mafia – es geht dabei um die Sacra Corona Unita aus Apulien – habe sich nach seinen Erkenntnissen in Wismar, Schwerin, Warnemünde, auf Rügen und Usedom in Hotels und Restaurants eingekauft. Berater renommierter deutscher Banken hätten sogar beim Erwerb der Immobilien geholfen. Doch Konkretes erfuhr man nicht. Gemunkelt wurde von 100 Millionen Euro, die im letzten Jahrzehnt an der Ostseeküste investiert worden sein sollen.

»Wir tun viel zu wenig, um die Mafiaaktivitäten zu unterbinden«, klagte Ronald Buck aus dem Landeskriminalamt gegenüber Journalisten. Deshalb sei es so schwierig, entsprechenden Verdachtsmomenten nachzugehen. Die Kritik des Kriminalisten bezog sich insbesondere auf einen länger zurückliegenden Vorfall in Rostock. Der ermöglichte erstmals einen tieferen Einblick in die italienische Szene in Mecklenburg-Vorpommern.

Irgendwann im Jahr 1995 kam ein Gerado Russo nach Rostock. Er lebte zuvor in Francavilla Fontana. Das ist eine landwirtschaftlich geprägte Gemeinde im Südosten Italiens, in Apulien. Apulien am Absatz des italienischen Stiefels bietet wenig touristische Attraktionen. Dafür soll es rund 60 Millionen Olivenbäume geben, für jeden Italiener einen, und die apulische Mafia, die Sacra Corona Unita – Heilige Vereinte Krone. Über die ist vergleichsweise wenig bekannt.

Die Mafia an der Ostsee - Sacra Corona Unita

In den Achtzigerjahren wurde sie als rein städtische Gangsterorganisation von Abtrünnigen der neapolitanischen Camorra gegründet, sie arbeitet eng mit osteuropäischen Mafiaorganisationen zusammen, insbesondere der albanischen Mafia. Ihr Geschäftsfeld reicht vom Drogen- und Waffenhandel über den Menschenhandel, Prostitution und die Schutzgelderpressung bis hin zur illegalen Giftmüllbeseitigung.

Als Organisation ist sie hierarchisch aufgebaut. Auf der untersten Stufe stehen die Picciotti und Camorrista, gefolgt von den Santista. An der obersten Spitze der Struktur sitzt der Capo Mandante. Einer Società Segreta gehören die höchsten Mitglieder der jeweiligen Clans an. Bekannt ist, dass neue Mitglieder geweiht beziehungsweise getauft werden und einen Eid leisten müssen: »Ich schwöre auf die Spitze dieses blutgetränkten Messers, für immer dieser Gesellschaft von freien, aktiven und bejahenden Männern der Sacra Corona Unita treu zu bleiben und überall ihren Gründer Giuseppe Rogoli zu vertreten.«[45]

Gerado Russo, der nach Rostock gekommen war, war kein Picciotto, sondern hatte als Santisti Kontakte zur Spitze der apulischen Mafia, zu Giovanni Donatiello. Dessen Clan beherrscht die Regionen Brindisi, Lecce und Teile der Provinz Taranto. Nach Studien des Istituto di Studi Politici Economici e Sociali (Eurispes) erwirtschaftet die Sacra Corona Unita (SCU) geschätzte 878 Millionen Euro durch den Drogenhandel, 775 Millionen Euro durch die Prostitution, 516 Millionen Euro durch den Waffenhandel und 351 Millionen Euro durch Schutzgelderpressung. Das ergibt knapp 2,5 Milliarden Euro Einnahmen pro Jahr.

Und ein Teil dieser Gelder floss auch an die Ostseeküste. Einer, der dafür verantwortlich war, dass das Geld der SCU gewinnbringend angelegt wird, war Gerado Russo. Er war inzwischen der dritte hochkarätige Angehörige der SCU, der sich in Mecklenburg-Vorpommern niedergelassen hatte. Russos unmittelbarer Ansprechpartner in Rostock war ein Cosomi F. Dieser Mann, so sagte ein Zeuge gegenüber der Polizei aus, sei in Deutschland Eigentümer und Gesellschafter vieler Restaurants und Pizzerien sowie zahlreicher Immobilien. Er soll zudem Gerado Russo vorgeschlagen haben, Immobiliengesellschaften zu gründen, um das durch Drogen, Waffen oder Schutzgeld erwirtschaftete Kapital legalisieren zu können.

»Im Grunde genommen standen dieser Gruppe große Kapitalmengen an Geld zur Verfügung, das sie über ein System, was auch als chinesische Schachtel bezeichnet wird, hier investierten.« Das sagte ein Zeuge gegenüber der Schweriner Polizei aus. Dabei ging es um den Ankauf und die Restaurierung von Gebäuden. Die Gruppe der Italiener wählte Personen ihres Vertrauens aus, denen sie die Immobilien oder Restaurants zur Führung übergab, und zwar zu den von der SCU festgelegten Geldbeträgen.

Pasquale, Bruder eines der drei namentlich bekannten Repräsentanten der SCU, erzählte freimütig den Ermittlern, dass Gerado Russo sich seit Sommer 1995 in Deutschland aufgehalten habe und von diesem Zeitpunkt an mit Cosomi F. in Kontakt stand.

Am 2. Dezember 1995 wurde Gerado Russo in dem Restaurant Rialto in Rostock erschossen. Noch am Tag des Mordes habe es ein Treffen zwischen Cosomi F., Gerado Russo und einem weiteren Geschäftspartner gegeben. Russo beging jedoch einen entscheidenden Fehler, weil er glaubte, die ihm anvertrauten Gelder der SCU ungestraft unterschlagen zu können.

In einem mir vorliegenden Protokoll des Landeskriminalamts Mecklenburg-Vorpommern aus dem Jahr 1996 wird das Motiv des Mordes erklärt:»Infolge ›persönlicher Verfehlungen‹ des Russo gegenüber der Organisation wurde von dem sich in Haft befindlichen Chef der SCU, dem italienischen Staatsbürger Giuseppe Donatiello, die physische Liquidierung von Gerado Russo angeordnet.«

Als die Mörder das Lokal betraten, waren – welch ein Zufall – sowohl Cosomi wie der Bruder des SCU-Repräsentanten Gorgio A. im Restaurant Rialto anwesend. Die Ermittler fanden bei der Rekonstruktion des Mordes zudem heraus, dass mehrere Italiener über die Planung und Durchführung »einer Maßnahme« im Restaurant Rialto informiert waren. Bereits 14 Tage vor dem Mord sah ein Zeuge Antonio V., der ebenfalls der SCU angehört, im Wohnhaus des Ermordeten. Antonio V. ist derjenige, der im Auftrag des SCU-Bosses »Sanktionen« gegen Abtrünnige plant und durchführt.

Um mehr über die Hintergründe der spektakulären Hinrichtung zu erfahren, fuhren Rostocker Kriminalisten nach Brindisi und Lecce. Bisher fehlten ihnen konkrete Informationen darüber, wer der Ermordete wirklich ist. Dort erfuhren sie, dass Gerado Russo in Italien einschlägig bekannt war: wegen Drogenhandels, Erpressung und Gefangenenbefreiung für die SCU. Wichtig war zudem die Erkenntnis, dass die italienischen Behörden auch den von Zeugen erwähnten Cosomi F. in Rostock kannten. Er wurde von ihnen mit dem internationalen Drogenhandel in Verbindung gebracht.

Nach ihrem Besuch in Apulien schrieben die Beamten ein Protokoll, das aufgrund einer Anweisung der Polizeiführung im Landeskriminalamt Schwerin später vernichtet wurde: »In Bezug auf Geldwäsche erklärten die italienischen Ermittler, dass sie wissen, woher und aus welchen kriminellen Delikten die entsprechenden Gelder stammen. Der eigentliche Geldfluss konnte jedoch lediglich in Italien konkret verfolgt werden. Als Anlagegebiet vermuten sie Mecklenburg-Vorpommern.«

Immerhin konnte aufgrund der Zusammenarbeit zwischen deutschen und italienischen Beamten ermittelt werden, dass sowohl der Auftraggeber wie die Killer sich in Apulien aufhielten. Das war der Grund dafür, dass sich die Staatsanwaltschaft Rostock entschloss, das gesamte Ermittlungsverfahren der italienischen Justiz zu übergeben. Der Mordfall war nun für sie gelöst, die Hintergründe über die Strukturen der italienischen Mafia in Mecklenburg-Vorpommern interessierte die Staatsanwaltschaft weniger. Dabei waren die italienischen Ermittler bereit, den Beamten des Landeskriminalamts genauere Informationen darüber zu geben, in welchen Restaurants und Geschäften Gelder investiert wurden. Und die Auswertung der abgehörten Telefongespräche der in Mecklenburg-Vorpommern lebenden Italiener aus Apulien versprach zusätzliche Hinweise.

Doch nachdem die Ermittlungen nicht mehr weitergeführt werden sollten, sahen die italienischen Antimafia-Ermittler aus Bari und Brindisi keinen Grund, ihre Informationen nach Schwerin weiterzugeben. Dabei ging es auch um konkrete Informationen über Cosomi F. und die Brüder A. in Binz. Um diese Informationen weiterzuleiten, wäre ein formelles Rechtshilfeersuchen notwendig gewesen. Italienische Ermittler gewannen allerdings den Eindruck, dass in Mecklenburg-Vorpommern überhaupt kein Interesse bestand, die Investitionen der dort lebenden Angehörigen der SCU zu verfolgen.

Die Kriminalisten im Landeskriminalamt Schwerin hingegen waren frustriert. Sie hatten erwartet, dass bei der Staatsanwaltschaft wie auch bei der Führung des LKA ein großes Interesse bestehen würde, diese offensichtlich vorhandenen Strukturen aufzuklären. Denn schon Anfang der Neunzigerjahre gab es erste Hinweise, dass auf der Ostseeinsel Usedom Mafiagelder angelegt worden sein sollen. Entsprechende Ermittlungen waren anfangs erfolglos. Danach stellte sich jedoch heraus, dass plötzlich bestimmte italienische Pächter und Betreiber zunächst auf den Inseln Usedom und Rügen Unternehmen und Restaurants eröffneten. Dazu zählten ein Eiscafé, mehrere Restaurants und ein Hotel. Gegen einen italienischen Unternehmer wurde sogar ein Geldwäscheverfahren bei der Staatsanwaltschaft Stralsund angestrengt.

Zwei Personen spielen dabei eine wichtige Rolle: V. und F. Aufgefallen war, dass V. dem Unternehmer F. hohe Pachtzahlungen für ein Restaurant leistete, die im krassen Gegensatz zu den erwirtschafteten Gewinnen standen. In Binz musste V. im Jahr 1992 für zwei Restaurants insgesamt 37 950 Mark Pacht bezahlen. Die Steuerfahndung in Stralsund konnte es sich nicht vorstellen, dass es tatsächlich Einnahmen in einer Höhe gab, um diese immense Pacht zu zahlen. Zumal noch weitere Betriebskosten wie zum Beispiel die Lohnkosten für zwei Dutzend Angestellte hinzukommen würden.

Als Nächstes eröffnete V. über eine Firma, an der noch zwei deutsche Gesellschafter beteiligt waren, in Binz ein Hotel und erwarb eine Eigentumswohnung. Während auf seinen Konten ein Soll zwischen 20 000 bis 50 000 Mark ausgewiesen wurde, investierte das Unternehmen rund fünf Millionen Mark in Gaststätten und Hotels, teilweise über Kredite der Sparkasse Bergen und einer großen deutschen Bank. Waren die Banken damals besonders spendierfreudig? Oder hing es damit zusammen, dass ein deutscher Teilhaber des Unternehmens verwandtschaftlich mit dem Geldwäschebeauftragten der großen Bank verbunden war, die die Kredite genehmigte?

Der Name dieses Geldwäschebeauftragten fiel auch in Telefongesprächen zwischen zwei SCU-Angehörigen, die von der italienischen Polizei aufgezeichnet wurden. Eines der abgehörten Telefongespräche schürte den Verdacht, dass der Geldwäschebeauftragte der Bank die Italiener mit polizeilichen Informationen versorgte. Anlässlich einer Hausdurchsuchung bei einem Gesellschafter des Unternehmens »konnte festgestellt werden, dass interne Unterlagen der Bank, vermutlich über den Geldwäschebeauftragten, den Tätern zugänglich gemacht wurden. Außerdem befanden sich in den Unterlagen zentrale Fahndungsnachrichten einer Steuerbehörde, die nur für den internen Dienstgebrauch bestimmt sind«, schrieben die Kriminalisten des LKA.

Doch nichts geschah nach diesen schwerwiegenden Vorwürfen. Auch nicht, als V. von Zeugen beschuldigt wurde, auf dem Gebiet der Schutzgelderpressung tätig zu sein. Wie schrieb die Polizei in einem »Sachstandsbericht« zur Ermittlungstätigkeit der Sonderkommission Russo: »Als ein Mitglied der in Rede stehenden kriminellen Vereinigung muss der in der Ortschaft Binz als Gastronom tätige V. angesehen werden. Entsprechend einer Zeugenaussage soll er in rechtswidriger Weise, hier gemeinschaftlich mit namentlich unbekannten Landsleuten handelnd, sogenannte Schutzgelder erpressen. Hier ließe sich die Herkunft der durch ihn geleisteten und seitens der Steuerfahndung als nicht durch seine selbstständige Tätigkeit zu erwirtschaftenden Pachtzinsbeträge erklären.« Der Vorschlag, gegen die beteiligten Personen Ermittlungsverfahren bei einer Staatsanwaltschaft weiterzuführen, wurde brüsk abgelehnt.

Im weiteren Verlauf der Ermittlungen der Sonderkommission Russo des LKA zeigte sich, dass ein weiterer in Rostock lebender Angehöriger der SCU inzwischen über eine Leasing GmbH eine Vielzahl weiterer Firmen mitgegründet hatte. Partner war diesmal ein ehemaliger Angestellter des Bankhauses Schneider & Münzing in München, das wegen undurchsichtiger Geschäftstransaktionen im Jahr 1985 in Konkurs gegangen ist. Er soll für die damalige Firmenpleite mitverantwortlich gewesen sein. Nach Angaben des BKA war das gleiche Bankhaus auch mit der Finanzierung und Einrichtung italienischer Gaststätten in ganz Deutschland beschäftigt.

Und noch etwas fiel den LKA-Ermittlern auf. Anscheinend muss es in Binz sogar einen Brandanschlag gegen ein italienisches Restaurant gegeben haben. In der örtlichen Presse war von einem folgenreichen Kurzschluss die Rede. Ganz anders sehen es die Beteiligten selbst, die nicht wussten, dass inzwischen ihr Telefon aufgrund einer richterlichen Anordnung abgehört wurde. Da unterhält sich zum Beispiel Ende 1996 ein F. mit dem Clanmitglied I.

F.: »Da war doch dieser große Brand bei deinem Haus in Rostock, ach ne, in Binz.«

Sein Gesprächspartner bestätigt es: »Ja, da hat dieser Hurensohn eine Brandbombe reingeworfen. Weißt du das? ... Ja, der ist jedenfalls abgehauen von einer Familie. Die haben jetzt Angst, weißt du? Ohne dass ihr das vielleicht wolltet, habt ihr etwas Schädliches oder etwas Gutes getan. Das kann man noch nicht sagen. Verstehst du?«

Ein paar Tage zuvor hatte F. bereits mit seiner Tochter gesprochen. Er fragt seine Tochter: »Die Polizei, die macht nicht etwa eine Treppe (lauert vor der Tür, Anmerkung des Autors). Oder? ... Die Polizei könnte schnell dahinterkommen. Aber du tust so, als wüsstest du von nichts. Hast du verstanden?«

Die Kriminalisten des LKA folgern aus diesen Telefongesprächen, dass F. Hintergründe über die Brandstiftung kenne und ihm sogar der Täter namentlich bekannt sei. »Weiterhin besteht der Verdacht gegen I., Auftraggeber des Verbrechens gewesen zu sein beziehungsweise zumindest von der Planung Kenntnis gehabt zu haben.«

Nicht nur Brandstiftung zur Entmietung gehörte zu den Praktiken in Binz, sondern bei einigen Geschäften ging es auch um Menschenhandel. Diese Erkenntnis ist ebenfalls Ergebnis der Telefonüberwachung eines Mitglieds des Clans auf Rügen. In den Gesprächen wurde überwiegend über Prostituierte gesprochen, deren Arbeitsweise sowie darüber, auf welchem Weg Prostituierte nach Rügen gebracht werden könnten.

Hinweise über undurchsichtige Machenschaften erhielten die Ermittler des LKA, als sie mithörten, wie F. am Telefon mit einem »Dottore« über den Kauf von Immobilien im Wert von über 50 Millionen Euro sprach. Oder wie er in einem anderen Zusammenhang sagte: »Ich habe gestern meine vier Millionen für Greifswald geholt. Dort will ich Häuser bauen. Das Geld kommt auch schwarz rein, und ich organisiere das dann.«

Alarmiert wurden die Kriminalisten jedoch, als ein Mitglied der SCU mit einer Mitarbeiterin der Standortentwicklungsgesellschaft Stralsund sprach. Dabei ging es um den »Aufbau von Beziehungen zu Poli-

Die Mafia an der Ostsee - Sacra Corona Unita

tikern« in Deutschland. In einem Polizeiprotokoll wird das konkretisiert:»Dazu wurden zielgerichtet durch Frau (…) solche Veranstaltungen aufgesucht, bei denen der besagte Personenkreis anwesend war. Aktuelles Beispiel ist der Versuch, Gespräche mit Herrn Rehberg zu führen. Sie sagte:›Der Innenminister war da, der Rudi Geil und der Generalstaatsanwalt. Aber von denen wollt ihr ja nichts.‹« Das zumindest notierten die LKA-Beamten.

Insgesamt kamen die LKA-Ermittler zu folgenden Erkenntnissen im Zusammenhang von deutscher mafioser Kultur und italienischer Mafia:»In Mecklenburg-Vorpommern besteht eine kriminelle Vereinigung der italienischen Mafia, das heißt der Sacra Corona Unita. Sie wurde durch den genannten Personenkreis bereits seit längerer Zeit arbeitsteilig betrieben. Zur Verschleierung werden gewerbliche und geschäftsähnliche Strukturen (Gaststätten, Firmen etc.) genutzt. Die Anwendung von Gewalt ist sowohl Bestandteil als auch Teilziel bei der Aufrechterhaltung der inneren Ordnung der Organisation. Durch die Italiener wird mittels ›Strohleuten‹ der Versuch unternommen, Kontakt zu Personen des öffentlichen Lebens aufzubauen. Nachweislich wurden solche Beziehungen bereits ausgenutzt. Offizieller Buchhalter der Firmen ist G. S. Er hat vielfältige Beziehungen zu Banken und staatlichen Institutionen. Silvano und F. besitzen ebenfalls sehr gute Beziehungen in die Chefetagen verschiedener Banken und nutzen diese entsprechend. Außerdem bestehen Kontakte zu weiteren ausländischen Straftätern.«

Inzwischen, im Jahr 2008, hat die Gruppe ihre geschäftlichen Aktivitäten erheblich ausgeweitet. Unter anderem besitzt sie in Stralsund ein Restaurant, drei Restaurationsbetriebe sowie Eigentumswohnungen in Rostock, jeweils ein Restaurant in Waren/Müritz, Schwerin, Wismar, aber auch in Crailsheim, Chemnitz und Magdeburg. Und warum konnte die Gruppe in den letzten Jahren derart erfolgreich in Mecklenburg-Vorpommern expandieren? Weil die polizeiliche Führung des Landeskriminalamts anscheinend kein besonderes Interesse hatte. Das wäre die einfachste Lösung. Vielleicht ist sie auch zu einfach.

»Vor zehn Jahren«, sagt nämlich Ronald Buck,»wurden wegen nicht nachvollziehbarer Befindlichkeiten einiger Vorgesetzter die Untersuchungen der Aktivitäten der Sacra Corona Unita in Mecklenburg-Vorpommern eingestellt.«

Für ihn war damals bereits die Einstellung des Verfahrens ein »skandalöser Vorgang«, weil nach dem Mord und den damit verbundenen Ermittlungen die Beamten bedeutende Strukturen und Geldströme dieser Organisation in Mecklenburg-Vorpommern aufgedeckt hatten. Wörtlich sagte er: »Es stinkt nach Korruption, wenn Ermittlungen im Bereich der Organisierten Kriminalität plötzlich eingestellt werden, obwohl wir vor dem Durchbruch standen.«[46]

Ronald Bucks Chef, der Direktor des Landeskriminalamtes, Ingmar Weitemeier, sieht das ganz anders. Er wehrt sich gegen den von Buck erhobenen Vorwurf. Nach seinen Worten habe es nicht genügend Verdachtsmomente gegeben, um ein strafprozessuales Verfahren einzuleiten. Im Übrigen treffe die Entscheidung zu Ermittlungsverfahren die zuständige Staatsanwaltschaft oder die Generalstaatsanwaltschaft. Außerdem sei inzwischen doch alles anders. Es habe einen Wechsel in der Leitung des Innenministeriums gegeben, und seitdem gebe es enge Absprachen zwischen dem Innenministerium und dem Landeskriminalamt über notwendige polizeiliche Handlungen.

Der Wechsel im Innenministerium fand Ende 2006 statt. Und was war davor? Ob der heutige Innenminister tatsächlich über alles im Zusammenhang mit der italienischen Mafia in Mecklenburg-Vorpommern informiert ist, ob er wirklich weiß, wie nahe die Ermittler an der Zerschlagung eines Clans der apulischen Mafia waren, das wird von den LKA-Kriminalisten infrage gestellt. »Der wird von einer Gruppe höchster Ministerialbeamter sorgsam abgeschirmt und teilweise mit Falschinformationen gefüttert«, erzählen sie mir.

Und noch etwas Merkwürdiges schrieben mir die Beamten: »Im Jahr 1998 wurde ein umfassender Bericht zur Lage der italienischen Organisierten Kriminalität in Mecklenburg-Vorpommern angefertigt. Die beiden einzigen Printexemplare verschwanden kurz nach der Erstellung.«

Auch die Staatsanwaltschaft Rostock meldete sich zu Wort. Entgegen den Medienberichten habe es keine Einstellung des Verfahrens wegen des Verdachts der Geldwäsche gegeben. Vielmehr sei das Verfahren im Jahr 1998 an die italienische Staatsanwaltschaft abgegeben worden, weil die Ermittlungen keinen Erfolg mehr versprochen hätten. Außerdem seien der Staatsanwaltschaft Rostock keine Tatsachen bekannt, die den Verdacht der Geldwäsche für die italienische Mafia zu begründen vermochten.

Der Landesvorsitzende des Bundes Deutscher Kriminalbeamter, Ronald Buck, hingegen bleibt bei seinen Vorwürfen. Auch deshalb, weil er sie anscheinend belegen kann. Inzwischen wurden die bisher für die Ermittlungen zuständigen Beamten der Sonderkommission auf andere Posten abgeschoben. Für sein unbotmäßiges Verhalten gegenüber seinem Dienstherrn, dem Direktor des Landeskriminalamtes, musste der erfahrene OK-Ermittler Ronald Buck büßen. Er war auf einmal ein Sicherheitsrisiko und wurde deshalb aus einer abgeschotteten Ermittlungsgruppe in die Abteilung Prävention umgesetzt. Ihm droht zudem ein Disziplinarverfahren. Da hat er immerhin noch Glück gehabt - in Italien hätte er mit ganz anderen Konsequenzen rechnen müssen. Doch das System, wie mit unbequemen Wahrheiten in Mecklenburg-Vorpommern umgegangen wird, ähnelt dem in anderen Bundesländern, ob Sachsen, Thüringen oder Nordrhein-Westfalen. Mit allen Mitteln wird vertuscht, verschleiert, wenn es um sachgerechte und nachhaltige Aufklärung der Mafia, in diesem Fall der italienischen Mafia in Deutschland, geht. Und immer werden die Kriminalisten, die sich damit nicht zufriedengeben, entweder gemaßregelt, müssen mit Disziplinarverfahren rechnen oder werden auf andere Posten versetzt.

Nicht Verdrängung, sondern Aufklärung und Prävention - das ist hingegen in Berlin die erfolgreiche Strategie im Kampf gegen die italienische Mafia. Um in der Bundeshauptstadt die Macht von Camorra, Cosa Nostra und 'Ndrangheta einzudämmen, mit der auch die meisten italienischen Unternehmen nichts zu tun haben wollen, wurde - einzigartig in Deutschland - eine Initiative »*Mafia? Nein Danke!*« gebildet. Über 60 Berliner Restaurantbesitzer haben sich der Initiative angeschlossen um, ähnlich wie Bürgerinitiativen in Sizilien und Kalabrien, das System Omerta zu durchbrechen und Zivilcourage zu demonstrieren. Auslöser für diese vom Berliner LKA initiierte Aktion waren Brandanschläge und eine Serie von Schutzgelderpressungen gegen italienische Restaurantbesitzer in den Jahren 2006 und 2007.

108   Teil I: Die italienische Mafia

10
Über einen Richter aus Kalabrien und die europäische Behörde OLAF

Wer in Italien als Polizeibeamter, Staatsanwalt oder Richter den politisch Mächtigen und der Mafia zu nahe kommt und deshalb deren ökonomische und politische Interessen gefährdet, der hat eine geringe Lebenserwartung, lebt auf jeden Fall gefährlich oder er wird – bürokratisch korrekt – auf ein totes Gleis gesetzt. Letzteres wäre wiederum vergleichbar mit der Situation von aufmüpfigen Polizeibeamten in Deutschland. Warum jedoch kam so etwas wie Freude bei der Europäischen Antibetrugsbehörde OLAF (Office Européen de Lutte Anti-Fraude) in Brüssel auf, als ein couragierter Staatsanwalt aus Kalabrien von seinem Posten abberufen wurde? Gerade bei OLAF, dessen zentrale Aufgabe doch darin besteht, betrügerische Machenschaften mit Fördergeldern der Europäischen Union (EU) zu verfolgen – Fördergelder, für die auch der deutsche Steuerzahler bezahlen muss?

Die unsägliche Geschichte beginnt damit, dass sowohl die italienische Zentralregierung wie auch die EU in den letzten Jahren die wirtschaftliche und soziale Situation in Süditalien mit enormen Summen zu verbessern versuchten. Doch ein beträchtlicher Teil dieser Gelder landete über ein Geflecht von Korruption, Verstrickungen lokaler und regionaler Politiker mit der Mafia und der gezielten Unterwanderung von Verwaltung, Justiz und Exekutive durch Mafiasympathisanten oder Mitläufer auf Konten der Cosa Nostra oder der 'Ndrangheta.

»Zumindest dieser Staatsanwalt lacht nicht mehr über OLAF«, heißt es jedenfalls in der E-Mail vom Januar 2008 eines leitenden OLAF-Mitarbeiters. In einem Porträt der *Süddeutschen Zeitung* vom 4. März 2006 wird dieser »nicht mehr lachende« Staatsanwalt aus Kalabrien mit folgenden Worten zitiert:»Wer die 'Ndrangheta besiegen will, muss diesen Knoten (das Geflecht aus korrupten Politikern, Beamten, Geschäftsleuten und Mafiosi) durchschlagen. Doch das ist kaum möglich. Wir sind viel zu wenige, zu wenige Staatsanwälte, zu wenige Polizisten. Und wir sind schlecht ausgestattet ... Wir Justizbeamten, die ihr Leben riskieren, werden täglich von der Politik attackiert. Und die Gesetze, die diese Regierung macht, erschweren uns die Arbeit.«[47] Der Name des Staatsanwalts ist Luigi De Magistris.

In einer anderen E-Mail vom Januar 2008, diesmal des Pressesprechers von OLAF, ist unter der Überschrift »Disziplinarmaßnahmen gegen den Staatsanwalt in Catanzaro« zu lesen: »Mit großer Befriedigung habe ich die Artikel der Mailänder Presseschau gelesen. Ich hoffe nur, dass die Verbindungen dieses Herren zu OLAF denselben Weg zur Ausgangstür nehmen werden. Sehr herzlich und freundschaftlich grüßt Jean-Pierre.«[48]

In der von ihm »mit großer Befriedigung« gelesenen Mailänder Presse stand, dass Luigi De Magistris, Staatsanwalt aus Catanzaro, seines Postens und seiner Funktion als Ermittlungsführer in Sachen Betrug an EU-Fördergeldern enthoben wurde.

In einer weiteren E-Mail schreibt ein OLAF-Beamter: »Entsprechend der Presseartikel, die wir aus dem Büro der EU in Mailand erhalten haben, hat sich der Oberste Rat für Gerichtsbarkeit (Consiglio Superiore della Magistratura/CSM) in Italien in der letzten Woche entschieden, Sanktionen gegen Staatsanwalt Dr. Magistris aus Catanzaro durchzuführen und ihn von seinem Posten in Catanzaro zu entfernen.« Warum diese klammheimliche Freude bei OLAF in Brüssel?

Staatsanwalt De Magistris wurde im Internetportal www.apcom.net im Zusammenhang mit einer Rede zitiert, die er am 13. November 2007 vor Abgeordneten des Europäischen Parlaments in Straßburg gehalten hatte.[49] Hintergrund seines Vortrags ist der seit Langem bekannte Skandal, dass in den letzten Jahren Gelder aus EU-Fonds in Milliardenhöhe in dunklen Kanälen versickert sind. Vor den Europaparlamentariern klagte er deshalb: »Für die Zeit von 2007 bis 2013 sind Fonds in Höhe von neun Milliarden Euro vorgesehen, während es bisher schon keinerlei ökonomische Entwicklung im Süden gegeben hat.«

Das wäre sicher kein Grund für die Freude in Brüssel über De Magistris' Entlassung. Vielmehr geht es um seine gleichfalls geäußerte

Kritik, wonach er bei seinen Ermittlungen über verschwundene beziehungsweise missbräuchlich verwendete EU-Gelder in Kalabrien zwar mit OLAF zusammengearbeitet habe, doch innerhalb von OLAF habe es Widerstand gegen eine Zusammenarbeit gegeben.[50]

Aufgrund dieser Äußerung schrieb Franz-Hermann Brüner, der Generaldirektor von OLAF, sowohl an den italienischen Justizminister wie an den Obersten Rat für Gerichtsbarkeit (CSM). Nach Brüners Worten habe es keinen Widerstand innerhalb von OLAF gegen eine Zusammenarbeit mit dem Staatsanwalt De Magistris aus Catanzaro gegeben. Außerdem sei nur er dafür zuständig, wenn entsprechende Ermittlungen bezüglich des Missbrauchs von EU-Mitteln geführt werden. Aufgrund der Informationen, die er von der Staatsanwaltschaft Catanzaro erhalten habe, seien zudem interne Ermittlungen eingeleitet worden. Außerdem wurden auf »flagrante Art und Weise die Gesetze der Gemeinschaft verletzt«, weil über diese Ermittlungen in den italienischen Medien auf eine Art und Weise berichtet wurde, die nicht den Fakten entsprechen.[51]

Das mag sein, aber schon in der Vergangenheit wurde der Verdacht geäußert, dass OLAF nicht gerade die Speerspitze im Kampf gegen Betrug an EU-Fördermitteln darstelle. Diesen Verdacht erhob bereits Anfang März 2006 Hans-Martin Tillack im *stern*. Seine Kritik steht im Zusammenhang mit einem italienischen Politiker, der nicht zu den Gegnern des OLAF-Generaldirektors Brüner zählen dürfte.

Und damit ist man wieder bei der Abberufung des kalabrischen Staatsanwalts Luigi De Magistris. Die Staatsanwaltschaft in Kalabrien ermittelte gegen den italienischen Politiker und Unternehmer Lorenzo Cesa wegen angeblichen Betruges von EU-Fördergeldern. Cesa, Generalsekretär der Christdemokratischen Partei UDC (Unione dei Democratici Cristiani e Democratici di Centro), soll daran beteiligt gewesen sein, mehr als zwei Millionen EU-Subventionen für eine von ihm mitkontrollierte Firma umgeleitet zu haben.[52] Unter der Bezeichnung Poseidon liefen die Ermittlungen. Ermittlungsführer war Staatsanwalt Luigi De Magistris.

Lorenzo Cesa soll zudem zwischen 2001 und 2004 einer der »Förderer« und »Organisatoren« von Firmen gewesen sein, die für Kalabrien bestimmte EU-Fördermittel betrügerisch kassiert hatten. Und dann beschuldigte ihn Francesco Campanella, der Superkronzeuge, im Prozess gegen den einstigen Capo dei tutti Capi, Bernardo Provenzano, dass Cesa mit Bernardo Provenzano Geschäfte abgeschlossen habe, um seine Partei UDC in Sizilien zu finanzieren.[53] Cesa war bereits im Juni 2001 von einem Gericht in Rom zu mehr als drei Jahren Gefängnis verurteilt worden. Wegen der Annahme von Schmiergeld. Die zweite Instanz hob das Urteil jedoch wegen eines Formfehlers auf. Danach wurde er Mitglied des Europaparlaments, genoss die Immunität und spezialisierte sich als Mitglied des europäischen Haushaltskontrollausschusses auf das Thema Betrugsbekämpfung.

»Vehement wie kaum ein anderer engagierte sich Lorenzo Cesa für Brüners Wiederernennung als OLAF-Direktor. Dem schien das gefallen zu haben. OLAF revanchierte sich bei Lorenzo Cesa, indem das Amt Erklärungen und Anfragen des Europaabgeordneten auf seiner offiziellen Webseite weiterverbreitete.«[54] Seltsam auch, dass insbesondere die Berlusconi-Partei Forza Italia sich besonders nachhaltig für die Wiederwahl von Brüner als OLAF-Chef einsetzte.

Insofern ist die Frage zulässig, warum im Jahr 2006 – trotz Wissens um die Ermittlungen der Staatsanwaltschaft Kalabrien in Sachen Betrug mit EU-Fördergeldern – OLAF-Chef Brüner sinngemäß erklärte, dass diese Ermittlungen allein ein Fall für die italienische Staatsanwaltschaft seien, und solange die italienische Justiz nicht um Hilfe bittet, sei OLAF nicht gefragt.[55]

Inzwischen ist Lorenzo Cesa nicht mehr Vorsitzender des Haushaltskontrollausschusses und dafür verantwortlich, was mit den Milliarden Fördergeldern der EU geschieht. Eine kluge Wahl war 2007 die Ernennung eines kundigen Juristen aus Sizilien, Francesco Musottos, zu seinem Nachfolger. Der knapp 60-jährige Politiker von der Forza Italia ist eine markante Erscheinung: kurze, graue Haare, eine dünne Brille und ein grauer Schnauzbart, ein Signore wie aus dem Bilderbuch. Wenn er spricht, klingt es wie gedämpfter Singsang, der zum Einschlafen einlädt. Das Europäische Parlament nahm am 19. Februar 2008 seinen Bericht über den Schutz der finanziellen Interessen der EU an. Und die Europäische Kommission begrüßte den Bericht als wichtigen Beitrag zur Bekämpfung von Betrugsdelikten, die zulasten des Gemeinschaftshaushalts gehen.

Der Landwirt, Rechtsanwalt und einstige Präsident der Region Palermo, Francesco Musotto, wurde schon in den Neunzigern dadurch prominent, dass er eine Zivilklage gegen jene Attentäter ablehnte, die am 23. Mai 1992 in Palermo Richter Giovanni Falcone, dessen Ehefrau und drei Leibwächter mit 600 Kilo Sprengstoff in die Luft gejagt hatten. 1995 wurde Mussoto kurzfristig verhaftet, weil er und sein Bruder einem der mächtigsten Mafiabosse der Cosa Nostra, einem brutalen Killer, Leoluca Bagarella, Unterschlupf in seinem Landhaus gewährten und vertrauliche Informationen der Polizei weitergegeben hätten. Aufgrund der Anklage wurde er gezwungen, seinen Posten als Präsident der Provinz Palermo aufzugeben.

Doch Francesco Musotto wurde sofort wiedergewählt, nachdem er im April 1998 freigesprochen wurde. Er hatte vor Gericht ausgesagt, dass er zwar Mafiosi kenne, weil er ihr Anwalt sei, er habe jedoch niemals Stimmen für die Cosa Nostra gesammelt und würde den gesuchten Mafiaboss, der in seiner Villa gewesen sein soll, überhaupt nicht kennen. Eigentlich sucht sich die Cosa Nostra ihre Anwälte nicht nach dem Zufallsprinzip aus.

Verurteilt wurde wegen des gleichen Delikts hingegen sein Bruder.

»In keinem anderen Land hätte wohl eine politische Partei einen Mann, dessen Familie einen der Köpfe des organisierten Verbrechens vor der Polizei versteckt hatte, zum Vorsitzenden ihrer Parteiorganisation in der Hauptstadt gemacht.«[56] Im Europäischen Parlament hingegen wird Mussoto von der christdemokratischen Europäischen Volkspartei mit Samthandschuhen angefasst.

Selbst die polnische EU-Kommissarin Danuta Hübner, zuständig für europäische Regionalpolitik, meldete sich nach den Vorwürfen über den Betrugsverdacht im Zusammenhang mit den EU-Fördergeldern und der Kritik des Staatsanwalts De Magistris zu Wort. Nach einem Gespräch mit dem sizilianischen Ministerpräsidenten Salvatore Cuffaro äußerte sie sich geradezu enthusiastisch über Cuffaros Aussage ihr gegenüber: »Die Prüfungsmechanismen über die Verwendung der EU-Gelder sind ausgezeichnet, und daher kommt es ohne jeden Zweifel zu keinem kriminellen Betrug.«[57]

Eine Anfrage bei der EU-Kommissarin in Brüssel, ob sie sich tatsächlich mit Salvatore Cuffaro getroffen habe und ob die in den Medien

Über einen Richter aus Kalabrien und die europäische Behörde OLAF zitierte Aussage korrekt sei, blieb, nachdem ihr Büro mitteilte, sie müsse in ihrem Kalender nachschauen, unbeantwortet. Ihr Schweigen hängt vielleicht mit dem Mann zusammen, den sie als Kronzeugen dafür zitiert, dass mit den EU-Fördergeldern alles seine Richtigkeit habe. Salvatore »Totò« Cuffaro, der im Jahr 2001 gewählte sizilianische Ministerpräsident, ist ein eher schlechter Zeuge für eine EU-Kommissarin. Seit Langem wurden ihm nicht nur in der italienischen Presse, sondern auch von Staatsanwälten in Palermo Kontakte zu den Ehrenwerten nachgesagt und dass er seine Hände bei umstrittenen Vergaben von Bauaufträgen in traditionellen Hochburgen der Mafia im Spiel hatte. Im November 2007 erhob die Staatsanwaltschaft Palermo gegen ihn Anklage wegen Begünstigung der Mafia. Zwei Monate später fällte das Gericht das Urteil: fünf Jahre Haft und ein fünfjähriger Ausschluss von allen öffentlichen Ämtern. Es sei erwiesen, stellte das Gericht in Palermo fest, dass er Komplizen der Mafia unterstützt hatte.

Nach der Urteilsverkündung feierte Salvatore Cuffaro das Urteil ausdrücklich als Sieg und reichte Besuchern und Journalisten eine sizilianische Spezialität: Gebäckröllchen, gefüllt mit Ricotta, Schokoladenstückchen und kandierten Früchten, Cannoli genannt. Das Urteil förderte sogar seine Karriere. Er wurde Spitzenkandidat der sizilianischen Christdemokraten bei den Parlaments- und Regionalwahlen Mitte April 2008 – und gewählt. Damit genießt er eine fünfjährige Immunität. Und da in Italien ein Urteil – wenn überhaupt – erst nach der dritten Instanz rechtskräftig wird, muss er wahrscheinlich keine weiteren strafrechtlichen Konsequenzen befürchten.

Luigi De Magistris sagte im November 2007 in Straßburg noch viel mehr als den inkriminierten Satz, er habe bei OLAF keine Unterstützung erfahren. Er erklärte auch: »Die Unabhängigkeit unserer Justiz ist bedroht, und zwar nicht nur von politischen Kräften außerhalb, sondern auch von innen, in Verbindung mit der Autonomie der Richter. Denn der Richterrat ist nicht mehr in der Lage, mich und meine Kollegen zu schützen, da er nun selbst Teil des Machtestablishments geworden ist.«

Das richtete sich gegen die damals noch amtierende Prodi-Regierung, die in der Tat nichts unternommen hatte, um die Unabhängigkeit der Richter zu schützen – im Gegenteil. »Erst in den vergangenen Tagen

114   Teil I: Die italienische Mafia

war es ausgerechnet in der linksliberalen Zeitung *La Repubblica* zu einer kuriosen, weil scheinbar aus dem Nichts auftauchenden Polemik gegenüber Palermos Antimafia-Pool, in dem Richter, Staatsanwälte und Carabinieri zusammenarbeiten, gekommen. Im Wesentlichen gipfelte die Kampagne in einer Kritik an jenen Staatsanwälten, die es gewagt hatten, Prozesse gegen die politischen Drahtzieher der Mafia zu führen.«[58]

Nun war die Demarche von OLAF-Generaldirektor Brüner an den italienischen Justizminister sicher nicht der alleinige Grund für die Ablösung des unbeliebten Staatsanwalts De Magistris, selbst wenn das bei OLAF vielleicht so gesehen wurde. Grund für seine Ablösung war etwas anderes, und das dürfte dann doch die Reaktion aus Brüssel erklären: Luigi De Magistris ermittelte seit Monaten gegen höchste Repräsentanten der italienischen Mitte-Links-Regierung. Im Visier der Ermittler standen auch der damals regierende Regierungschef Romano Prodi und Justizminister Clemente Mastella. Dem Justizminister wurde vorgeworfen, staatliche und europäische Mittel umgeleitet und sie unter anderem zur Parteienfinanzierung und zum Stimmenkauf verwendet zu haben. Die Ermittlungen liefen unter der Bezeichnung »Warum nicht«.

Clemente Mastella, der im Jahr 2006 zum Justizminister der Mitte-Links-Regierung ernannt wurde, erklärte, er habe niemals etwas Ungesetzliches getan. Seine kleine Splitterpartei »Union der Demokraten für Europa« (Unione Democratici per l'Europa/UDEUR) wurde in den Medien als Sammelbecken für Politiker bezeichnet, gegen die schon einmal wegen der Zusammenarbeit mit der Mafia ermittelt wurde. Außerdem hatte Staatsanwalt De Magistris gegen Richter, Staatsanwälte, Unternehmer, Lokalpolitiker in Kalabrien ermittelt, die in Verbindung mit der 'Ndrangheta und versickerten EU-Fördergeldern stehen sollen. Sein großer Fehler war jedoch, dass er sich bei seinen Ermittlungen nicht an die bestehenden Gesetze gehalten hatte und deshalb natürlich eine offene Flanke bot. Er hatte Beschuldigungen erhoben, ohne die entsprechenden eindeutigen Beweise zu haben. Das ist sicher ein wichtiges Motiv für seine Ablösung gewesen. Aber sie kam seinen Gegnern gerade recht.

»Er hatte sich erkühnt, nicht nur gegen einige Freunde des Justizministers wegen Veruntreuung von EU-Geldern und der Verflechtung von Politik und 'Ndrangheta zu ermitteln, sondern auch gegen den Minister selbst und Ministerpräsident Romano Prodi.«[59]

Und Romano Prodis vermutete Verbindungen sind immer noch ein Tabuthema. Romano Prodi, das werden die Bürokraten in Brüssel sicher nicht vergessen, war immerhin von März 1999 bis November 2004 Präsident der Europäischen Kommission und damit der mächtigste europäische Politiker.

Bereits im September 2007 beantragte Justizminister Clemente Mastella aufgrund der Ermittlungen des Staatsanwalts Luigi De Magistris beim Obersten Richterrat (CSM) dessen »dringende« Versetzung. Dies habe jedoch nichts mit dessen Ermittlungen im Fall »Warum nicht« zu tun, betonte Mastella. Immerhin drohte er im November 2007 damit, die fragile Koalition in Rom aufzukündigen, sollten die Ermittlungen gegen ihn nicht eingestellt werden. In den Zeitungen wurde zwar sein Rücktritt gefordert. Aber er konterte lapidar: »Wenn ich wegen dieser Ermittlungen zurücktreten sollte, dann müsste am nächsten Tag Ministerpräsident Romano Prodi zurücktreten. Denn gegen ihn laufen auch Ermittlungen.«

Der Oberste Richterrat vertagte die für Anfang Oktober 2007 geplante Entscheidung einer Versetzung des Staatsanwalts auf Dezember 2007, weil der öffentliche Protest gegen die Abberufung von De Magistris so groß war. Unabhängig davon entzog ihm der Justizminister den Fall. Alle Dokumente von De Magistris' Ermittlungen wurden im Lkw von Catanzaro nach Rom geschafft. Anfang 2008 wurde er schließlich endgültig ausgeschaltet. Seinem Nachfolger Dolcino Favi wird nachgesagt, Verbindungen zur Mafia unterhalten zu haben. Er soll im Jahr 1989 während seiner Amtszeit als Richter in Syracus Dokumente gefälscht und nach Aussagen des Pentito Pandolfo Verbindungen zu einer Mafiafamilie unterhalten haben.[60]

Insofern kam die Beschwerde aus Brüssel vom November 2007 zur rechten Zeit, um weitere Munition dafür zu liefern, den aufmüpfigen und ein wenig vorschnellen Staatsanwalt kaltzustellen. Während in Brüssel bei OLAF Genugtuung und sogar klammheimliche Freude über dessen Abberufung herrschten, demonstrierten die Bürger der kalabrischen Antimafia-Bewegung »E Adesso Ammazzateci Tutti« (Bringt uns doch alle um) gegen die Strafmaßnahmen aus Rom.

Und Salvatore Borsellino kommentierte diesen Skandal, der in Deutschland fast nur von der in Italien lebenden Journalistin Petra Reski bekannt gemacht wurde, so: »Heute ist kein Sprengstoff mehr nötig, um jemanden auszuschalten. Heute reicht es aus, den wenigen couragierten Richtern und Staatsanwälten die Ermittlungen wegzunehmen, wenn sie die Ebene der ›Unberührbaren‹ erreichen.«[61]

Teil II
Der Januskopf der Mafia aus dem Osten – die russische Mafia

11
Kurze Übersicht über die Struktur der Russenmafia

Auch die russische Mafia operiert in verschiedenen europäischen Ländern. Ausführlich beschäftigte sich in den letzten Jahren beispielsweise das italienische Parlament mit der Präsenz russischer Mafiaorganisationen in Italien. Die Parlamentarische Antimafia-Kommission in Rom definierte den Begriff »russische Mafia« folgendermaßen: »Es ist die Einheit einer kriminellen Gruppe, die aus verschiedenen Ethnien und Religionen besteht und die ihren Ursprung in der ehemaligen UdSSR hat.«[1] Drei Organisationen werden konkret genannt: Solnzevskaja, Ismailovskaja und die Tambovskaja.

Diese Organisationen, deren Mitglieder eine paramilitärische Ausbildung erhalten, agieren international und spielen auch in Deutschland eine zentrale Rolle. In Deutschland ist das, was gemeinhin unter dem Begriff Russenmafia verstanden wird, flächendeckend vertreten, und was Quantität wie Qualität angeht, sind die Verhältnisse in Italien im Vergleich zu Deutschland harmlos.

Die russische Mafia verfügt in der Regel über keine vertikale Befehlskette mit dem einen Paten an der Spitze. Sie besteht aus Banden, kleinen »Teams« und Einzelnen, die gewöhnlich selbstständig in losen kriminellen Netzwerken operieren. Beherrscht, aber nur in Ausnahmefällen gesteuert werden diese Netzwerke von den »Dieben im Gesetz« oder »gesetzestreuen Dieben«, die große Anerkennung genießen, und den sogenannten kriminellen Autoritäten. Die Letzteren sind jünger und »unternehmerischer« eingestellt. Der russischen Mafia gehören Slawen, Tschetschenen, Georgier, Dagestaner, Kasachen und andere Ethnien an. Das Einzige, was diese Netzwerke miteinander verbindet, ist das Gewinnstreben. Sie sind geradezu das Spiegelbild dessen, was in Italien als die neue Mafia bezeichnet wird. Entsprechend der jewei-

120   Teil II: Der Januskopf der Mafia aus dem Osten - die russische Mafia

ligen Wirtschaftslage und des politischen Umfeldes spalten die Gruppen sich auf und bilden sich neu.

Schließlich findet auch in Bezug auf diese Mafiaaktivitäten eine weltweite Ausdehnung - Globalisierung - statt, und eine wachsende Zahl von »Novizen« aus der ehemaligen UdSSR steigt in dieses internationale Geschäft mit ein. Gestützt wird dieser Prozess durch »Zweckbündnisse« mit ausländischen Mafiastrukturen, etwa der italienischen Mafia oder den kolumbianischen Kartellen. Und sicher ist eines: Deutschland ist wie Österreich eine regelrechte Drehscheibe für die russische Mafia geworden.

Inzwischen haben sich hochkomplexe, international agierende Organisationen gebildet, die mehr oder weniger erfolgreich versuchen, wirtschaftlichen und politischen Einfluss zu nehmen. In der russischen Föderation ist das weitgehend gelungen. Es ist ein Gemeinplatz, »dass der Transformationsprozess im Osten Europas mit einem beträchtlichen Ausmaß an Kriminalisierung des politischen, gesellschaftlichen und wirtschaftlichen Lebens verbunden ist und kriminelle Verhaltensmuster heutzutage prinzipiell, wenn auch unterschiedlich ausgeprägt, für jede moderne Gesellschaft typisch sind«.[2]

Es soll hier im Folgenden also darum gehen, aufzuzeigen, wie sich die Kriminalisierung des politischen und gesellschaftlichen Lebens der Ex-UdSSR in den letzten Jahren auf Westeuropa und auf Deutschland ausgewirkt hat und welche neue Qualität dabei sichtbar wird. Eine wichtige Rolle spielen in diesem Zusammenhang die neuen östlichen EU-Beitrittsländer, die zu einem beträchtlichen Teil in der Hand mafioser Mächte sind. Die Regierungen dieser Länder und andere Institutionen des politischen Systems - von den Gerichten bis zur Zentralbank - sind den kriminellen Interessen der verschiedenen Mafiagruppen dienstbar. »Der politische Kapitalismus ist dadurch gekennzeichnet, dass die Grenzen zwischen öffentlichem Amt und privatem Interesse eingerissen werden und auf diese Weise der Kriminalität Zugang zu politischen Ressourcen gewährt wird, die ihre Geschäfte beträchtlich erleichtern.«[3]

Obwohl die Mafia bereits in der Sowjetzeit in erheblichem Umfang präsent war - während der Breschnew-Ära diente sie zur Finanzierung der Partei und der Arbeit der Geheimdienste im Ausland und als Ausgleich für die Mängel einer bankrotten Volkswirtschaft[4] -, holten Perestroika und die durch den Zusammenbruch der UdSSR verursachten Umwälzungen die Mafia ans Licht und förderten ihre Ausbreitung. Die Perestroika zerschlug das Mafiamonopol der Kommunistischen Partei und des Geheimdienstes KGB. Es bildeten sich Tausende krimineller Organisationen. Anfang der Neunzigerjahre konnten sie im Rahmen der Privatisierung durch Mord und Erpressung einen großen Teil der gesamten Wirtschaft usurpieren. Die Öffnung in Richtung Westen war das Sprungbrett für ihre internationalen Aktivitäten.

Hinzu kommt, dass einer der wesentlichen Gründe für die Internationalisierung darin bestand, dass die riesigen Kapitalvermögen der Kommunistischen Partei und des KGB im Westen deponiert werden mussten.»Das sei nicht nur Grundlage für den ersten Boom auf dem russischen Konsumgütermarkt gewesen, sondern habe Bürokraten und Gangster zu einem allein in Russland anzutreffenden kriminellen Typus verschmelzen lassen - dem ›Genossen Verbrecher‹.«[5] Was dazu führte, dass - nach einer Untersuchung des Washingtoner Zentrums für Strategische und Internationale Studien - »zwei Drittel der russischen Wirtschaft unter Kontrolle krimineller Syndikate sind«.[6]

Bereits in den Neunzigerjahren operierten in den GUS-Staaten[7] 8000 bis 10 000 kriminelle Gruppen, die erfolgreich in lokale, regionale und nationale Verwaltungen und politische Strukturen eindringen konnten. Europol beurteilte die Lage in Russland noch Mitte 2000 folgendermaßen:»5000 OK-Gruppen operieren in Russland. Es gibt etwa 1100 ›Diebe im Gesetz‹. 250 Gruppen agieren inzwischen mit 300 bis 5000 Mitgliedern in 44 Ländern. Elf große kriminelle Organisationen bilden hierfür das Dach.« [8]

Diese Zahlen sind Schätzungen und stammen fast alle aus den Neunzigerjahren. Ob sie heute, im Jahr 2009, noch zutreffen, ist ungewiss. Sie zeigen jedoch das gewaltige kriminelle Potenzial, das sich in der politischen Entwicklungsphase der Neunzigerjahre aufgebaut hat. Es hat bis heute nur aus dem einzigen Grund an quantitativer Bedeutung verloren, weil nämlich die kriminell erwirtschafteten Besitztümer inzwischen legalisiert wurden.»Die Kriminalität ist in alle Poren der Gesellschaft gedrungen und es gibt in Russland keinen einzigen Bereich, der nicht nach kriminellem Geld und Blut stinkt. Filmwesen und Literatur, Politik und Wirtschaft, Medizin und Forschung, Ausbildung und Wissenschaft, Außenhandel und Gewerkschaften, Parteien und Haushalt – alle Bereiche sind von Kriminalität durchsetzt, alle lassen den Kriminellen gegenüber Toleranz walten.«[9]

Doch eine Frage, die der äußerst angesehene Informationsdienst Organised Crime and Terrorism Watch im Februar 2003 zu Recht stellte, bleibt.»Was ist der Grund dafür, dass die Kriminalität in Russland unter Wladimir Putin zugenommen hat, und warum können weltweit gesuchte Verbrecher in Russland einen geschützten Zufluchtsort finden?«[10] Bis zum Ende der Regentschaft Wladimir Putins im Frühjahr 2008 war kaum eine nennenswerte Veränderung festzustellen. Die meisten der seit den Neunzigerjahren bekannten international agierenden russischen Mafiabosse leben in luxuriöser Freiheit und müssen sich nicht – wie etwa der italienische Capo dei Capi – irgendwo verstecken.

Es gibt zwei Ausnahmen: Der Boss der Tambovskaja, Wladimir Barsukow aus St. Petersburg, wurde im August 2007 in St. Petersburg verhaftet und Mafiaboss Semion Mogilevich im Januar 2008 in Moskau. Sie müssen sich den Zorn von Wladimir Putin zugezogen haben, denn der hatte sie seit den Neunzigerjahren in Ruhe agieren lassen.

Geschlossene Gesellschaft oder Parallelgesellschaft

Das kriminelle Proletariat der russischen Mafia rekrutiert sich in Deutschland aus den meist jungen, sozial und kulturell nicht integrierten Russlanddeutschen und ehemaligen Sowjetbürgern. Ein übergreifendes Dach dieser Banden, eine Kryscha, gibt es zumindest in Deutschland bislang nicht. Deshalb stellen sie hauptsächlich für ihre direkte Umwelt eine physische und psychische Bedrohung dar, aber nicht für das demokratische System.

Das ändert wenig an dem Tatbestand, dass in manchen Gemeinden Baden-Württembergs inzwischen eine russische Parallelgesellschaft entstanden ist. Davon geht zumindest das Landeskriminalamt in Stuttgart aus. Demnach gebe es in einigen Gemeinden eigene Ladenge-

Kurze Übersicht über die Struktur der Russenmafia

schäfte, Vereine und Gaststätten, sodass die Russlanddeutschen mit der sonstigen Wohnbevölkerung kaum noch Berührungspunkte haben. Russische Gaststätten und Diskotheken, Speditionen, Autohändler, Verlage, Post- und Telefonservice, die sich fest in russischer Hand befinden, sind gleichzeitig ein Zentrum für kriminelle Aktivitäten geworden.

So hat ein inzwischen einsitzender hochkarätiger russischer Straftäter aus Norddeutschland gegenüber dem Bundeskriminalamt erklärt, dass ihn kriminelle Anführer aus Russland beauftragt hätten, die kriminellen Gruppen unter den Aussiedlern in Norddeutschland zu kontrollieren und ihre Aktivitäten weiter auszubauen.

Besonders beliebt sind die »geschlossenen Gesellschaften« oder »Saunagemeinschaften«. Hier werden in aller Regel die Absprachen für kriminelle Geschäfte getroffen, und für den Außenstehenden gibt es keine Möglichkeit, in diese geschlossenen Gesellschaften einzudringen. Wenn dann noch der russische Konsul aus Straßburg hinüber nach Freiburg fährt und eine solche »geschlossene Gesellschaft« aufsucht, läuten zwar bei den Polizeibeamten die Alarmglocken, doch sie können allenfalls die Autokennzeichen notieren. Ohne den konkreten Verdacht auf eine Straftat dürfen solche »geschlossenen Gesellschaften« nicht kontrolliert werden. Der russische Konsul aus Straßburg gilt übrigens als Repräsentant des russischen Inlandsgeheimdienstes FSB, der Nachfolgeorganisation des KGB.

Im gemütlichen Städtchen Lahr, nahe dem Schwarzwald, leben knapp 8000 russlanddeutsche Bürger. Deshalb wird die Stadt häufig als Beispiel für eine russische Parallelgesellschaft genannt. Polizeibeamte aus Baden-Württemberg klagten mir gegenüber: »Wenn wir alles, was wir erfahren, aufschreiben, gäbe es einen Bürgeraufstand.« Auf der anderen Seite ist für den Lahrer Oberbürgermeister die Anwesenheit der vielen Russlanddeutschen ein »Glücksfall für Lahr«.

Abgesehen davon, dass diese Meinung nicht von allen Bürgern geteilt wird, bleibt das Problem regional begrenzter Parallelgesellschaften in Deutschland bestehen. Auch in bestimmten niedersächsischen Gemeinden ist die Situation ähnlich. Und die wird von Ermittlern folgendermaßen beschrieben:

Aus den abgeschotteten Parallelgesellschaften heraus werden intensive Kontakte in bestimmte Behörden hinein geknüpft, die sehr zielbestimmt sind. Denn zur Strategie der kriminellen Gruppen aus Russland, die in Deutschland leben, gehört es, geeignete Personen als Auszubildende, Angestellte, Schreibkräfte oder Dolmetscher in Institutionen wie Ordnungsämter, Sozialämter bis in die Landeskriminalämter, die Zollbehörden oder die Justiz (als Schreibkräfte oder Reinigungspersonal) einzuschleusen. Das Ziel ist es, Zugang zu Ermittlungsvorgängen gegen nachrichtendienstliche oder kriminelle Aktivitäten der russischen Organisationen zu bekommen.

Kriminalisten des Landeskriminalamts Baden-Württemberg berichten von bestimmten Gemeinden im Ortenaukreis im Süden Baden-Württembergs. Sie würden es ablehnen, dort zu ermitteln, weil der Ortsvorsteher oder der stellvertretende Bürgermeister streng vertrauliche Informationen an kriminelle Gruppen unter den Russlanddeutschen in ihrer Gemeinde weitergeben. Für die Sicherheitsbehörden selbst scheint es dagegen unmöglich zu sein, Informanten/Quellen zu finden, denn das wäre mit akuter Lebensgefahr für den »Verräter« verbunden. Vor diesem Hintergrund fällt es Kriminellen, »die innerhalb dieser Parallelgesellschaft beziehungsweise aus ihr heraus operieren, von vornherein leicht, sich vor der Polizei zu verbergen und sich der polizeilichen Informationsgewinnung und polizeilichen Standardermittlungen zu entziehen.«[11]

Diese Erkenntnisse einer Untersuchung des Landeskriminalamts in Baden-Württemberg aus dem Jahr 2006 beziehen sich eigentlich auf die Situation in den baden-württembergischen Haftanstalten, in denen russlanddeutsche Straftäter inhaftiert sind. Deren Anteil liegt dort bei zehn Prozent. Über 50 Prozent von ihnen sind drogenabhängig. Die Untersuchung des Landeskriminalamts ist deshalb so wichtig, weil sie demonstriert, wie sich eine kriminelle Nebengesellschaft bildet und verfestigt und in welchem Umfang sie die Kopie krimineller Organisationen außerhalb der Haftanstalten ist. Und die Planung/Steuerung krimineller Aktionen erfolgt selbst noch aus den Gefängnissen heraus. Das ist – im Gegensatz zu Italien – in Deutschland eine neue Qualität, nur zu vergleichen mit der komfortablen Situation der italienischen Mafia in Sizilien oder Kalabrien selbst.

Die ursprüngliche kriminelle Welt der UdSSR, die sich in den Straflagern etablierte und jahrzehntelang vom KGB kontrolliert und zuwei-

Kurze Übersicht über die Struktur der Russenmafia   125

len gefördert wurde, war während der 70-jährigen Herrschaft der kommunistischen Diktatur zu einer Art Staat im Staate geworden - mit eigenen Gesetzen und Verhaltensregeln. Als potenzielle Unruhestifter galten in den Lagern zu Zeiten der UdSSR vor allem die politischen Häftlinge. Um diese Gefahr in den Griff zu bekommen, begannen die Sicherheitsdienste mit den professionellen Verbrechern, die in der kriminellen Welt besonderes Ansehen genossen, zu kooperieren. Ziel des KGB war es, mithilfe der »kriminellen Autoritäten« und ihren Gruppierungen die notwendige Disziplin unter den politischen Häftlingen, die offiziell als »Volksfeinde« diffamiert wurden, durchzusetzen.

»Kriminelle Autoritäten« begannen sich in der kriminellen Welt des Kommunismus als »vory v zakone«, als »Diebe im Gesetz«, zu bezeichnen und entwickelten einen eigenen Sprach- und Ehrenkodex, der durchaus mit dem der 'Ndrangheta oder Cosa Nostra zu vergleichen ist. Von einem »Dieb im Gesetz« wurde gefordert, dass er die Gaunersprache »Blat« oder »Fenja« beherrscht. Benutzt werden dabei Worte, die mehrere Bedeutungen haben können. Für stehlen gibt es beispielsweise mehr als 100 Worte, für Vergewaltigung 29 Worte. So bedeutet »unter die Straßenbahn werfen« eine Gruppenvergewaltigung. Bis heute gelten diese »Diebe im Gesetz« als die auserwählten Kriminellen. Regelmäßig treffen sie sich zu Ernennungszeremonien und sind Vermittler bei Konflikten. Ihre Entscheidungen gelten als bindend. Sie haben eigene Gerichte, wobei ihre Rechtsprechung auf der »Diebesehre« und »Diebestradition« beruht.

Zu den Diebesregeln gehört: »Du sollst dich von allen Verwandten lossagen, auch von Eltern und Geschwistern. Du sollst dich dem diebischen Ehrenkodex unterwerfen. Du sollst anderen Mitgliedern moralisch und materiell beistehen. Du sollst nicht in der Armee dienen, du sollst dich von Leuten, die Recht und Ordnung vertreten, lossagen. Der Mord am Verräter ist erlaubt, sonst verlierst du dein Ansehen.«

Teilweise sind diese »Diebe im Gesetz« durch bestimmte Tätowierungen zu erkennen. Ein grimmig blickender Adler mit weit geöffneten Flügeln, ausgestreckten Klauen und einem Stern verziert ist ein Symbol, das nur ein »Dieb im Gesetz« tragen darf.

Identische »Diebesregeln« werden unter den Russisch sprechenden Inhaftierten mit großem Erfolg in den deutschen Haftanstalten umgesetzt. Das bedeutet, dass bei diesen Gefangenen Hierarchien vorhanden sind und Verhaltensregeln eingefordert werden, die mit einer bisher nicht bekannten Brutalität durchgesetzt werden. Wie in der Außenwelt gibt es in der kontrollierten Innenwelt ein effektives Nachrichtennetz. Die Führungspersonen wissen häufig schon Tage, bevor es überhaupt die Anstaltsleitung weiß, wer in den kommenden Tagen eingeliefert wird. Dabei ist nicht nur der Name des Neuzugangs bekannt, sondern auch, weshalb er verurteilt wurde. Als Erstes muss der Neuankömmling sich der Gruppe vorstellen. Für die jeweiligen Chefs ist es wichtig zu wissen, ob er mit der Polizei zusammengearbeitet hat. Deshalb muss er Unterlagen präsentieren, die seine Aussagen untermauern.

Sicher ist auch, dass es in den Haftanstalten eine sogenannte »Diebeskasse« gibt, die Obtschak. Auch dieses System orientiert sich am russischen Vorbild. In diese Obtschak fließt das Geld, das durch Erpressungen anderer Gefangener erhoben wurde. Häufig sind es Strafgelder, die die russlanddeutschen Gefangenen zahlen müssen, wenn sie die Regeln verletzen. Aus der Obtschak werden unter anderem die Familienangehörigen der Gefangenen versorgt.

»Kommt ein Häftling neu rein, ist er erst mal unterste Hierarchie-Ebene, wird erst umsorgt, geschützt, als Kumpel bezeichnet, dann werden Gegenleistungen verlangt«, schildert die stellvertretende JVA-Leiterin Angela Wotzlaw aus Köln. »Wird die Gegenleistung verweigert, wird gedroht, geschlagen oder es heißt: ›Deinen Eltern da draußen passiert was‹ – das wirkt.«[12]

Bei Haftantritt beginnt bereits die Zwangsmitgliedschaft, der sich kaum jemand entziehen kann. »Ein Regelverstoß kann bereits darin liegen, mit einem Justizbeamten zu sprechen. Eine Führungsperson bestimmt dabei die Regeln innerhalb der Haftanstalt.« Je nach Größe der Haftanstalt gibt es in jeder Abteilung zusätzlich einen Unterführer, einen »Offizier«. Der Rest sind Befehlsempfänger und innerhalb der Hierarchie rechtlose Gefangene. Die Gefangenen folgen bestimmten Grundregeln – nämlich den aus der russischen Geschichte überlieferten Regeln der »Diebe im Gesetz« –, und das verbindet sie wieder mit der traditionellen Russenmafia.

Das LKA Baden-Württemberg gelangt zu folgendem Schluss: »Das Regelwerk hat das Ziel, alle Gefangenen zu einer streng hierarchisch aufgebauten Gemeinschaft zu organisieren, in der dem einzelnen Gefangenen so gut wie kein individueller Spielraum mehr bleibt.« Entsprechend treten die Führungspersonen gegenüber den Justizbeamten auf und bieten an, innerhalb ihres Einflussgebietes für Ruhe und Ordnung zu sorgen. Auch das orientiert sich an der Vorgehensweise in Russland unter den dortigen traditionellen kriminellen Strukturen.

Beispielhaft ist ein Vorgang aus Bayern. Ein Häftling, wegen eines Tötungsdelikts verurteilt, beanspruchte für sich eine Vormachtstellung im Gefängnis. »Er führte sowohl ›Sprechstunden‹ beim Hofgang als auch Regeln und Moralvorstellungen der ›Diebe im Gesetz‹ ein, die bislang nur aus russischen Haftlagern bekannt waren. Auch russlanddeutsche Mithäftlinge akzeptierten diese Regeln.«[13]

In der Justizvollzugsanstalt Adelsheim registrierten die Bediensteten, dass alle anderen Strafgefangenen aufgefordert wurden, zu einer bestimmten Zeit nicht an den Fenstern zu stehen, damit sich die Russen untereinander »ungestört« unterhalten können. Auch die Justizvollzugsanstalt Freiburg bietet zur Verdeutlichung solcher Strukturen Anschauungsmaterial. An der Spitze der dortigen Hierarchie steht Rafael M., einer der ranghöchsten »Diebe im Gesetz« in Deutschland. Die ihm unterstehende Führungsebene wiederum besteht aus fünf bekannten Kriminellen, die in Mord, Raubüberfälle, Diebstahl und Erpressungen involviert waren und zu sehr hohen Haftstrafen verurteilt wurden. Die nächste untere Gliederung, als »gehobene Ebene« beschrieben, besteht wiederum aus fünf Strafgefangenen. Dann folgt die mittlere Ebene, die aus 20 Inhaftierten besteht. Zur »unteren Ebene« gehören etwa 90 Gefangene.

Hinzu kommt, wie im Verfassungsschutzbericht Bayerns 2007 festgestellt wird, dass aus den Haftanstalten heraus bereits »funktionierende Rauschgift- und Versorgungsgeflechte sowie Strukturen im Schutzgelderpressungsbereich aufgebaut werden«.[14]

»Diebe im Gesetz« und kriminelle Autoritäten in Europa und Deutschland

Eine genaue Übersicht über die Aktivitäten der Russenmafia – im Gegensatz zur italienischen Mafia – gibt es in Deutschland nicht, genauso wenig wie in Österreich oder der Schweiz. Bekannt ist jedoch, dass bereits Anfang der Neunzigerjahre verschiedene international agierende Organisationen wie die Solnzevskaja, Ismailovskaja und Tambovskaja in Deutschland Stützpunkte installierten. Dabei war und ist Deutschland unter den jeweiligen kriminellen Gruppen mehr oder weniger genau aufgeteilt. Die Tambovskaja ist im Norden Deutschlands präsent, die Solnzevskaja in Berlin, Brandenburg und Mitteldeutschland, während die Ismailovskaja im Süden Deutschlands ihre Schwerpunkte hat.

Als sicher gilt, dass die Autoritäten im kriminellen Milieu und die sogenannten »Diebe im Gesetz« in Deutschland in verschiedenen kriminellen Deliktsfeldern agieren. Trotzdem wurde bisher gegen sie nicht wegen der Mitgliedschaft in einer kriminellen Vereinigung ermittelt, sondern allenfalls wegen Drogenhandel und Erpressungen. Um die kriminell erwirtschafteten Gelder zu verschleiern, wurden von diesen kriminellen Autoritäten weltweit verzweigte Firmen- und Kontenstrukturen aufgebaut. Der Kölner Oberstaatsanwalt Egbert Bülles stuft die »Diebe im Gesetz« als besonders grausam und gefährlich ein. Ende Januar 2008 wurden in Köln bei einer Großrazzia 50 verdächtige Objekte durchsucht und acht Personen verhaftet. Dabei wurden zwei führende Köpfe der Russenmafia festgenommen.

Den Berliner Ermittlern wiederum ist seit Jahren bekannt, dass führende Repräsentanten der Russenmafia sich in der Bundeshauptstadt niedergelassen haben. Bereits Mitte 1996, also vor über zehn Jahren, stellte die Berliner Polizei fest, dass Personen, die der St. Petersburger und Moskauer Mafia angehören, in Berlin sogar gemeinsam agieren. Die Führung der Organisation übernahm ein Vitali I., der sich Ende 2000 nach Alicante in Spanien abgesetzt hatte und der dort an einem Radiosender beteiligt ist. Nach diesen Polizeierkenntnissen wird der Aufenthalt in Spanien dazu genutzt, um die kriminell erwirtschafteten Gelder gewinnbringend anzulegen. Gleichzeitig geht es darum, in alten und neuen kriminellen Betätigungsfeldern und insbesondere im Drogen- und Waffenhandel tätig zu sein. Marbella und Alicante galten demnach schon immer als die zentralen Orte dieser internationalen kriminellen Kontaktbörse, so die Berliner Polizei im Jahr 2001.

Im Juni 2008 zerschlug die spanische Polizei das Netzwerk einer »kriminellen Gemeinschaft« mit dem Namen Tambovskaja-Malyshevskaya, die dort seit zwölf Jahren ihren europäischen Stützpunkt ausgebaut hatte. Nach Angaben der spanischen Policia Nacional war die Gruppe für Waffenschmuggel, Erpressung, Bestechung, Geldwäsche und Auftragsmorde verantwortlich. Sie besaß in Malaga, Madrid, Palma de Mallorca und Alicante eine Vielzahl von Firmen, insbesondere im Immobilien- und Finanzsektor. Verhaftet wurde unter anderem Gennadios (Gennadi) Petrov, ein russischer Unternehmer und zugleich eine kriminelle Autorität. Er hatte im Gas- und Ölgeschäft von St. Petersburg einen Teil des kriminell erwirtschafteten Kapitals investiert – wie andere Verhaftete ebenfalls. Die spanischen Behörden bezichtigen ihn der engen Beziehungen zu dem bereits erwähnten Wladimir Kumarin alias Barsukow, dem Gründer der Tambovskaja.[15]

Gennadios Petrov, der »Geschäftsmann« aus St. Petersburg, galt auf Mallorca als gern gesehener Partygast. Er protzte ein wenig mit seinem Ferrari und Bentley sowie der königlichen Nachbarschaft – die Schwester von König Juan Carlos residierte neben ihm. 20 Millionen Euro hatte er für seine Villa bezahlt. Besonders pikant ist, dass er Anfang der Neunzigerjahre in Calvià (Mallorca) für umgerechnet 15 Millionen Euro das Mittelklassehotel Palmira Beach kaufte, das von führenden deutschen Reiseveranstaltern angeboten wird. Das Geld fürs Hotel kam vom KGB und der KPdSU, was auf gute Verbindungen des Topgangsters zum KGB beziehungsweise heutigen FSB hinweist.[16]

Im Zuge der Ermittlungen der spanischen Polizei wurde Ende Juni 2008 auch ein mutmaßlicher Komplize der Tambovskaja-Malyshevskaya in Berlin festgenommen. In dem europäischen Haftbefehl wurde ihm Geldwäsche, Unterstützung einer kriminellen Vereinigung sowie Urkundenfälschung vorgeworfen. Sein Berliner Anwalt hat den Vorwurf bestritten. Der in Leningrad geborene M. R. lebte seit 1978 in Berlin. In den Neunzigerjahren handelte er mit Antiquitäten und hochwertigem Schmuck, der illegal aus der damaligen UdSSR nach Deutschland geschmuggelt worden sein soll. In Berlin war er zeitweise Mitinhaber eines Restaurants am Kurfürstendamm. M. R. war zudem ständiger Teilnehmer einer informellen Samstagszusammenkunft der reichsten und einflussreichsten Mitglieder der jüdischen Gemeinde Berlins. Ende August 2008 wurde er trotz des Widerspruchs seines Anwalts nach Spanien ausgeliefert.

Verhaftet wurden in Spanien zudem die Führer der »kriminellen Gemeinschaft« Sergei Kouzmine (Kuzmin) und Alexander Malyshev (Malischew). Beide sind bekannte kriminelle Autoritäten. Alexander Malyshev war nicht nur Mitte April 2008 in Berlin, um den Geburtstag von M. R. zu feiern, sondern bereits Ende der Achtziger-, Anfang der Neunzigerjahre in St. Petersburg Führer eines der machtvollsten kriminellen Syndikate, der Malyshevskaya. Geschafft hatte er das, indem er verschiedene kleinere Gruppen und Brigaden zum Malyshevskaya-Imperium zusammenfasste. Danach genügte es schon, seinen Namen bei den künftigen »Kunden« auszusprechen und sie zahlten bedingungslos Schutzgeld. 1992 wurde er in St. Petersburg kurzfristig wegen unerlaubten Waffenbesitzes verhaftet. Danach zog es ihn zu seinen Freunden nach Berlin, wo er bis zum Jahr 2002 lebte. Als ihn die Information erreichte, dass gegen ihn ein Haftbefehl in Estland vorläge, zog er nach Spanien weiter.

Seine Flucht aus St. Petersburg nutzte die Tambovskaja aus, um dort selbst die mächtigste Mafiaorganisation in St. Petersburg zu werden. Ihr großer Vorteil war, dass sie über engste Beziehungen zur Stadtverwaltung in St. Petersburg verfügte. In diesem Zusammenhang erwähnten die spanischen Behörden auch die Petersburger Ölgesellschaft PTK.[17] Dieses Unternehmen erhielt von Wladimir Putin Anfang der Neunzigerjahre das Exklusivrecht, St. Petersburg mit Brennstoffen zu versorgen. Wladimir Putin, damals Zweiter Bürgermeister, hatte in dem Unternehmen einen seiner engsten Freunde als zeitweiligen Geschäftsführer untergebracht. Sowohl Direktoren wie Geschäftsführer der PTK waren bis Ende der Neunzigerjahre insbesondere Angehörige der Tambovskaja. Und seit jetzt über fünf Jahren ermittelt die Staatsanwaltschaft Darmstadt gerade im Zusammenhang mit dem Unternehmen PTK wegen Geldwäsche für eine kriminelle Vereinigung. Demnach soll ein deutsches Unternehmen, das an der Frankfurter Börse notiert ist, mit der Tambovskaja kooperiert haben. Bislang konnte anscheinend nichts bewiesen werden. Die zuständige Staatsanwaltschaft in Darmstadt hat nach vier Jahren immer noch keine Anklage erhoben.

Ein Unternehmer, der »geschäftliche« Beziehungen zur Tambovskaja auch in Deutschland unterhielt, erzählte mir bereits vor einigen Jahren über diese Tambovskaja Folgendes: »1993 hat sich die Tambovskaja zum internationalen westlichen Markt hin bewegt. Und zum ersten Mal nach Hamburg. Dafür gab es viele Gründe. Zuerst war es die Verbindung zwischen zwei Hafenstädten. Sehr schnell haben die Interessen sich auf das Rotlichtmilieu, Glücksspiel und den Drogenmarkt ausgeweitet. Der Drogenmarkt war in beide Richtungen interessant, weil es in der Tambovskaja Personen in hohen Positionen aus den zentralasiatischen Republiken der Ex-UdSSR gab. Dort werde Heroin von solcher Qualität produziert, die der westliche Markt nicht kannte. Düsseldorf kam später hinzu, so im Jahr 1995 durch die Aussiedler aus Kasachstan.«

Man muss über die Tambovskaja wissen, dass diese Gruppe nicht aus einfachen Kriminellen besteht, sondern hervorragende wirtschaftliche Spezialisten zur Verfügung hat, ebenso gute Juristen sowie hervorragende Beziehungen zum russischen Nachrichtendienst FSB, und dass in der Organisation zwei »Diebe im Gesetz« sitzen. Der Unternehmer, selbst Angehöriger einer russischen kriminellen Organisation, fragte mich im Verlauf unserer Gespräche, ob die Polizei denn wisse, dass die Tschetschenen auf deutschem Boden mit Kosovo-Albanern und Italienern eng kooperieren.

Durch die Aktion der spanischen Polizei scheint nun die Organisation Tambovskaja erheblich geschwächt zu sein. Aber warum so plötzlich, nachdem sie über 20 Jahre als kriminelle Macht erheblichen politischen Einfluss in Russland hatte? Die Erklärung liegt auf der Hand und wird von russischen Journalisten bestätigt: Die führenden Persönlichkeiten, die in den letzten Jahren aus St. Petersburg nach Moskau in den Kreml gekommen sind, möchten ihre Vergangenheit vergessen machen und damit nicht mehr belästigt werden. Ob diese Rechnung aufgeht, sei dahingestellt. Denn die Verhafteten in Spanien verfügen über enormes Wissen, was die Vergangenheit der hochgestellten Politiker im Kreml angeht.

Wie viele »Diebe im Gesetz« und kriminelle Autoritäten in Deutschland, Österreich oder der Schweiz agieren, weiß niemand genau zu sagen. In Nordrhein-Westfalen wird deren Zahl auf sechs bis sieben Personen geschätzt, in Baden-Württemberg soll es acht »Diebe im Gesetz« geben, in Bayern mindestens zwei. Niedersächsische Sicherheitsbehörden gehen in ihrem Bundesland von drei bis vier dieser »Diebe im Gesetz« aus. Die Zahl der kriminellen Autoritäten dürfte weitaus höher sein.

Eine von ihnen ist der 1957 geborene T. Er kam jedoch nur von Zeit zu Zeit nach Hannover, um sein kleines Imperium zu kontrollieren. Dann hielt er in einer bekannten Russendisko Hof, die für drei Tage für die Öffentlichkeit gesperrt war. Nur seine Soldaten und Freunde durften die geschlossene Gesellschaft aufsuchen, und alle seine Schützlinge huldigten ihm, indem sie ihm demutsvoll die Hand küssten und seine Befehle annahmen. In und um Hannover hatten seine »Soldaten« in der Vergangenheit durch Schutzgelderpressungen ein Klima der Angst unter den russlanddeutschen Bürgern erzeugt. Insbesondere in den sogenannten Russendiskos gelang es ihnen, den Drogenhandel zu organisieren.

Erst im Frühjahr 2008 konnte ein Teil der Gruppe festgenommen werden, und zwar durch ein schwer bewaffnetes Sondereinsatzkommando (SEK). Die Mitglieder der Bande, erzählten sich danach die SEK-Einsatzkräfte, seien mit brutaler Gewalt gegen sie vorgegangen, sie schienen »fast schmerzlos zu sein«.

Wie diese Gangster ansonsten vorzugehen pflegen, demonstriert ein Beispiel aus Mainz. Anton A. war Besitzer eines kleinen Reifenhandels. Er ist ein großer und kräftiger Typ, dem man in der Nacht nicht unbedingt in die Quere kommen möchte. Eines Tages betraten zwei Männer sein Büro, ein junger albanischer Schönling und ein knapp 40-jähriger Russe aus Frankfurt, Typ Kraftsportler. Ihr Anliegen? Beteiligung am Umsatz des Unternehmens. Anton A. lachte nur. »Haut ab, sonst jage ich euch eine Kugel in den Kopf.« Und er meinte das ernst. Die Erpresser schauten ihn gelassen an. Dann zog einer von ihnen sein Handy aus der Tasche, tippte auf eine Taste und zeigte Anton A. Fotos von dessen Frau und Kind. Danach gingen sie wieder. Anton A. zahlte nicht, er ging auch nicht zur Polizei. Er löste vielmehr seinen Betrieb auf und zog in eine andere Wohngegend.

Kurze Übersicht über die Struktur der Russenmafia

12
Die Russen und das Land der Sachsen

Zu den Aufgabengebieten des Landesamtes für Verfassungsschutz (LfV) in Sachsen gehörte einst auch die Beobachtung der Organisierten Kriminalität, so wie es in anderen Bundesländern durchaus üblich ist. Ein Teil der Beobachtungen bezog sich auf die osteuropäische Organisierte Kriminalität. Während es heftige politische und mediale Auseinandersetzung über die Qualität der von den Verfassungsschützern geleisteten Arbeit gab, blieben deren Beobachtungen und Erkenntnisse weitgehend unbeachtet. Das lag daran, dass alle Unterlagen und Erkenntnisse ins Sächsische Staatsarchiv eingeschlossen worden sind.

In einem Bericht des Landesamts für Verfassungsschutz, er datiert vom 9. Mai 2005, heißt es:»Durch eigene Ermittlungen, operative Maßnahmen und aktuelle Quellenhinweise ist es gelungen, das kriminelle Beziehungsnetzwerk innerhalb der osteuropäischen OK-Struktur in Sachsen weiter aufzuhellen.« Die entsprechenden Informationen - darauf wurde beim LfV Wert gelegt - »müssen jedoch teilweise durch weitere Ermittlungen und Quellenabfragen verifiziert werden«.[18]

Was wurde in den Jahren 2004 und 2005 in Bezug auf die osteuropäische OK genau vom LfV festgestellt? Es gab folgende Erkenntnisse: In Zwickau operiere eine Brigade im Umfang von zehn Personen. Im Bereich Dresden soll es neun Personen geben, die die klassischen Tätowierungen eines »Diebes im Gesetz« tragen. In Dresden sei durch eine Presseveröffentlichung und anschließende dienstliche Ermittlungen im Januar 2005 der Kauf einer Immobilie aufgefallen. Bei dem Käufer handele es sich um den Georgier B. »Aufgrund der tatsächlichen Umstände während der Zwangsversteigerung am Amtsgericht Dresden sowie den festgestellten Kontakten zur Dresdner OK-Szene liegt ein Geldwäscheverdacht nahe.«[19]

In einer weiteren Anmerkung wird gesagt, dass das Landeskriminalamt Sachsen in dieser Angelegenheit bereits wegen des Verdachts der Geldwäsche ermittelt habe und der Vorgang an die Staatsanwaltschaft Dresden abgegeben wurde.»Das Verfahren wird voraussichtlich eingestellt«, stellte das LfV lapidar fest.

In einem Ausblick schreiben die Beamten:»Gegenwärtig sind für diesen Beobachtungsschwerpunkt zwei Auswerter sowie ein Beschaffer eingesetzt. Die entsprechenden Mitarbeiter der Auswertung sind bereits mehr als ausgelastet. Daraus ergibt sich, dass eine Erfolg versprechende Strukturaufklärung auf dem Gebiet der osteuropäischen OK insbesondere im Bereich Chemnitz/Zwickau mittelfristig schwierig wird und unter Umständen nicht durchgängig gewährleistet werden kann.«[20]

Zur Lösung des Problems kämen nach Ansicht der Verfassungsschützer drei Szenarien in Betracht: Die Beobachtung insbesondere der kaukasischen OK-Strukturen wird komplett ausgeblendet, oder die Strukturaufklärung wird komplett verworfen und die Strukturaufklärung auf dem Gebiet der osteuropäischen OK wird als einziger Beobachtungsschwerpunkt aufgestellt.«[21]

An das vierte Szenarium hatten die Verfassungsschützer zu dieser Zeit nicht im Traum gedacht: dass nämlich ihre Abteilung im Sommer 2007 kurzerhand aufgelöst würde.

Zu den bevorzugten kriminellen Aktivitäten russischer Straftäter zählt bis heute die Schutzgelderpressung. Ziel ist es, eine Gaststätte oder eine Firma aufzusuchen, um die Besitzer gefügig zu machen. Dabei werden belastende Informationen, zum Beispiel die illegale Beschäftigung von Personal, Steuerdelikte bis hin zur illegalen Prostitution, genutzt, um die Inhaber zu erpressen. Um die Geldforderungen durchzusetzen, kommt es zum Teil zu massiver Gewaltanwendung oder deren Androhung. In der Regel zeigen die Betroffenen die Erpressung nicht bei den zuständigen Strafverfolgungsbehörden an, weil sie eingeschüchtert sind und Angst vor Aktionen der Russenmafia haben. Ist der Erpresste gefügig, wird die Höhe der Geldforderung festgelegt. In der Regel betrage sie zwischen 30 bis 40 Prozent seiner Gewinneinnahmen. Die Schutzgelder werden nach telefonischer Absprache zwischen

Die Russen und das Land der Sachsen

den Tatbeteiligten (Geldabholer und Auftraggeber) an einem bestimmten Tag im Monat von verschiedenen Personen, die alle aus dem russischen Sprachraum stammen, abgeholt.

Einer, der dieses Geschäft mit der Schutzgelderpressung in Leipzig betreibt, ist Andrej. Er stellt den Kontakt zwischen den Abholern und den Auftraggebern her. Erpresst wurde in Leipzig zum Beispiel das Restaurant R. Dort habe ein S. zusammen mit einem anderen Russen zuerst in dem Lokal gezecht; später haben sie dem Besitzer beim Verlassen seines Lokals aufgelauert und ihm mit Gewalt die Tageseinnahmen abgenommen. Ungefähr 14 Tage später sei S. wieder bei dem Besitzer des Restaurants erschienen und habe mit Anspielung auf den Überfall die Zahlung eines regelmäßigen Schutzgeldes - »damit so etwas nie wieder passiert« - erpresst. Seit dieser Zeit soll der Inhaber des Restaurants Schutzgeld bezahlen.

Den Sicherheitsbehörden ist auch bekannt, dass eine Diskothek in Leipzig Schutzgeld in Höhe von mehreren Tausend Euro im Monat an Personen aus dem russischen Sprachraum bezahlt und dass S. dabei eine bedeutende Rolle spielt. Bei der Staatsanwaltschaft Dresden wurden in den vergangen Jahren immerhin mehrere Strafverfahren gegen Personen aus Russland geführt. Wertet man die Erkenntnisse aus den Verfahren der Staatsanwaltschaft Dresden[22] sowie aus den Ermittlungen der KPI Dresden (Kriminalpolizeiinspektion)[23] aus, fallen gravierende Vorfälle auf.

In einem der beiden Verfahren machte ein Zeuge umfassende Angaben zu einer Gruppierung von »Russen« im Bereich einer Diskothek in Dresden. Ihr Chef ist ein Alexej, der inzwischen in der Justizvollzugsanstalt Bautzen einsitzt. Seit 1993 war er polizeibekannt wegen schweren Raubes, räuberischen Diebstahls, Handels mit Drogen und Falschgeld. Erst aufgrund einer Fahndung der Staatsanwaltschaft Frankfurt am Main konnte ihm das Handwerk gelegt werden.

Alexejs Stellvertreter D. hingegen, bisher aufgefallen durch Wohnungseinbruch, schweren Raub, räuberische Erpressung und Drogenhandel, betreibt bis zum heutigen Tag in Dresden ein Internetcafé. Seit Mitte 1999 existiert diese Gruppe, die aus zehn bis 20 Personen besteht und sowohl mit Drogen handelt wie auch Schutzgelder von kleinen Drogendealern kassiert.

Eine führende Kraft der Russenmafia in Sachsen ist Witali G. aus Leipzig. Auch hier fällt wieder das gleiche Muster auf: Bedrohung und Drogenhandel. Aufgefallen ist Witali G. weniger wegen seiner zwei vergoldeten Eckzähne, sondern dadurch, dass er drohte, einen Zeugen zu töten, der gegen ihn aussagen wollte. Er hatte deshalb ein Kopfgeld von 5000 Euro auf ihn ausgesetzt. Aus den Akten geht zudem hervor, dass ein Zeuge ausgesagt hatte, dass es in Dresden eine »Küche« für die Herstellung der Aufputschdroge Crystal gebe und die Gruppe, der er angehörte, bewaffnet sei. Nach seiner Aussage habe eine Gruppe von 40 bis 50 »Russen« zwei- bis dreimal die Woche »Allkampf«[24] in einer Frühgemüsehalle in der Nähe des Bahnhofs Mitte trainiert.

Was alle diese Personen aus dem Umkreis der »Russen« verbindet, sind zwei Erscheinungen. Zum einen sind überwiegend männliche Russlanddeutsche beteiligt, und zum anderen geht es in der Regel um »normale« kleine und schwere Kriminalität, die mit den herkömmlichen Mitteln von Polizei und Justiz durchaus in den Griff zu bekommen ist.

Das sieht in der Oberliga der Russenmafia anders aus. »Da mischt sich plötzlich das Verbrechen mit einer Klientel von unerfahrenen Verantwortungsträgern«, resümiert Bernd Finger in einem Interview mit der *Süddeutschen Zeitung* am 31. Oktober 2008. Er ist im Berliner Landeskriminalamt zuständig für die Bekämpfung der Organisierten Kriminalität und gilt als couragierter Kriminalist, der sich nicht verbiegen lässt. Bernd Finger sagt weiter: »Man glaubt es kaum, aber es gibt viele Politiker, die diese Gänsehaut der Berührung mit einem kriminellen Milieu einfach mal erfahren wollen. Denn das ist, nach illegaler Geldbeschaffung, der wirklich gravierende, nächste Schritt der Organisierten Kriminalität: Einflussnahme auf die Vergabe staatlicher Gelder, möglicherweise auf politische Entscheidungen. Da kommt das Thema russische Kriminalität in ganz andere Dimensionen.« Und in Berlin gibt es dafür zahlreiche Beispiele.

Die Russen und das Land der Sachsen

13
Berlin – Dreh- und Angelpunkt der neuen Mafia

Die Geschichte beginnt in Berlin, *dem* bundesdeutschen Dreh- und Angelpunkt für die höchste Hierarchieebene der russischen Mafia, von Oligarchen und den mit ihnen verbundenen russischen Nachrichtendiensten.

Es ist der Abend des 18. April 2006. Wieder findet in einem Luxushotel eine Geburtstagsfeier statt. Diesmal im prunkvoll geschmückten Festsaal des Hotels Grand Hyatt Berlin am Potsdamer Platz. Ein vermögender Unternehmer feiert seinen 50. Geburtstag. Sein Name: Richard Rotmann. Auf der Einladung steht: »Richard rocks into his fiftieth and wants you to rock with him.«

Eigentlich ist er, der einen polnischen und einen deutschen Pass besitzt, unter seinem Geburtsnamen Riccardo Marian Fanchini viel berühmter. Doch den hat er abgelegt und den Namen seiner neuen jungen Ehefrau angenommen. Das im polnischen Kattowitz geborene Geburtstagskind emigrierte – mehr oder weniger mittellos – 1979 nach Deutschland und erhielt die deutsche Staatsbürgerschaft. 1983 ging er in die USA und eröffnete ein polnisches Restaurant, das Yolanta. Immer wieder kam er auch nach Berlin zurück. Anfang der Neunzigerjahre gründete er, zusammen mit einem Freund – der übrigens im Jahr 1998 erschossen wurde – Unternehmen wie die Wodka-Exportfirma M & S mit Zweigstellen im gesamten Ostblock.

In diesen Jahren des wirtschaftlichen Erfolgs stieg Rotmann im eigenen Zehn-Zimmer-Apartment in Monaco (1,5 Millionen Euro) ab, wohnte danach in einer fürstlichen Villa in Schilde, dem Nobelvorort Antwerpens (1,2 Millionen Euro). Auch in der Schweiz unterhielt er ein Domizil, und zwar in La Chaux-de-Fonds, nahe Neuchâtel und der französischen Grenze gelegen. »Er hat mit Treuhändern, Kosmetikfir-

138   Teil II: Der Januskopf der Mafia aus dem Osten – die russische Mafia

men und Juwelieren in der Romandie Kontakt, die eines verbindet: Gegen sie alle wird wegen Verdachts auf Geldwäsche ermittelt.«[25] In einem vertraulichen Bericht des Schweizer Bundesamts für Polizeiwesen, er datiert vom 12. März 1996, wird er nicht nur mit Geldwäsche, sondern auch mit dem internationalen Drogenhandel in Verbindung gebracht.

An der Côte d'Azur dümpelte seine »Kremlin Princess«, eine 55-Meter-Jacht. Sein Vermögen damals, das er offiziell unter anderem mit dem Export von belgischem Wodka nach Russland erwirtschaftete, wurde auf 50 Millionen Euro geschätzt. 2003 kam er kurzfristig wieder einmal nach Berlin zurück, zu den Wurzeln seiner bislang insgesamt erfolgreichen Karriere. Er heiratete zum zweiten Mal und bezog nun eine Villa in London.

Zurück zur Geburtstagsfeier: In schwarzem Jackett und mit schwarzem Hemd umarmt und küsst Richard Rotmann seine Gäste, die aus vielen europäischen Ländern gekommen sind, um ihm ihre Geschenke zu überreichen. Die Gäste sind seine guten Freunde. Andere dürfte er wohl nicht eingeladen haben. Und deshalb spiegelt die Gästeliste die Hochachtung wider, die Richard Rotmann genießt. Unter den Gästen befinden sich ein britisch-indischer Filmmogul, einige Unternehmer, die seit Langem im Visier der Polizei sind wie beispielsweise A. R. Auch der Diamantenhändler K. oder der elf Milliarden Dollar schwere russische Oligarch Wiktor Wekselberg[26] gehören zum illustren Kreis der Gäste. In Sachsen soll Wekselberg nach Zeitungsmeldungen über die Energie Holding Sachsen die Leipziger Eishockeymannschaft Blue Lions fördern. Gemeldet wurde, dass er nicht nur in der Schweiz auf Einkaufstour sei, wo er sich bereits in das Schweizer Traditionsunternehmen Oerlikon eingekauft habe, sondern dass der Milliardär auch bei den Leipziger Stadtwerken einsteigen wolle. Doch durch einen Bürgerentscheid wurde die Privatisierung der Stadtwerke gestoppt.

»Über eine Holding Renova habe Wekselberg derzeit andere deutsche Stadtwerke im Blick und führe Kooperationsgespräche mit großen Energieversorgern. Zuvor hatte es geheißen, Renova sei an Zukäufen bei deutschen Solar- und Windenergieunternehmen interessiert.«[27] Das allerdings dementierte mir gegenüber der Pressesprecher der Renova-Holding in der Schweiz. »Es gibt weder offene noch verdeckte

Berlin – Dreh- und Angelpunkt der neuen Mafia   139

Investitionen von Herrn Wekselberg in Deutschland und Österreich, sondern nur seine Beteiligung an zwei Schweizer Unternehmen.«

Auf meine Fragen hingegen, ob Wiktor Wekselberg an der Geburtstagsfeier von Richard Rotmann teilgenommen habe und ob Wiktor Wekselberg diesen persönlich kenne, erhielt ich trotz mehrmaliger Anfragen keine Antwort. Der Oligarch gilt als ein Mann mit guten Verbindungen zu Wladimir Putin, was dazu führt, dass ihn manche als Investment-Marionette des Kremls sehen. Schweizer Medien hatten im Herbst 2007 über Drohungen des damaligen russischen Wirtschaftsministers German Gref berichtet, nachdem die Eidgenössische Bankenkommission (EBK) dabei war, Renovas Übernahmepolitik zu untersuchen.

Übrigens zelebrierte Monate vor Rotmanns Geburtstagsfeier in Berlin seine in Deutschland geborene Ehefrau in Moskau ihren 32. Geburtstag. Das war am 4. Dezember 2005 und fand nicht irgendwo in einem Hotel, sondern im italienischen Gourmettempel Mario statt, dem Lieblingslokal von Expräsident Wladimir Putin. Der Wirt spricht Deutsch. Er lebte jahrelang in Stuttgart. Auf den mit weißem Damast verhüllten Tischen wurden erlesene italienische Speisen verzehrt. Danach lauschten Männer in schwarzen Anzügen, begleitet von fantastisch schönen jungen Damen, den Gesängen einer russischen Sängerin. Richard Rotmann war in blendender Laune. Eng umschlungen tanzte er mit seiner jungen Frau.[28] Und im April 2006 ging es also in Berlin weiter.

Diesmal waren die Tische nicht weiß, sondern schwarz bedeckt. Auf ihnen glitzerten Kristallgläser für Wein, Champagner und Wodka. In der Mitte der Tische stand entweder eine weiße oder rote Rockgitarre. Hinter der langen Theke war eine riesige Tafel aufgestellt. Darauf konnte man Fotos von Rotmann bewundern: Rotmann als Baby, als Jugendlicher, mit der ersten und der zweiten Ehefrau, mit Kind und mit einigen seiner besten Freunde. Bis spät in die Nacht hinein wurde gerockt. Richard Rotmann ist ein begeisterter Fan der Rolling Stones. Lange Zeit konnte man übrigens die ausgesuchte Gästeschar auf der Webseite www.richardrocks.com bewundern. Da schrieb er:»Richard möchte allen Dank sagen für diesen wundervollen Abend.«

Die Berliner Polizei schaute später mit großem Interesse auf die über 100 Fotos, die Richard Rotmann ins Internet gestellt hatte. Eigentlich war ja geplant, in Zusammenarbeit mit der amerikanischen Drogenbekämpfungsbehörde DEA eine Razzia durchzuführen, um eine genaue Personenfeststellung durchzuführen. Die Kräfte eines Sondereinsatzkommandos standen bereit, um die Geburtstagsfeier zu stören. Doch völlig unerwartet wurde die Aktion eine halbe Stunde vor dem geplanten Zugriff aufgrund des Befehls von ganz oben, wie es ein beteiligter Kriminalist erzählt, gestoppt. Warum, das ist bis heute ein Rätsel. Hing es mit der Anwesenheit des russischen Oligarchen zusammen, dem man eine solche Aktion nicht zumuten wollte?

Nach seiner Geburtstagssause flog Richard Rotmann mit seiner Frau wieder nach London zurück und ging seinen Geschäften nach.

Aber warum zeigte die Berliner Polizei so großes Interesse an ihm? Vermutlich hat das mit seinem großen Vermögen zu tun, weshalb sich an dieser Stelle die Frage stellt, wie er überhaupt dazu gekommen ist.

Es ist die gleiche Frage, die in Süditalien gestellt wird, wenn Schafhirten und Waldarbeiter mit kärglichem Lohn in punktvollen Villen leben. Der Verdacht wird ja häufig geäußert, dass viele der Superreichen aus der Ex-UdSSR ihr Geld nicht unbedingt auf saubere Art und Weise erwirtschaftet haben. Im Gegenteil. Aber Richard Rotmann kommt ja aus einer anderen Welt, ist sowohl polnischer wie deutscher Staatsbürger - quasi ein Berliner. Böse Stimmen behaupten jedenfalls, dass sich hinter der Maske des erfolgreichen Millionärs etwas anderes verberge - die neue Generation von Mafiapaten und ihrem Gefolge aus dem Osten, die sich im Westen, insbesondere Wien, Marbella und Berlin, niedergelassen haben.

Was Deutschland angeht, so begann die steile Karriere Rotmanns in einer Phase, als der Berliner Filz Anfang der Neunzigerjahre für Schlagzeilen sorgte. Es war das berüchtigte Netzwerk aus Politik, Wirtschaft und Medien, Justiz und vielen anderen Beteiligten, eine Beutegemeinschaft, die öffentliche Gelder und Pöstchen, Schmiergelder und Aufträge, Jobs und Honorare verschoben hatte. So gesehen passte in diesem mafiosen Berliner System alles irgendwie zusammen. Was hat das jedoch konkret mit Richard Rotmann zu tun?

Im Jahr 1993 schrieb das Bundeskriminalamt den ersten - und meines Wissens bis heute einzigen - sehr detaillierten Bericht über die osteuropäische Organisierte Kriminalität in Deutschland: »Die Auswer-

Berlin - Dreh- und Angelpunkt der neuen Mafia   141

tung der im Rahmen der Projektarbeit gewonnenen Informationen deutet darauf hin, dass derzeit die nachfolgenden aufgeführten Personen, unabhängig von den erkannten Gruppierungen, als Schlüsselfiguren der osteuropäisch-organisierten Kriminalität anzusehen sind, unter anderem Riccardo Fanchini.«

In der polnischen Presse wurde geschrieben, dass er Anfang der Neunzigerjahre die Tochter eines Camorra-Bosses geheiratet hatte und danach ein Gipfeltreffen der Mafiabosse aus der ehemaligen Sowjetunion in Masuren organisierte. Bereits im Jahr 1995 behauptete der kanadische Geheimdienst Criminal Intelligence Service (CIS), er sei Mitglied einer kriminellen Organisation, »die in den Heroinhandel, in Geldwäsche und in Fälschungen« verwickelt sein soll. Die Kriminalabteilung des US-amerikanischen Inlandsgeheimdienstes Federal Bureau of Investigation (FBI) bezeichnete das in den Neunzigerjahren gegründete Unternehmen M & S als eine der neun russischen Mafiagruppen, deren Sitz außerhalb der GUS-Staaten liege. »Tatsächlich diente die M & S dazu, die russische Mafia Brooklyns mit dem Geld der russischen Mafia Moskaus zu versorgen – gewissermaßen eine Umschichtung und zugleich eine Operation des ›inneren Zirkels‹ der Mafia, ein Geschäft zwischen Paten auf höchstem Niveau krimineller Macht.«[29]

Polnische Zeitungen nennen Richard Rotmann alias Riccardo Fanchini ungestraft »Polski Al Capone«.[30] Sie berichteten, dass er im Jahr 1997 Gastgeber einer Zusammenkunft mit südamerikanischen Drogenbaronen und Vertretern der russischen Mafia in Warschau gewesen sein soll, und ein Jahr zuvor habe er angeblich in Masuren (Ostpreußen) ein Treffen mit der neapolitanischen Camorra organisiert. Im gleichen Jahr beklagte sich die belgische Polizei darüber, dass von ihr gesuchte russische Mafiosi, die unter anderem tief im Drogenhandel verstrickt sein sollen, geschützt werden – und zwar vom US-amerikanischen Auslandsgeheimdienst Central Intelligence Agency (CIA). Einer von ihnen sei Riccardo Fanchini. Dieses Gerücht hielt sich selbst im Bundeskriminalamt sehr lange.

Andererseits erwähnte die US-Drogenbekämpfungsbehörde DEA Riccardo Fanchini im Zusammenhang mit dem Schmuggel von 650 Kilo Kokain zwischen Panama und Antwerpen. Bereits ein Jahr zuvor geriet er ins Fadenkreuz des Bundeskriminalamtes und der Staatsan-

waltschaft Hannover. Sie glaubten, ihm ebenfalls große Drogengeschäfte in Deutschland nachweisen zu können.

Vergeblich. »Weil er von einem US-Dienst geschützt wurde«, mein-
ten Ermittler des BKA.

»Das ist alles eine böse Unterstellung, Neid, alles Lüge«, sagte mir
im November 2007 seine Ehefrau zu diesen Vorwürfen. »Er hat damit
nichts zu tun. Er ist unschuldig, denn er hat mir alles erzählt, was er in
der Vergangenheit gemacht hat.« Wirklich alles?

Am 12. März 1997 wurde er immerhin schon einmal verhaftet, in
Antwerpen, wegen betrügerischen Bankrotts angeklagt und zu knapp
vier Jahren Gefängnis verurteilt. Wegen seines vorbildlichen Verhal-
tens im Knast entließ man ihn nach zwei Jahren wieder. »Er wurde nur
wegen der Verleumdungen in der Presse verurteilt«, sagte mir seine
Ehefrau dazu. Und davon war und ist sie felsenfest überzeugt.

Dann, Anfang Oktober 2007, geschah Unerwartetes. Beamte der
Londoner Metropolitan Police klopften an die Tür seiner Villa in der
Londoner Mount Street. Sie präsentierten ihm einen Haftbefehl und
durchsuchten seine Wohnung. Der Grund für diese völlig überra-
schende Aktion? Das US-Justizministerium hatte einen Haftbefehl
ausgestellt und ein Auslieferungsersuchen an die britischen Behörden
geschickt. Der Vorwurf: Drogenhandel in großem Umfang und Geldwäsche.

Rotmanns Frau war verzweifelt und fest davon überzeugt, dass sich
die Vorwürfe in Luft auflösen würden, sie ihren Ehemann bald in Freiheit wiedersehen werde. »Meine Anwälte erklären, dass er bald wieder
herauskommt, denn er hat sich doch nichts vorzuwerfen«, erzählte sie
mir im November 2007 am Telefon.

Der Traum zerplatzte Anfang Januar 2008. Richard Rotmann alias
Riccardo Fanchini wurde in die USA aus- und ins Metropolitan Deten-
tion Center in New York/Brooklyn eingeliefert. US-amerikanische Medien meldeten: »Ihm wird vorgeworfen, eine kriminelle Gruppe angeführt zu haben, die in den letzten 17 Jahren Heroin, Kokain und Ecstasy
aus Südostasien nach Europa und in die USA geschmuggelt hat.«[31]

Noch deutlicher ist die Anklageschrift der beiden Staatsanwälte
Steven Lawrence Tiscione und Toni Michelle Mele vom Distriktgericht
New York/Brooklyn: Riccardo Marian Fanchini alias Kozina Ryszaro,

Berlin – Dreh- und Angelpunkt der neuen Mafia

alias Jeazy Bank, alias Rysiek, alias Richard Rotmann, alias Ricardo Wojoiechowska, alias der Zigeuner, alias Riccardo Kozina, alias Joannis Skandalis-Themistoklis, alias der Pole, alias Vasja, alias Warhol, alias Yura, alias Richard Kozina habe in den Jahren 1990 bis Oktober 2007 (also selbst noch in der Zeit, als er seinen Geburtstag in Berlin feierte) als »Organisator, Berater und Manager« in insgesamt »23 Fällen Kokain, Heroin und synthetische Drogen in die USA geschmuggelt und verteilt«.[32] Außerdem wird er der Geldwäsche beschuldigt. Richard Rotmann hingegen bestreitet diese Vorwürfe.

Fakt ist: Es waren weder deutsche noch europäische Sicherheitsbehörden, die Richard Rotmanns seit Langem vermutete kriminelle Karriere beendeten, sondern US-Behörden, sofern sich die Vorwürfe bestätigen sollten. Der Vorgang um Riccardo Fanchini wäre ein Beispiel für die klassische kriminelle Karriere. Ganz andere Qualität hat allerdings das Folgende, wo es darum geht, wie zweifelhafte russische Oligarchen und Investoren in Europa agieren und auch noch hofiert werden.

Investoren aus der russischen Föderation sind in Deutschland wie in Österreich oder der Schweiz unheimlich gern gesehene Gäste. Einer lebt in der Nähe des Genfer Sees, ist Sohn eines ehemaligen russischen Ministers und inzwischen Teilhaber einer deutschen Firma. Im Jahr 2003 geriet er bei den Schweizer Behörden wegen Waffenhandels ins Visier. Als die Polizei mit einem Hubschrauber auf dem riesigen Gelände landen wollte, stellte der Pilot fest, dass auf dem Dach einer Gartenhütte eine Flugabwehrrakete installiert war. Er drehte sofort wieder ab.

Gesichert ist, dass in der Schweiz kriminelle Organisationen aus Russland bereits über ein weit gespanntes Beziehungsnetz verfügen und das Land vor allem zur Legalisierung und Anlage krimineller Gelder nutzen. Klare Worte kommen von Jean-Luc Vez, dem Direktor des Bundesamts für Polizei. Es sind Aussagen, die man in Deutschland vergeblich hört, obwohl die Situation hier weitaus dramatischer ist. »Immer wieder versuchten Personen aus der GUS, die vor allem durch Korruption in ihrem Herkunftsland reich geworden sind, sich in der Schweiz niederzulassen. Sie fanden hierzu auch Lobbyisten aus der Schweiz. Zahlreiche russische Rohstoffhandelsfirmen haben in der Schweiz eine Niederlassung. Außerdem besteht nach wie vor die Gefahr, dass der Schweizer Handels- und Finanzplatz zum Waschen veruntreuter staatlicher Gelder oder zur Abwicklung dubioser Geschäfte missbraucht wird. Personen aus der GUS können aufgrund ihrer finanziellen Ressourcen eine Bedrohung für die Wirtschaft, die rechtsstaatlichen Institutionen und den Finanzplatz darstellen.«[33]

In Österreich liegt man diesen ehrenwerten Männern aus der Ex-UdSSR, die in der Schweiz äußerst kritisch gesehen werden, regelrecht zu Füßen.»Russischer Millionär liebt Ischgl«, schrieben die Zeitungen, als Igor Nak, Generaldirektor der Eisenbahnlinie Jamaltranstroi, zu Besuch in Ischgl war.»Jenseits aller Klischees über russische Manager trinkt und raucht Nak nicht (mehr). Schon jetzt hat sich Nak auch geschäftlich in Österreich umgesehen und eine Anlagefirma in Wien gegründet. Über weitere Aktivitäten will er nachdenken: ›Alles ist möglich.‹«[34]

In der *Tiroler Tageszeitung* vom 2. August 2008 wiederum war eine große Anzeige einer Immobilienfirma aus Wörgl geschaltet:»Suchen für russische Investorengruppe Hotels in Tiroler Topregionen wie Arlberg, Ötztal, Seefeld, Kitzbühel bis 40 Millionen Euro.«

Exklusiv für einen potenten Investor aus Russland wurden im Nobelskiort Ischgl schon einmal für eine ganze Woche bestimmte Pisten reserviert. Und natürlich fragt keiner, woher das Geld der Superreichen tatsächlich kommt. Wie auch bei dem geheimnisvollen russischen Milliardär Oleg Seredzinski, 37 Jahre alt. Er hatte den Fußballklub Vienna finanziell unterstützt. Am 24. Dezember 2007 erlitt er einen tödlichen Verkehrsunfall. Das kommentierte Maximilian Edelbacher, einst einer der führenden österreichischen Kriminalisten, bis man ihn aufs tote Gleis abgeschoben hatte, weil er nicht das richtige Parteibuch hatte, folgendermaßen:»Die Russen sind so stark wie nie zuvor in Österreich. Mich stimmt das sehr bedenklich.«

Was auch damit zusammenhängt, dass die Korruption und die fachlich eher magere, dafür aber parteipolitisch geforderte Qualifikation innerhalb der österreichischen Polizei in nichts dem nachstehen, was aus den östlichen Balkanländern bekannt ist. Hierzu bemerkte mir gegenüber ziemlich treffend ein erfahrener leitender Kriminalpolizist in Wien:»Die Großköpfe der Regierung haben gesehen, dass ihnen diese kleinen OK-Bekämpfer in irgendeiner Weise gefährlich werden könnten. Leider ist der OK-Sumpf derart tief, dass man auf verlorenem Pos-

Berlin - Dreh- und Angelpunkt der neuen Mafia

ten steht. Es betrübt mich derart, dass ich mich manchmal geniere, irgendwo zu sagen, dass ich auch einmal ein Beamter in Wien war.« Den Mafiabossen und den Oligarchen gerade aus dem Osten kann das durchaus recht sein, und vielleicht ist genau das gewollt.

Doch auch in Deutschland investieren russische Dunkelmänner inzwischen gern, und zwar mit Kapital, dessen Herkunft in aller Regel genauso trübe ist wie das der italienischen Mafia. Im schönen Kurort Baden-Baden wurden in den Jahren 2005 und 2006 insgesamt für 435 Millionen Euro Villen verkauft, überwiegend an reiche Russen. So wurde im August 2008 eine Villa im Stadtteil Lichtental von einem Kasachen für über fünf Millionen Euro gekauft. Geschätzt wird, dass in und um Baden-Baden inzwischen 700 Villen im Besitz von Bürgern aus der ehemaligen UdSSR sind. Mittlerweile ist der Markt leer gefegt, sodass die Stadt veranlasst wurde, durch Veränderung des Baurechts neue Baumöglichkeiten in bevorzugten Lagen zu schaffen. In dieser Goldgräberstimmung bedrängen Makler vor allem ältere Eigentümer, ihr Anwesen zu verkaufen. Die Rede ist davon, dass dies teilweise sehr rigide durchgesetzt wird.

In der Bevölkerung wächst inzwischen der Unmut über diese drastische Entwicklung. Doch die Bürger finden in der Stadtverwaltung und bei den politischen Parteien kein Gehör mehr. Sie fragen sich daher: Was hat Vorrang? Die Partikularinteressen von Bauträgern und Maklern oder das Gemeinwohl? In Baden-Baden ist diese Frage anscheinend entschieden. Denn einige wenige profitieren von dieser Goldgräberstimmung.

In Jena boten russische Millionäre im Sommer 2007 einem nicht unbedingt bekannten Fußballklub Millionen Euro an. 20 Millionen wollten sie investieren. Warum gerade in Jena? Weil dort viele noch der russischen Sprache mächtig sind? Schließlich zählt der Zweitligist Carl Zeiss Jena sicher nicht zu den strahlenden Siegern im Fußballhimmel.

Ziemlich suspekt war die Tatsache, dass man so wenig über Gönner sagen konnte, die Millionäre Kurat Lujanow und Atlan Schichkanow aus Moskau. Die Verantwortlichen des Fußballvereins Carl Zeiss Jena jedenfalls waren überglücklich. Bis die Deutsche Fußball Liga (DFL) dem Spuk ein Ende bereitete und der Kooperation mit dem russischen Investor die Zustimmung verweigerte.

14
Banditen, Kriegsgewinnler oder ganz normale russische Unternehmer?

Es ist der 6. Mai 2008. Vor dem Betreten von Saal 6 des Landgerichts Stuttgart wird der Besucher einer strengen Sicherheitskontrolle unterworfen.[35] Verhandelt wird gegen mutmaßliche Angehörige einer der weltweit gefährlichsten russischen Mafia-Organisationen. Der Verhandlungssaal ist hell und freundlich, die Atmosphäre unaufgeregt, wären da nicht diese Polizeibeamten vor und im Gerichtsgebäude, die das friedliche Bild stören. Die vier Angeklagten, drei Männer und eine Frau, sitzen bereits zwischen ihren Verteidigern. Ihnen gegenüber diskutieren die Ankläger: ein Staatsanwalt und eine Staatsanwältin.

Hauptangeklagter ist der 1966 in Moskau geborene Alexander A. Er hat auffallend lange Haare, trägt eine Art Trainingsanzug und schaut sich ziemlich gelassen im Gerichtssaal um. Dann wechselt er mit seinem Anwalt Wolfram Ziegelmeier aus Tettnang und dessen Russisch sprechendem Kollegen Andreas Bender einige Worte. Wolfram Ziegelmeier ist spezialisiert auf Wirtschafts- und Steuerrecht und genießt den Ruf eines bodenständigen und seriösen Wirtschaftsanwalts. Sein Kollege Bender scheint mir eher verschlossen und misstrauisch zu sein.

Der Vorsitzende Richter der 5. Strafkammer des Landgerichts Stuttgart ist Claus Bergmann, gerühmt als ruhiger, sachlicher und souveräner Jurist. Auf der Zuschauerbank hinter mir spricht einer der Anwälte mit einem Angehörigen der Angeklagten. »Bergmann hat im letzten Jahr die ehemalige Justizministerin verurteilt. Seine Urteile sind immer hieb- und stichfest. Der Bundesgerichtshof hat ihn wegen seiner Urteile gelobt. Das ist schlecht für uns. Aber wir kriegen das schon irgendwie hin.« Der Vorsitzende Richter Claus Bergmann hat sich verspätet, wegen Verkehrsproblemen. Mit den Worten »Jetzt sind wir ja beieinander« eröffnet er die Sitzung. Es ist 10 Uhr.

Worüber die 5. Strafkammer im Namen des Volkes Recht sprechen wird, dürfte in die neuere Kriminalgeschichte eingehen. Zum ersten Mal wird in Deutschland gegen Mitglieder einer kriminellen russischen Vereinigung, der Ismailovskaja, ein Prozess geführt. Es ist in Europa der zweite Prozess gegen eine der international agierenden Organisationen der sogenannten Russenmafia. Der erste Prozess fand 1998 in Genf statt – gegen Sergej Michailow, den Chef der Organisation Solnzevskaja, Dieser Name taucht ebenfalls in der Stuttgarter Anklageschrift auf. In Genf endete der Prozess mit einem Desaster für die Staatsanwaltschaft und die Schweizer Polizeibehörden.

Zur Erinnerung: Sergej Michailow wurde im Oktober 1996 in Genf verhaftet. Die Anklage gegen ihn laut der Anklageschrift der Staatsanwaltschaft Genf vom 28. August 1998: »Mitgliedschaft in einer kriminellen Vereinigung und Geldwäsche«. Anwaltlich vertreten wurde er von prominenten Rechtsanwälten, die mit allen Mitteln versuchten, ihm seine Freiheit wiederzuschenken. Einer davon war ein ehemaliger amerikanischer Justizminister, der sich auch in den Medien für den Gangsterboss starkmachte, indem er ihn als honorigen Unternehmer bezeichnete. Und Michailows Brüsseler Anwalt, Vorsitzender der Rechtsanwaltskammer, sagte mir während einer Verhandlungspause in Genf: »Herr Michailow ist so nett und so harmlos wie Sie. Sie könnten sein Bruder sein.«

Aufschlussreich war, was die Schweizer Mitgesellschafter einer von Sergej Michailows Firmen aufschrieben: »Michailow war in Moskau mit Herrn Gorbatschow und dessen Frau bekannt. Als wir in Moskau ankamen, wurden wir mit Polizeifahrzeugen, mit Blaulicht und Sirenen durch die Stadt eskortiert. Wir wurden vom Moskauer Vizeminister empfangen. All diese Dinge zeigen die Bedeutung von Michailow, der eng mit dem herrschenden politischen Milieu unter Präsident Jelzin verbunden war.« Mit diesen Schreiben wollten Michailows Geschäftspartner demonstrieren, dass er kein Krimineller sein könne, sondern ein äußerst angesehener Unternehmer, der noch kurz vor seiner Verhaftung einen Kredit in Höhe von 150 Millionen US-Dollar von der Bank Société Générale in Paris erhalten sollte.

Als ich mir im Landgericht Stuttgart im Mai 2008 die Angeklagten und deren Anwälte anschaue, läuft ein alter Film in meinem Kopf darüber ab, was damals, vor genau zehn Jahren, in Genf geschah. Da wurden nur Teile der Aussagen eines Kronzeugen von einer völlig überforderten Dolmetscherin aus dem Russischen ins Französische übersetzt, und das gelang ihr derart miserabel, dass russische Prozessbeobachter den Staatsanwalt auf diesen Missstand aufmerksam machten. Einzig der Angeklagte und seine Verteidiger, die ihren eigenen Übersetzer an ihrer Seite sitzen hatten, konnten den Ausführungen des Zeugen folgen.

Auch im Stuttgarter Verfahren kam es, erzählt mir der Verteidiger des Hauptangeklagten, »bereits zu falschen Übersetzungen, und es wurden wörtliche Zitate in die Abhörprotokolle geschrieben, die in Wirklichkeit überhaupt nicht vorgekommen sind«.

Der Genfer Prozess endete nach 14 Tagen Verhandlung und einer zweijährigen Untersuchungshaft. Sergej Michailow wurde von allen Anklagepunkten freigesprochen, auch von dem Vorwurf der Mitgliedschaft in einer kriminellen Vereinigung. Sergej Michailow durfte den Genfer Gerichtssaal als rehabilitiert verlassen und erhielt sogar noch eine Haftentschädigung.

Damit sich ein solches Desaster nicht noch einmal wiederholt, steht die Staatsanwaltschaft in Stuttgart unter gewaltigem Erfolgsdruck. Doch die Wahrscheinlichkeit, dass auch dieser Prozess mit einer Niederlage wie in Genf enden wird, sie ist groß. Denn das zentrale Problem für die deutsche Justiz ist die Schwierigkeit, eine russische Mafiaorganisation, wie sie die Ismailovskaja zweifellos ist, strafrechtlich zu verfolgen. So lange die Organisation in ihrem Ursprungsland, also in Russland, nicht als kriminelle Organisation verfolgt, sondern eher geschützt wird, solange wird es der hiesigen Justiz aufgrund der bestehenden Gesetzeslage kaum möglich sein, den mutmaßlichen Angehörigen der kriminellen Organisation die Zugehörigkeit zu einer kriminellen Vereinigung nachzuweisen.

Im Zusammenhang mit der Ismailovskaja geht es zudem um politische Entscheidungsträger und mächtige Oligarchen in Russland, um den Transformationsprozess in den Neunzigerjahren und darum, wie aus Gangstern weltweit agierende Oligarchen wurden. Sie sind diejenigen, die heute die Schalthebel der wirtschaftlichen und letztlich der politischen Macht bedienen. Eine Rolle in dem Prozess spielt zudem, ob Russland ein mit Deutschland vergleichbarer Rechtsstaat ist und die russische Justiz unabhängig arbeiten kann. Deshalb ist dieses Verfahren vor der 5. Strafkammer des Landgerichts Stuttgart nicht nur von großer politischer Bedeutung. Es wird erhebliche Konsequenzen für die künftige Bekämpfung der neuen Mafia durch die Polizei haben.

An diesem 6. Mai 2008 sollen im Gerichtssaal abgehörte Telefongespräche vorgespielt werden. Seit Dezember 2007 geht das schon so. Eine halbe Stunde lang hören sich die Richter, Verteidiger und Staatsanwälte das Telefonat zwischen zwei Frauen im russischen Original an. Von den Angeklagten abgesehen, versteht kaum einer, was da gesprochen wird. Die Übersetzung dauert noch einmal so lange. Und danach wird darüber diskutiert, ob die vorgetragene Übersetzung korrekt ist. Der Hauptangeklagte Alexander A. wird in dem gerade abgespielten Telefongespräch von einer Frau als »gutwilliger Typ« bezeichnet. Sie hält ihn für ein wenig verrückt, weil er so religiös sei. Irgendwie geht es um Geld. »Warum soll ich Geld schicken. Es muss von Herzen kommen. Er ist reich geworden, hat eigene Leibwächter.« Viel mehr war an Substanz nicht herauszufiltern.

Nach dem Abspielen des nächsten Telefongesprächs streiten sich die Anwälte über einen bestimmten Satz. Der Staatsanwalt interpretiert das Gespräch als Beweis, dass der Angeklagte zur Gangsterorganisation Ismailovskaja gehöre.

»Nein, so ist das falsch übersetzt worden«, wirft ein Anwalt ein. »›Es könnte sein, dass er dazugehört‹, ist die richtige Übersetzung.«

Die entsprechende Sequenz wird erneut vorgespielt, und die anwesende Gerichtsdolmetscherin bestätigt den Einwand des Rechtsanwalts. Der Staatsanwalt nickt.

Andere abgehörte Telefongespräche, die vor Gericht abgespielt werden, sind, sofern sie korrekt übersetzt wurden, fruchtbarer. Da gibt es ein Gespräch mit einem Alexander R. (der übrigens auch bei der Geburtstagsfeier von Richard Rotmann in Berlin dabei war), der in einigen Quellen als hochrangiges Mitglied der Ismailovskaja bezeichnet wird. In dem Gespräch sagt einer der Abgehörten, Alexander R. sei gleichbedeutend mit dem, was »Ismailovski« ist.

Ich lese unterdessen die dicke Anklageschrift. Dem Hauptangeklagten Alexander A. wird vorgeworfen, ein hochrangiges Führungsmitglied der Ismailovskaja zu sein, zuständig für die Verwaltung der Diebskasse, der Obtschak. Dazu habe er in Deutschland insgesamt rund acht Millionen Euro auf seine Konten bei der Berliner Bank und bei der Commerzbank Esslingen überwiesen, um das Geld, das nach Meinung der Staatsanwaltschaft kriminell erwirtschaftet wurde, in Deutschland »dem legalen Wirtschaftskreislauf« zuzuführen. Innerhalb der Jahre 2000 bis 2004 sei das geschehen. Das Geld sei zur Sicherung von Bankkrediten und für den Erwerb von über 50 Grundstücken im Gesamtwert von rund 9,5 Millionen Euro zur Verfügung gestellt worden. Es gehe um Immobilien in Nersingen, Stuttgart, Weil der Stadt, Esslingen und Steinenbronn. Außerdem habe der Angeklagte rund eine Million Euro erhalten. Mit der Summe habe er unter anderem für sich und seine geschiedene Ehefrau ein Grundstück erworben und einen aufwendigen Lebensstil finanziert.

Der Hauptangeklagte, ehemals Mitglied der russischen Nationalmannschaft der Gewichtheber, studierte an der Fakultät des zentralen staatlichen Instituts der physischen Kultur in Moskau, betrieb jedoch bereits während seines Studiums den Handel mit verschiedensten Waren – von Lebensmitteln bis zur Kleidung – und besaß diverse kleinere Kioske und Läden an Moskauer Metrostationen, Busbahnhöfen und Unterführungen. Seit 1992 war er im Bankgeschäft mit Kreditvergabe und Vermittlungen tätig. Er legte, so sieht es seine Verteidigung, in dieser Zeit bereits den Grundstock für seine persönlichen guten wirtschaftlichen Verhältnisse. 1994 wurde er angeschossen, weil sein Fahrzeug »versehentlich« bei einer Personenkontrolle der Polizei unter Beschuss geriet. Seine Einnahmen investierte Alexander A. auf dem boomenden Immobilienmarkt.

»Wenn heute Herr A. ein vermögender Mann ist, so ist dies auf seine früh entwickelte unternehmerische Initiative und die aufgrund der wirtschaftlichen und politischen Veränderungen in Russland eröffneten wirtschaftlichen Möglichkeiten zurückzuführen«, sagen hingegen seine Anwälte. Das sind sehr euphemistische Beschreibungen.

Die Erfolgsgeschichte von Alexander A. passt ebenso gut zu dem Aufstieg weiterer Männer, die einst im kriminellen Milieu tätig waren.

Banditen, Kriegsgewinnler oder ganz normale russische Unternehmer?

Gerade in Moskau lag das Geschäft mit den Kiosken in den Händen krimineller Organisationen, und die Ismailovskaja war zu dieser Zeit bereits eine der wichtigen kriminellen Organisationen in der russischen Föderation. Auch Alexander A.s Beziehung zu dem Geschäftspartner des Nationalen Sportfonds spricht für sich.»Alexander A. war als Geschäftspartner des damaligen Fondsleiters Boris Fjodorow gefragt und tätig geworden und hatte die Möglichkeit, als Großhändler durch Weiterverkäufe der Waren – in einer lukrativen Weise – mitzuverdienen. Herr A. war auf diesem Gebiet bis circa 2001 tätig. Der Fonds löste sich auf, nachdem auch aufgrund der geänderten Gesamtverhältnisse in Russland insoweit kein Erfordernis für dessen Fortbestand mehr gegeben war.«[36]

Dieser Nationale Sportfonds, auch Wodkafonds genannt, war jedoch höchst dubios und gehört zu den dunkelsten Kapiteln der Verbindung zwischen Sport und Mafia in Russland aufgrund der Steuervergünstigungen, die Russlands früherer Präsident Boris Jelzin einigen Funktionären zur angeblichen Sportförderung einräumte. Der Sportfonds durfte aus staatlichen Reserven Erz, Titan, Walzaluminium und Spirituosen exportieren. Die Differenz zwischen den niedrigen Preisen in Rubel und dem Verkaufspreis auf dem Weltmarkt blieb beim Nationalen Sportfonds.

»Das war eine Lizenz zum Gelddrucken, die Unterweltpaten unweigerlich anzog. Weder Breiten- noch Spitzensport sahen eine Kopeke aus dem schwunghaften Geschäft.«[37] Eine andere Quelle schreibt:»Das Geld, das der Nationale Sportfonds zum Beispiel über Außenhandelsgeschäfte und Lotterien eingesammelt hatte, erreichte selten die Vereine und Verbände, für die es eigentlich bestimmt war, sondern versickerte in dunklen Kanälen.« Der damalige Fondsleiter Boris Fjodorow wurde 1996 auf offener Straße mit einem Bauchschuss und mehreren Messerstichen niedergemetzelt. Er überlebte wie durch ein Wunder.

Im Oktober 1996 meldete er sich im russischen Fernsehmagazin *Itogi* zu Wort und erklärte, man habe ihn um 40 Millionen Dollar erpressen wollen. Das Geld sollte der Finanzierung von Jelzins Präsidentschaftskampagne dienen. Jens Weinreich von der *Berliner Zeitung*, ein äußerst kundiger Sportexperte, schrieb über die Hintergründe:»Passend dazu veröffentlichte die Wochenzeitung *Nowaja Gazeta* die Abschrift einer Tonbandaufzeichnung, auf der Fjodorow Klage führte: Der IOC-Mann Tarpischtschew habe direkte Mafiakontakte. Er hätte mit den Irrsinnssummen aus dem Wodkafonds illegale Transaktionen durchgeführt.«[38] Im April 1999 starb der 40-jährige Boris Fjodorow an einem Herzinfarkt.

Schamil Tarpischtschew, Sportminister unter Jelzin, war besonders gut mit den Cherney-Brüdern befreundet, die in der Anklageschrift in Stuttgart eine besondere Bedeutung im Zusammenhang mit der Ismailovskaja spielten. »So hatte der Sender *NTV* mehrere Berichte gesendet, die Tarpischtschew gemeinsam mit den mächtigen Metallhändlern Lew und Michael Cherney zeigten, mit mutmaßlichen Mafiosi. Er sei nur mit den Cherney-Brüdern befreundet.«[39]

Besonders pikant ist, dass in der Anklageschrift der Name eines Mannes auftaucht, der sich rühmen darf, einer der reichsten Russen der Welt zu sein: Oleg Deripaska. Das gibt diesem Verfahren eine weitere besondere Note. Zur Prozesseröffnung am 16. Oktober 2007 konnte man darüber in S*piegel Online* lesen: »In einer Anklage vor dem Stuttgarter Landgericht gegen ein mutmaßliches Mitglied der russischen Mafia-Organisation Ismailovskaja wird Oleg Deripaska nun sogar mit Auftragsmord in Verbindung gebracht. Der Oligarch ist entsetzt.«[40] In diesem konkreten Einzelfall ist Oleg Deripaska zu Recht entsetzt. Denn der Vorwurf wird von einem Kronzeugen erhoben, der auch für das Stuttgarter Verfahren von großer, ja wahrscheinlich entscheidender Bedeutung sein wird.

Wie sieht es nun die Staatsanwaltschaft? Als ich die Anklageschrift durchlese, fällt auf, dass es unendlich viele abgehörte Telefongespräche gibt, dass Namen auftauchen, die in der Vergangenheit immer wieder im Zusammenhang mit der Topebene der russischen Kriminellen genannt wurden, zum Beispiel Michael Cherney, und dass es, von den Aussagen des bewussten Kronzeugen abgesehen, wenig handfeste Beweise gibt, um in einem rechtsstaatlichen Verfahren die Existenz der Ismailovskaja nachzuweisen.

Über diese Organisation schreibt die Staatsanwaltschaft: »Während es sich zunächst um Straftaten wie Auftragsmorde und Schutzgelderpressungen handelte, ging es in späterer Zeit darum, die dadurch erlangten Gelder dem legalen Wirtschaftskreislauf zuzuführen und ge-

winnbringend anzulegen. Das momentane Vermögen der ›Ismailovskaja‹ stammt insbesondere aus entsprechenden Taten im Rahmen der
Übernahmekämpfe in der russischen Aluminiumindustrie nach deren
Privatisierung Anfang der Neunzigerjahre. Diese Einnahmen wurden
durch weitere Straftaten und Anlage der Gelder im legalen Wirtschaftskreislauf systematisch vermehrt. Das Vermögen, das mit dem russischen Begriff ›Kriegskasse‹ umschrieben wird und zumindest zeitweise auf Banken in Liechtenstein deponiert war, dürfte mittlerweile
mehrere 100 Millionen Euro betragen. Es steht allen Gruppierungsmit-
gliedern zu und wird von verantwortlichen Personen der Vereinigung
verwaltet.«[41]

In dieser Organisation war der Angeklagte Alexander A. nach Meinung der Staatsanwaltschaft Stuttgart ein hochrangiges Mitglied und
bereits in Russland für die Verwaltung des Vermögens der Ismailovskaja zuständig gewesen. Für die Organisation habe er sich Ende der
Neunzigerjahre entschlossen, deren Gelder unter anderem in Deutschland in den legalen Wirtschaftskreislauf einzuschleusen und zu meh-
ren. Nach Meinung der Stuttgarter Staatsanwaltschaft habe er dazu
seit 1999 stufenweise insgesamt 8 Millionen Euro auf seine Konten bei
der Berliner Bank und bei der Commerzbank Esslingen überwiesen.

Kronzeuge für die Staatsanwaltschaft Stuttgart ist ein Mann namens Djalol Khadairow. »Der Zeuge«, schreibt die Staatsanwaltschaft
in ihrer Anklageschrift, »der selbst Angestellter der von der Ismailovskaja ›geschützten‹ Firmen war, zuletzt bei der Firma Blond Invest-
ments selbst an Geldwäsche beteiligt war, schildert die Geschichte und
Struktur der Ismailovskaja, insbesondere deren Aktivitäten für Iskander Machmudov und Michael Cherney. Insbesondere Aufträge zur Be-
seitigung oder Einschüchterung von Konkurrenten des Michael Cherney und Oleg Deripaska, mit denen die Gruppierung verbunden war,
durch Mitglieder der Gruppierung habe er mitbekommen.«[42]

Weitere bekannte Namen tauchen in der Anklageschrift auf, unter
anderem die zwei liechtensteinischen Treuhänder F. und R., ebenso wie
der Name eines südamerikanischen Drogenbarons. »Hinzu kommt,
dass die liechtensteinischen Treuhänder (F. und R.) auch von einem
südamerikanischen Drogenbaron mit der nach dem gleichen Muster
ablaufenden verdeckten Geldanlage betraut wurden und in den vorge-

nannten Firmen (Berger International Holding, Fox Consulting) jeweils ein Rechtsanwalt (Alexander) Bushaev verschiedene Berechtigungen erhielt und den Treuhändern Anweisung gab.«[43]

Einer der in der Anklageschrift erwähnten liechtensteinischen Treuhänder hatte Ende der Neunzigerjahre in der Tat Gelder kolumbianischer Drogenbarone verwaltet. Auf seine Anweisung hin kopierte der zweite in der Anklageschrift genannte Treuhänder nach eigenen Angaben bei einer Gutschriftsanzeige vom 23. Dezember 1999 (159 995 US-Dollar) den Herkunftsort »Medellin/Columbia« weg, damit nicht mehr erkennbar sei, woher die Überweisung stammt. Es ging um Gelder eines Drogenbosses, der seit Beginn der Neunzigerjahre für das kolumbianische Cali-Kartell Drogengelder gewaschen hatte und nach Zerschlagung des Drogenkartells im Jahr 1995 in den Nachfolgeorganisationen der Drogenkartelle weiter für Geldwäsche zuständig war.

Damit nicht genug, was die Transfers von Drogengeldern nach Liechtenstein angeht. Im Dezember 1999 führte ein verdeckter Ermittler der US-Drogenbekämpfungsbehörde DEA für einen Drogenhändler eine kontrollierte Geldüberweisung über das Unternehmen »Giraldos Transportation Service« durch. Die Gelder sollten auf ein Konto der Firma Standex Shipping (Saavedra Gesellschaft) überwiesen werden. Auch dieser Vorgang belegte den schweren Verdacht, dass Gelder aus Drogenverkäufen des kolumbianischen Drogenhändlers Juan Carlos Saavedra in Liechtenstein eingezahlt wurden. Oft wurde Bargeld in Höhe von mehr als einer Million Schweizer Franken aus Madrid und Mailand von Juan Carlos Saavedra abgeholt, in einer Reisetasche verstaut und nach Liechtenstein gebracht. Dort wurde das Geld wieder auf verschiedene Konten von Saavedra-Gesellschaften eingezahlt. Verantwortlich dafür waren die beiden Treuhänder, die die Stuttgarter Staatsanwaltschaft jetzt im Zusammenhang mit der Ismailovskaja nennt.

Das dürfte mit einer Vernehmung des liechtensteinischen Treuhänders R. durch die Landespolizei Liechtenstein Anfang 2000 zusammenhängen. Damals hatte R. in seiner Vernehmung angegeben, dass er unter anderem Stiftungen wie die Earl-Holding gehalten habe. Wirtschaftlich Berechtigter der Earl-Holding mit Sitz in Panama sei Alexander A. gewesen, der jetzt in Stuttgart auf der Anklagebank sitzt.

Banditen, Kriegsgewinnler oder ganz normale russische Unternehmer?

Und über R. selbst munkelten Schweizer Zeitungen bereits Anfang 2000, dass er in Moskauer Mafiakreisen ein Begriff sei.

Zumindest der Treuhänder R. wurde bei einem Gerichtsverfahren in Vaduz vom Vorwurf der Geldwäsche freigesprochen, da man ihm nicht nachweisen konnte, dass er wusste, dass es sich bei den von ihm persönlich in Empfang genommenen Geldern um Drogengelder gehandelt habe.

Und immer wieder fällt der Name des Rechtsanwalts Alexander Bushaev in der Stuttgarter Anklageschrift. Er galt als »Vermittler zwischen dem östlichen und westlichen Arm des Firmenimperiums der Cherney-Brüder«.[44] Er sei für die Geldwäscheoperationen mitverantwortlich gewesen, habe den Treuhändern in Liechtenstein entsprechende Anweisungen gegeben, wie zu verfahren sei, so die Stuttgarter Staatsanwaltschaft. »Bushaev ist auch für die den Brüdern Cherney zuzurechnende Trans World Group (TWG) aufgetreten«, schreibt die Staatsanwaltschaft Stuttgart und nimmt damit Bezug auf ein Ermittlungsverfahren der Düsseldorfer Staatsanwaltschaft.[45]

Im Hintergrund des Ermittlungsverfahrens in Düsseldorf standen Geldwäscheverdachtsanzeigen der WestLB wegen einer unverzinslichen Geldanlage in Höhe von 18 Millionen Dollar. Merkwürdig fanden die Düsseldorfer Ermittler die Konzernstruktur unter Einschaltung mehrerer Offshoregesellschaften, den hohen Bestand an Termingeld und insbesondere Geldverschiebungen, deren sachliche Logik nicht nachvollziehbar war.

Wolfram Ziegelmeier, der Anwalt des Hauptangeklagten im Stuttgarter Prozess, wendet ein, dass es dieser Anklageschrift »an jeglicher Konkretisierung fehlt, dass anstelle von klaren Aussagen über die Verwertbarkeit der Herkunft der Gelder eingeräumt werden muss, dass es hierzu keine klaren Feststellungen gibt. Und dass die Staatsanwaltschaft offengelassen habe, dass nicht zugeordnet werden konnte, ob die in Rede stehenden Gelder Herrn Alexander A. persönlich gehören oder aber ihm von dritter Seite quasi treuhänderisch zur Verfügung gestellt waren.«[46]

In Ziegelmeiers Schriftsatz zur Anklageschrift der Staatsanwaltschaft heißt es weiter: »Wenn aber all diese tatsächlichen Voraussetzungen für einen Vorwurf, ebenso aber die denktheoretischen notwendigen Kausalverknüpfungen in der Anklage fehlen, so kann dies nicht damit retuschiert werden, dass allgemein Erwägungen über angebliche Geldanlagemechanismen der Gebrüder Cherney vorgetragen werden, welche mit dem hier vorliegenden Fall und den auf hier genannten Konten des Herrn A. erfolgten Überweisungen ebenso wenig zu tun haben wie erwähnte Gepflogenheiten eines südamerikanischen Drogenbarons.«[47]

Für Anwalt Ziegelmeier gibt es auch keine Geldwäsche, da Alexander A. das Geld von Moskau offiziell überwiesen hätte, das ihm hier als Sicherheit für Darlehen dienen sollte.

Alexander A. selbst beteuert, er sei zu Unrecht inhaftiert worden. Dafür spricht nach Ansicht seines Rechtsanwalts Ziegelmeier, dass er sich nicht auf einen angebotenen Deal eingelassen habe, nämlich Einstellung des Verfahrens gegen den Verfall der beschlagnahmten Vermögenswerte. Zudem bestreitet er, zur Ismailovskaja zu gehören, und er könne daher kein hochrangiges Mitglied dieser kriminellen Vereinigung sein.

»Zulasten der Freiheit ist hier ein dubioser Verdacht« dem Angeklagten zum Verhängnis geworden, ist eine zentrale Aussage Ziegelmeiers.[48] Immerhin geht inzwischen auch das Gericht davon aus, dass Alexander A. kein Mitglied der Ismailovskaja sei und dass dieses auch nicht bewiesen werden könne. Damit hat die Kammer sehr frühzeitig einen wichtigen Anklagepunkt infrage gestellt.

Andererseits ist die Stellungnahme von Wolfram Ziegelmeier etwas sehr gutwillig formuliert, dass »durch die Anklageschrift den mit den Verhältnissen in Russland nicht vertrauten Lesern der Eindruck vermittelt werde, in Russland würden allenfalls bedingt rechtsstaatliche Verhältnisse herrschen«[49], was nicht stimmen würde. Das betrifft auch seine folgende Aussage: »Die Verteilungskämpfe um Rohstofffirmen sind - so sie denn überhaupt stattgefunden haben - längst Geschichte. Die russische Gesellschaft hat damals möglicherweise in Zeiten des gesellschaftlichen und politischen Wandels in Russland aufgetretene Schwierigkeiten inzwischen selbst geregelt und überwunden und zu einer jetzt als real existierenden Gesellschaft gefunden.«[50]

Diese optimistische Aussage muss in einem solchen Verfahren selbstverständlich von einem Anwalt vorgetragen werden. Sie geht

Banditen, Kriegsgewinnler oder ganz normale russische Unternehmer?

trotzdem an der gesellschaftlichen und politischen Realität in Russland vorbei. Insbesondere die Justiz in Russland war und ist nicht frei, sondern, wie unabhängige russischen Journalisten und Menschenrechtsorganisationen immer wieder beklagen, abhängig von den Strippenziehern im Kreml.

Trotzdem ist die Beweislage, ob es eine Ismailovskaja als Organisationsform heute überhaupt noch gibt, eher dürftig. Vergeblich wird man in Russland konkrete, gerichtsverwertbare Informationen über diese Mafia-Organisation erhalten. Zu sehr waren staatliche und wirtschaftliche Machtstrukturen in Russland in mafiose Machenschaften verstrickt gewesen. Deshalb musste sich die Stuttgarter Staatsanwaltschaft zwangsläufig auf Informationen von Polizeidienststellen in den USA, Israel sowie des Bundeskriminalamtes verlassen.

Dabei liegen ausführliche Erkenntnisse des Schweizer Bundesamts für Polizeiwesen in Bern oder der Staatsanwaltschaft in Genf vor, die in der Vergangenheit gegen die Ismailovskaja und Michael Cherney ermittelt hatten. Nach Erkenntnissen des Schweizer Bundesamts für Polizeiwesen hatte Michael Cherney enge Verbindungen zu einem der bekanntesten russischen Mafiabosse, Vyacheslav Ivankov, und zwar über ein Unternehmen, das mit der Blonde Management Group verbunden war.»1996 befand er sich unter dem Verdacht der Mitgliedschaft in einer kriminellen Vereinigung ein paar Tage in Schweizer Untersuchungshaft – doch ihm war nichts schlüssig nachzuweisen.«[51] Bereits 1994 meldete Interpol Wiesbaden, dass dieses Unternehmen in New York und Moskau über ein deutsches Unternehmen in Moskau Geld waschen würde.[52] Und Europol veröffentlichte im Jahr 2001 eine ausführliche Bedrohungsanalyse der Ismailovskaja. »Ihre Führer leben in Moskau und Israel. Sie verfügt über mehrere Tausend Mitglieder. Sie gilt heute als eine der wichtigsten russischen kriminellen Organisationen.«[53] Das sind zwar Indizien, aber wahrscheinlich keine Beweise, die vor einem deutschen Gericht Bestand haben werden.

Als Problem könnte für die Staatsanwaltschaft in Stuttgart der ausdrückliche Hinweis auf eine Klage vor einem US-Gericht werden, die sie als Beleg dafür nennt, dass sowohl Michael Cherney wie auch der Oligarch Oleg Deripaska in hoch kriminelle Machenschaften verstrickt seien. »Laut einer am 19. Dezember 2000 vor dem New Yorker Gericht erhobenen Klage mehrerer Firmen gegen Oleg Deripaska, Michael Cherney und Anton Malewski sowie von ihnen kontrollierte Firmen ist davon auszugehen, dass diese Zahlungen Schutzgelderpressungen darstellten.«[54] In dieser Klage wird behauptet, Cherney und Deripaska hätten sich mit der Ismailovo-Mafia zur Übernahme der russischen Aluminiumindustrie zusammengetan. Weiter wird ein Mordanschlag auf einen russischen Gouverneur geschildert, der sich Cherney und Deripaska entgegenstellte.

Die Stuttgarter Staatsanwaltschaft bezieht sich auf eine Zivilklage des US-Unternehmens Base Metal Trading gegen Michael Cherney, Oleg Deripaska und Blonde Investment, also jenes Unternehmen, an dem der Kronzeuge der Stuttgarter Staatsanwaltschaft bis im Jahr 2000 beteiligt und das bekannt für Geldwäsche war.

In der Klageschrift vor dem United States District Court for the Southern District of New York[55] steht in der Tat: »Die massive Schutzgelderpressung begann um 1990. Beteiligt waren die Mitglieder einer internationalen russisch-amerikanischen kriminellen Gruppe, angeführt von Michael Cherney, mit Beteiligung des Moguls Oleg Deripaska, dem Kopf von Sibirsky Aluminium, sowie der Ismailovskaja, der russisch-amerikanischen Mafiagruppe, mit dem Ziel, den russischen Aluminiummarkt sowie andere Metallindustrien zu übernehmen und zu monopolisieren. Die erwähnten Beteiligten der illegalen Strukturen sowie ihre Verbündeten und ihre Firmen, die sie dominieren und kontrolliert haben, direkt oder indirekt, haben zahlreiche kriminelle Aktivitäten begangen, einschließlich Mord, Bestechung, Erpressung und Geldwäsche.« So weit die Zitate aus der Klageschrift vor dem US-Gericht in New York.

Aber entsprechende Beweise fehlten in dieser Stellungnahme der Kläger für ein Zivilverfahren vor dem US-Gericht. Es handelte sich um eine Stellungnahme, die im Grunde genommen jeder Anwalt mit solchen Behauptungen anreichern muss, um den Ruf seines Prozessgegners zu beschädigen. Wobei die Behauptungen nicht einmal falsch sein mussten. Problematisch kann es für die Staatsanwaltschaft in Stuttgart deshalb werden, weil die Gegenseite in mehreren Schriftsätzen an das gleiche Zivilgericht die schweren Vorwürfe zurückgewiesen hatte und bislang kein Gericht der USA – trotz vieler Versuche der Kläger, ein

Banditen, Kriegsgewinnler oder ganz normale russische Unternehmer?

Urteil zu bekommen – überhaupt ein Verfahren eröffnet hat. Tatsächlich wurden bisher alle entsprechenden Zivilklagen in den USA abgewiesen, zuletzt am 10. März 2007. So gesehen sind die entsprechenden Hinweise in der Anklageschrift der Stuttgarter Staatsanwaltschaft, die sich auf die Vorwürfe aus der Klageschrift in New York stützen, schlicht wertlos.

Vielleicht trifft das zu, was mir Rechtsanwalt Wolfram Ziegelmeier im Frühjahr 2008 sagte:»Ein Mann von der Ismailovskaja soll nach der Anklageschrift der Staatsanwaltschaft auch der russische Oligarch Oleg Deripaska sein. Warum wird nicht gegen ihn ermittelt, obwohl er in Stuttgart an einem großen deutschen Unternehmen beteiligt ist? Vielleicht ist das nur ein Ablenkungsmanöver?«

Während Oleg Deripaska bei dem Baukonzern HOCHTIEF nur einen Anteil von 1,05 Prozent hält, investierte er in Österreich eine Milliarde in den Baukonzern STRABAG. Damit beteiligte er sich am sechstgrößten europäischen Baukonzern. Im Herbst 2008 hat er, aufgrund der Finanzkrise, seinen Anteil an HOCHTIEF abgestoßen.

Und wie wurde er nun zu einem der reichsten russischen Oligarchen? Im zarten Alter von 26 Jahren begann der studierte Kernphysiker seine Karriere.»Mehr als nur den Schutz der Dunkelheit brauchte es dann wohl, um aus den berüchtigten russischen ›Aluminiumkriegen‹ als Sieger hervorzugehen. In dieser Zeit gab es etliche Verfahren gegen ihn. Die Verdachtsmomente reichten von Geldwäsche, Erpressung und Mafiakontakten bis hin zur Mittäterschaft an mehreren Mordfällen. Man konnte ihm allerdings nie eine Straftat nachweisen. Tatsache ist, dass es in seinem Umfeld immer wieder Todesfälle gegeben hat.«[56]

Hilfreich für seine Karriere war sicher auch die Heirat mit einer Tochter des ehemaligen Jelzin-Ghostwriters, der eine Zeit lang die Kreml-Administration leitete. Trotzdem verhängte die US-Regierung gegen ihn ein Einreiseverbot und es wurde auch schon einmal eine Einladung zum Weltwirtschaftsforum in Davos zurückgezogen.[57]

Der Kronzeuge der Stuttgarter Staatsanwaltschaft heißt Djalol Khaidarow. Er war einst Geschäftspartner der Cherney-Brüder, bis die ihn mit kriminellen Machenschaften im lukrativen Geschäft mit Rohstoffen ausbooteten. Außerdem hatte er enge Beziehungen zu Alimzan Tochtachunow, einem berüchtigten Kriminellen. Weil Djalol Khaidarow in Israel beschuldigt wurde, insgesamt 643 Millionen Dollar gewaschen zu haben, bot er sich den israelischen Behörden als Kronzeuge an und belastete die Cherney-Brüder und Alimzan Tochtachunow. Der ist einer der berüchtigsten Mafiafürsten in Russland und Usbekistan. Er lebte Anfang der Neunzigerjahre in Deutschland, bis er nach Paris und ab 2001 nach Italien umzog. Was Europol und die italienische Polizei alarmierte, war die Behauptung von Khaidarow, dass Alimzan Tochtachunow der Finanzverwalter der Brüder Cherney gewesen sein soll.

Dazu führte Khaidarow fast schon lyrisch aus: »Er ist der Christopher Kolumbus für die Cherney-Brüder gewesen. Er ist der Entdecker unbekannter Gebiete. Seine Mission war es, Cherneys Geld in sicheren Plätzen anzulegen.« Seine Beichte war bereits am 6. Januar 2003 in der italienischen Zeitung *La Repubblica* nachzulesen. Er bestätigte damit das, was bereits im September 2001 in einem Bericht von Europol zu lesen war: »Die Cherney-Brüder spielen eine wichtige Rolle in der Ismailovskaja, und zwar als Geldwäscher. Und sie benutzten dazu in Russland ihren Einfluss auf Politiker.«[58] Der Kronzeuge jedenfalls redete in der Vergangenheit viel und gern auch mit Journalisten, aber am liebsten mit den verschiedensten internationalen Polizeidienststellen.

Ob seine Vorwürfe gegen den Angeklagten Alexander A. genau wie die gegen die Cherney-Brüder, die von der Stuttgarter Staatsanwaltschaft ja ebenfalls der Ismailovskaja zugerechnet werden, zutreffend sind, ist bislang gerichtlich nicht geklärt worden. Fest steht, so Rechtsanwalt Wolfram Ziegelmeier, dass sich russische Gerichte in zivilrechtlicher Hinsicht beispielsweise mit Klagen wegen Übernahmen von Aktien oder Firmenanteilen befasst haben und Khaidarow in Russland in zweiter Instanz mit seinem Klagebegehren auf Übertragung von Aktien gescheitert ist. Was wiederum nichts daran ändert, dass er sicher einer derjenigen Männer ist, die über einen großen Erfahrungsschatz über die staatlich-kriminellen Strukturen im Russland der Neunzigerjahre verfügen. Deshalb wird früher oder später in den Mittelpunkt des Prozesses ein Teil der Geschichte der räuberischen Übernahme der gesamten strategischen russischen Industrie rücken, in diesem Fall insbesondere der Rohstoffindustrie.

Banditen, Kriegsgewinnler oder ganz normale russische Unternehmer?

15
Hintergründe eines Krieges um Rohstoffe, der in Stuttgart ausgefochten wird

Die Hintergründe des Rohstoffkrieges in Russland, der Mitte der Neunzigerjahre stattfand und bei dem es viele Verlierer und nur wenige Sieger gab, sind inzwischen mehr oder weniger aufgearbeitet. Das gilt auch für die Personen, die in diesem Krieg eine wichtige Rolle spielten. Und zu diesen gehörten die Brüder Cherney und später der Oligarch Oleg Deripaska.

Wer ist aber dieser auch in der Stuttgarter Anklageschrift genannte Michael Cherney, der heute in Israel lebt? Ein grandioser Geschäftsmann, ein windiger Hasardeur des neuen Raubtierkapitalismus? Oder hat er doch mehr als eine undurchsichtige Vergangenheit?

Auf die Frage von Journalisten, warum er von ausländischen Sicherheitsbehörden derart massiv beschuldigt werde, antwortete Michael Cherney, dass es drei unterschiedliche Interessengruppen gebe. Da seien zunächst einige finanzielle und industrielle Kreise in Russland, die Einfluss auf verschiedene Politiker und die Machtstrukturen ausüben. Die würden befürchten, »dass ein Geschäftsmann, der aus Russland auswanderte, ihre Monopole gefährdet.

Die zweite Gruppe seien Geschäftsrivalen aus Übersee. Schauen Sie sich den russischen Rüstungskomplex an. Der war maßgeblich daran beteiligt, dass die Schwerindustrie auf dem internationalen Markt erfolgreich agieren konnte. Das FBI und andere Geheimdienste reagierten darauf, indem sie behaupten, das sei die russische Mafia. Und die europäischen Länder sowie Israel werden dabei als Werkzeuge benutzt in diesem Kampf um den Weltmarkt.

Der dritte »Clan«, der Vorwürfe gegen ihn erheben würde, seien die westlichen Geheimdienste.»Nach dem Ende des Kalten Krieges waren viele von ihnen praktisch arbeitslos. Indem sie die russische Mafia erfanden, erhielten sie die Möglichkeit, neue Mitarbeiter einzustellen, und ein höheres Budget für ihre Arbeit.«[59]

Als Präsident der Michael Cherney Foundation in Israel hat er eine eigene Webseite im Internet.[60] Ihr kann der Leser nicht nur entnehmen, dass er zahlreiche mildtätige Stiftungen unterhält und auch sonst viel Geld spendet. Ausführlich schildert er darüber hinaus auch seinen Aufstieg und die damit verbundenen Probleme.

Anlässlich einer internationalen Konferenz über Geldwäsche trug die Organisation SATCOR (Society against Terror and Corruption) aus Moskau aufschlussreiche Indizien aus einer Untersuchung vor, die den Zusammenhang von Geldwäsche und der russischen Aluminiumindustrie aufzeigte. Das Prinzip der Geldwäsche funktionierte demnach folgendermaßen: Das Rohaluminium wurde durch eine Gruppe von Händlern auf betrügerische Weise im Ausland zu sehr hohen Preisen verkauft, während die Hersteller selbst mit extrem niedrigen Preisen abgespeist wurden, die nicht einmal die Produktionskosten deckten. Sie waren bankrott. Danach wurden die Fabriken von den gleichen Händlern über ihre Firmen in den Offshoregebieten zu extrem niedrigen Preisen übernommen. Hinzu kam, dass Aluminium in erheblichen Mengen in die baltischen Staaten exportiert wurde, wo es auf wundersame Weise dann verschwand.

Im Verdacht, mit diesem »Verschwinden« zu tun zu haben, standen unter anderem die Cherney-Brüder. Sie hatten die Anteile der Arbeiter am ehemaligen Staatsunternehmen der Aluminiumschmelzen zu Dumpingpreisen übernommen. Die Arbeiter waren durch diese Anteile zwar Mitbesitzer des Unternehmens geworden, erhielten jedoch keine Löhne und mussten hungern. Die Anteile waren für sie daher wertlos. Das war die Stunde der skrupellosen Geschäftemacher. »Man konnte die Anteile für nichts an den Toren der Fabriken kaufen«, erinnert sich Anatoly Bykov, der auf diese Weise 20 Prozent der Anteile an der Schmelze Kras erworben hatte.[61]

In dieser Phase wurde mittels Erpressung, Gewalt, Attentatsversuchen und Morden die Übernahme der Aluminiumindustrie durch bestimmte Personen vollendet. Nach Angaben von General Anatoli Kulikow, dem damaligen russischen Innenminister, wurden die sechs größ-

Hintergründe eines Krieges um Rohstoffe

ten Aluminiumkombinate für insgesamt 62,2 Millionen Dollar von den Investoren gekauft, die aus dem Aluminium-Krieg als Sieger hervorgingen.

Bei diesen Übernahmen waren auch führende westliche Banken im Rahmen der Finanzierung beteiligt. »Kein anderes finanzielles Geldwäschesystem – und wahrscheinlich nicht nur in Russland, sondern in der ganzen Welt – ist in der Lage, kriminelles Geld über die Grenze zu transportieren, und zwar fast ohne Risiken, durch staatliche Sicherheitsbehörden beschränkt zu werden. Dieses Geld kommt nicht nach Russland zurück, um in die Wirtschaft investiert zu werden, sondern dient als korruptes Mittel für die politischen und staatlichen Behörden, um den Mechanismus der Geldwäsche abzusichern.«[62]

Wobei der Inlandsgeheimdienst FSB in Krasnojarsk immer aufseiten der Cherney-Brüder stand und selbst bei Aufforderungen aus Moskau, genaue Informationen über die kriminellen Machenschaften in der Aluminiumindustrie zu liefern, prinzipiell den Namen Cherney nicht erwähnte. Und viele »Alumni« des Krasnojarsker KGB erhielten inzwischen Managerposten im Bankenbereich.[63]

Die Brüder Cherney spielten also eine entscheidende Rolle, und sie dürften deshalb gerade wegen der engen Beziehung zu KGB-Veteranen und FSB-Führungsmitarbeitern als unberührbar gelten.

Tatsache ist wohl auch, dass viele Informationen über sie gezielt in die Presse lanciert, von einzelnen Behörden im Ausland als »Faktenmaterial« aufgegriffen und zum Ausgangspunkt weiterer Ermittlungen gegen ihn gemacht wurden. Es gibt, so seltsam das klingen mag, keinen einzigen Fall einer rechtskräftigen Verurteilung gegen Michael Cherney aufgrund nachgewiesener krimineller Machenschaften. Daran ändert auch die Tatsache nichts, dass er in der Vergangenheit über persönliche wie geschäftliche Verbindungen zu kriminellen Strukturen verfügte.

Dafür gibt es mehrere Erklärungen. Zum einen war er von Anfang an, also bereits in Usbekistan, stets mit »erfahrenen« und erfolgreich etablierten kriminellen Autoritäten liiert, deren Geschäftserfahrungen und Verbindungen er gezielt nutzte. Gleichzeitig verfügte er über enge persönliche Beziehungen und Verbindungen zu leitenden Beamten des russischen Justiz- und Innenministeriums sowie zu einzelnen

Vertretern der russischen Politik. Über diese Beziehungen soll er dann nach Auffassung zuständiger Sicherheitsexperten aus Moskau gezielt Einfluss auf den Fortgang der gegen ihn erhobenen Beschuldigungen und Ermittlungen genommen haben. Internen Hinweisen zufolge soll Cherney »in geeigneter Weise die gegen ihn geführten Ermittlungen durch den Einsatz gezielter finanzieller Mittel für die verantwortlichen Ermittlungsführer zunächst ›neutralisiert‹ und dann ›eliminiert‹ haben«. Formale Beweise dafür gibt es aber nicht. Ausdruck seiner engen persönlichen Beziehungen zu leitenden Beamten des Innenministeriums ist unter anderem die Tatsache, dass er das Studium der Tochter von Rushailo (ehemaliger Minister des Inneren) in London bezahlte.« So wird es in einem internen Bericht des FSB aus dem Jahr 1996 zumindest behauptet.

Michael Cherney habe zudem - im Unterschied zu kriminellen Größen - seine Aktivitäten stets abgeschirmt und abgesichert. Von ihm initiierte »Geschäftsoperationen« wurden in der Regel über dritte und zuverlässige Personen oder Strohfirmen abgewickelt, die es nahezu unmöglich machten, ihm persönlich kriminelle Aktivitäten nachzuweisen. Zudem vermied er die direkte Konfrontation mit offiziellen russischen Sicherheitsbehörden.

Auffallend ist, dass er von Anfang an nichts unterließ, um die gegen ihn erhobenen Vorwürfe und Anschuldigungen - sowohl in Russland wie in allen anderen Ländern - zu widerlegen. Dabei spielte seine Moskauer Rechtsanwaltskanzlei eine maßgebliche Rolle. Diese Kanzlei verfügte über beste inoffizielle Verbindungen in hohe Sicherheits- und Politikkreise der Russischen Föderation.

Seit mehreren Jahren soll er sich nicht mehr in der Russischen Föderation aufgehalten haben. Der Grund dafür hat sicher nichts mit eventuellen Aktivitäten der russischen Ermittlungsbehörden zu tun. Vielmehr hat Michael Cherney - zumindest ist das die Einschätzung russischer Sicherheitsspezialisten - Auseinandersetzungen mit ehemaligen Partnern zu befürchten, die er offensichtlich »benachteiligte«. Die Erklärung dazu lautet: Cherney kennt die Prinzipien und Verhaltensregeln der in Russland agierenden kriminellen Strukturen bestens und wird dementsprechend einer direkten Konfrontation mit maßgeblichen Strukturen aus dem Wege gehen.

Hintergründe eines Krieges um Rohstoffe   165

Bemerkenswert ist ferner die Tatsache, dass einzig und allein israelische Ermittlungsbehörden ernsthaft und über eine längere Zeit versuchten, ihm kriminelle Machenschaften nachzuweisen. Die Ergebnisse sind bekannt. Und deshalb konnte Michael Cherney bis zum heutigen Tag alle gegen ihn erhobenen Vorwürfe widerlegen.

Die Aktenordner diverser Ermittlungsbehörden sind gefüllt mit den entsprechenden Belegen, die die Beschuldigungen entweder bestätigen oder entkräften. Da gibt es Leumundszeugnisse aus Israel für ihn und gleichzeitig Gerichtsdokumente über seine Firmen mit dem Verdacht auf kriminelle Aktivitäten. Es existieren Dokumente über den Verdacht auf Beteiligung an Straftaten – vom Mord bis hin zum Drogenhandel. Aus Moskau erhielt er hingegen ein Leumundszeugnis von General K. P. Radev, dem ehemaligen Direktor für Nationale Sicherheit, ein weiteres Leumundszeugnis von bulgarischer Seite vom Dezember 2002, ebenfalls zur Vorlage bei offiziellen israelischen Behörden, dass gegen ihn in Bulgarien nicht ermittelt werde. Oder Dokumente wie die Klage gegen ein Einreiseverbot in die Schengen-Länder, Dokumente des Innenministeriums in Moskau, dass a. er nicht in kriminelle Machenschaften verwickelt sei und dass b. keine Ermittlungen gegen ihn geführt würden, er auch nicht in Untersuchungen oder Gerichtsverfahren involviert sei.

Fazit: Michael Cherney ist ein Mann mit besten Beziehungen und voller Geheimnisse in einem undurchsichtigen Zeitabschnitt der kriminellen Transformation Russlands. Aber er war auch einer der wichtigsten und einflussreichsten russischen Unternehmer, der bis heute seine Spuren hinterlassen hat. Einen Großteil seiner Vermögenswerte, insbesondere die Anteile an der heftig umstrittenen Aluminiumindustrie, hat Cherney inzwischen dem Oligarchen Oleg Deripaska verkauft, also demjenigen »Mogul«, der mit ihm in den Akten des US-Gerichts und in Stuttgart auftaucht. Inzwischen ist Oleg Deripaska einer der reichsten Männer der Welt, eng mit Wladimir Putin liiert und in Europa dafür bekannt, dass er dabei ist, sich in die wichtigsten Industriebereiche Westeuropas einzukaufen. Widerstand ist zwecklos, denn es gibt hier, im Gegensatz zu den USA, kein Einreiseverbot für diese Oligarchen.

Und damit wäre diese Geschichte über den russischen Rohstoffkrieg fast erzählt, die damit endete, dass Oleg Deripaska in die Geschäfte der Cherney-Brüder eingestiegen ist und sie weiter ausgebaut hat. Spätestens seit 2007 ist jedoch ein Krieg zwischen Oleg Deripaska und Michael Cherney ausgebrochen. Der Londoner High Court muss über eine Klage von Michael Cherney entscheiden. In der Sache geht es um einen 20-prozentigen Anteil an Deripaskas Aluminiumkonzern RUSAL, den Michael Cherney einfordert. Die Summe ist astronomisch hoch: knapp drei Milliarden US-Dollar. Oleg Deripaska wiederum beharrt darauf, dass er das Opfer einer Erpressung sei und seinem alten Freund keinen einzigen Rubel schulden würde.[64] Im Mai 2007 lehnte ein britisches Gericht es ab, das Verfahren zu eröffnen, da Deripaska nicht in England lebt. Am 3. Juli 2008 jedoch entschied das Berufungsgericht, dass Cherney das Recht habe, Oleg Deripaska anzuklagen, und jetzt geht es um fünf Milliarden US-Dollar.[65]

16
Die WestLB, ein ehemaliger Stasihelfer und die Ismailovskaja

Verschiedenste Spuren der Cherney-Brüder führen nach Deutschland und Österreich. Bereits Mitte der Neunzigerjahre nutzten die Brüder die Londoner Zweigstelle der Hamburgischen Landesbank für den Transfer erheblicher Summen Geld. Mehrere Milliarden Mark flossen damals über Konten dieser Filiale. Im Herbst 1996 meldete die Hamburgische Landesbank, dass sie diese profitable Geschäftsbeziehung beendet habe.

Ein Grund für den Rückzug der Londoner Filiale dürfte ein britischer Polizeibericht gewesen sein. Darin wurde behauptet:»Die Cherney-Brüder kontrollieren verschiedene Firmen. Informationen weisen darauf hin, dass diese Firmen vom Organisierten Verbrechen für Geldwäsche benutzt werden.«

In Italien wurde Folgendes über sie berichtet:»Die Hälfte der geschäftlichen Aktivitäten der Cherney-Brüder war und ist legal. Die andere Hälfte ist vollkommen kriminell. Wir nennen diesen Sektor die ›Energiequelle‹, denn die legale Hälfte wird unterstützt, geschützt und ausgebaut durch den kriminellen Teil, der in den Händen von drei Mafiosi ist. Es sind Sergey Aksienow, Sergej Popow und Anton Malewski (offiziell für tot erklärt – aber wer weiß ...). Sie kontrollieren zwischen 2000 und 3000 bewaffnete Männer, die zur ›Ismailovskaja/Podolskaja‹ gehören, einem kriminellen Kartell, das die Stadt Ismailovo und den Vorort von Podolsk kontrolliert.«[66]

Kontobewegungen bei Unternehmen, die den beiden Cherneys zugerechnet wurden, fielen in Deutschland erst wieder im Jahr 1999 öffentlich auf. Damals schickten die WestLB und andere Großbanken wie die Dresdner Bank Verdachtsanzeigen wegen Geldwäsche an die Staatsanwaltschaft Düsseldorf. Es ging um den sagenhaften Betrag von insgesamt elf Milliarden Mark, die seit 1997 über deutsche Konten geflossen waren. Als der Vorgang ruchbar wurde, gab es im deutschen Bundeskanzleramt eine Krisensitzung. Elf Milliarden Mark – das war eine politisch-strategische Größenordnung.

Auf Anraten der Staatsanwaltschaft kündigte die WestLB die Konten jedoch nicht, denn man wollte weitere Erkenntnisse über die Finanzverflechtungen der Trans World Gruppe (TWG) der Cherney-Brüder sammeln. Die Verbindung zur WestLB soll ein ranghoher Mitarbeiter der Bank geknüpft haben. Anfang 1997 sei er zu einer Bank auf den Bahamas gewechselt, die der Unternehmensgruppe zugerechnet werde. Zeitweilig soll er die Zugangsberechtigung für Teile des in Düsseldorf angelegten Vermögens gehabt haben. Da die Herkunft des Geldes nicht aufgeklärt werden konnte, musste der Betrag freigegeben werden und landete danach auf einem Konto in Israel. Sowohl Michael Cherney wie die TWG bestritten – auch im Zusammenhang mit der WestLB – den Vorwurf der Geldwäsche.

Dass die Herkunft der Geldflüsse nicht geklärt werden konnte, weil natürlich die Rechtshilfe aus Russland ausblieb, änderte seltsamerweise überhaupt nichts an einer weiteren Zusammenarbeit zwischen Michael Cherney und der WestLB. Dokumente belegen, dass das bekannte Unternehmen Gansevoort Hotel Group in New York City, das von einem Arik Kislin im Auftrag von Michael Cherney gemanagt wurde, am 8. August 2002 zwei Kredite von der WestLB erhielt. Einmal in Höhe von 29 532 616,00 US-Dollar und noch einmal in Höhe von 4 457 384,00 US-Dollar für eine Hypothek und die damit verbundenen Kosten. Berichtet wurde, dass die Gansevoort Hotel Group von der WestLB insgesamt 68 Millionen Euro Kredite erhalten habe, und zwar nach den Geldwäschevorwürfen in Düsseldorf.

Arik Kislin wurde bereits im April 1996 in einem Dokument des Schweizer Bundesamts für Polizeiwesen über Organisierte Kriminalität in der Ex-UdSSR namentlich aufgeführt: als Präsident eines Unternehmens in den USA, das, so der Vorwurf, für Geldwäsche bekannt sei.[67] Auch eine Ölraffinerie, die RAFO in Rumänien, an der Michael Cherney beteiligt war, erhielt von der WestLB ein Darlehen in Höhe von einer Milliarde US-Dollar.

Die WestLB, ein ehemaliger Stasihelfer und die Ismailovskaja

Der Name Michael Cherney taucht auch in Österreich auf, und zwar im Zusammenhang mit dem umstrittenen MobilTel-Deal in Bulgarien. Das österreichische Bundeskriminalamt fasste in einer Cherney-Akte[68] zusammen:»Am 10.3.2000 wurde in Perchtoldsdorf/Niederösterreich der Vater des seit dem Verkauf der Anteile an der bulgarischen MobilTel in Österreich lebenden Krassimir Stoychev von bislang unbekannten Tätern ermordet. Krassimir Stoychev hatte 1994 MobilTel in Sofia gegründet. 1997 erwarb Cherney daran Anteile.»Es ist davon auszugehen, dass der Mordanschlag Krassimir Stoychev galt und irrtümlich seinen zu diesem Zeitpunkt auf Besuch weilenden Vater traf. Ein direkter Bezug zu Michael Cherney oder dem MobilTel-Deal konnte bisher nicht bewiesen werden.« Das geht jedenfalls aus einem Aktenvermerk des Wiener Bundeskriminalamtes vom 1. Dezember 2003 hervor. Immerhin führte die Polizei eine Reihe von Akten über»Cherney« mit eigenen Geschäftszahlen.

Michael Cherney, der russische Geschäftsmann aus dem Umfeld Deripaskas, wurde demnach auch von der österreichischen Polizei verdächtigt, eine Schlüsselperson der russischen Organisierten Kriminalität zu sein. Die Organisation Ismailovo sei demnach eine Gruppe, die sich im russischen»Aluminiumkrieg« durchgesetzt hat.»Seitdem ermitteln Behörden in Russland, Israel, USA und anderen Staaten wegen einer Reihe schwerer Delikte von Mord bis zur OK-Bildung«, so die Stellungnahme der österreichischen Polizei zu Michael Cherney und anderen. Bekannt wurde immerhin, dass einer der führenden österreichischen Polizeibeamten - ohne dafür eigentlich zuständig zu sein - sehr eng mit Cherney verbunden war und dafür sorgte, dass ihm in Österreich ein Persilschein ausgestellt wurde. Ansonsten wäre nämlich der MobilTel-Deal gefährdet gewesen.

In einem Aktenvermerk vom 2. Oktober 2003 des Bundesministeriums für Inneres steht:»Magister Zwettler führte aus, dass gegen den angeblich früheren Inhaber der bulgarischen MobilTel, Michael Cherney, massive Vorwürfe existieren, die ihn als Mitglied einer kriminellen Organisation aus den GUS vermuten lassen. Diesbezüglich würden aktuell polizeiliche Ermittlungen in mehreren westeuropäischen Ländern laufen. In Israel sei man massiv bemüht, Cherney die israelische Staatsbürgerschaft abzuerkennen.«

Aber es wurde ihm trotzdem ein Visum für die Einreise nach Österreich ausgestellt. »Das im Mai 2003 ausgestellte Visum wurde über Intervention des Kabinetts der Frau Außenminister erteilt, wobei begründet wurde, dass größtes geschäftliches Interesse der BAWAG[69]« besteht. Der Leiter der Konsularabteilung in Tel Aviv hatte zwar Bedenken geäußert, da er die Angelegenheit Cherney gut kenne und von in Israel laufenden polizeilichen Ermittlungen wisse, aber die Außenministerin hatte mehr Macht.

Aus einem weiteren Aktenvermerk vom 1. Dezember 2003 ist zu entnehmen, dass sich ein Herr Rauss, früherer politischer Funktionär und nunmehriger Lobbyist und Wirtschaftstreibender, nach der Visa-Erteilung für Cherney erkundigte.

Und nun taucht die DDR-Vergangenheit auf: in der Person des österreichischen Geschäftsmanns L. Der arbeitete zeitweise eng mit Cherney zusammen. Er ist ein Mann mit einem weltweit gespannten Netz aus Unternehmen und Kontakten bis in die höchsten politischen Kreise hinein. Und er hat eine Vergangenheit. In der Zeit des Umbruchs in der DDR war L. – nach Überzeugung der SPD-Abgeordneten im Untersuchungsausschuss – »an der Verschiebung und Veruntreuung von DDR-Vermögen maßgeblich beteiligt. Dazu waren seine vielfältigen Kontakte zu Mitarbeitern des Ministeriums für Staatssicherheit hilfreich. Er selbst soll als IM »Landgraf« geführt worden sein.« L. bestreitet diese Vorwürfe, auch habe er niemals mit der Stasi zusammengearbeitet und sei auch kein IM gewesen.

Im Bericht des 2. Untersuchungsausschusses des Deutschen Bundestags zur Frage des DDR-Vermögens vom 28. Mai 1998 wird über ihn darüber hinaus geschrieben: »Nach Ansicht der SPD handelt es sich bei L. um einen Einheitsgewinner, der die Wirren der Wendezeit schamlos ausnutzte und sich an Vermögen, das eigentlich den deutschen Steuerzahlern zugutekommen müsste, bereicherte und dabei auch vor allerlei illegalen Wegen nicht haltmachte. Deswegen war es für die SPD völlig unverständlich, dass das Bundesministerium der Finanzen mit einer Firma, hinter der L. stand, im Jahr 1996 entgegen aller Warnungen von Polizei und Staatsanwaltschaft einen Vergleich schloss, nach dem diese Firma einen Betrag über 78 Millionen Mark, der aus einem illegalen Geschäft stammte, erhalten hätte. Die Auszahlung des

Geldes konnte auf Betreiben der SPD in letzter Minute verhindert werden.«[70]

Das führt zu dem Ort zurück, wo sowohl L. wie auch Michael Cherney besonders aktiv sein durften: nach Österreich. Im Herbst 1999 bezahlte L. eine kleine gecharterte Privatmaschine, um damit den Leiter der Wirtschaftspolizei sowie einen Repräsentanten der Bank für Arbeit und Wirtschaft (BAWAG) nach Israel zu fliegen. Flug und Unterkunft wurden von L. bezahlt. Hintergrund dieser Reise war die Besichtigung des neu eröffneten Kasinos in Jericho, das ein Gemeinschaftsprojekt von der BAWAG, L. und Casinos Austria war. Der Leiter der Wirtschaftspolizei nahm sich für diese Reise privaten Urlaub.

Im Jahr 2001 sah der Generaldirektor der BAWAG die Möglichkeit eines äußerst lukrativen Geschäfts. Sein Bekannter L. trat an ihn heran und ersuchte um Finanzierung eines Großprojektes seiner Firmengruppe. Michael Cherney, inzwischen auch Eigentümer des bulgarischen Mobilfunkbetreibers MobilTel, hätte dieses bulgarische Unternehmen zum Verkauf an Schlaff und weitere Mitglieder einer Investorengruppe angeboten, wobei die Finanzierung über die BAWAG erfolgen sollte. Für deren Generaldirektor stellte sich bei Prüfung des Geschäfts, bei dem es um 680 Millionen US-Dollar ging, laut eigenen Angaben das Problem, dass Michael Cherney »in Israel angeblich Schwierigkeiten mit den Behörden gehabt hätte und in Bulgarien eine Persona non grata gewesen wäre«.

Konkret hatte ihm L. mitgeteilt, dass es sich bei Cherney um einen russischen Oligarchen handeln würde, der im Zuge von Privatisierungen in der ehemaligen Sowjetunion reich geworden wäre. Er wäre dann nach Israel ausgewandert, wo man ihm jedoch – im Zusammenhang mit dem Erwerb einer israelischen Telefongesellschaft – den Reisepass entzogen hätte. Außerdem wollte der BAWAG-Generaldirektor von Roland Horngacher, dem Chef der Wirtschaftspolizei, die dafür überhaupt nicht zuständig war, wissen, »ob es sich bei Cherney um einen redlichen Geschäftsmann handle und ob gegen ihn in Österreich etwas vorliege beziehungsweise es im Zusammenhang mit seiner Person in Österreich Erhebungen gebe. Laut dem österreichischen Bundeskriminalamt bestanden damals »sehr deutliche Hinweise einer Involvierung Cherneys in die russische Organisierte Kriminalität«.[71]

172   Teil II: Der Januskopf der Mafia aus dem Osten – die russische Mafia

Die Vertreter der Bayerischen Landesbank im BAWAG-Vorstand waren jedoch nicht bereit, ohne polizeiliche Abklärung einem Kredit für ein Geschäft L.-Cherney zuzustimmen. Der BAWAG-Generaldirektor war deshalb darauf bedacht, sich und seine Bank mit einer Art Garantieschein der Wirtschaftspolizei bei diesem riskanten Geschäftsfall abzusichern. Und so schrieb die Sekretärin des Generaldirektors folgende Zeilen an den Leiter der Wirtschaftspolizei: »Wir wurden eingeladen, mit Herrn Michael Cherney (Pass. State of Israel, Nr. 0200521, geb. 16. 1. 1952, UdSSR) in eine größere Geschäftsverbindung zu treten. Nur der guten Ordnung halber und zur Vervollständigung unserer Dokumentation ersuchen wir Sie um Stellungnahme, ob dem aus Ihrer Sicht etwas dagegenspricht. Vorab vielen Dank.«

Mit Schreiben vom 7. Dezember 2001 beantwortete der Leiter der Wirtschaftspolizei die Anfrage der BAWAG wie folgt: »Unter Bezugnahme auf Ihre Anfrage vom 28. 11. 2001 beehrt sich die Bundespolizeidirektion Wien - Wirtschaftspolizei mitzuteilen, dass derzeit keine Umstände bekannt sind, die das Nichteingehen einer Geschäftsverbindung als geboten erscheinen lassen. Unterzeichnet: Magister Roland Horngacher.« Damit ebnete er den gewünschten Geschäftsabschluss. Die Auskunft über die Person des Michael Cherney wurde dann in der Aufsichtsratssitzung, an der alle Mitglieder teilnahmen, besprochen, und das lukrative Geschäft kam - wie geplant - zustande.

Hätte der Chef der Wirtschaftspolizei eine seriöse Auskunft bei den zuständigen Stellen des Innenministeriums erwirkt, hätte es mit hoher Wahrscheinlichkeit keinen Bankkredit für L. gegeben. Das Geschäft, bei dem die Beteiligten innerhalb kurzer Zeit einen Gewinn von rund 800 Millionen Euro einstreichen konnten, wäre nicht zustande gekommen.

Die WestLB, ein ehemaliger Stasihelfer und die Ismailovskaja

17
Moskaus Geheimdienste und die neue Mafia

Weit weg an der Peripherie liegen die neuen EU-Mitgliedsländer Estland und Lettland oder Bulgarien. Vergessen ist, dass während der politischen Kampagnen vor dem EU-Referendum russischsprachige Politiker, denen man Kontakte entweder zur russischen Mafia oder zu den Geheimdiensten des Kreml nachsagte, sich ungewöhnlich intensiv für den EU-Beitritt der beiden kleinen baltischen Staaten einsetzten. »In der estnischen Hauptstadt Tallin und im lettischen Riga wurden viele Hinweise darauf gesammelt, dass sich nicht nur russische Mafiagruppen im Baltikum ihre eigenen Firmen geschaffen haben, sondern dass auch der Auslandsgeheimdienst (SWR) dies tut, der für Industriespionage und Infiltration des Finanzsektors zuständig ist.«[72] Das wurde im November 2007 festgestellt.

In dem EU-Beitrittsland Bulgarien ist die Situation noch weitaus gravierender. Im Dezember 2007 berichtete eine westliche Botschaft ihrer Regierung Unverschnörkeltes über den aktuellen Zustand in Bulgarien: »Sowohl Korruption wie Organisierte Kriminalität haben nach dem EU-Beitritt drastisch zugenommen. Der Grund dürfte auch sein, dass es bulgarische Politiker verstehen, die vielen Besucher aus Westeuropa für sich einzunehmen.« Zu Beginn des Transformationsprozesses in den Jahren 1989/1990 wurden nach unterschiedlichen Schätzungen zwischen vier bis neun Milliarden US-Dollar Volksvermögen ins Ausland verschoben. Bulgarien war während des Transformationsprozesses nicht nur rechtlos, sondern praktisch bankrott – und die alte Nomenklatura nutzte beherzt die Gelegenheit, um sich skrupellos zu bereichern, während die Menschen hungerten.

In seiner neuesten Studie kommt das angesehene Center for the Study of Democracy in Sofia Anfang Dezember 2007 zu folgender Erkenntnis: »Bulgarien gehörte während des Transformationsprozesses eines totalitären Staates zu den durch Organisierte Kriminalität am stärksten angegriffenen Staaten.«[73] Entscheidendes hat sich an diesem Sachverhalt - trotz EU-Beitritts - in Bulgarien nicht geändert. Diese Erkenntnis wird auch durch einen Vorgang aus dem Jahr 2006 bestätigt, bei dem ein deutscher Konzern zu spüren bekam, wie in Bulgarien Interessen durchgesetzt werden.

E.ON Ruhrgas ist in Deutschland einer der mächtigsten Energiekonzerne mit besten Beziehungen auch zu politischen Entscheidungsträgern in Berlin und Brüssel. Lobbyismus in all seinen subtilen sowie plumpen Formen ist dem Konzern sicher bestens bekannt. Ein Unternehmen also, das sich wahrscheinlich nicht so leicht beeindrucken lassen kann, selbst was zweifelhafte Geschäftsmethoden angeht, die manchmal mafiosen Charakter haben. Doch die Erfahrungen, die der Konzern in Bulgarien machen musste, führten selbst beim E.ON-Vorstand in Deutschland zu einer gewissen Nervosität. E.ON Energie hatte sich in Bulgarien unter anderem an dem Unternehmen Electricity Distribution Gorna Oryahovitsa (EAD) beteiligt und hielt 67 Prozent des Kapitals des Unternehmens EAD Varna. Von Beginn an gab es gegen E.ON in Bulgarien zahlreiche Gerichtsverfahren, initiiert durch einen Rechtsanwalt Ivan Krastev, der nicht nur in Sofia, sondern auch in Varna ein Büro unterhält.

Zu den Verfahren gegen E.ON, die am 19. Dezember 2006 in der seriösen bulgarischen Tageszeitung *Dnevnik* enthüllt wurden, gehörte die Klage einer »Nationalliga der Dienstleistungsverbraucher«, die 139 Dörfer aus dem Distrikt Varna am Schwarzen Meer vertrat. Hier sollte die Stromversorgung nicht den vorgeschriebenen Normen entsprechen und daher sollte Schadenersatz geleistet werden. Außerdem sei es Ende September 2006 zu massiven Stromausfällen in der Stadt Varna gekommen mit erheblichen Folgen für die örtliche Infrastruktur. E.ON Bulgarien wurde zudem von einer Familie beschuldigt, dass wegen geringer Qualität des gelieferten Gases im Haus ein Feuer ausgebrochen sein soll. Der Imageschaden für E.ON wäre bei einer Klage entsprechend groß.

Die Nationalliga der Dienstleistungsverbraucher ließ über eine Anwaltskanzlei in Düsseldorf den Vertretern von E.ON in Düsseldorf einen »Vorschlag« unterbreiten, mit dem auf einen Schlag alle Probleme gelöst werden könnten. In einem Schreiben an Wulf H. Bernotat - den Vorstandsvorsitzenden der E.ON AG in Düsseldorf - vom 25. Oktober 2006 werden diese »Vorschläge« präzisiert: »Wir gehen davon aus, dass Sie auch Kenntnis davon haben, dass aufgrund der Störfälle der bulgarische Minister für Energetik die Überprüfung aller Stromversorgungsgesellschaften angeordnet und auch die staatliche Kommission für Energie- und Wasserregelung eine derartige Prüfung angekündigt hat. Diese staatlich angeordneten Kontrollen können zu der Anordnung einer nicht unerheblichen Bußgeldzahlung führen sowie zum Entzug der erforderlichen Genehmigungen. Schließlich erfolgt auch eine strafrechtliche Überprüfung der Vorkommnisse durch die zuständige bulgarische Generalstaatsanwaltschaft.«

Die Düsseldorfer Anwälte legten noch nach. »Der Mandantschaft ist an einer langjährigen gerichtlichen Auseinandersetzung nicht gelegen. Unsere Mandantschaft ist durchaus in der Lage, Einfluss auf die Medienberichterstattung zu nehmen. Sie sieht weiterhin die Möglichkeit, die bereits angeordneten und auch beabsichtigten staatlichen Kontrollmaßnahmen positiv zu beeinflussen, wenn es kurzfristig noch zu einer außergerichtlichen Verständigung kommt.«

Doch es gibt eine Lösung: »Unsere Mandantschaft kann nach den uns erteilten Informationen sicherstellen, dass bei einer außergerichtlichen einvernehmlichen Klärung die eingeleiteten Untersuchungen der zuständigen bulgarischen Behörden eingestellt werden« ... und damit »eine positive Medienberichterstattung einhergehen« kann.

Zum einen wird ganz öffentlich erklärt, dass »die Mandantschaft« in Bulgarien Einfluss auf staatliche Kontrollmaßnahmen und Strafverfolgungsbehörden nehmen kann und dass sie zum anderen die Medienberichterstattung beeinflussen könne, wenn nicht so gehandelt werde, wie von der Mandantschaft gefordert. E.ON Ruhrgas beschwerte sich über diesen offensichtlichen Bestechungsvorgang bei Generalstaatsanwalt Boris Velchev.

Von einer Reaktion des Generalstaatsanwalts ist nichts bekannt. Aber die negative Berichterstattung und die Proteste in Varna waren plötzlich zu Ende. Wie hoch der Preis dafür war, ist unbekannt. Meine Nachfrage vom 22. Oktober 2006 bei den Düsseldorfer Anwälten, wie

176   Teil II: Der Januskopf der Mafia aus dem Osten - die russische Mafia

der Satz zu verstehen sei, dass ihre Mandantschaft in Bulgarien staatliche Kontrollmaßnahmen positiv beeinflussen könne und in der Lage sei, Einfluss auf die Medienberichterstattung zu nehmen, wurde bereits einen Tag später beantwortet: »Wir bitten um Verständnis, dass wir gehalten sind, Ihre Anfrage erst an unsere Mandantschaft weiterzuleiten.« Seitdem habe ich, trotz Nachfrage, nichts mehr gehört.

Sicher ist nur, dass Erpressung, genährt aus der engen Kooperation zwischen kriminellen Organisationen und staatlichen Institutionen, heute selbst jene Unternehmen tangiert, die durch ihre Kapitalkraft eigentlich gegenüber solchen Einflüssen resistent sein sollten. Diese Strukturen haben eine Geschichte, die mit der Symbiose von russischen Geheimdiensten und kriminellen Gruppierungen der ehemaligen UdSSR verbunden ist.

Der renommierte Wissenschaftler Bernd Knabe schrieb in seiner bereits 1998 veröffentlichten Studie *Die System-Mafia als Faktor der sowjetisch-russischen Transformation* über die Kooperation von KGB und den »Dieben im Gesetz«, also den traditionellen kriminellen Autoritäten aus den Zeiten der UdSSR. Demnach begann 1987 die KGB-Führung, ausgewählten »Autoritäten« die Möglichkeit zur Kontrolle über die verschiedenen kriminellen Gruppen in den wichtigsten Gebieten der Sowjetunion zu verschaffen. In den folgenden Jahren wurden weitere führende Kriminelle in diesen Kreis aufgenommen, sodass sich zu Beginn der Neunzigerjahre ein Syndikat »Familie der Elf« bildete. »Diese Personen teilten die wichtigsten Operationsgebiete unter sich auf und einigten sich auf Konferenzen über strategische und taktische Aufgaben.«[74] Das ist immerhin über 20 Jahre her, und vieles hat sich in der Zwischenzeit verändert, könnte man glauben.

Im August 2002 meldete das Bayerische Landesamt für Verfassungsschutz, dass russische Geheimdienste sehr viel stärker an der Steuerung krimineller Operationen der Russenmafia in Deutschland beteiligt seien, als bisher angenommen wurde. Kontakte unterhalte der russische Geheimdienst FSB nicht nur zu hochrangigen Vertretern aus Politik und Wirtschaft in Russland, sondern auch zu Persönlichkeiten der deutschen Wirtschaft. »Dadurch besteht die Gefahr der Korruption und Schattenwirtschaft«, warnten die bayerischen Verfassungsschützer. Ihr Fazit: »Oftmals wurden äußerst flexible, überwiegend der Geld-

Moskaus Geheimdienste und die neue Mafia

wäsche dienende Firmengeflechte im Auftrag von russischen Nachrichtendiensten und kriminellen Organisationen gegründet. Die erwirtschafteten Gelder flossen bevorzugt in Immobilien, Restaurants und Hotels.«[75]

Aus den Berichten des Bayerischen Landesamts für Verfassungsschutz geht hervor, dass es in Deutschland russische Geschäftsleute gibt, die im Verdacht stehen, sowohl nachrichtendienstlich als auch im Bereich der Organisierten Kriminalität tätig zu sein. Sie unterhielten Kontakte zu hochrangigen Politikern und Geschäftsleuten in Russland und zu Wirtschaftsvertretern in Deutschland. Sie tätigten Investitionen vor allem im Immobilienbereich und in der Tourismusbranche. In München wird vermutet, dass der russische Nachrichtendienst und kriminelle Organisationen die Gründung von Firmengeflechten in Auftrag geben, die vorwiegend der Geldwäsche dienen.[76] Die handelnden Personen reisen demnach häufig aus privaten Gründen nach Bayern und verfolgten das Ziel, wirtschaftliche Machtpositionen auszubauen.[77]

Und nach Angaben des Bundesnachrichtendienstes soll der russische Auslandsgeheimdienst SWR über seine vorhandenen Kontakte zu kriminellen Kreisen versuchen, in Bereiche der deutschen Regionalpolitik und der deutschen Wirtschaft einzudringen. Sicherheitsbehörden in Europa gehen davon aus, dass nicht nur einzelne oder ehemalige Angehörige des russischen Nachrichtendienstes in Aktivitäten der Organisierten Kriminalität verstrickt sind, sondern dass der FSB beziehungsweise der SWR selbst ein Interesse an einer systematischen Zusammenarbeit haben.

Die Motive für eine solche Zusammenarbeit liegen auf der Hand. Der russische Nachrichtendienst hat ein großes Interesse, bereits bestehende internationale Firmen- und Beziehungsnetze der russischen Mafia zu kontrollieren. Außerdem darf nicht vergessen werden, dass bei der russischen Mafia für Dienstleistungen oder auf Erpressungsbasis sehr viel Geld zu kassieren ist.

Außerdem, so wird in einer Studie der Schweizer Polizei festgehalten, besteht in Deutschland durch die vielen Aussiedler eine breite Basis für nachrichtendienstliche oder kriminelle Aktivitäten. Der Nachrichtendienst eines westlichen Staates geht sogar davon aus, dass einzelne Mitarbeiter des FSB gezielt in kriminelle Strukturen in Russland und im Ausland eingebunden werden, um dort als Agenten die Strukturen der kriminellen Organisationen nachrichtendienstlich zu nutzen. Bekannt ist, dass aktive FSB-Mitarbeiter im Ausland Informations-, Schutz- und Sicherheitsdienste anbieten. Sie verfügen über enorme Vermögen, kaufen Immobilien, gründen Firmen und sind unter anderem am illegalen Waffenhandel beteiligt, pflegen Kontakte zur FSB-Zentrale in Moskau, zur russischen Regierung und auch zu den Vertretern der Nachrichtendienste ihres Aufenthaltslandes.

Als Beispiel dafür lieferten die Verfassungsschützer aus Sachsen den Vorgang um den Club Cleopatra in einem kleinen Dorf nahe der polnischen Grenze. Die Besitzerin des Klubs habe nach eigenen Angaben über verschiedene Kontakte nach Russland und Verbindungen zu ehemaligen Angehörigen des Ministeriums für Staatssicherheit und des KGB verfügt. Sie soll zudem in Berlin geschäftliche Kontakte zu russischen Sicherheitsunternehmen unterhalten. Die Verfassungsschützer notierten am 22. Juli 2004: »Sie stand bereits unter Verdacht der Förderung der illegalen Prostitution und des illegalen Menschenhandels. Außerdem ist bekannt, dass die Zielperson seit Jahren bestrebt ist, ein gutes Verhältnis zu regionalen Behörden aufzubauen.«

Vielleicht hat sie die Observation im Juni und Juli 2004 durch Beamte des Verfassungsschutzes bemerkt. Heute besteht das ziemlich mickrige Bordell zwar noch und Nachbarn erinnern sich auch noch gut an die Dame. Aber sie sei seit 2006 verschwunden, wahrscheinlich an die Ostseeküste, erzählte ein Nachbar.

Teilweise wird mit ausgefeilten Methoden gearbeitet, um an bestimmte Adressen zu gelangen. Demnach setzte ein russischer Krimineller aus dem Raum Hannover gezielt einen Computerhacker ein, damit dieser in ein System eindringen konnte, um die Adressen von in Deutschland lebenden Aussiedlern zu erhalten.

Besonders die Schweiz, Österreich und Deutschland sind hier im Visier des russischen Nachrichtendienstes: Österreich aufgrund seiner strategischen Lage und der geradezu historisch gewachsenen Freiheit, auch wirtschaftlich problemlos agieren zu können, zumal österreichische Politiker häufig in diese Strukturen eingebunden waren beziehungsweise sind; die Schweiz aufgrund ihrer Position in Europa als Finanzplatz und Deutschland wegen der betont engen Beziehungen zu

Moskaus Geheimdienste und die neue Mafia

Russland und weil bis 1992 die Truppen Russlands in der DDR stationiert waren.

Verbindungen zwischen der russischen Mafia und Nachrichtendienste liefen zum Beispiel auch beim Geldwäscheskandal der Bank of New York im Jahr 1999 zusammen. Hier wurden sieben Milliarden Dollar veruntreut. Beteiligt war der FSB. Festgestellt wurde, dass in vielen Geschäftsstrukturen immer die gleichen Anwälte und Strohmänner vertreten sind und man daher davon ausgehen kann, dass Netzwerke von deutschen, österreichischen oder Schweizer Bürgern bestehen, die mit ihren Dienstleistungen die geschäftlichen Aktivitäten der Nachrichtendienste und krimineller Organisationen unterstützen. Fakt ist auch, dass bisher in Russland - bis auf die Verhaftungen von Semion Mogilevich und Wladimir Barsukow - keine Führungsfiguren der Organisierten Kriminalität zur Verantwortung gezogen worden sind, was weniger mit mangelnden Ermittlungserfolgen zu erklären ist, sondern damit, dass die Führer der kriminellen Organisationen hohe Protektion genießen.

Es ist geradezu selbstverständlich, dass Offiziere der russischen Nachrichtendienste ihre offizielle diplomatische Stellung verlassen, um in Firmen tätig zu werden, die mit kriminell erwirtschaftetem Kapital gefüttert wurden. Sicher ist jedenfalls - und dafür gibt es zahllose Beispiele -, dass der FSB auch im Ausland eine genaue Kontrolle sämtlicher wirtschaftlicher Aktivitäten von Russen und von russischen Unternehmen anstrebt. Große russische Unternehmen verfügen im Ausland über eigene Sicherheitsdienste und technisch ausgefeilte Überwachungsmethoden. Teilweise arbeiten in diesen Unternehmen ehemalige oder immer noch aktive Angehörige des KGB beziehungsweise FSB mit. Es werden teilweise richtige nachrichtendienstliche Operationen oder Observationen durchgeführt mit dem Ziel, Informationen über Konkurrenten zu erlangen. »Es liegen Hinweise vor, wonach russische Nachrichtendienste und kriminelle Organisationen großen Einfluss auf den russischen Rohstoffhandel nehmen. Russische Investoren haben bereits in strategisch wichtige schweizerische Unternehmen investiert.«[78]

Auffällig häufig finden sich Mitarbeiter des FSB im Gas- und Ölbereich: Sie stellen zwei stellvertretende Vorstandsvorsitzende und ein

180   Teil II: Der Januskopf der Mafia aus dem Osten - die russische Mafia

Vorstandsmitglied von Gasprom, die stellvertretenden Präsidenten von Rosneft, Slawneft und Sibur und so weiter. Üblicherweise arbeiten die Angehörigen des Nachrichtendienstes im Ausland auch und besonders in Deutschland, Österreich und der Schweiz getarnt als Diplomaten, Funktionäre für internationale Organisationen oder Geschäftsleute. Russische Firmen im Ausland, so die Erkenntnisse der Schweizer Behörden, dienen als Plattform für nachrichtendienstliche Aktivitäten. »So nutzt beispielsweise der größte russische Erdölkonzern LUKOIL seine Vertretungen in mittel- und südosteuropäischen Staaten offenbar für nachrichtendienstliche Aktivitäten. Die Firma engagiere sich in der Suche neuer Zielpersonen für die Informationsgewinnung und verfüge außerdem über einen gut ausgerüsteten Sicherheitsdienst und eine technische Ausrüstung auf dem Niveau von Geheimdiensten.«

Oft bemerken neue Geschäftspartner nicht oder zu spät, dass hinter dem Unternehmen russische Nachrichtendienste stehen, die versuchen, strategisch wichtige Erkenntnisse über Ölgeschäfte zu gewinnen. Dabei geht es häufig um Erpressung und Bestechung, aber in einer Sphäre, die volkswirtschaftlich erheblichen Schaden anrichten kann und die gleichzeitig nie zu beweisen ist. Erpressung mit strategischen Rohstoffen – das ist die effektivste Methode der neuen Mafia.

Dass russische Ölfirmen eng mit den russischen Nachrichtendiensten zusammenarbeiten, belegen Notizen eines Angehörigen der polnischen Nachrichtendienste. Aus diesen geht hervor, dass im Juli 2003 der polnische Multimillionär Jan Kulczyk dem einst hochrangigen KGB-Offizier Wladimir Alganow Unterstützung beim Verkauf der staatlichen Danziger Raffinerie an die russische LUKOIL zugesichert hatte. Jan Kulczyk besitzt Anteile an dem polnischen Ölkonzern PKN ORLEN und ist ein enger Freund des damaligen polnischen Präsidenten Aleksander Kwaśniewski. »Das Fürsprechen Kulczyks war als Rekompensation gedacht: Wladimir Alganow beschwerte sich bei ihm, bei einem anderem Geschäft Schmiergelder gezahlt zu haben, ohne danach bei Transaktionen berücksichtigt worden zu sein.«[79]

Im Verlauf dieser Affäre wurde zudem bekannt, dass das Unternehmen J & S, eine in Zypern gegründete russische Firma, die eine Mittlerrolle zwischen Öl exportierenden Firmen und Raffinerien spielt, vom russischen Geheimdienst kontrolliert sein soll.

Was sich in Wirklichkeit hinter diesem Skandal versteckte, schilderte der ehemalige Geheimdienstchef Polens, Zbigniew Siemiatkowski, vor dem Parlamentsausschuss zur Orlen-Affäre in Warschau den Abgeordneten.»In einer Sprache, die bisher den polnischen Linken fremd war, hat er ausgesagt, dass Russland in Mittel- und Osteuropa einen neuen wirtschaftlichen Imperialismus betreibt, indem es versucht, den Energiesektor in den Ländern der Region zu übernehmen. ›Gestern Panzer, heute Öl‹ war seine Aussage. Siemiatkowski hat versichert, dass der Kampf dagegen unter seiner Leitung eine Priorität des polnischen Geheimdienstes war. Daraus resultierte unter anderem das Interesse des Geheimdienstes an den Wiener Gesprächen zwischen Kulczyk und Alganow.«[80]

Und in der polnischen Tageszeitung *Wprost* war zu lesen:»Es gibt viele Hinweise dafür, dass der Kreml dem Föderalen Sicherheitsdienst grünes Licht gegeben hat, damit er die Wiener Provokation organisiert. Man hat zu Recht angenommen, dass danach Leute in Polen, die für Russen unbequem sind, sich gegenseitig fertigmachen werden.«[81]

In einem »Strategischen Analysebericht« des Schweizer Bundesamts für Polizeiwesen aus dem Jahr 2007 im Zusammenhang mit dem Problem »Organisierte Kriminalität und Nachrichtendienste aus der GUS« wird explizit das in Zug ansässige Unternehmen Nord Stream genannt. Demnach lasse sich feststellen, so behaupten die Analytiker im Bundesamt für Polizeiwesen, dass die Geheimdienste bei ihren Geschäften im Ausland vermehrt ihren Einfluss geltend machen und dabei auch auf nachrichtendienstliche Verbindungen mit anderen Staaten zurückgreifen. Zu Nord Stream wird Folgendes berichtet:»Einziger Verwaltungsrat der Nord Stream ist der Zuger Anwalt Urs J. Hausheer. Offene Quellen berichten, dass Hausheer von 1987 bis 1990 im Verwaltungsrat der Zuger Firma Asada AG war, die unter Umgehung der CoCom-Bestimmungen (das Verbot, bestimmte Güter an die UdSSR oder Ostblockstaaten zu liefern, Anmerkung des Autors) Beschaffungshandel für das Ministerium für Staatssicherheit der DDR organisierte.« Ausweislich eines Sitzungsprotokolls galt die Asada AG für die DDR als langfristiger Schwerpunkt bei der Beschaffung von Embargowaren. »Man vermutet, dass Putin schon während seiner Zeit in Dresden mit Hausheer in Kontakt stand.«

182   Teil II: Der Januskopf der Mafia aus dem Osten - die russische Mafia

Das Unternehmen Asada AG gehörte zu einem Firmengeflecht eines Michael Grossauer aus Österreich. Urs Hausheer erklärte öffentlich, er habe zu keinem Zeitpunkt Kontakte in die DDR oder die Sowjetunion gehabt. Die Firma sei in den drei Jahren überhaupt nicht tätig gewesen. Etwas anderes zu behaupten, sei grober Unfug.

»Dokumente des Ministeriums für Staatssicherheit, aus denen die *Neue Zürcher Zeitung* schon 1992 ausführlich zitierte, sprechen eine andere Sprache. Demnach war die Grossauer-Gruppe 1987 zu einem wichtigen Handelspartner der Stasi aufgestiegen. Laut einem Sitzungsprotokoll betrachtete das Ministerium für Staatssicherheit Asada und Allimex ›auf lange Sicht‹ als ›Schwerpunkte bei der Beschaffung von Embargowaren‹. Die Firmen seien ohne gleichwertige Alternative. 1987 exportierte Asada gemäß einer Auflistung des Ostberliner Internationalen Handelszentrums (IHZ) sensible Produkte wie Leiterplatten, Automaten zu deren Bestückung und andere Ausrüstung für die elektronische Industrie.«[82]

18
Die Rolle von KGB/FSB und Ex-Stasi-Mitarbeitern im Energiebereich

Es fällt auf, dass es gerade im Gas-Energiebereich eine Häufung von Ex-Stasi-Agenten und Ex-KGB-Agenten gibt. Welche Bedeutung hat das für die Volkswirtschaft im Allgemeinen und den einzelnen Bürger im Besonderen?

Energie war und ist immer noch eine strategisch-politische Waffe. Das haben Länder wie Polen, Georgien oder die Ukraine im Zusammenhang mit der Lieferung von Gas aus Russland schmerzlich erfahren. Immerhin erklärte der damalige Gasprom-Chef Alexej Miller im Frühjahr 2006 nicht lange nach dem Gasstreit zwischen der Ukraine und Russland gegenüber EU-Botschaftern in Moskau: Russland werde überschüssiges Gas aus Westsibirien eher nach China als nach Europa schicken. Die Botschaft war klar: Europa sollte auf EU-Märkten keine Antimonopolgesetze gegen Gasprom anwenden, und die EU-Länder sollten zweimal nachdenken, bevor sie Gasproms Zugang zu ihrer Transportinfrastruktur begrenzen.

Inzwischen ist das neue EU-Mitglied Bulgarien so etwas wie das europäische Spiegelbild Russlands. Andere wiederum nennen Bulgarien das trojanische Pferd Russlands in der Europäischen Union. Das sagte übrigens der russische Botschafter in Brüssel, Wladimir Tschizhow, gegenüber der bulgarischen Wochenzeitung *Kapital* am 10. November 2006. Auf die Frage eines Journalisten, »welchen Beitrag er von Bulgarien in der EU erwartet«, antwortete Wladimir Tschizhow: »Wegen unserer traditionell guten Beziehungen ist Bulgarien interessant für uns, auch als Mitglied der EU. Und dieses Interesse ist nicht nur wirtschaftlich. Bulgarien kann einen Beitrag zu den Beziehungen EU-Russland leisten, und wir verlassen uns darauf, dass ihr ein besonderer Partner von uns werdet, eine Art trojanisches Pferd in der EU, selbstverständlich nicht im negativen Sinne. Und hier kann Ihr Land eine positive Rolle spielen, um die verrückten Köpfe zu beruhigen und die Unentschlossenen zu begeistern.«[83]

Um den Einfluss Russlands in Europa zu sichern, wurde generalstabsmäßig operiert. In einem Geheimbericht halten die in Ostmitteleuropa akkreditierten russischen Botschafter in ihrer Jahresbilanz für das Jahr 2007 fest, dass es Russland gelungen sei, durch vielfältige bilaterale Vereinbarungen den politischen Entscheidungsprozess in Brüssel über die Energieagenda maßgeblich zu beeinflussen. Überzeugend konnten russische Handelsdiplomaten ihren Kollegen auch aus Bulgarien vermitteln, dass man im Rahmen der nationalen Projekte des Kremls unternehmerische Initiativen aus Bulgarien fördern werde. Vor allem der Unternehmenssektor und kulturelle Institutionen erwiesen sich als Stützen der russischen Diplomatie.

Warnungen vor dieser Zusammenarbeit kamen aus den USA. »Die US-Geheimdienste hielten demnach die zunehmende Finanzmacht Russlands, Chinas und der OPEC[84] für gefährlich. Sie könnten ›ihren Zugang zum Markt benutzen, um ihre finanzielle Stärke für politische Ziele anzuwenden‹, sagte der Leiter der Nationalen Geheimdienstbehörden, Michael McConnell, am Dienstag laut Redetext einem Senatsausschuss. ›Russland bringe sich in Stellung, ein Energienetz von Europa bis Ostasien zu kontrollieren‹, erklärte er.«[85]

Der damalige russische Präsident Wladimir Putin und seine KGB-Kamarilla hatten ein klares strategisches Ziel: Europa noch stärker vom russischen Erdgas abhängig zu machen, die westlichen Versuche einer Diversifikation der Energiequellen zu vereiteln und den politischen Einfluss Russlands in Europa zu vergrößern.

Das zeigte der Besuch des russischen Präsidenten Wladimir Putin im Januar 2008 in Sofia. Offiziell wollte er den 130. Jahrestag des Friedens von San Stefano am 3. März 1878 feiern, der Geburtsstunde des bulgarischen Staates nach dem Russisch-Türkischen Krieg. Damals wollte der russische Zar Alexander II. mithilfe dieses Vertrags Bulgarien um den europäischen Anteil der Türkei erweitern, um dadurch den russischen Einfluss über ein Großbulgarien bis an die Dardanellen und die Ägäis auszudehnen. Die Eroberung der Dardanellen scheiterte an der britischen Flotte. Großbulgarien wurde auf dem Berliner Kongress vom Juni/Juli 1878 verhindert, als die westlichen Großmächte dem russischen Expansionsdrang nach Süden Schranken setzten.

Klaus Schrameyer, Exbotschafter in Sofia, sieht das – wie viele Bulgaren auch – durchaus sehr kritisch.»130 Jahre später versucht nun der russische Präsident Putin, Revanche für die damalige Niederlage zu nehmen. Er braucht dazu keine Armeen mehr. Die Dardanellen umgeht er mit einer Ölpipeline, um direkt bis an die Ägäis in Alexandroupolis vorzustoßen. Seine Waffen sind nur ein paar ›banale‹ technische und wirtschaftliche Faktoren: Erdgas, Erdöl, die dazugehörigen Leitungen und ein KKW. Sowie ein traditionell russophiles Ambiente, das nur in Bulgarien (und Serbien) zu finden ist. Er kümmert sich weder um NATO- noch EU-Mitgliedschaften. Er stößt zielsicher, mit gutem Timing und mit ›Energie‹ in die weiche, ungesicherte Flanke Europas, um es mit einer Zangenbewegung auszuhebeln: vom Norden mit der – Polen und die Ukraine umgehenden – Ostseepipeline (North Stream), vom Süden mit dem – die Türkei umgehenden – South Stream, die gleichzeitig durch eine Abzweigung den Süden (Griechenland bis Süditalien) und über Serbien (durch den Kauf der serbischen Holding NIS[86]) bis zum österreichischen Baumgarten (Burgenland) Mitteleuropa beliefern – und abhängig machen soll[87].« Und Klaus Schrameyer weiß, wovon er spricht.

Energie ist demnach auch ein Instrument zur Erpressung von politischen und wirtschaftlichen Gefälligkeiten. Und mit Sicherheit wissen die einstigen Stasi- und KGB-Veteranen dieses Instrument perfekt einzusetzen, insbesondere wenn sie in Führungsfunktionen sitzen. »Geschäftsführer der North Stream, derjenigen Firma, die eine Gaspipeline durch die Ostsee nach Westeuropa baut, ist der Deutsche Matthias Warnig. Er war einst Major der DDR-Staatssicherheit und unbestätigten Hinweisen zufolge mit Wladimir Putin aus der gemeinsamen Dresdner Zeit bekannt.« So weit das Schweizer Bundesamt für Polizeiwesen im Analysebericht aus dem Jahr 2007.

Die Verbindung zu Wladimir Putin in Dresden hat Warnig jedoch bestritten. Beim Ministerium für Staatssicherheit bezog er im Jahr 1989 noch ein Jahresgehalt von 25 680 Mark. Was den Analysten in Bern nicht bekannt war: Auch andere Personen im Umfeld von Gasprom haben einst eng mit der Stasi zusammengearbeitet. Es geht um das Unternehmen Gasprom Germania GmbH in Berlin, ein Tochterunternehmen von Gasprom.

Das wird in Deutschland durchaus hofiert. Im Frühjahr 2008 fand im Hotel Intercontinental der Jahresball des Vereins Berliner Kaufleute und Industrieller statt. Austern, Kaviar und spanischer Schinken wurden gereicht, die Champagner- und Weinquellen sprudelten. Über einen der Hauptsponsoren des Abends – Gasprom Germania – waren Lobreden in den höchsten Tönen zu hören. Vertreter von Gasprom Germania sprechen auch schon einmal auf einer Tagung des Wirtschaftsrats der CDU, und man hört dann kluge Sätze wie: »Was gut ist für Gasprom, ist auch gut für Deutschland. Schließlich ist E.ON an Gasprom beteiligt.« Das hätte auch Exbundeskanzler Gerhard Schröder nicht schöner sagen können.

Gasprom Germania GmbH ist der »verlängerte Arm« des Gasprom Mutterkonzerns in Moskau und die Drehscheibe für russische Erdgaslieferungen nach Europa. Gasprom Germania hat zudem einen Anteil von nahezu 20 Prozent an der zweitgrößten russischen Erdgasfördergesellschaft Novatek in Russland erworben. Außerdem tritt das Unternehmen als Hauptsponsor des Fußballvereins Schalke 04 auf und fördert Kulturprojekte. So gesehen ist es ein Unternehmen von zentraler Bedeutung für die Energieversorgung in Deutschland und damit eine politische Größe. Deshalb ist es sinnvoll, sich die Unternehmensstruktur ein wenig genauer anzuschauen.

Geschäftsführer der Gasprom Germania GmbH ist Hans-Joachim Gornik, der bis zur Wende DDR-Beauftragter für den Gasleitungsbau war, »eine energiewirtschaftlich und mit Bezug auf die Sowjetunion derart herausgehobene Stellung, dass man ihn auch zum Kader rechnen muss«.[88]

Der Direktor Finanzen und Controlling von Gasprom Germania ist Felix Strehober. Ihm wurde vorgeworfen, für die Stasi gearbeitet zu haben. »Auch ein Gasgenosse: Felix Strehober, künftig Kollege des Exkanzlers, war früher bei der Stasi«, titelte *BILD* am 17. Dezember 2005. Doch Felix Strehober bestritt vehement, dass er jemals Angestellter oder hauptamtlicher Mitarbeiter des Ministeriums für Staatssicherheit gewesen sei. Vielmehr sei er nach Abschluss seiner Ausbildung als

Export/Import-Kaufmann bei einer DDR-Firma angestellt gewesen. Das erklärt er in einer eidesstattlichen Versicherung vom 5. September 2007. Ist seine eidesstattliche Versicherung aus dem Jahr 2007 korrekt gewesen?

Ein Blick in Unterlagen der Bundesbeauftragten für die Unterlagen des Staatssicherheitsdienstes der ehemaligen DDR zeichnet ein anderes Bild.[89] Im Oktober 1982 verpflichtete Strehober sich demnach, im Wachregiment Feliks Dzierzynski für die Dauer von drei Jahren als Soldat auf Zeit seinen Dienst abzuleisten. Das Wachregiment ist bekanntlich der militärische Arm der Stasi gewesen. Schnell erkannte das Ministerium für Staatssicherheit, dass er hochintelligent und wahrscheinlich ebenso linientreu war. Im Ausspracheberichte mit einem Stasi-Mitarbeiter vom 12. November 1982 ist zu lesen:»Bei einer Eignung für den Dienst und einer Einstellung als Berufsoffizier in das MfS wird vorgeschlagen, unabhängig von der Studienrichtung den Genossen Strehober zum Hochschulstudium zu delegieren.«

Zwei Jahre später erklärte er sich grundsätzlich bereit, Berufsoffizier des MfS, also hauptamtlicher Mitarbeiter, zu werden. Tatsächlich unterzeichnete er im April 1985 eine Bereitschaftserklärung, die mit den Worten beginnt:»Erkläre hiermit meine Bereitschaft, dem Ministerium für Staatssicherheit Dienst im Dienstverhältnis Berufsoffizier/Berufsunteroffizier zu leisten.« Er studierte Finanzwirtschaft und schloss mit der Berufsbezeichnung Diplomökonom sein Studium ab. Das Thema seiner Diplomarbeit war die »Dialektik von objektiven und subjektiven Einflussfaktoren auf die Entwicklung der Aktienkurse im Umfeld der Börsenbaisse von 1987«. Ein MfS-Oberstleutnant meldete am 18. Oktober 1985:»Genosse Feldwebel Strehober wurde nach Ableistung seiner dreijährigen Dienstzeit im Wachregiment als Berufssoldat in das Ministerium für Staatssicherheit/Arbeitsgruppe BKK (Arbeitsgruppe Bereich Kommerzielle Koordination, Anmerkung des Autors) übernommen.«

Während seines Studiums an der Humboldt-Universität in Berlin arbeitete er – laut Unterlagen der Birthler-Behörde – für die Stasi und bespitzelte anscheinend mit guten Ergebnissen seine Kommilitonen. »Im Prozess der operativen Zusammenarbeit erhaltene Aufträge zur Klärung der Frage ›wer ist wer?‹ unter seinen Mitstudenten realisierte er sehr gewissenhaft und in hoher Qualität. Dabei zeigte sich, dass er über ein gutes Einschätzungsvermögen zu Personen verfügt und in der Lage ist, wesentliche Sachverhalte richtig zu erkennen und darzustellen.« Für seine sehr guten Studienleistungen wurde er unter anderem mit der Artur-Becker-Medaille in Bronze und einer Ehrenurkunde des Zentralvorstandes der Gesellschaft für Deutsch-Sowjetische Freundschaft ausgezeichnet. Nach Abschluss des Studiums beförderte man ihn zum Leutnant mit der Dienstbezeichnung Offizier im besonderen Einsatz (OibE).

Als Offizier im besonderen Einsatz wurde er dann bei der Intrac Handelsgesellschaft mbH im Bereich Internationale Finanzen eingestellt, die Teil des Imperiums von Alexander Schalck-Golodkowski war. »Hinter der Konzeption, Entstehung, Entwicklung und Arbeitsweise des Bereiches Kommerzielle Koordination, KoKo, stand das Ministerium für Staatssicherheit.«[90] Zentrale Personen aus dem Intrac-Handelsbereich wiederum, auch Inoffizielle Mitarbeiter der Stasi, erhielten nach der Wende hoch dotierte Anstellungen bei westlichen Konzernen und Banken. Der Kaderinstrukteur schrieb noch am 25. Juli 1989 in einer Stellungnahme zur vorgesehenen Reisekaderbestätigung von Strehober: »Ausgehend von einem festen Klassenstandpunkt hat sich Genosse Strehober bisher stets mit den Anforderungen an einen Mitarbeiter des MfS identifiziert und seine Handlungsweise darauf ausgerichtet. Notwendige Hinweise seitens des Führungsoffiziers beziehungsweise des Kaderorgans, vor allem auch im Zusammenhang mit der Frage der Partnerwahl, wurden durch ihn akzeptiert und umgesetzt.«

Die Mauer fiel, die DDR brach zusammen und so gesehen war es nur konsequent, dass Strehober auch wegen seiner russischen Sprachkenntnisse für Gasprom Germania GmbH ein idealer Mitarbeiter wurde. Weil er in seiner eidesstattlichen Versicherung offensichtlich die Unwahrheit geschrieben hatte, forderte ein angesehener Kölner Anwalt, der die Zeitung *Die Welt* in einem Unterlassungsverfahren vertrat, das Kölner Landgericht auf, die zuständige Staatsanwaltschaft einzuschalten. »Angesichts der Unverfrorenheit, mit der der Kläger diese äußerst intensive Tätigkeit für die Stasi leugnet, rege ich an, die Akten nach Abschluss des Verfügungsverfahrens wegen des Verdachts der Abgabe einer falschen eidesstattlichen Versicherung und des Prozessbetruges an die zuständige Staatsanwaltschaft abzugeben.«[91] Meine Nachfrage bei Gasprom Germania vom 26. August 2008, ob es richtig sei, dass Herr Strehober eine falsche eidesstattliche Versicherung abgegeben hat, blieb unbeantwortet.

Ähnlich wie der Finanzchef von Gasprom Germania argumentierte übrigens auch Hans-Uve Kreher, Direktor der Bereiche Personal und Organisation der Gasprom Germania GmbH. Auch er wollte eine Unterlassungserklärung gegen *Die Welt* durchsetzen, weil dort behauptet wurde, er sei für den DDR-Geheimdienst als Inoffizieller Mitarbeiter tätig gewesen. In seiner eidesstattlichen Versicherung vom 5. September 2007 schreibt er:»Ich bin niemals Angestellter oder sonstwie hauptamtlicher Mitarbeiter des Ministeriums für Staatssicherheit gewesen.«

Die Wahrheit ist manchmal ziemlich schillernd. Immerhin hatte er eine Verpflichtungserklärung als Inoffizieller Mitarbeiter des MfS unterschrieben. Von 1977 bis 1979 und von 1985 bis 1989 war er demnach als Inoffizieller Mitarbeiter unter den Decknamen Roland Schröder und Hartmann für das Ministerium für Staatssicherheit der DDR tätig. In den Siebzigerjahren bekleidete er den Posten des Justiziars im Volkseigenen Betrieb Energiekombinat Süd in Jena und später den des Leiters der Abteilung Recht im Gaskombinat Mittenwalde. Er selbst gibt an, dass der Kontakt zum Ministerium für Staatssicherheit von ihm nicht bewusst gesucht worden sei, sondern dass es dazu aufgrund einer unvorsichtigen Äußerung von ihm über die Ausreiseabsichten eines Mitarbeiters gegenüber einem Vorgesetzten gekommen sei.

Hier urteilte das Landgericht Köln – wie im Fall Strehober –, dass ein berechtigtes Informationsinteresse der Öffentlichkeit an der Berichterstattung über die Stasi-Vergangenheit des Hans-Uwe Kreher bestehe. Seinen Antrag auf Erlass einer einstweiligen Verfügung zog Kreher später zurück. Nach Angaben seines Rechtsanwalts aus Berlin, auch das zeigt unterschiedliche Wahrnehmungen, handele es sich bei dem Unternehmen Gasprom Germania GmbH nur »um ein relativ kleines deutsches Tochterunternehmen des russischen Konzerns Gasprom«.[92] Quasi bedeutungslos, wollte er vielleicht sagen, und deshalb darf nicht über Führungspersonen aus dem Konzern berichtet werden.

Das Landgericht Köln korrigierte ihn. Demnach habe Gasprom Germania im Jahr 2006 einen Umsatz in Höhe von 6,1 Milliarden Euro bei einem Jahresüberschuss in Höhe von 383,5 Millionen Euro gemacht. Und Rechtsanwalt Wilfried Seibert kommentierte in Bezug auf Gasprom Germania: »Die, wenn man es so ausdrücken will, ›Stasidichte‹ ist schon beeindruckend. Schon allein deshalb dürfte sie der Erwähnung wert sein.« Und das Landgericht Köln vertrat die Auffassung: »Veröffentlichungen über die IM-Tätigkeit können nach wie vor dazu beitragen, der Öffentlichkeit ein Bild davon zu vermitteln, in welchem Ausmaß die Bevölkerung der DDR von ihrer eigenen Regierung mit nachrichtendienstlichen Mitteln ausgeforscht wurde, und so zur Aufarbeitung dieser jüngeren Vergangenheit beitragen.« Und weiter: »Es war legitim, die Frage aufzuwerfen, ob und inwieweit die heutige Karriere des Verfügungsklägers in der Energiewirtschaft durch seine frühere IM-Tätigkeit zumindest mitgefördert wurde und welche Rückschlüsse von der früheren Tätigkeit der Führungsebene der Gasprom Germania GmbH für den Machtapparat der DDR auf deren heutige Integrität möglich sind.«[93]

Nicht weniger wichtig ist gerade im Hinblick auf die aktuelle Frage der Energiepolitik und die Abhängigkeit von Rohstoffressourcen wie Erdgas, welche Interessen- und Beziehungsgeflechte bestanden und bestehen, die erhebliche Auswirkungen auf das Leben der Menschen haben. Das Thema Erpressung – in Sizilien nennt man es Schutzgelderpressung – ist den Mächtigen im Gasprom-Konzern, die einst der Stasi oder dem KGB zu Diensten waren, gewiss nicht fremd. Und wer heute die Verfügungsmacht über die Energieressourcen hat, der wird dieses Instrument jederzeit nach politischer Zweckmäßigkeit einsetzen. Wer in Sizilien oder Kalabrien furchtlos ist, vertraut sich der Polizei an. In Deutschland wie in den anderen europäischen Ländern gäbe es für strategische Erpressungen im Zusammenhang mit Gas oder Erdöl keinen adäquaten Ansprechpartner. Jeder einzelne Bürger muss zahlen, ob er will oder nicht.

Die Arbeit der russischen Nachrichtendienste ist bekanntlich vielfältig. Neben den bekannten offiziellen Residenten werden inzwischen vermehrt Wirtschaftskommissionen und Gremien zur Förderung der russischen Wirtschaft im Ausland gegründet, deren Mitglieder vorwie-

Die Rolle von KGB/FSB und Ex-Stasi-Mitarbeitern im Energiebereich 191

gend den verschiedenen Nachrichtendiensten angehören. Sie sammeln strategisch relevante Informationen und versuchen, Einfluss auf Entscheidungen von wichtigen Unternehmen zu gewinnen. Und seit etwa 2003 greifen die russischen Dienste wieder vermehrt auf Journalisten zurück. Weil als Journalisten getarnte Geheimdienstmitarbeiter für Außenstehende kaum von echten Journalisten zu unterscheiden sind.

Teilweise werden westliche Journalisten in Moskau angeworben. Das erlebte ein deutscher Journalist, der sich im Rahmen journalistischer Recherchen an das russische Innenministerium gewandt hatte. Danach sei man an ihn herangetreten und habe ihn aufgefordert, für diese Behörde nachrichtendienstlich tätig zu werden. Nach einer klaren Absage wurden ihm »Schwierigkeiten« angedroht.

Ermittlungen ergaben zudem Aktivitäten des GRU, des militärischen Nachrichtendienstes Russlands, »hinsichtlich eines Agentennetzes in Deutschland. Der BND weist allgemein auf die Tätigkeit der GRU hin mit der Ausweitung auf dem Sektor der Wirtschaftsspionage (Firmenbeteiligung, Joint Venture) und der Schaffung von Residenturen.«[94] In der Zusammenfassung der Erkenntnisse heißt es, »dass davon auszugehen ist, dass diese Geheimdienste ihre aktiven Agentennetze (auch die Hilfsnetze in der ehemaligen DDR) unter Anpassung an die veränderte Situation weiter nutzen werden, frühere Kontakte zu ehemaligen MfS-Mitarbeitern wieder aufnehmen werden beziehungsweise bereits aufgenommen haben, um sie für ihre Mitarbeit beziehungsweise Übergabe von Informellen Mitarbeitern (IM) zu gewinnen, und dass die Bundesrepublik Deutschland auch weiterhin ein bedeutendes Ziel russischer Nachrichtendienste sein wird.«[95]

Zehn Jahre später, im Mai 2006, verfasste das Bundesamt für Verfassungsschutz (BfV) einen neuen Bericht über die »Legalresidenturen der Nachrichtendienste Russlands und anderer GUS-Republiken in Deutschland«. In der Vorbemerkung heißt es: »Das BfV-Spezial gibt einen allgemeinen Überblick über die Präsenz der russischen Nachrichtendienste an Legalresidenturen in Deutschland sowie über methodische Vorgehensweisen und Aufklärungsziele bei nachrichtendienstlichen Aktivitäten aus diesen Stützpunkten.« Demnach sind in allen diplomatischen Vertretungen und einigen Medienagenturen der russischen Föderation russische Nachrichtendienste mit Geheimdienstangehörigen vertreten. Die Zahl ist vergleichsweise hoch. 33 Prozent des eingesetzten Personals (diplomatische Vertretungen und Medienagenturen) wurden »zweifelsfrei« als Angehörige von Nachrichtendiensten identifiziert. Deren Präsenz konzentriert sich demnach vor allem auf Berlin und den Bonner Raum. Von den 121 in Deutschland eingesetzten und erkannten Geheimdienstlern sind 56 Prozent als sogenannte Operativoffiziere enttarnt worden. Sie betreiben sowohl offene wie verdeckte Informationsbeschaffung unter »Einhaltung konspirativer Regeln«. Auch der Auslandsnachrichtendienst (SWR) ist vertreten, mit 71 SWR-Offizieren mit dem Schwerpunkt Berlin. Ziel ist unter anderem die deutsche Wirtschaft.

»Im Zielbereich Ökonomie kam es zu Beschaffungsaktivitäten des SWR. Dabei waren als Aufklärungsschwerpunkte die Bereiche Energiewirtschaft und Umweltschutz, wirtschaftliche Infrastruktur in Europa, internationale Kooperation und Globalisierung sowie Energie-, Wirtschafts-, Finanz- und Mittelstandspolitik für den Industriestandort Deutschland zu erkennen.«

Der militärische russische Nachrichtendienst (GRU) ist mit 29 Mitarbeitern in Deutschland präsent. Weiterhin behauptet das Bundesamt für Verfassungsschutz, dass bei einer Aeroflot-Vertretung »Hinweise auf eine GRU-Zugehörigkeit des dortigen Stationsleiters vorliegen«.

Das ist sozusagen die offizielle Version nachrichtendienstlicher Tätigkeit. Inzwischen gibt es jedoch eine Art Privatisierung des FSB, die weitaus gefährlichere Dimensionen erreicht hat – nämlich direkten beziehungsweise indirekten Einfluss auf politische, wirtschaftliche und kulturelle Entscheidungsträger auch in Deutschland. Am 15. März 2007 ging in Moskau das Schreiben eines Professors Lorenz H. ein, einem deutschen Mitglied der ABOP. Die ABOP ist die Akademie für Fragen der Sicherheit, Verteidigung und der Rechtsordnung. Präsident der Akademie ist der KGB-General Wiktor Schewtschenko. Er blickt mit Stolz auf einen Abschluss an der 311. KGB-Schule der Sowjetunion zurück, war unter anderem Leiter des KGB-Kriegsnachrichtendienstes, studierte an der KGB-Hochschule und war Chef der Spionageabwehr der strategischen Raketenstreitkräfte. Der Empfänger des Schreibens ist also ein Experte.

In dem Schreiben von Professor Lorenz H. steht: »Sehr geehrter Viktor Grigorivich. Erlauben Sie mir, mich an Sie mit der Bitte zu wenden, Frau Dr. Angela Merkel, Bundeskanzlerin der Bundesrepublik Deutschland, mit dem Orden des ersten Grades Katharina der Großen auszuzeichnen.« Als Begründung schrieb er, dass Angela Merkel die bisherige gute Zusammenarbeit zwischen Russland und Deutschland fortsetze, und diese Zusammenarbeit sollte man weiterentwickeln. »Ich glaube, dass die Ordensverleihung an die Bundeskanzlerin dazu dient, die weitere Entwicklung der Freundschaft und Zusammenarbeit zwischen Deutschland und Russland zu fördern.«

Dagegen wäre ja nichts einzuwenden, zumal in der Zwischenzeit zahlreiche andere deutsche wie bulgarische Politiker ähnliche Orden von der ABOP erhalten haben. Aber man muss natürlich wissen, dass die Akademie vom ehemaligen russischen Präsidenten Putin mitgegründet wurde und das führende wissenschaftliche Institut für Sicherheitsfragen im Kreml ist. Sie ist so etwas wie ein halb privater, halb staatlicher Geheimdienst.

Insgesamt zählt die ABOP – die Angaben des Präsidenten und der Presseabteilung weichen voneinander ab – zwischen 5000 und 8500 Mitglieder. 15 der Akademiemitglieder sind Generäle des KGB/FSB, die momentan oder früher als Minister oder stellvertretende Minister tätig waren. Weitere 15 sind Generäle des Innenministeriums, 23 sind Generäle und Admiräle auf hohen Armeeposten. Darüber hinaus gehören der Akademie als Mitglieder noch 35 der höchsten Regierungsbeamten, Minister, Gebietsgouverneure einschließlich des Ministerpräsidenten Putin an.

»An sich ist die ABOP die geheime Schattenpartei der Macht. Es handelt sich bei ihr um eine als gesellschaftliche Organisation getarnte, vom Staat verdeckt finanzierte gigantische Struktur von Mitarbeitern der Geheimpolizei und des Nachrichtendienstes«, so der russische Historiker und Publizist Dmitrij Chmelnizkij. In Russland propagiert die Akademie übrigens aktiv eine extrem rechte, imperiale Ideologie und den Kampf gegen die »westlichen Werte«.

Zur Akademie gehört als Nebenorganisation auch eine »Ausbildungsakademie für Sicherheit« im bayerischen Waldmünchen. Sie ist verflochten mit der russischen »Internationalen Konterterroristischen

Trainings-Assoziation«. Die bildet im Nahkampf aus, natürlich nur um gegen Terroristen einsatzbereit zu sein. Der »Vizepräsident Deutschland« dirigiert von Berlin aus »ein schwer durchschaubares Firmenkonglomerat mit Niederlassungen in Russland, Usbekistan und China.«[96]

Übrigens wurden bisher unter anderem der damalige bayerische Innenminister und ehemalige Ministerpräsident Günter Beckstein sowie ein ehemaliger Münchner Polizeipräsident mit einem Orden beglückt. Auf der russischen Webseite der ABOP sieht man einen strahlenden Günter Beckstein, hinter ihm Gebirgsschützen in voller Pracht und einen Zivilisten, der Beckstein zur Übernahme des Ordens gratuliert. Es ist der Präsident der Akademie persönlich, KGB-General Viktor Schewtschenko.

Auch der SPD-Politiker und Ministerpräsident von Brandenburg, Matthias Platzeck, sowie der ehemalige Regierende Bürgermeister von Berlin, Walter Momper, und der deutsche Militärattaché in Moskau erhielten einen Orden Peter der Große, II. Klasse von der ABOP überreicht – und natürlich DDR-Spionagechef Markus Wolf. Matthias Platzeck (SPD) ehrte es wahrscheinlich, den Orden durch den russischen Botschafter in Berlin persönlich überreicht zu bekommen: für seinen »Beitrag zum Gelingen von vielen Gedenkveranstaltungen« aus Anlass des »Jahrestages der Befreiung Europas von der Naziherrschaft«.

Nachdem die Ordensverleihung an den Politiker Platzeck öffentlich bekannt wurde, kam die dürftige Erklärung, man habe im Vorfeld nicht gewusst, wer den Orden, der ja eine »gesellschaftliche Auszeichnung« sei, schon bekommen habe. Und Platzeck sei auf Vorschlag des russischen Boschafters ausgezeichnet worden.

Einen Lomonossow-Orden[97] erhielt zudem Alexander Rahr, Programmdirektor der Deutschen Gesellschaft für Auswärtige Politik, Russlandexperte und gern gesehener Gast in TV-Sendungen, wenn es um die Analyse der russischen Politik geht. Als Putin-Kritiker ist er eher nicht aufgefallen. Auf meine Nachfrage erklärte er: »Vor drei, vier Jahren organisierte das Russische Haus für Wissenschaft eine Konferenz zum Thema deutsch-russisch-französische Troika. Bei der Abschlussveranstaltung der letzten Konferenz in Moskau (an der ich persönlich nicht teilnahm) wurde dann allen ausländischen Teilnehmern der Lomonossow-Orden der von Ihnen erwähnten Akademie überreicht. Von der Existenz der Akademie erfuhren die Konferenzteilnehmer erst, als sie als Koveranstalter des Events im Programm erwähnt wurde. Ich bekam meinen Orden nachgeschickt und habe die Ordensverleihung nicht als eine ›Auszeichnung‹ verstanden, sondern als eine Dankesmedaille für die Konferenzteilnahme.«[98]

Der Spiegel schrieb über diese Ordensverleihung der besonderen Qualität: »Die Akademiespitze hatte die Ordensverleihung getreu der alten Tschekistenmaxime, nichts dem Zufall zu überlassen, mit Putins Präsidialadministration abgestimmt. Dass der Geehrte aus Potsdam keine fünf Monate später die Führung der ältesten deutschen Volkspartei, der SPD, übernehmen würde, war damals noch nicht abzusehen. Nicht für gewöhnliche Sterbliche zumindest. Stanislaw Lekarjew hingegen, der ›Sir‹ und Generalleutnant a. D., lächelt zufrieden in seinem Büro in der Akademie und sagt: ›Ein bisschen Weitblick, was perspektivreiche Politiker angeht, kann doch nicht schaden, oder?‹«[99]

Die ABOP verfügt über zwei Zentralen in Deutschland. Es gibt den sogenannten Westeuropa-Repräsentanten, einen Unternehmer und Autohausbesitzer aus Greifswald. Er war jüngster Direktor in der DDR und wurde im Jahr 2001 vom ostdeutschen Wirtschaftsmagazin *Wirtschaft & Markt* als Spitzenunternehmer und Oscar-Preisträger 2001 gefeiert, weil er zweieinhalbmal mehr Autos als alle anderen Autohäuser verkaufen würde. In einer Zeitungsmeldung wird über ihn geschrieben: »Wolf-Olav Paentzer ist international gefragt. Wenn er nach Moskau kommt, steht der Autohändler unter Schutz der Regierung. Sagt er.«[100] In Deutschland sieht man ihn auf Kongressen mit dem Regierungschef von Mecklenburg-Vorpommern, Harald Ringstorff.

Nach Paentzers Angaben habe er zum Ministerium für Staatssicherheit lediglich offizielle Beziehungen unterhalten. Das dürfte ein wenig die Wahrheit verdrängen. »Schon als Lehrling hatte sich Paentzer mit seiner Unterschrift ›auf freiwilliger Basis‹ beim DDR-Geheimdienst verpflichtet und den Decknamen ›Edicon‹ angenommen. Er lieferte handschriftliche Berichte über Kollegen, Bekannte und sogar den eigenen Sohn.«[101]

Dann gibt es eine Vertretung der ABOP im bayerischen Denkendorf. Sie wird von Christian Holtz, einem Arzt, geleitet, auf dessen Initiative hin die Akademie an der Denkendorfer Hauptstraße eröffnet wurde. Er sieht in der Akademie nichts anders als ein Instrument der Kulturarbeit. Auf die KGB/FSB-Infiltrierung der Akademie angesprochen, sagte er mir, dass er das nicht so genau wisse, und mein Eindruck ist, es interessiert ihn überhaupt nicht. Das CSU-Mitglied und der einstige Freund von Franz Josef Strauß kümmert sich allenfalls am Rande um die politischen Strukturen in Russland. Er ist besonders stolz darauf, dass er mit Unterstützung von Franz Josef Strauß im Jahr 1980, dem Höhepunkt des Kalten Krieges, mit 80 Denkendorfern und der Denkendorfer Blaskapelle in original bayerischer Tracht für kulturelle Verständigung zwischen Bayern und der Sowjetunion geworben habe: Auf dem Roten Platz wurde sogar Freibier ausgeschenkt. Ein wenig habe er dadurch zur Perestroika beigetragen, sagt er. Ein Jahr später wurde der Moskauer Bezirksbürgermeister in Denkendorf empfangen.

Im April 1995 reiste erneut eine Delegation von etwa 100 Denkendorfer Bürgern nach Krasnaja Presnja in Moskau. Diesmal wurde dem Stadtteil die Partnerschaft angeboten. Und zwei Jahre später, bei der Eröffnung der neuen Fluglinie München–Leningrad, waren die Denkendorfer mit diesmal 160 Personen die ersten Fluggäste.

Der wichtigste Meilenstein in den »guten Beziehungen« zwischen Denkendorf und der UdSSR war der Besuch von Michail Gorbatschow in Deutschland und die Enthüllung eines Freundschaftsdenkmals in Denkendorf als »Symbol der Freundschaft, Verständigung und des gegenseitigen Respekts«. Das Denkmal, in Bronze gegossen, mitten im Zentrum von Denkendorf, zeigt ein Russenmädchen in typischer Tracht und einen bayerischen Buben in Lederhose, die miteinander tanzen. Das ist ja alles völlig in Ordnung, denke ich. Völkerfreundschaft und so weiter, das ist etwas Schönes und Wichtiges, gerade mit Russland. Aber könnte sich dahinter nicht etwas anderes verbergen? Insbesondere deshalb, weil diese Akademie aus KGB- und FSB-Kadern in Wahrheit die Melodie angibt und die anderen in Deutschland danach tanzen?

Das genau demonstriert eindringlich das Beispiel Bulgarien. Im Januar 2008 kam der Vorsitzende des russischen Inlandnachrichtendienstes FSB, Nikolaj Patruschev, nach Bulgarien. Patruschev sei mit einer eigenen Maschine gekommen, meldeten Journalisten. Der Anlass

Die Rolle von KGB/FSB und Ex-Stasi-Mitarbeitern im Energiebereich   **197** war die Ehrung von mehreren bulgarischen Politikern, Geschäftsleuten und »schöpferisch Tätigen« mit russischen Auszeichnungen. Auch der Bürgermeister von Sofia und inoffizielle Führer der konservativen Partei GERB[102], Boyko Borissov, sei zu einem Meinungsaustausch mit Patruschev gekommen, wurde behauptet. Patruschev habe sich dabei besonders für die aktuelle Situation Bulgariens interessiert, auch für eventuelle vorzeitige Wahlen und die Chancen von GERB und Borissov, an die Macht zu gelangen.

Borissov habe auch zu jenen Bulgaren aus Politik, Wirtschaft und Kultur gehört, die am 23. November 2007 in der russischen Botschaft in Anwesenheit von Patruschev von dem russischen Botschafter einen russischen Orden erhielten. Bei Borissov war es der Lomonossow-Orden. Georgi Gergov sowie der bulgarische Chef von LUKOIL Bulgarien, Valentin Zlatev, wurden mit dem Orden Alexander Newski I. Grades[103] ausgezeichnet. Ein Kommentator stellte ironisch fest, dass Patruschev gekommen sei, um einer lokalen Struktur seines Amts einen Besuch abzustatten, und seine lokalen Mitarbeiter hätten ihm Bericht erstattet.

Nun weiß man nicht, ob manche Politiker sich einfach gerne Orden um den Hals hängen, insbesondere wenn sie relativ unverdächtige Namen aus der russischen Geschichte tragen. Vielleicht hat auch niemand auf die Rückseite der Orden geschaut, um dort zu lesen: »Für die Stärkung des russischen Staates«. Und auf der Webseite der ABOP steht am Ende noch als Länderzeichen su. Aber eine gewisse Vorsicht wäre angebracht, wenn man weiß, wer den Orden verleiht und was sich wirklich hinter der ABOP verbirgt.

Einer, der das gemacht hat, ist der russische Historiker Dmitrij Chmelnizkij in Berlin. Er hat herausgefunden, dass es sogar zwei Akademien für Sicherheit gibt. »Die eine ist die ABOP, und dann gibt es noch eine durch die ABOP gegründete Organisation, die ›Akademie für nationale Sicherheit, Verteidigung und Rechtsordnung‹ (ANBOP). Die ANBOP ist eine nichtstaatliche akademische Hochschule. Leiter ist Valerij Radin, erster Stellvertreter der ABOP, ein General-Leutnant der Staatssicherheit. In dieser ANBOP werden Manager, Juristen und Verwaltungsfachleute ausgebildet. Die Vermutung liegt nahe, dass die »nichtstaatliche« ANBOP Fachleute für den Bedarf des FSB vorbereitet.

Fachleute, die dann, wo immer nötig, ein ziviles Diplom aufweisen und im Ausland eingesetzt werden können, ohne dass ihr wahrer Hintergrund bekannt ist.

Zu den Organisationen, die die ABOP gegründet hat, gehört auch die Wirtschaftsprüfungsgesellschaft »Russisches Wirtschaftsprüfungshaus«. Valerij Fedotov, Chef der Firma, sagt in einem Interview: »Da für die Akademie für Sicherheit der Russischen Föderation die Interessen der wirtschaftlichen Sicherheit des Staates im Mittelpunkt ihrer Arbeit stehen, ergibt sich nunmehr eine neue Möglichkeit, die wirtschaftliche Sicherheit von Betrieben und Organisationen zu gewährleisten … Wichtigstes Ziel unseres Projekts ist es, die Wirtschaftsprüfung im Dienste der wirtschaftlichen Sicherheit des Landes und jeder einzelnen Landesregion einzusetzen.«

Die Tätigkeit von Wirtschaftsprüfern ist per Definition mit einer vertraulichen Behandlung von Wirtschaftsgeheimnissen verbunden, weil der Wirtschaftsprüfer es mit allen Geschäftsgeheimnissen der Firmen zu tun hat. Eine Wirtschaftsprüfungsgesellschaft, organisiert durch die Staatssicherheit, die nicht verschweigt, dass sie sich in ihrer Arbeit von den »Interessen der Sicherheit des Staates« leiten lässt, ist etwas ganz Besonderes. Das betrifft vor allem deutsche Unternehmen in Russland.

Das Ganze erinnert, so Dmitrij Chmelnizkij, teilweise an die verschiedenen »gesellschaftlichen Organisationen«, die zu Sowjetzeiten vom KGB organisiert und kontrolliert wurden. Damals wurde aber deren Verbindung zum KGB verschwiegen. Bei der ABOP ist es – ausgehend von ihren eigenen Werbematerialien – anders. Sie versucht nach seinen Untersuchungen nicht einmal besonders aktiv, ihr KGB-Wesen zu verheimlichen. Für den FSB sind die direkten Kontakte mit der politischen und gesellschaftlichen Elite in Deutschland oder Westeuropa von unschätzbarem Wert. Die Ziele des russischen Inlands- wie Auslandsgeheimdienstes haben sich nämlich seit Sowjetzeiten nicht wesentlich verändert. Dafür sind die Arbeitsbedingungen im Westen heutzutage ungleich besser geworden. Vor 30 Jahren hätten die Markus Wolfs und Wladimir Putins von solchen Möglichkeiten nicht einmal zu träumen gewagt.

Die Rolle von KGB/FSB und Ex-Stasi-Mitarbeitern im Energiebereich

Das gleiche gilt übrigens für Österreich. Präsident der dortigen ABOP-Residentur ist Gerhard Gritzner, seit 16 Jahren Chef des österreichischen Strabag-Baukonzerns in Russland. Inzwischen wurde er sogar in den Vorstand des Baukonzerns berufen, an dem auch der Oligarch Oleg Deripaska beteiligt ist. ABOP-Präsident Wiktor Schewtschenko wurde übrigens am 9. Oktober 2008 von einem Moskauer Gericht zu einer Geldstrafe von 500 Rubel verurteilt. Er habe unrechtmäßig Auszeichnungen verteilt, die wie staatliche Auszeichnungen aussehen, und das sei illegal. Insgesamt 25 Orden und Medaillen wurden deshalb beschlagnahmt. Was nichts daran ändert, dass die ABOP weiterhin aktiv ist. Derweil verleiht eine andere Organisation, die ebenfalls eng an den FSB angebunden sein dürfte, ebenfalls schöne Orden an internationale Wissenschaftler. Es ist die Europäische Akademie der Naturwissenschaften Hannover (EANW). Ehrenmitglied der EANW ist General Walentin Warennikow. Er gehörte im August 1991 zu den Putschisten gegen den Reformer Michail Gorbatschow und ist heute Abgeordneter der Duma.

Im Gegensatz zur italienischen Mafia ist es der russischen Mafia gelungen, strategische Konzerne im Energie- und Rohstoffbereich zu erobern, um dadurch ihr kriminell erwirtschaftetes Kapital zu legalisieren. Und im Gegensatz zu Italien ist der russische Staat weitaus intensiver in die kriminellen Netzwerke verstrickt, förderte sie in der Vergangenheit jedenfalls. Das demonstriert die Kooperation zwischen russischen Nachrichtendiensten und der russischen Mafia. Dadurch ist eine ganz neue Gefährdung der westlichen Demokratien entstanden. Und während die italienische Mafia hier inzwischen zumindest ansatzweise als Bedrohung wahrgenommen wird, ist das bei der geschickter operierenden russischen Mafia immer noch nicht der Fall. In beiden Fällen geht es jedoch darum, dass die kriminellen Gruppierungen in einem System agieren, das ihnen dazu beste Voraussetzungen bietet. Und dieses System findet sich nicht nur in Italien oder Russland, sondern auch in Deutschland selbst.

Teil III

Mafialand Deutschland – das sizilianische Syndrom in den neuen Bundesländern

19
Kriminelle Transformationsprozesse

Das sizilianische Syndrom in allen Transformationsländern - also auch in der DDR - hat drei Wurzeln:»Die Netzwerke aus Nomenklatura und Stasi, die Wende- beziehungsweise Privatisierungsgewinnler und die Kriminellen.«[1] Ob die Clane der italienischen Cosa Nostra beziehungsweise 'Ndrangheta oder die Clane der einstigen DDR-Führungskader aus SED und Stasi: Sie verhindern mit den fast gleichen Methoden, was ihren Machtanspruch stören könnte. Dazu gehört insbesondere, abzuwenden, dass ihre Vergangenheit und ihre kriminellen Aktivitäten heute aufgedeckt werden. Denn»die Mafia und die kriminelle Macht haben das vitale Bedürfnis, dass die Gemeinschaft ihr historisches Gedächtnis verliert«.[2]

Damit verbunden ist der Versuch, auch das Denken der Bürger zu kontrollieren.»Das Ziel ist immer dasselbe: Formierung der Vorstellungen und Wahrnehmungen, Lenkung des Erinnerns, Fühlens und Wollens«, schreibt der Soziologe Wolfgang Sofsky.»Die Gedankenpolitik will den Menschen unter die Haut dringen und sie in ein inneres Gefängnis sperren.«[3] Deshalb sind die Akten der italienischen Antimafia-Parlamentskommission von gleichermaßen hohem Wert wie die Akten derjenigen staatlichen Institutionen der Transformationsländer einschließlich der DDR, die sich mit der Aufarbeitung der kommunistischen Staatssicherheit und Parteikader beschäftigen, um bestimmte bis heute zu beobachtende gesellschaftliche wie politische Entwicklungen überhaupt begreifen zu können.

Die Bürgerkomitees in der DDR forderten 1989 und 1990 die vollständige Auflösung des Ministeriums für Staatssicherheit (MfS). Dessen Strukturen und die verantwortlichen Kader sollten öffentlich gemacht werden. Diese vollständige Offenlegung sei notwendig, um zu

202   Teil III: Mafialand Deutschland - das sizilianische Syndrom

verhindern, dass alte Seilschaften sich wieder zusammenfinden, um mit veruntreuten Geldern und schwarzen Kassen neue Wirtschaftsunternehmen zu gründen und politisch einflussreiche neue Geheimstrukturen zu bilden. Das ist, wie heute zu sehen ist, ein frommer Wunsch geblieben. »Viele der ehemaligen KoKo-[4] und MfS-Mitarbeiter haben unberechtigt Firmen weiterbenutzt und neue Geschäftsstrukturen aufgebaut. Im Bereich der SED-Parteifirmen und des Embargohandels der DDR zeigt sich bereits jetzt, dass die ehemaligen Verantwortlichen ein neues Beziehungsgeflecht von Firmen unter Zuhilfenahme von veruntreuten Vermögenswerten der ehemaligen DDR gegründet haben.«[5]

Die Transformation vom Kommunismus zur Demokratie ist zweifellos nur teilweise geglückt. Sie hat große Opfer gekostet – an Zeit und menschlichem Leid. »Auf der Strecke geblieben sind diejenigen, die nicht der alten Nomenklatura und Stasi und nicht den neuen Wendegewinnlern, den Oligarchen, Mafiosi, Kriminellen angehören. Reichtum, ja Protz einer kleinen Elite haben sich breitgemacht. Die meisten Menschen aber sind sozial und materiell Transformationsverlierer geworden und verherrlichen daher ›die gute alte Zeit‹.«[6] Das schreibt Klaus Schrameyer und bezieht er sich dabei auf Bulgarien. Er war einst Botschafter in Bulgarien und Mazedonien und ist heute ein renommierter Historiker. Auf die Bürger in der einstigen DDR trifft das, was er beschreibt, mit gewissen Abstrichen, gleichfalls zu.

Der Vergleich zwischen dem Transformationsprozess in der DDR und dem in anderen osteuropäischen Staaten lohnt sich, denn er fördert Übereinstimmungen zutage und lässt manches in einem noch deutlicheren Licht erscheinen. Nehmen wir das Beispiel Bulgarien. Die bulgarischen Bürger stürmten einst die Hauptquartiere der Kommunistischen Partei und zündeten sie an. Und was geschah danach?

Lethargie machte sich bei den normalen Bürgern breit, während polit-kriminelle Cliquen beherrschend wurden. Zur kommunistischen Herrschaftszeit hatten die unterschiedlichen Polizei- und Nachrichtendienste in Bulgarien ein Agentennetzwerk von über 250 000 Personen aufgebaut und in dieser Zeit Dokumente von über 450 000 Personen gesammelt: ein unerschöpflicher Fundus an Erpressungsmaterial. Die kommunistische Diktatur prägte sich tief in die Mentalität und

Kultur der Menschen ein.»Gegenüber den Staats-, Volks- oder Klassenfeinden war die Kontrolle nahezu lückenlos. Kaum ein Verfolgter entging den Fängen der Häscher. Die Zahl der Gerechten war verschwindend gering. Auch der regimetreuen Mehrheit schienen die Organe der Repression allgegenwärtig. Millionen von Helfershelfern waren damit beschäftigt, den Rest der Nation im Auge zu behalten.«[7]

Hinzu kam ein weiterer entscheidender Faktor. Zu Beginn des Transformationsprozesses in den Jahren 1989/1990 wurden nach unterschiedlichen Schätzungen zwischen vier bis neun Milliarden US-Dollar Volksvermögen ins Ausland verschoben. Bulgarien war während des Transformationsprozesses nicht nur rechtlos, sondern praktisch bankrott - und die alte Nomenklatura nutzte beherzt die Gelegenheit, um sich skrupellos zu bereichern, während die Menschen hungerten. Die von den Kommunisten unterschlagenen Partei- und Staatsgelder, ihre politische Erfahrung und die umfassende, auch im Westen erworbene Bildung ermöglichten der alten Nomenklatura die Fortsetzung ihrer wirtschaftlichen und damit auch politischen Macht.

Als ziemlich gesichert kann zudem gesagt werden, dass die Repräsentanten der höheren und mittleren Ebenen der kommunistischen Macht eine stabile und nach außen weitgehend abgeschottete Machtposition aufbauen konnten - im Verbund mit den blitzartig und durch kriminelle Aktivitäten aufgestiegenen Kadern.»Seit 18 Jahren ist es schon so - es regiert diese verschollene Macht, die immer offensichtlicher wird. Zuerst kaufte sie Politiker, dann Parteien, jetzt Wähler und Wahlkommissionen. Das ist die Entwicklung der fünften Macht. Seit 18 Jahren kann sich keiner ihrer Macht entziehen. Weil das Geld Macht will und die Politiker mehr Geld, damit sie mehr Macht haben. Ein Teufelskreis.«[8]

Der bulgarische Schriftsteller Ilija Trojanow, einer der wenigen, der die Dinge beim Namen nennt, schreibt in seinem Buch *Hundezeiten*: »Diese Schicht ehemaliger Begünstigter, ob Offiziere der Staatssicherheit, Direktoren von Betrieben oder Parteisekretäre, hält die Wirtschaft und das politische Leben als Geisel.«[9]

In Bulgarien war jeder zwölfe Abgeordnete nach 1989 ehemaliger Stasi-Mitarbeiter, auch mehrere Staatspräsidenten und Ministerpräsidenten agierten im Auftrag der bulgarischen Stasi. Die Auflösung der kommunistischen Sicherheitsdienste hat jedoch zu nichts anderem geführt, so der Historiker und Exbotschafter Klaus Schrameyer, als dass die Freigesetzten ihre bisherigen, damals als legal geltenden, kriminellen Geschäfte wie Embargobruch, Drogenhandel, Waffengeschäfte, Terroristenausbildung unkontrolliert als »Geschäftsleute« weitergeführt haben.

Sehr schleppend begann man in Bulgarien wie in anderen postkommunistischen Ländern mit der Aufarbeitung dieser kommunistischen Vergangenheit, insbesondere was die Mitgliedschaft von Politikern und Beamten in den unterschiedlichen Geheimdiensten betraf. »Das langjährige Desinteresse der bulgarischen Bürger an einer Öffnung der Stasi-Archive hängt mit der – durch die allgemeine soziale Misere bedingten – politischen Apathie der Menschen und möglicherweise mit der Stasi-Verstrickung vieler Bulgaren zusammen. Vermutet wird, dass heikle Akten entwendet wurden und bis heute zur Erpressung verwendet werden. Manche Beobachter gehen so weit zu behaupten, dass das ganze Geflecht der Schattenwirtschaft und der mafiosen Kriminalität auf die heimliche Macht der Staatssicherheit zurückgehe.«[10]

Diejenigen, die schon vor der Wende die politische Macht innehatten, die Partei-Nomenklatura und die Geheimdienste, transformierten – wie in der DDR – ihren Einfluss in die neue Zeit hinein. »Selbst hohe Beamte, Generale, Leiter großer Kombinate, hohe Polizisten wählen im Verlauf des Privatisierungsprozesses die Allianz mit der Organisierten Kriminalität.«[11]

Fast 20 Jahre sind inzwischen vergangen. Im Dezember 2007 berichtete ein westlicher Botschafter seiner Regierung Unverschnörkeltes über den aktuellen Zustand in Bulgarien: »Korruption und Organisierte Kriminalität haben nach dem EU-Beitritt drastisch zugenommen.«

Und wie sieht es nun in Deutschland aus? In der DDR gab es Ende der Achtzigerjahre circa 339 000 Nomenklaturkader. »Diese Dimension lässt den alles beherrschenden Einfluss der SED-Diktatur auf die Gesellschaft der DDR deutlich werden.«[12] Die DDR-Kader gründeten Wirtschaftsunternehmen, Wach- und Sicherheitsunternehmen und stürzten sich auf den Immobilienmarkt. »Die Troupiers aus Erich Mielkes Unterdrückungs- und Spionageapparat kassierten nicht nur Cash.

Kriminelle Transformationsprozesse

Nach Erkenntnissen von Ermittlern versilberten sie Autos aus dem Fuhrpark des Ministeriums für Staatssicherheit, verscherbelten Grundstücke und konspirative Wohnungen, wandelten sie marode Stasi-Firmen in florierende kapitalistische GmbHs um.«[13]

In der *MDR*-Sendung *Fakt* wurde Folgendes berichtet: »Im dänischen Odense trafen sich fast 70 Ex-Stasi-Offiziere zu einer Art Betriebsausflug. Wieder einmal übten sie sich in Geschichtsklitterung. Unter anderem wurde die letzte Hinrichtung in der DDR gutgeheißen. Anwesend war auch Jürgen Strahl, Ex-Stasi-Hauptmann und Rechtsanwalt in Berlin. ›Wer Verrat begeht, erschießt sich. Und wer es nicht selber tut, der wird erschossen. Einfach nur mal so.‹«[14] Vielleicht spielen in diesem Zusammenhang die sogenannten Schießklubs in den neuen Bundesländern eine Rolle. Es sind unter anderem Klubs, deren Mitglieder Angehörige der ehemaligen bewaffneten Organe der DDR sind, die sich zu regelmäßigen Schießübungen treffen, um in Form zu bleiben. Diese Übungen werden in der Regel nicht von der Polizei kontrolliert und finden weit außerhalb bewohnter Ortschaften statt.

Nach der Wiedervereinigung in Deutschland dauerte es nicht lange, da mutierten überzeugte Verfechter des kommunistischen Systems zu leidenschaftlichen Verteidigern des Kapitalismus: Aus kommunistischen Kaderleitern wurden Manager in Industrieunternehmen, aus SED-Juristen Verfassungsrichter wie etwa in Brandenburg. Die sozialistische Planwirtschaft wurde zugunsten eines vermeintlich freien Marktes liquidiert, der tatsächlich aber von den alten Nomenklatur-Netzwerken beherrscht wurde. Viele Führungskader der Stasi wussten beispielsweise, dass »sie zwar ihren Sicherheitsapparat auflösen und auch ihre Funktionen im Staat verlieren«, so der Stasi-Aufklärer Heinz Schwenk. »Aber sie wollten sich schadlos halten und sich das herrenlos gewordene Volkseigentum aneignen. Das war Diebstahl am Volksvermögen.«[15]

Geschätzt wird, dass es um Beträge zwischen fünf bis 40 Milliarden Mark Stasi-Vermögen gegangen sei. Grund war ein Stasi-Befehl aus dem Jahr 1986. Demnach seien im Fall des politischen Zusammenbruchs die »Offiziere im besonderen Einsatz« (OibE) des Ministeriums für Staatssicherheit verpflichtet, »alle verfügbaren Vermögen in ihren Privatbesitz zu nehmen«.[16] Deshalb beteiligte man sich an neuen Unternehmensgründungen und gab es den massenhaften Kauf von Immobilien oder das Verschieben von Geldern ins westliche Ausland. Es war nichts anderes als ein großer Raubzug, und zwar durch den Zusammenschluss von SED- und Stasi-Kadern. Notwendig war, die DDR-Vergangenheit zu verschleiern. Gleichzeitig begann bereits Anfang der Neunzigerjahre unter der Bevölkerung das große Schweigen – mit Ausnahme der Bürgerrechtler. 40 Jahre wurden die Menschen in der DDR kleingemacht und nun hatten sie wieder Angst.

Stützen des ostdeutschen Mafiasystems

Hinzu kommt, dass in der Wendezeit Biografien, Diplome und Bescheinigungen ehemaliger Systemträger der DDR in Massen gefälscht wurden, während man belastendes Material vernichtete. In der Bundestagsdrucksache 13/11000 vom 10. Juni 1998 steht dazu: »Zahlreiche MfS-Mitarbeiter und Angehörige der Kadernomenklatur wurden im Jahr 1990 in DDR-Behörden unter Verschleierung ihrer bisherigen beruflichen Laufbahn mit dem Ziel einer dauerhaften Weiterbeschäftigung im öffentlichen Dienst ›versteckt‹.« Dazu gehörte auch die Polizei.

Es ist sicher nur eine gedankenlose Aussage, wenn brandenburgische Bürger sagen: »Wer im Land Brandenburg die Polizei ruft, hat gute Chancen, auf ehemals hauptamtliche Mitarbeiter der DDR-Staatssicherheit zu stoßen.« Tatsache ist, dass »unter den rund 8000 Brandenburger Polizisten sich heute 1363 (17 Prozent) ehemals hauptamtliche oder inoffizielle Zuträger des MfS, jeder sechste Polizist, befinden«.[17]

Im Hintergrund verbirgt sich etwas, was bislang kaum diskutiert wurde: die sogenannte B-Struktur des Ministeriums für Staatssicherheit. Es geht um die Direktive Nr. 1/67. Um sicherzugehen, dass der Herrschaftsanspruch der SED auch in Notstandszeiten gewährleistet war, wurden die notwendigen Vorkehrungen getroffen. So war daran gedacht, am Tage X bestimmte Leitungspositionen in der Forschung, im Hochschulwesen, in den Betrieben und sonstigen Einrichtungen mit neuen, besonders ausgewählten Führungskadern zu besetzen.

Dazu gehörte der Sicherheitsbereich, der Verwaltungsapparat, Wirtschaft, Wissenschaft, Bildung, Kultur und Medien. In diese B-Struktur waren auch ausgewählte Mitglieder der einstigen Blockparteien einbezogen.

Tatsache ist, dass es dem SED-Regime gelungen ist, »in allen relevanten Lebensbereichen die wichtigsten und verantwortungsvollen Positionen mit Angehörigen der Kadernomenklatur zu besetzen. Im November 1989 noch plante das Ministerium für Staatssicherheit, die B1-Direktive umzusetzen. In einem Vorschlag zur wirksamen Reduzierung des Personalbestandes des MfS vom November 1989, den ein Oberst der Stasi unterschrieben hat, heißt es unter anderem: »1. Überführung der gesamten Abteilung M in die Zollverwaltung. 2. Reduzierung der Objekte und Überführung als selbstständiger Betrieb der Hochtechnologie in die Volkswirtschaft. 3. Überführung der Hauptabteilung IX (Disziplinar- und Untersuchungsorgan, unter anderem zuständig für die Haftanstalten, Anmerkung des Autors) in die Verantwortung des Generalstaatsanwalts (Militärstaatsanwaltschaft, Verfassungsgerichtshof, an Verwaltungsgerichten und so weiter). 4. Liquidierung der Objektdienststellen in großen Kombinaten bei gleichzeitiger Schaffung von ›Sicherheitsabteilungen‹ oder ›Werkschutz‹ bei den Generaldirektoren (so etwas hat anderenorts jeder Konzern, diese Organe arbeiten auch ganz offiziell mit Polizei- und Staatsschutzorganen zusammen).«

Ein besonderes Kapitel innerhalb der Justiz in den neuen Bundesländern zur Wendezeit stellt die Stellung der Rechtsanwälte dar. Während die italienische Mafia ihre Consigliere (Ratgeber/Berater) hat, sind es in den neuen Bundesländern viele Rechtsanwälte, die einst für die Stasi direkt oder indirekt gearbeitet hatten. Wie hoch die Zahl der Rechtsanwälte in den neuen Bundesländern ist, die nach geltenden bundesdeutschen Gesetzen überhaupt keine sein dürften, ist umstritten.

Hubertus Knabe, der Direktor der Gedenkstätte Berlin-Hohenschönhausen, schreibt dazu: »Massive personelle Kontinuität gibt es auch im Bereich der Rechtspflege. Ein großer Teil der SED-Kader wurde in die neue westdeutsche Justiz übernommen. In dieses Tätigkeitsfeld flüchteten 1990 vor allem die besonders kompromittierten Juristen, die davon ausgehen mussten, dass man sie nicht in den Staatsdienst übernehmen würde. Unter den Regierungen der DDR-Ministerpräsidenten Hans Modrow (SED-PDS) und Lothar de Maizière (CDU) erhielten Tausende von ihnen in kürzester Zeit eine Anwaltszulassung.«[18]

Die Zahl von bis zu 5000 Anwälten nennt Professor Johannes Kruscha, der ehemalige Direktor der Fachhochschule Lausitz. Diese Zahl dürfte übertrieben sein. Trotzdem: »Es sieht wohl so aus, als wären einerseits nach der Wende Diplomurkunden in größerem Maßstab umgeschrieben worden, und andererseits müssen wohl bereits in der DDR für verschiedene ›Weiterbildungsmaßnahmen‹ den MfS-Angehörigen zur Legendierung Diplomjuristen-Fernstudien-Urkunden der Humboldt-Universität ausgehändigt worden sein. Sollten weiterhin aktive Stasi-Netzwerke existieren, so wird davon auszugehen sein, dass wahrscheinlich diese Rechtsanwälte auch den Kitt dieser Netzwerke darstellen.«[19]

Auf der von Johannes Kruscha erstellten Personenliste befinden sich in der Tat viele prominente Rechtsanwälte, die heute in den neuen Bundesländern für ihre Mandanten kämpfen, zur DDR-Zeit sich jedoch mit Dienstbezeichnungen wie Oberleutnant, Hauptmann oder Major der Nationalen Volksarmee oder des Ministeriums für Staatssicherheit schmückten. Viele davon waren zum Beispiel in der Hauptabteilung I (Militär) oder der Hauptabteilung II (Spionageabwehr) des Ministeriums für Staatssicherheit registriert.

Sein Fazit: »Würde die Presse auf breiter Front gegen diese Erscheinung vorgehen, entstünde ein politischer und öffentlicher Druck im Hinblick auf die Einleitung einer nachträglichen Überprüfung der Antragsunterlagen der Rechtsanwalt-Zulassungen durch die Justizministerien. Es könnte sich herausstellen, dass ein bestimmter Teil einer Berufsgruppe unter den Bedingungen der Rechtsordnung der Bundesrepublik sich als kriminelle Organisation profiliert hat.«

Meine Nachfrage bei dem damals zuständigen brandenburgischen Justizminister Kurt Schelter, der nach Worten von Johannes Kruscha über seine Analyse informiert war, blieb unbeantwortet.

Kriminelle Transformationsprozesse

20
Die Lausitzer Sümpfe

Professor Kruscha fand in seiner näheren Umgebung genügend Anschauungsmaterial nicht nur für seine Untersuchungen, sondern auch dafür, dass die alten Stasi-Seilschaften die Region Lausitz – übersetzt heißt das etwa sumpfige, feuchte Wiesen – bis heute im Griff haben. Die Region umfasst den Süden Brandenburgs und den Osten des Freistaates Sachsen – was ebenfalls hohe symbolische Bedeutung hat, insbesondere wenn es um die Macht mafioser politischer Clane geht.

Die Träger dieses Systems sind leicht ausfindig zu machen. »Es ist gleichgültig, welche Partei Sie sich hier anschauen«, erzählt Professor Johannes Kruscha mit Verbitterung, »irgendwie haben sich die meisten alten SED-Kader neue westliche Kleider angezogen, und so verhalten sie sich auch.«

Ich wollte ihm anfangs nicht glauben, was er da sagte, bis ich per Zufall einen Artikel im Berliner *Tagesspiegel* las. »Zwar werde gewählt und das Stadtparlament [Cottbus] debattiere über die Themen der Stadt. Doch Entscheidungen fielen meist anderswo. Alte Bekannte mit DDR-Stallgeruch träfen Absprachen und setzten sie in Verwaltung, Politik und Wirtschaft durch. Die Parteimitgliedschaft sei nebensächlich. Das ›alte Lager‹ dominiere CDU, SPD und PDS. Dagegen kämen die Übriggebliebenen der Bürgerbewegung und Westdeutsche kaum an.«[20]

Und im *Spiegel* war zu lesen: »Es gibt hier keine größere Partei, in der nicht Leute wirken, die in den Filz verstrickt sind; selbst Oberbürgermeister Kleinschmidt, vor der Wende in der Blockpartei CDU und als Finanzstadtrat unter anderem mit dem Vermögen von Republikflüchtlingen befasst, hat in Cottbus irgendwie immer schon mitgemischt. ›Ich war kein Held‹, sagt er.«[21]

210   Teil III: Mafialand Deutschland – das sizilianische Syndrom

Schon seit Anfang der Neunzigerjahre war der Cottbusser Stasi-Filz bekannt. Im November 2000 berichtete Marianne Birthler, die Bundesbeauftragte für die Stasi-Unterlagen, dass der Bezirk Cottbus die Hochburg von Inoffiziellen Mitarbeitern der Stasi (IM) in der DDR war. 1986 kamen auf einen IM statistisch 119 Einwohner, mehr als doppelt so viele Inoffizielle Mitarbeiter wie in den Bezirken Halle oder Leipzig. Die Gesamtzahl der hauptamtlichen und inoffiziellen Stasi-Mitarbeiter in der 108 000-Einwohner-Stadt lag bei etwa 10 000, also zehn Prozent der Bevölkerung. Insofern hat sich auch nach der Wende bis ins Jahr 2008 hinein nur wenig geändert. Diejenigen, die einst das Sagen hatten, sind nun große Unternehmer geworden.

Wie der einstige IM Schubert und spätere hauptamtliche Stasi-Hauptmann Helmut Rauer, der sich heute als Kunstmäzen, Unternehmer und Mitbegründer des Vereins »Pro Cottbus – Pro Lausitz« etabliert hat und dem sogar politische Ambitionen nachgesagt werden. Er wurde auch schon mal als »Stasi-Pate« oder »graue Eminenz«[22] von Cottbus bezeichnet. »Die Perspektive wäre gruselig: Ein Ex-Stasi-Offizier erobert das Rathaus. Brandenburg gilt in manchem als ›kleine DDR‹. Cottbus wäre dann ihre Hauptstadt.«[23]

Nein, so einfach ist das nicht. Vielmehr unterstützte Helmut Rauer 2002 den Wahlkampf der damaligen Oberbürgermeisterin Karin Rätzel mit mindestens 20 000 Euro. »Ich habe auch ganzseitige Anzeigen in einem Anzeigenblatt bezahlt«, sagte Rauer.[24] Die Oberbürgermeisterin, deren Ziel es war, das »Wespennest der Korruption« auszuheben, hatte eine Wahlkampfhilfe immer wieder bestritten. »Sie hält Rauer vor, sich für einen zurückgewiesenen Einflussversuch an ihr rächen zu wollen.«[25]

Anfang Juli 2006 fand ein Bürgerentscheid zur Abberufung Karin Rätzels als Oberbürgermeisterin statt. Bei einer Wahlbeteiligung von 35,6 Prozent der wahlberechtigten Stimmen wurde sie mit überwältigender Mehrheit aus dem Amt gewählt. Rauer hatte das Abwahlbündnis gegen die Oberbürgermeisterin massiv unterstützt.

Wende hin, Wende her – die Hauptsache ist, dass man weiterhin im Hintergrund die Fäden ziehen kann. Helmut Rauer hat es ja gelernt. Der Ex-Stasi-Offizier, der einst seine Kollegen im Kraftwerk Jänschwalde bespitzelte, ist heutzutage bei vielen gesellschaftlichen Anläs-

Die Lausitzer Sümpfe

sen in Cottbus zu sehen. Und das nicht nur als Präsident der »Föderation Europäischer Carneval Städte« in Deutschland. »Er führt heute zahlreiche Unternehmen, mehrere in der Baubranche. Bei nicht weniger als 14 Firmen fand *Klartext*, ein Magazin des Senders *RBB*, in Registerunterlagen seine Spur.«[26] Und in der Unternehmensberatungs- und Wirtschaftsförderungsgesellschaft Cottbus ist er der Verantwortliche für die deutsch-polnische Zusammenarbeit. In der Nähe von Cottbus, dem kleinen idyllischen Dorf Sergen, hat er sich ein prächtiges Landgut gekauft. Ich frage Nachbarn nach dem Besitzer des Landguts. Sie antworten: »Dem gehört doch halb Cottbus.«

Als die Journalistin Simone Wendler von der *Lausitzer Rundschau* über die alten Genossen von der Stasi, deren politischen und wirtschaftlichen Einfluss und kriminelle Machenschaften in Cottbus berichtete, wurde sie massiv bedroht. »Detekteien werden angeheuert, Häuser fotografiert, Wohnungen werden aufgebrochen, Morddrohungen auf Anrufbeantwortern hinterlassen.«[27] Im Sommer 2008 treffe ich mich in Cottbus mit Simone Wendler. Ich will von ihr wissen, wie auf ihre Artikel und die Bedrohungen reagiert wurde. »Es gab bei der politischen Klasse keine Empörung. Ihr fehlt es an Mut und Entschlossenheit. Man kennt sich hier, man hilft sich.« Sizilien war auf einmal ganz nahe.

In diesem mafiosen Milieu ist das System der Erpressung geradezu perfektioniert worden, damit Skandale nicht öffentlich wurden. Da gebe es nach Auskunft von Professor Johannes Kruscha Zeitungsberichte, die nicht erscheinen. Einem Landrat werde zum Beispiel gesagt, es sei ein Artikel über seine Vergangenheit geplant. Und man legt ihm die Druckfahne auf den Tisch, mit dem Kopf der Zeitung aus der Region. »Danach macht der Mann das, was man will. Das ist doch in der Szene hier jedem bekannt. Und es gibt gefälschte Dokumente ohne Ende. Die werden ganz bewusst eingesetzt. Sie veröffentlichen die Akte. Dann melden sich die Betroffenen und sagen: ›Das stimmt ja gar nicht. Ich kann das nachweisen, weil ich zu diesem Zeitpunkt in Moskau war.‹« So weit die Wahrnehmungen von Professor Johannes Kruscha, über die er mir im Sommer 2007 berichtete.

Die Journalistin einer Zeitung in der Lausitz, die sich mit der Stasi-Vergangenheit bestimmter Personen von der Fachhochschule Lausitz beschäftigte, erhielt während ihrer Recherchen anonyme Anrufe: »Mädchen, dieses Thema ist für dich zu groß. Weißt du überhaupt, mit welcher Organisation du dich anlegst?« »Regelmäßige Verfolgungen bei meinen Recherchereisen und gefährliche Manipulationen an meinem Auto muss ich wohl in dieses Bedrohungsszenario einordnen.« Als ich im Sommer 2008 bei der betroffenen Journalistin nachfrage, bestätigt sie die Bedrohung. »Bei diesem Thema ist das nicht weiter verwunderlich«, sagt sie. Ihre Geschichte über diese einstigen Stasi-Anwälte, der eine intensive Recherche zugrunde lag, wurde in ihrer Zeitung nie veröffentlicht. Der Grund war der, dass die entsprechenden Vorwürfe nicht gerichtsverwertbar dokumentiert werden konnten.

Sicher ist: Bis zum heutigen Tag sind die alten Seilschaften weiterhin aktiv, wie die Journalistin Simone Wendler konstatiert. Sie beherrschen das politische und kulturelle DDR-Relikt Cottbus fast genauso (ohne direkte Gewalt) wie die Cosa Nostra in Sizilien. Ein qualitativer Unterschied, was Beziehungsgeflechte und Abhängigkeiten betrifft, ist jedenfalls nicht festzustellen, abgesehen davon, dass in Sizilien sowohl das Essen wie das Klima angenehmer sind.

Und noch etwas ist in den neuen Bundesländern hinzugekommen. Bis heute scheint die Richtlinie Nr. 1/76 des Ministeriums für Staatssicherheit vom Januar 1977 irgendwie gültig zu sein. In der Richtlinie heißt es über Zielstellung und Anwendungsbereiche von Maßnahmen der Zersetzung: »Bewährte Formen sind systematische Diskreditierung des öffentlichen Rufes, des Ansehens und des Prestiges auf der Grundlage miteinander verbundener wahrer, überprüfbar und diskreditierender sowie unwahrer, glaubhafter, nicht widerlegbarer und damit ebenfalls diskreditierender Angaben sowie systematische Organisierung beruflicher und gesellschaftlicher Misserfolge zur Untergrabung des Selbstvertrauens einzelner Personen.«

21
Von der deutschen Regierungskriminalität könnte die italienische Mafia lernen

Geradezu obszön ist es, dass die gleichen Personen, die davon sprechen, wie gefährlich die italienische Mafia ist, von den kriminellen Machenschaften während und nach der Wendezeit nichts mehr wissen wollen, insbesondere nichts von den schmutzigen Allianzen, die – zumindest geduldet von einer Behörde, der Treuhandanstalt – mit Hochkriminellen und ganz sicher der Mafia geschmiedet wurden. DDR-Eigentum sollte privatisiert oder, wie es in der Amtssprache genannt wurde, saniert werden. Damals, zwei Jahre nach der Wende, schrieb *Der Spiegel*:»Geschäftsleute aus Ost- und Westdeutschland plündern die Unternehmen der Treuhandanstalt. Sie tricksen, täuschen und bestechen. Hemmungslos werden Bilanzen frisiert. Selbst die vornehme Zunft der Wirtschaftsprüfer spielt mit. Der Steuerzahler wird um Milliarden betrogen, Justiz und Polizei in Deutschland haben kapituliert.«[28]

Nach internen Quellen ehemaliger Treuhandmitarbeiter sollen im Jahr 1991 mehrere Milliarden Euro nicht mehr auffindbar gewesen sein. Angehörige einer freien Beratergruppe, die als eigenständige Gruppe die Treuhandbeteiligungsgesellschaft Anfang der Neunzigerjahre in Mecklenburg-Vorpommern umfassend zu betreuen hatte, stießen dabei auf verschiedene Unregelmäßigkeiten. Dazu gehörten testierte Eröffnungsbilanzen von überhaupt nicht existierenden Firmen, für die sogar Geschäftsführer bei den Beratern vorsprachen. Unter anderem wurde trotz intensiven Einspruchs der Verkauf einer großen Firmengruppe durchgepeitscht und danach als Immobilie vom Käufer ausgeschlachtet. Alle Berichte über die Betrügereien schickten die Berater an die Geschäftsführer der zuständigen Treuhandanstalt in Mecklenburg-Vorpommern.

214   Teil III: Mafialand Deutschland – das sizilianische Syndrom

Das war ein großer Fehler. Wegen ihrer Beschwerden wurden sie fristlos entlassen. Und sie sollten schweigen. »Wir erhielten anonyme Briefe (teilweise mit ausgeschnittenen Zeitungsbuchstaben) mit Drohungen gegen das eigene Leben und das Leben der Familie.« Als sie daraufhin die Staatsanwaltschaft einschalteten, wurden die mit den Vorwürfen der Treuhandbetreuer befassten Staatsanwälte versetzt – entweder örtlich oder beruflich. Bis heute haben die einstigen Berater Angst, über diese Vorgänge öffentlich zu sprechen. »Für das Vertrauen der Ostbürger in die neue Rechtsordnung ist das Chaos der Ermittlungsbehörden fatal. Die Werktätigen klagen an und niemand kümmert sich. Strafanzeigen bleiben unbeantwortet wie früher die Eingaben ans Politbüro.«[29]

Das große Glück für die Treuhandmitarbeiter war die vorauseilende Amnestie für Verbrechen, die sogenannte Haftungsbefreiung. Sie wurde von der Treuhand-Chefin Birgit Breuel durchgesetzt gegen den erbitterten Widerstand des damaligen Wirtschaftsstaatssekretärs Horst Köhler. Der hatte im Juli 1991 geschrieben, dass die »Pionierzeit der Treuhandanstalt« überwunden sei und deshalb große Vorbehalte im Wirtschaftsministerium bestünden, die Freistellung von der Haftung zu verlängern, da grobe Fahrlässigkeit auf Extremfälle mit schwerem Verschulden beschränkt sei. Ihm sei nicht bekannt, ob angesichts des inzwischen erreichten Organisationsgrades der Treuhandanstalt es überhaupt noch einzelne Bereiche gebe, bei denen der Vorstand meint, dass er insoweit grob fahrlässig handeln könnte.

Daraufhin beschwerte sich die Treuhand-Chefin beim damaligen Wirtschaftsminister Jürgen Möllemann über dessen unbotmäßigen Staatssekretär. »Seine Bitte, ihm die möglichen Haftungsfälle zu nennen, zeigt meinen Kollegen im Vorstand und mir, dass wir das für die Arbeit und den Erfolg der Treuhandanstalt ungemein wichtige Thema bisher nicht ausreichend verdeutlicht haben.«

Und mit der von ihr durchgesetzten Haftungsfreistellung gingen die betrügerischen und hochkriminellen Machenschaften ungehindert weiter. Wen interessierten Anfang der Neunzigerjahre die Folgen dieser kriminellen Machenschaften? Innerhalb kurzer Zeit war eine komplette Volkswirtschaft in einen Schuldenberg verwandelt worden. Der Kahlschlag betraf eben nicht nur die vielen tatsächlich maroden und sanierungsbedürftigen Bereiche der Wirtschaft. Hunderttausende Menschen wurden mit dem Versprechen in den Ruin getrieben, irgendwann einmal blühende Landschaften zu erleben.

Und was war der offizielle Schlusspunkt unter diese Affären? 1994 erhielt die dafür zuständige Treuhand-Chefin Birgit Breuel von der rechtswissenschaftlichen Fakultät der Universität Köln die Ehrendoktorwürde mit folgender Begründung überreicht: »In der Amtsführung hat Frau Breuel Prinzipienfestigkeit hinsichtlich des Privatisierungsauftrages mit Flexibilität auch bei der Abfederung sozialer Härten verbunden. Zugleich hat sie das Problem einer angemessenen Außendarstellung der Treuhand trotz der ständigen und vielfältigen Kritik gelöst.«[30]

Die damalige Berliner Justizsenatorin Jutta Limbach schätzte übrigens den durch Wende-Kriminalität entstandenen Schaden allein für die Hauptstadt Berlin auf 4,5 Milliarden Mark.

In Deutschland wurde gleichzeitig mit miesen Methoden verhindert, den westdeutschen Anteil an der früheren Stabilisierung der SED-Herrschaft öffentlich zu machen. Ein Beispiel dafür ist die Auseinandersetzung um den Bereich Kommerzielle Koordination (KoKo) von Alexander Schalck-Golodkowski. Immerhin versuchte ein Untersuchungsausschuss des Deutschen Bundestages die kriminellen Aktivitäten der KoKo aufzuklären. Wenngleich ein hinreichender Beweis nicht gelungen ist, so wurde der Verdacht des Untersuchungsausschusses, dass mit DDR-Staatsgeldern Versorgungsunternehmen für ehemalige Stasi-Kader geschaffen worden sind, bekräftigt.

So heißt es in dem Abschlussbericht: »Durch S. haben gleich mehrere MfS-Offiziere der Abteilung XV (Auslandsaufklärung) der Bezirksverwaltung Dresden nach der Auflösung der HVA eine neue Anstellung gefunden, zum Beispiel ein ehemaliger HVA-Major als Inhaber der Topik GmbH und der TIA GmbH und ein weiterer Stasi-Mann zunächst ab März 1990 als Geschäftsführer der Forel Handels GmbH, dann ab 1991 als Geschäftsführer bei der Holzhandel Berlin und Brandenburg GmbH und als Mitgesellschafter der elbion-tours GmbH. Zur Bestätigung der Vermutungen trug schließlich auch die Tatsache bei, dass die von der Staatsanwaltschaft Dresden vernommenen Zeugen, die an den Firmengründungen beteiligt waren, für das kumulative Auftreten dieser eher ungewöhnlichen Zusammenhänge bei der Gründung mehrerer Firmen durch ehemalige MfS-Mitarbeiter im Frühjahr 1990 in Dresden keine Erklärung hatten. Die ungeklärte Herkunft des Kapitals und die dubiosen Beteiligungen des (...)-Unternehmensgeflechtes haben dies noch untermauert.«[31]

Der Österreicher L. ist in seinem Land ein angesehener Unternehmer. Zu DDR-Zeiten gehörte er zu den Personen in Banken, Konzernen und Firmen, die dem Regime von außen Hilfestellung leisten sollten. »Die Hauptverwaltung Aufklärung (HVA), Ost-Berlins Spionageapparat, führte den Fabrikanten unter der Registernummer 3883/86. Sein Tarnname als Inoffizieller Mitarbeiter (IM): ›Landgraf‹.«[32] Und die *Berliner Zeitung* schrieb: »Für den Osthändler (...) war der Hightech-Schmuggel durch den eisernen Vorhang ein lohnendes Geschäft. Allein in den letzten Jahren der DDR kassierte ›Landgraf‹ dafür 191 Millionen D-Mark und 80 Millionen US-Dollar.«[33] Die deutschen Justizbehörden versuchten ihm vergeblich schmutzige Deals nachzuweisen. Kurzfristig wurde sogar per Haftbefehl nach ihm gefahndet. Bis heute ist er daher als unschuldig anzusehen.

Als gesichert gilt, dass vom Ministerium für Staatssicherheit kurz vor der Wende Staatsgelder an bestimmte Betriebe gezahlt wurden, die im Gegenzug dafür ehemalige MfS-Mitarbeiter angestellt hatten. Umstritten hingegen ist, ob es eine Überlebensabsicherung für die Offiziere im besonderen Einsatz (OibE) gegeben hat. Für den Bereich KoKo gab es auf jeden Fall eine »Überlebensabsicherung«, wonach westliche »Vertrauenspersonen« für den Fall des Systemzusammenbruchs ausgesucht waren. »In diesem [Bundestagsuntersuchungs-]Ausschuss ist es den westdeutschen Mitgliedern gelungen, die Aufdeckung der westlichen Aktivitäten für das Schalck-Imperium auszuklammern.«[34]

Die Abgeordnete Ingrid Köppe von Bündnis 90/Die Grünen kommentierte das folgendermaßen:»Das, was Schalck und die DDR betrifft, durfte aufgearbeitet werden. Das, was Schalck und seine Kontakte zu Westmanagern und Westpolitikern betrifft, blieb verschwommen.«[35] Ihr Minderheitenbericht über die »Westseite« wurde der Geheimschriftstelle des Deutschen Bundestages übergeben. Ihre Notizen, Disketten und andere Materialien musste sie abgeben. Der Bericht wird 30 Jahre unter Verschluss bleiben – und dann vernichtet werden. Und jene, die noch vor 1989 so stolz darauf waren, »aktiv zur Stärkung der Staatsmacht beigetragen zu haben«, wie der ehemalige Bundesverkehrsminister Günther Krause (CDU) tönte oder der spätere Leipziger Bundestagsabgeordnete und ehemalige CDU-Bezirkschef Rolf Rau, der von einer weiteren erfolgreichen Entwicklung unserer sozialistischen Heimat sprach, »unterwanderten oder übernahmen nun die politische Deutungshoheit in Deutschland.«[36]

Im Zusammenhang mit der Aufklärung krimineller Kooperationen westlicher und östlicher Topkrimineller beschwerte sich im Januar 1993 Klaus Kittlaus, der Leiter der Zentralen Ermittlungsstelle für Regierungs- und Vereinigungskriminalität (ZERV): »›Die seien gar nicht mehr daran interessiert, die DDR-Schurken vor den Kadi zu bringen.‹ Kittlaus befürchtete eine ›Amnestie auf kaltem Wege‹. In fünf Jahren, prophezeite er, werde das Schwarzgeld aus Schalcks KoKo ›reingewaschen und nicht mehr auffindbar‹ sein. Dann gebe es eine neue Kriminellenszene, die ›als Bumerang in Richtung Westen zurückschleudert‹.«[37]

Diese Schwarzgelder investierten Personen aus dem Osten wie aus dem Westen, die eng mit der Stasi und SED-Kadern verbunden waren. »Es sind Täter, die es nach meiner bisherigen Einschätzung gar nicht nötig hatten, nicht in Armut lebten«, klagte 1992 der Berliner Oberstaatsanwalt Dr. Wolfgang Wulff. »Sie hätten auch legal ausreichende Geschäfte machen können. Sie haben nicht nur während der DDR-Zeit munter kriegsrelevante Embargoartikel in die DDR geliefert, sondern vielleicht auch heute ganz munter irgendwo anders hin transportiert, und zwar aus reiner Geldgier. Und so etwas wird nicht verfolgt.«[38]

Die Abgeordnete Ingrid Köppe kommentierte verbittert: »Die äußerst schwerwiegenden Behinderungen der Aufklärung, Vermögenssicherung und Strafverfolgung im Bereich der Embargokriminalität der ehemaligen DDR und von Firmen in der Bundesrepublik Deutschland beschränkten sich nicht auf die Verweigerung personeller Ressourcen. Insbesondere das Direktorat Außenhandelsbetriebe der Treuhandanstalt hat nach Angaben der ZERV die Aufklärungsarbeit massiv behindert und Vermögensverschleierungen bewusst in Kauf genommen.«

Das deckt sich mit der Aussage des ehemals leitenden Berliner Staatsanwalts Klaus Schulze, zuständig für die Bekämpfung der Regie-

218   Teil III: Mafialand Deutschland – das sizilianische Syndrom

rungs- und Vereinigungskriminalität: »Ich kann sagen, dass bei der Auflösung von Stasi-Strukturen und den Strukturen der Kommerziellen Koordination es ein Kampf gegen Windmühlenflügel war. Ich bin der Auffassung, dass bestimmte Kräfte so stark sind, unangreifbar geworden sind, weil sie offenbar über Beziehungen verfügen, die sie bedingungslos spielen lassen können. Das wird für die Zukunft ein schweres Brot.«[39] Er sollte recht behalten.

Höchst aufschlussreich ist, dass heutzutage niemand mehr über die Vereinigungs- und Regierungskriminalität sprechen möchte. So als hätte es die nie gegeben. Vertuschen heißt die Devise! Dabei wurde durch sie die mafiose Kultur nicht nur in den neuen Bundesländern entscheidend geprägt.

22
Die schmutzigen Allianzen in Brandenburg

Diese Macht der alten Stasi-Kader und ihrer gefälligen Komplizen ist bis heute in allen neuen Bundesländern noch vorhanden. Ein Beispiel dafür ist Brandenburg. Da gab es nicht nur einen bekannten Ministerpräsidenten, Manfred Stolpe, »der hauptberuflich mit Chip-Fabriken, Rennstrecken und talentvoll eingefädelten Mautverträgen Milliarden aus Steuermitteln versenkt, aber nie dafür zur Rechenschaft gezogen wird«.[40]

Weitaus gravierender ist, dass viele Machtpositionen sehr schnell von ehemaligen SED- und Stasi-Kadern besetzt worden sind. Sich ducken lernen, keinen Widerstand leisten – das waren notwendige Überlebensweisheiten. Die neue Mafia, die sich in Italien erst Mitte der Neunzigerjahre zur vollen Blüte des Verbrechens entwickelte, hatte in Brandenburg und im Märkisch-Oberland bereits Anfang der Neunzigerjahre ihre Tentakel ausgebreitet: Es gab ein organisiertes System der persönlichen Bereicherung der einzelnen Clane auf Kosten der Allgemeinheit. Die alten und neu gebildeten Clane bedienten sich hemmungslos, wissend, dass sie von niemandem gestoppt werden, weil – wie in Kalabrien oder Sizilien – sowohl die Institutionen der staatlichen Administration wie einige Teile der Justiz von ihnen abhängig waren. Diese Clane in Brandenburg hatten keine originär familiären Beziehungen wie in Sizilien oder Kalabrien. Ihre Familien waren vielmehr entweder die SED, die Nationale Volksarmee (NVA) oder die Stasi.

Eine besonders hohe Stasi-Kader-Dichte hatte schon immer die Gemeinde Strausberg. Die Stadt war einst Standort der militärischen Kommandozentrale ostdeutscher Streitkräfte und damit zwangsläufig eine Hochburg der Stasi. »Strausberg könnte heute eine blühende Stadt inmitten einer blühenden Landschaft sein«, erzählte mir im

Frühjahr 2007 in Berlin der Historiker Hans-Joachim Elgt von der Interessengemeinschaft gegen Vermögensunrecht, »wenn verantwortungsvolle Politiker dem Goldrauschfieber und dem Go-Ost-Trend nach Wildwestmanier widerstanden hätten.« Das kriminelle Treiben konzentrierte sich insbesondere auf den Immobilienmarkt. Ein Grund war sicher, dass sich nach der Wende in Strausberg qualitativ kaum etwas geändert hatte, weil die Schlüsselpositionen in öffentlichen Ämtern weiterhin mit Altkadern besetzt waren. Die Namensliste wichtiger öffentlicher Funktionsträger las sich wie aus einem Who's who der DDR.

Der Stadtverordnetenvorsteher war ein Oberst der Nationalen Volksarmee – genauso wie der Vorsitzende des Rechtsausschusses. Der Vorsitzende des Bildungs- und Kulturausschusses war ein ehemaliger Politoffizier, der des Bauausschusses ein Oberstleutnant von der Propagandaabteilung der NVA. Die Vorsitzende des Wirtschaftsausschusses wirkte einst als ehemalige Dozentin an der Parteihochschule. Ihr Ehemann, ein ehemaliger NVA-Offizier, war derweil bei einer wichtigen Immobilienfirma beschäftigt. Und auch die städtische Wohnungsbaugesellschaft befand sich unter der kommunalen Kontrolle der alten neuen Herren.

»So spendet Segen noch immer die Hand der Kader im Märkisch-Oderland. Kapital und Kader haben sich zu gegenseitigem Nutzen verbündet. Ein unsichtbares kooperatives Geflecht aus alten Beziehungen und Zweckbündnissen sorgte dafür, dass sich Geben und Nehmen die Waage hielten.«[41] Da wurden Dutzende Ein- und Zweifamilienhäuser in bester Lage, in denen zu DDR-Zeiten ausschließlich Generäle und andere hohe Offiziere wohnten, nach 1990 zu Spottpreisen verhökert. Wem die Immobilien tatsächlich gehörten, interessierte niemanden. »Die von langer Hand angelegten mafiosen Strukturen – man kann von einem offiziell geduldeten Stasi-Netzwerk sprechen – bei der größten Enteignungskampagne, neben den landwirtschaftlichen und industriellen Enteignungen nach 1945 in der DDR, besonders im Land Brandenburg, wurden bis heute nicht aufgedeckt und schon gar nicht strafrechtlich verfolgt. Die Mauer des Schweigens ist dicht«, so Hans-Joachim Elgt.

Nach der Wende wagten Bürger aus Westdeutschland, auch in Brandenburg ihr rechtmäßiges Eigentum, das ihnen einst durch die SED

Die schmutzigen Allianzen in Brandenburg

zwangsenteignet wurde, wieder zurückzufordern. Das versuchten Wendegewinnler aus SED und Stasi zu verhindern, um sich selbst mit diesen Immobilien zu versorgen. Dabei wurden, so übereinstimmend die Erfahrungen vieler Betroffener, alle Mittel eingesetzt, um dem Raub von Immobilien oder mittelständischen Unternehmen eine legale Fassade zu geben. Der Unternehmensberater Hermann Koebe aus Brühl/Baden klagt:»Unzähligen westdeutschen Unternehmen, die ihre Wurzeln in den neuen Bundesländern haben, hat die Bundesregierung unter Helmut Kohl – unter Mithilfe des Parlaments und der Justiz – die Rückkehr in ihre alte Heimat verbaut. Sie waren nach der Wende hoch motiviert und mussten hilflos mit ansehen, wie die Bundesrepublik ihr traditionsreiches, gestohlenes Eigentum an Hinz und Kunz verscherbelt, nicht selten an Halunken aus aller Welt.«[42] Sie wurden durch ein Bündel von Aktionen wie Korruption, Betrug, Strafvereitelung und Amtsmissbrauch von den Clanen in Besitz genommen.

Einer der wenigen, die sich wehrten, war der Berliner Gärtnermeister Thomas Scheerer. Sein Vater wurde in der DDR politisch verfolgt, musste die DDR verlassen, um nicht von der Stasi verhaftet zu werden. Thomas Scheerer wollte sein väterliches Erbe, eine heruntergekommene Gärtnerei in der Gemeinde Fredersdorf bei Strausberg, nach der Wende als selbstständiger Gärtner wieder übernehmen und neu aufbauen.»Dass ich mich damit auf ein aussichtsloses Abenteuer einließ, konnte ich damals noch nicht ahnen, da sich in der Euphorie der Wendezeit kein anständiger Mensch hätte vorstellen können, dass die alten Stasi-Seilschaften und mit ihnen verbündete systemnahe Wendegewinnler bis heute noch ihre Macht ausüben können«, erzählt er mir ziemlich verbittert.

Beamten der ZERV gegenüber gab er einen aufschlussreichen Vorfall zu Protokoll, der für die damalige Stimmung gegenüber»den Fremden aus dem Westen« anscheinend symptomatisch war.»Nachdem ich wegen meines Grundstücks in der öffentlichen Gemeinderatssitzung in Fredersdorf sagte, dass hier doch ganz offenbar Unrecht begangen wurde, wurde ich von Herrn Dr. B., CDU, Bauausschussvorsitzender, Ehemann von Beate B., Landtagsabgeordnete in Brandenburg, ehemalige stellvertretende Fraktionsvorsitzende der CDU Brandenburg, selbst Begünstigter von zwei Baugrundstücken (Kaufpreis pro Qua-

Teil III: Mafialand Deutschland – das sizilianische Syndrom

dratmeter fünf und zehn Mark), per Ordnungsruf aufgefordert – wörtlich: ›Schmeißt den Scheerer doch endlich raus!‹ Gleichzeitig hörte ich
die Ehefrau des ehemaligen SED-Bürgermeisters von Fredersdorf, Frau
Sch., rufen: ›Hat denn keiner ein Gewehr!‹ Die Reaktion im Saal? Ap-
plaus.«[43]

Erst im Jahr 2006 bekam der Gärtnermeister Scheerer endlich
Recht. Das Verwaltungsgericht Frankfurt/Oder hatte den Verkauf des
zwangsenteigneten Grundstücks im Jahr 1991 für rechtswidrig erklärt.
»Politisch verantwortlich für die Verkäufe, die in Strausberg und Umgebung stattfanden: der damalige Landrat Fritsch, heute Landtagsprä-
sident in Brandenburg. Kontrolliert wurde er dabei von der zukünf-
tigen Landesrechnungshofpräsidentin Britta Stark.«[44]

Der Richter bescheinigte den Mitarbeitern des heutigen brandenburgischen Landtagspräsidenten einen geradezu einmaligen Amtsmissbrauch: »Von einer unparteiischen Amtsausübung kann schon
deswegen keine Rede mehr sein, weil die zuständigen Mitarbeiter während des Verlaufs des gesamten Verwaltungsverfahrens mit einer geradezu feindseligen Haltung dem Kläger gegenübergetreten sind, die bei-
spiellos ist und mit rechtsstaatlichem Verwaltungshandeln noch nicht
einmal ansatzweise etwas zu tun hat. Inhalt und Wortwahl dieser in
nicht untergeordneter Weise beteiligten Bediensteten zeigen ein Maß
an Voreingenommenheit, die von der einseitigen Einstellung getragen
ist, der Durchsetzung der Ansprüche des Klägers entgegenzuwirken.
Der Kläger sollte mit seinen Rechten ›ausgeschaltet‹ werden.«[45]

Fazit: Die einen sind politisch aufgestiegen, die anderen, die sich
gegen das mafiose System in Brandenburg zur Wehr setzten, sie wurden zermürbt und in den physischen und psychischen Ruin getrieben.

Wie ein Exlandrat in Brandenburg ausgeschaltet wurde

Dieses Schicksal erlitt Friedhelm Zapf, der ehemalige Landrat von Freienwalde und ehemalige stellvertretende Bürgermeister von Strausberg. Friedhelm Zapf hatte nach der Wende beschlossen – als politisch
unbelasteter Lehrer –, sich in die politische Arbeit einzubringen, um

bei der Transformation der DDR in eine demokratische Zivilgesellschaft mitzuhelfen. Er wurde als SPD-Mitglied Landrat des Kreises Freienwalde. Mit der Gebietsreform ging der Kreis in den neuen Kreis Märkisch-Oderland auf. Der Landrat wurde freigestellt und übernahm als Vertreter der SPD die Stelle des Ersten Beigeordneten in Strausberg. Damals sagte er:»Das sind hier alles Profis, wie bei der Mafia.« Denn wer das Gesetz des Schweigens brach, wurde vernichtet. Er sollte das schmerzlich erleben.

Hochkarätige Strausberger Politiker waren als IM Ingrid Werner und IM Bernd eifrige Zuträger der Staatssicherheit. Einer von ihnen war nach der Wende in Strausberg für die örtlichen Liegenschaften zuständig, stieg gleichzeitig ins Geschäft mit städtischen Immobilien ein. Sein Sohn kaufte noch 1999 eine städtische Immobilie für 16 000 Mark. »Ramschverkäufe Dutzender kommunaler Immobilien schädigten Stadtsäckel und Steuerzahler um bis zu 100 Millionen Mark«, schätzte die Interessengemeinschaft gegen Vermögensunrecht. »Schließlich segneten Stadtoberhaupt Jürgen Schmitz (SPD) und der damalige Landrat und heutige Vorsitzende der SPD-Landtagsfraktion Gunter Fritsch windige Deals ab.«[46] Eine entsprechende Nachfrage von mir blieb unbeantwortet.

Auch dass eine Mitarbeiterin des Kieler Landeskriminalamtes, die bis Oktober 2000 bei der ZERV arbeitete, herausfand, dass amtliche Papiere systematisch ge- und verfälscht wurden, löste keinen besonders heftigen Ermittlungsdrang bei der Justiz in Brandenburg aus, und die politischen Entscheidungsträger interessierten sich noch weniger für diese Machenschaften.

Als dem damaligen Ersten Beigeordneten Zapf während der Abwesenheit des Bürgermeisters Ungereimtheiten bei den Verkäufen von kommunalen und privaten Immobilien durch die Stadt auffielen – unter anderem handelte es sich um jüdisches Eigentum –, meldete er Widerstand an. Was er sah, widersprach seinem Rechtsempfinden. Am 7. September 1995 kritisierte er in seiner Funktion als amtierender Bürgermeister von Strausberg in einer Sendung des *ORB*-Magazins *Focus* den Verkauf der Großen Straße 10, des ehemaligen jüdischen Kaufhauses London. Obwohl ein Restitutionsantrag der einstigen Besitzer vorlag, wurde die Immobilie verkauft, ohne Anhörung des An-

tragstellers, ohne Wertgutachten und ohne einen Beschluss der Stadtverordneten.

Auf der Stadtverordnetenversammlung am 19. Oktober 1995 erläuterte Friedhelm Zapf den Abgeordneten weitere wichtige Verkäufe von
städtischem Eigentum, die rechtswidrig waren. Seine öffentliche Kritik sollte ihm zum Verhängnis werden. Unter fadenscheinigen Gründen wurde er beurlaubt, musste von einem Tag auf den anderen sein
Büro räumen.

Erst Jahre später wurde ihm klar, weshalb er aus dem Amt entfernt
worden war. Auf der Stadtverordnetenversammlung hatte er den Abgeordneten mitgeteilt, dass er am 27. Oktober 1995 einen Termin bei der
Oberfinanzdirektion Cottbus habe, um Fragen wegen der umstrittenen
städtischen Immobilien zu klären.

Im Februar 1997 informierte er die Staatsanwaltschaft Potsdam
über die illegalen Immobilienverkäufe in Strausberg und wandte sich
zudem an den Landesrechnungshof. Wieder erfolgte eine Reaktion
vonseiten der Angegriffenen. Jetzt teilte ihm der Bürgermeister von
Strausberg mit, dass gegen ihn ein Disziplinarverfahren eingeleitet
worden sei. Der Grund dafür seien seine Schreiben an die Staatsanwaltschaft und den Rechnungshof. Gleichzeitig wurde seine Wahl zum Ersten Beigeordneten aus dem Jahr 1994 für ungültig erklärt. Für ihn war
das eine moderne Form der Hinrichtung.

Das brandenburgische Innenministerium beauftragte immerhin
den Landrat des Kreises Märkisch-Oderland, der bei den beanstandeten Verkäufen als Abgeordneter der Stadt mitgewirkt hatte, diesen
kritisierten Vorgang zu untersuchen. Der wiederum delegierte die
Überprüfung an den Bürgermeister (also den Verkäufer der umstrittenen Grundstücke), und dieser kam logischerweise zu folgendem
Schluss: »Die Ergebnisse der geführten Untersuchung in den drei Fällen haben gezeigt, dass seitens der Stadt korrekt gearbeitet wurde. Für
eine generelle Überprüfung aller Grundstücksverträge der Jahre 1990
bis 1992 gibt es keine Veranlassung, zumal ein unvertretbar hoher Auf-
wand entstehen würde.« Die Kommunalaufsicht des brandenburgischen Innenministeriums zweifelte zwar am Ergebnis – beließ es aber
beim Zweifeln.

Im März 2001 erhielt Zapf, der unbeugsame Sozialdemokrat, die

Die schmutzigen Allianzen in Brandenburg

offizielle Benachrichtigung, dass seine Ernennung zum Ersten Beigeordneten nichtig war. Sein Ruhegehalt, das er seit seinem Rauswurf
1995 erhalten hatte, wurde zum 1. März 2001 eingestellt – gemäß einem
Beschluss der Strausberger Stadtverordneten. Der Vorlage stimmten
damals 22 Abgeordnete zu, nur sechs Stadtverordnete enthielten sich.

»Die hohe Zustimmung für den Beschluss ist für Friedhelm Zapf
keineswegs überraschend. ›Fragen Sie mal nach, wie viele Abgeordnete
oder deren Verwandte günstige Immobilien von der städtischen Wohnungsbaugesellschaft gekauft haben‹, sagt der Vizebürgermeister viel-
sagend.«[47] Nach einem fünfjährigen Stillstand in der gerichtlichen Auseinandersetzung stellte das Verwaltungsgericht im Jahr 2006 plötzlich
fest, dass er a. überhaupt kein Landrat und b. auch kein gewählter Bei-
geordneter gewesen sei. Er war ein Phantom. Und dieses Phantom
sollte nun seine in den letzten Jahren erhaltenen Bezüge zurückzahlen.

Zapf klagte gegen den Bescheid des Verwaltungsgerichts. Auf die
Unterstützung seiner Partei, der SPD, hoffte er übrigens vergeblich.
Waren doch einige ihrer Repräsentanten persönlich in die mafiosen
Grundstücksgeschäfte tief verstrickt und konnten deshalb überhaupt
kein Interesse daran haben, sich für einen aufrechten Parteigenossen
starkzumachen.

Als ich Friedhelm Zapf in seiner Wohnung zum ersten Mal getroffen
habe, das war im Jahr 2006, war er noch voller Mut und Optimismus,
glaubte tatsächlich, dass Recht auch Recht ist. Beim letzten Besuch, im
Frühjahr 2008, kommt mir ein vom langen Warten zermürbter Mann
entgegen. Da wusste er noch nichts von einem Urteil des Oberverwaltungsgerichts Berlin vom 27. Mai 2008.

In diesem Urteil wurde der Stadtverwaltung Strausberg beziehungsweise der Stadtverordnetenversammlung – nach 14 Jahren! – ein gravierender Verstoß gegen den Grundsatz der Öffentlichkeit bei Zapfs
Wahl zum Ersten Beigeordneten der Stadt Strausberg bescheinigt. Die
Wahl zum Ersten Beigeordneten sei nichtig gewesen, urteilten die
Richter, weil sie im Amtsblatt als nicht öffentlicher Teil der Sitzung angekündigt worden war.

Obwohl nicht er, sondern die Stadtverwaltung für die Bekanntgabe
im Amtsblatt verantwortlich zeichnete, droht ihm jetzt die Einstellung
seiner Bezüge, vielleicht sogar die Rückforderung bereits gezahlter

Gelder – was gleichbedeutend mit der endgültigen Vernichtung Friedhelm Zapfs und seiner Familie ist.

Eigentlich war das, was sich in Brandenburg exemplarisch bis heute abspielt, überhaupt kein politischer und gesellschaftlicher Systemwechsel. Die DDR-Bürger, die einst sehnsüchtig den westlichen Verlockungen einer demokratischen Kultur und Rechtsstaatlichkeit glaubten, sie wurden nun als BRD-Bürger wieder einmal bitter getäuscht. Bürgerliche Zivilcourage, so gerne in Sonntagsreden eingefordert, ist der blanken Angst gewichen. Der Angst, aufzufallen, der Angst, seinen Arbeitsplatz und damit seine soziale Existenz zu verlieren. Es sei denn, man mutiert von einem Tag auf den anderen vom SED-Kader zum CDU-Mitglied. Oder vom KoKo-Mitarbeiter zum angesehenen Investor.

23
Geschichten vom Schwielowsee

Das Resort Schwielowsee in Brandenburg wird von vielen Bürgern misstrauisch beäugt.»»Der Hilpert kann sich hier doch alles erlauben‹, heißt es in der Gemeinde Schwielowsee. Als ein Teil der Resortbauten ohne Genehmigung errichtet wurden, reagierten die Behörden überaus milde. Und wie es gelungen ist, ein Hinweisschild auf die Ferienanlage an der Autobahnabfahrt Glindow zu platzieren, kann sich vor Ort auch niemand erklären. Genauso wenig wie die bis 2006 erteilten Sondergenehmigungen für Landungen auf dem als Landschaftsschutzgebiet ausgewiesenen See.«[48]

An diesem Ort wurde am 7. September 2008 anlässlich einer SPD-Klausurtagung der SPD-Vorsitzende Kurt Beck weggeputscht. Ein Vorgang mit hohem Symbolcharakter für die politische Kultur an einem Ort mit ebenso hohem Symbolcharakter.

50 Millionen Euro hatte eine Theodor Fontane Besitz- und Betriebsgesellschaft im Jahr 2003 in das Objekt Schwielowsee investiert. Am Hoteleingang weist eine Tafel darauf hin, wer an der Finanzierung beteiligt war: Deutsche Kreditbank AG, Land Brandenburg, europäischer Fonds für regionale Entwicklung. Geschäftsführer und Miteigentümer sind unter anderem Ex-*Bild*-Chefredakteur Hans-Hermann Tiedje und der Unternehmer Axel Hilpert. Ex-*Bild*-Chef Hans-Hermann Tiedje ist Vorstandsmitglied der Politik-Beratungsfirma WMP EuroCom AG. Gerne zählt der einstige Berater von Exbundeskanzler Helmut Kohl auf, welche Politiker und Chefredakteure er kennt. Auf der Webseite des Unternehmens ist zu lesen:»Wir sorgen für öffentliche Meinungsbildung und sind spezialisiert auf mediales Krisenmanagement, und unsere Stärke ist es, Themen am Markt der öffentlichen Meinung durchzusetzen.«[49]

228   Teil III: Mafialand Deutschland – das sizilianische Syndrom

Sein Partner Axel Hilpert arbeitete einst für Schalcks KoKo-Firma Kunst und Antiquitäten und war zudem als Inoffizieller Mitarbeiter Monika der Hauptabteilung II/1 der Stasi zu Diensten. Im Jahr 1985 geriet Hilpert in den Verdacht, bei Antiquitäteneinkäufen regelmäßig und im großen Stil Gelder in seine Tasche abgezweigt zu haben. Die Journalistin Gabi Probst hatte entsprechende Unterlagen gefunden und zitierte daraus - unwidersprochen - in einem Fernsehbeitrag: »Die Operative Personen Kontrolle (OPK) ergab nachweisbar, dass Hilpert den X. zu Straftaten inspirierte, eigene Straftaten über diesen abdeckt und getätigte Aufkaufshandlungen zum eigenen Vorteil und in spekulativer Absicht gegenüber dem Außenhandelsbetrieb verschleierte.«[50]

Sein Führungsoffizier erklärte dazu: »Die Hauptabteilung VII (Abwehrarbeit im Ministerium des Innern als Dienststelle sowie dem Ministerium des Innern nachgeordnete Einrichtungen, Anmerkung des Autors) hatte gegen Axel Hilpert ermittelt wegen Verdachts der Korruption, ohne Wissen unserer Hauptabteilung. Verantwortlich war der stellvertretende Abteilungsleiter Genosse Drießel. Das Verfahren wurde eingestellt, weil für uns die Beweise nicht ausreichten, aber vor allem weil er für uns ein wichtiger IM war.«[51]

In einem Abschlussbericht der Hauptabteilung VII des Ministeriums für Staatssicherheit vom 11. November 1985 wird das bestätigt. »Auf Weisung des Stellvertretenden Ministers, Generalleutnant Neiber, wird die OPK Korruption eingestellt. Die als Zeugen erfassten Personen sind zu löschen und das vorhandene Material in der Abteilung XII des MfS zu archivieren.«

Bekannt wurde darüber hinaus, dass Axel Hilpert beim Verkauf von Antiquitäten nicht davor zurückgeschreckt sein soll, die Besitzer von Antiquitäten in der DDR unter Druck zu setzen, »ihnen niedrige Preise in wertloser DDR-Mark zu geben, um dann die Antiquitäten im Westen mit einer großen Gewinnspanne zu verkaufen - zum Wohle des SED-Regimes«.[52] Auch im Waffenhandel sei er aktiv gewesen, und dabei ging es nicht nur um antike Waffen.[53]

Dann kam die Wende - aber was heißt schon Wende für Kaliber dieser Art? Nützlich waren Hilpert dabei seine KoKo-Aktivitäten, die ihm Kontakte in Wirtschaft und Politik im Westen verschafft hatten. In ihrem Minderheitenbericht zum parlamentarischen Untersuchungs-

Geschichten vom Schwielowsee

ausschuss zu den KoKo-Aktivitäten schreibt die Grünen-Abgeordnete und Bürgerrechtlerin Ingrid Köppe: »Der Bereich KoKo wäre ohne die Unterstützung durch westliche Geschäftspartner nicht lebensfähig gewesen. Westliche Firmen haben in großem Umfang mit dem Bereich KoKo Geschäfte gemacht.« Das führte wohl bei Axel Hilpert zu der Erkenntnis, »dass er ein Netzwerk aus Politik- und Wirtschaftsvertretern brauchte, um seine Projekte verwirklichen zu lassen«.[54] Dabei handelte es sich im Wesentlichen um Immobiliengeschäfte.

Und so gingen nach der Wende führende Politiker bei ihm ein und aus. Exbundeskanzler Helmut Kohl feierte im Resort Schwielowsee einmal seinen Geburtstag, und der brandenburgische Regierungschef Matthias Platzeck und sein Vorgänger Manfred Stolpe waren auch da. Aber wie sagte Jörg Schönbohm, Brandenburgs Innenminister, in dem *RBB*-Fernsehbeitrag von Gabi Probst: »Über den Investor Axel Hilpert weiß ich, dass er recht umstritten war. Es stehen ja Bankgruppen dahinter.« Nach dem Fernsehbeitrag über die Investoren des Hotelresorts sagte Jörg Schönbohm immerhin eine dort geplante Innenministerkonferenz ab.

Die Vorstände der CDU/CSU-Bundestagsfraktion und der SPD-Bundestagsfraktion trafen sich hingegen am 22. Januar 2007 zur Klausurtagung im feinen Resort Schwielowsee. Im Mai 2007 schließlich wurde das Resort sogar zum Tagungsort der G8-Finanzminister auserkoren, anscheinend initiiert vom Bundesfinanzministerium.

Und wie reagierte der Pressesprecher von Bundesfinanzminister Peer Steinbrück (SPD) auf Nachfrage wegen der Wahl des Tagungsortes? Wichtig seien die Schönheit des Ortes und die sicherheitstechnisch guten Voraussetzungen gewesen. »Die GmbH, die das Resort Schwielowsee betreibt, hat den Ruf eines verlässlichen Geschäftspartners.«

Renate Künast, Fraktionschefin der Grünen im Bundestag, hingegen fand deutliche Worte. »Von diesem Ort geht eine falsche Botschaft aus. Die G8-Finanzminister haben eine Vorbildfunktion. Sie müssen zeigen, dass sie für die Einhaltung von Menschenrechten stehen. Und das kann man nicht an einem Ort zeigen, an dem ein IM ist, dem man nachweisen kann, dass er Republikflüchtlinge ausspioniert hat.«[55]

24
Sächsische Sumpflandschaften oder die Macht der Wendehälse

Immerhin gibt es zumindest in Sachsen einen Sozialdemokraten, der sich nicht hat korrumpieren lassen, der für demokratischen Sozialismus und soziale Gerechtigkeit kämpft, der unabhängig geblieben ist und sich von niemandem hat kaufen lassen. Es ist Karl Nolle, Unternehmer und Landtagsabgeordneter der SPD. Er steht auf einsamem Posten und wird von seinen politischen Gegnern denunziert, weil er seine parlamentarischen Pflichten erfüllt – wozu eben auch gehört, die Regierung zu kontrollieren. Seine eigene Partei liebt ihn ebenfalls nicht sonderlich, weil er zu aufmüpfig ist und sich der Macht wegen nicht verbiegen lässt.

Tatsache ist jedoch, dass es ihm alleine zu verdanken ist, dass die meisten politischen Skandale in den letzten Jahren in Sachsen aufgedeckt wurden. Karl Nolle ist für viele Bürger daher so etwas wie der politische Leuchtturm in einer ansonsten trüben politischen Sumpflandschaft – und das fast 20 Jahre nach der Wende.

Denn die Entwicklung in Sachsen hat mit den gleichen politischen Herrschaftsstrukturen zu tun, die ich in dem vorangegangenen Kapitel ausführlich beschrieben habe. Im Mittelpunkt stehen die einstigen Kader des ehemaligen totalitären Systems. »Es ist ein schwarzer Schleier aus wechselseitigen Abhängigkeiten, des Nichtausübens gegenseitiger Kontrolle, aus Parteiräson und des wechselseitigen Nutzens von Vorteilen eigener Machtstrukturen. Alle wesentlichen Ämter in Sachsen von ganz unten bis ganz oben sind nach dem gleichen Parteigesangbuch durchorganisiert, und der Dienstweg der Rechtsaufsicht ist durch den internen Parteiweg ersetzt. An dieser Wirklichkeit einer Staatspartei in Sachsen nimmt die Demokratie, für die

die Menschen 1989 auf die Straße gegangen sind, schleichenden Schaden.«[56]

Gleichzeitig brummte die Wirtschaft des neuen Bundeslandes, und der Freistaat war lange Zeit ein Vorzeigeland, was die wirtschaftliche Innovationskompetenz angeht. Sachsen könnte auch in Bezug auf die demokratische Kompetenz vieler Mitbürger ein Vorzeigeland sein, gäbe es nicht das feudalistisch geprägte Klientelsystem, in dem staatliche Institutionen sich als Exekutionsorgan des herrschenden politischen Clans begreifen.

In Sachsen wurden beispielsweise 42 sogenannte Nomenklaturkader und über 300 ehemalige hauptamtliche und Inoffizielle Stasi-Mitarbeiter in Kenntnis ihrer früheren Beschäftigung in den Staatsdienst übernommen. Während eine Krankenschwester aufgrund ihrer IM-Tätigkeit aus dem öffentlichen Dienst entlassen wurde, konnten die Nomenklaturkader und Stasi-Angehörigen unbehindert weiter für die freiheitlich-demokratische Grundordnung kämpfen. Dieses Erbe hat die Arbeit der sächsischen Polizei, abgesehen von dem häufigen Wechsel der Innenminister, massiv behindert, insbesondere wenn es um die Aufklärung krimineller Netzwerke ging, in denen auch die alten Stasi-Seilschaften involviert waren.

Lange ist das her, könnte man denken. Auf die parlamentarische Anfrage des Abgeordneten Karl Nolle, wie viele Personen der K1 (Abteilung der Volkspolizei, die besonders eng mit der Stasi kooperierte) per 1. Juli 2006 noch im aktiven Dienst sind und wie viele davon im vorzeitigen oder endgültigen Ruhestand, wusste der amtierende Innenminister keine genaue Antwort zu geben. Denn bei der von dem Abgeordneten erwähnten Liste der K1-Offiziere handelte es sich um die sogenannte Moll-Liste, in der alle im sächsischen Polizeidienst befindlichen ehemaligen Angehörigen der Abteilung K1 innerhalb der Volkspolizei aufgeführt waren. »Diese Liste liegt heute nicht mehr vor, sodass die Beantwortung der Kleinen Anfrage aus tatsächlichen Gründen nicht möglich ist«, antwortete ihm der sächsische Innenminister.[57]

Warum diese Liste aus dem Jahr 1992 nicht mehr vorliegt, ergibt sich aus einem Vermerk am Ende der Moll-Liste, die nicht mehr auffindbar ist, ausgenommen die folgende Seite: »Sollte das Bedürfnis bestehen, heute festzustellen, wer seinerzeit im Führungsbereich tätig war, müssten umfangreiche Ermittlungsverfahren und Befragungen eingeleitet werden, die zu erheblicher Unruhe unter den Angehörigen der Kriminalpolizei führen wird. Darüber hinaus wäre zu erwarten, dass Gewerkschaften und Medien die Glaubwürdigkeit bisheriger Aussagen des Staatsministers des Innern zum Verbleib von ehemaligen K1-Angehörigen in Zweifel ziehen würden.«[58]

Viele Bürger mögen das nicht glauben. Zu ihnen gehört Ulrich W., der konkrete Informationen über politische und wirtschaftliche Machenschaften im Zusammenhang mit Fördermittelbetrug zur Anzeige brachte.»Dieses bis heute erfolgreiche ›Aktionsbündnis‹ besitzt inzwischen ein weitverzweigtes Vereins- und Firmennetzwerk in Sachsen mit besten Beziehungen, offensichtlich auch zu Polizei und Justiz.« Das war am 4. Dezember 2002.

Die Reaktion der Polizei:»Da haben Sie mir ja eine Menge erzählt. Den Fall wird vermutlich ein anderer bearbeiten. Wir rufen Sie an, wenn wir Sie brauchen.«

Einen Monat später fand ein weiteres Gespräch statt, diesmal mit einem Kriminalhauptkommissar W. Der Anzeigeerstatter erinnert sich:»Er war schon bei der Kripo zu DDR-Zeiten, geschult, intelligent, gut informiert. Das Gespräch begann so: ›Wir sperren immer die ein, die die Anzeigen machen, jedenfalls zu 90 Prozent. Weiteres Beweismaterial brauche ich nicht, das hier können Sie wieder mitnehmen. Ich habe keine Lust zu ermitteln. Das stehen Sie nicht durch. Die spucken Sie an. Wir können Sie auch nicht schützen. Überlegen Sie sich das alles in Ruhe noch einmal. Ich habe jetzt erst mal Urlaub. Rufen Sie mich danach wieder an.‹« Und er schließt in seiner mir vorliegenden Beschwerde an einen bekannten Wirtschaftskriminalisten in Bayern mit den Worten:»Ist dies so bei einer Zeugenbefragung üblich?«

Wenn der kundige Leipziger Rechtsanwalt Roland Ulbrich sagt, dass es in Sachsen nicht so sehr um eine »mafiose Verquickung zwischen Staat und Organisierter Kriminalität geht, sondern um das Problem »Obrigkeit« und »unter den Teppich kehren«, trifft das nur insofern zu, als dass Organisierte Kriminalität in Sachsen eben mehr ist als individuelle kriminelle Handlungen: Sie besteht in der Übereinstimmung zwischen mafioser Kultur und politischem Handeln. Denn es ist in Sachsen – wie im Fall des Rechtsanwalts Roland Ulbrich – eine Ausnahmeerscheinung, dass es kritische Bürger überhaupt noch wagen, öffentlich zu ihrer Meinung zu stehen.

Der Leipziger Rechtsanwalt Nils Merker hat mir am 24. Februar 2008 Folgendes dazu geschrieben:»Die Entscheidungen und die Vorgehensweise sowie die Behandlung meiner Beschwerden und Strafanzeigen sind mehr als absurd. Recht wurde und wird hier nicht gebeugt, sondern gedreht, und die Justiz zeigt mir deutlich, dass man gegen sie nichts, rein gar nichts ausrichten kann.« Ein böser Vorwurf.

Tatsächlich drängt sich in Sachsen der Endruck auf, dass eingeschnürt von Angst, Unterwerfung und Repressalien kritische Worte, die vielleicht überspitzt das Herrschaftssystem in Sachsen infrage stellen, eine latente Gefahr für die individuelle berufliche und persönliche Existenz bedeuten. Und das fast 20 Jahre nach der Auflösung der DDR.

Verantwortung dafür tragen besonders die Blockflöten der sächsischen CDU. »Die Union verdrängt die Verantwortung, die die Ost-CDU für die SED-Diktatur gehabt hat. Die Ost-CDU hat immer die Diktatur und die Mauer legitimiert. Kritische Töne gab es nicht. Das war Anpassung vieler DDR-Bürger auf hohem Niveau.«[59] Unbestritten ist, so Karl Nolle, dass die DDR-Diktatur nicht nur von der SED alleine stabilisiert und gefestigt wurde,»sondern von den Blockparteien der DDR insgesamt. Den Bau der Mauer am 13. August 1961 haben nicht nur Schalmaienklänge begleitet, sondern auch Blockflöten. Dutzende von heutigen CDU-Abgeordneten und -Ministern haben eine langjährige, teils jahrzehntelange Mitgliedschaft oder Karriere in der Blockpartei CDU in ihren Biografien. Der neue Ministerpräsident Stanislaw Tillich ist noch 1987 in die CDU eingetreten und bekleidete eine hohe politische Funktion beim Rat des Kreises Kamenz und war damit Teil des Nomenklaturkadersystems der SED. Diese Nomenklaturkader brauchten nie eine IM-Verpflichtungserklärung zu unterschreiben, weil sie im Zweifel der Stasi die Befehle gaben. In der Regel arbeiteten beim Rat des Kreises keine Widerstandskämpfer.«[60]

Geschichtlich unbestritten ist, dass nach Säuberungen durch die sowjetische Militäradministration und die DDR-Staatssicherheit die

234   Teil III: Mafialand Deutschland – das sizilianische Syndrom

Ost-CDU seit 1950 nahezu vollständig mit der SED gleichgesetzt war. Sie übte sich in Ergebenheitsadressen an die jeweiligen Machthaber und wurde dafür zu rund 75 Prozent von den Kommunisten alimentiert.

Noch zum 40. Jahrestag der DDR am 7. Oktober 1989 formulierte die Parteispitze der Ost-CDU eine Jubelarie, die – während die Volkspolizei Oppositionelle niederknüppelte – im ganzen Land verlesen werden sollte: »Allein der Sozialismus«, hieß es darin, »gewährleistet Sicherheit und Geborgenheit.«

Dazu schreibt Karl Nolle in einem mir vorliegenden Brief an einen sächsischen Unternehmer: »Solche Ehrenmänner standen nach der Wende – und bis zum heutigen Tag – an der politischen Spitze und der Verwaltungsspitze von Landkreisen, Städten, Gemeinden, in Parlament und Regierung und nahmen die Rechts-, Fach- und Sachaufsicht im demokratischen Gemeinwesen wahr. Sollen wir für diese Pharisäer Persilscheine ausstellen, nur weil sie heute wieder zu einer Staatspartei, der CDU Sachsen, gehören und genauso agieren?« Sächsischer Landespolizeipräsident ist übrigens Bernd Merbitz, Mitglied der CDU und vor der Wende Mitglied der SED. Nach der Wende ist er aus der SED ausgetreten und wurde im Jahr 1990 mit folgenden Worten zitiert: »Ich bin davon überzeugt, dass die Umstellung auf den neuen Staat Leuten wie mir leichterfällt als den Menschen, die im Herbst die Revolution gemacht haben. Diese Menschen werden auch in der Zukunft nur Außenseiter bleiben.«[61] Heute ist er Beisitzer im CDU-Landesvorstand Sachsen.

Die Märchenerzähler des sächsischen Verfassungsschutzes und die Rache des Imperiums

Deutlich wird das unselige Wirken dieser sächsischen Kadernomenklatur im Zusammenhang mit der heftigen politischen und publizistischen Auseinandersetzung um den sogenannten Sachsensumpf. Sachsensumpf – das ist Korruption, das sind die mafiosen Netzwerke der Nomenklatura, die sich kraft ihrer wirtschaftlichen und politischen Macht legitimieren, auch wenn dabei das Gemeinwohl und demokratisches Leben auf der Strecke bleiben. Es geht um einen »politischen Sumpf«, so der SPD-Landtagsabgeordnete Karl Nolle, »in dem der Rechtsstaat durch rechtswidriges Zusammenwirken von Teilen von Justiz, Polizei und Politik steckt«.[62]

Genau das darf es offiziell jedoch nicht geben. »Teile von Justiz, Polizei und Politik in Sachsen offenbaren immer wieder ein unverhohlen feudales Verhältnis zu Rechtsstaat und Verfassung. Wenn es um die Mächtigen im Lande geht, funktionieren Teile der Justiz offensichtlich wie institutionalisierte Strafvereitelungsbehörden einer Parteijustiz.« Auch das behauptete der SPD-Landtagsabgeordnete, und zwar aufgrund seiner langjährigen parlamentarischen Erfahrung in Sachsen. »Es wird gedeckt, was nicht gedeckt werden darf. Das ist Korruption auf der Ebene der Aufsichtsorgane.«[63] Übertreibt der Abgeordnete gar?

Deshalb lohnt sich ein Blick auf das sizilianische Syndrom im Sachsenland.

Ein Umweltdezernent aus einem Landkreis bei Leipzig klagte seine Vorgesetzten an, weil im Zusammenhang mit einer Müllverbrennungsanlage 200 Millionen Mark Fördermittel versickerten. Für eine kleine Straße, die S 282 a bei Schönfels, erhielt der Freistaat von der Europäischen Union zweckgebundene Fördermittel in Höhe von 50 Millionen Euro. Die Straße wurde inzwischen gebaut – für zehn Millionen Euro. Die restlichen 40 Millionen seien, wird vermutet, in Dresdner Amtsstuben versickert.

Beim Abwasserverband Oberes Göltzschtal verschwanden im Jahr 1993 quasi über Nacht 25 Millionen Mark in Liechtenstein. »Es ging um einen Betrug, der offenbar von deutschen Exbankern und Politikern eingefädelt worden war, um sich Fördermittel in Größenordnungen in den Wirren der Nachwendeordnung in die eigenen Taschen zu stecken.«[64] Bis zum heutigen Tag ist nicht aufgeklärt, wer tatsächlich dafür verantwortlich ist und auf welchem Konto das Geld gelandet ist. Der Vorgang ist inzwischen verjährt.

In Riesa sagt Jan Niederleig von der Bürgerinitiative »Für lebenswerte Umwelt«: »Im Sommer habe ich das Buch *Gomorrha* von Roberto Saviano gelesen. Ich sehe heute noch mehr Parallelen zu dem eigenen

Fall hier bei uns in Riesa. Auch hier geht es bei uns um Abfälle, Dioxine, Filterstaub aus Rauchgaseinrichtungen und um Geld. Der italienische Konzern setzt heute schon 40 Prozent seines Gesamtumsatzes in Riesa um. Die Dreckwolken aus dem Hallendach nehmen kein Ende. Es ist langsam unklar, welche Geschütze die Gegenseite auffährt, um uns mundtot zu machen.«[65]

Der von ihm erwähnte italienische Konzern Feralpi wehrt sich gegen diese Vorwürfe und erklärt, dass das Unternehmen über die modernste Umwelttechnik verfüge. Ende der Neunzigerjahre zumindest hatte die Staatsanwaltschaft Dresden festgestellt, dass das Unternehmen mehr Dioxin als zulässig ausgestoßen hat. »Der zuständige Mitarbeiter des Regierungspräsidiums räumte ein, dass seine Behörde von der Grenzwertüberschreitung wusste. So wunderten sich die Ermittler, dass der Betrieb 1999 nicht stillgelegt wurde, wie es ein Vertrag zwischen Feralpi und dem Freistaat eigentlich vorsah.«[66]

Ungeklärt ist auch die Affäre um den ehemaligen Oberbürgermeister von Görlitz, Matthias Lechner. Er und einige Stadträte hatten sich im Jahr 1997 gegen die geplante Einbindung der Mülldeponie in Görlitz in den Regionalen Abwasserverband Oberlausitz-Niederschlesien (Ravon) beharrlich gesträubt, weil das ihrer Stadt finanziellen Schaden zufügen würde. Kurzerhand wurden sie deshalb aus dem Amt entfernt. Denn ihr beharrlicher Widerstand störte in Dresden. Die Landesregierung wollte die Einbindung in den Ravon. »Ich kann mich an eine Veranstaltung erinnern, in der der heutige Ministerpräsident und seinerzeitige Finanzminister (Georg Milbradt, Anmerkung des Autors) in einer öffentlichen Veranstaltung der Stadt Görlitz nachdrücklich nahegelegt hat, die Deponie an den Ravon zu verkaufen, und auf die finanziellen Folgen eines Nichtverkaufs hingewiesen hat. Die Landesregierung hat nachdrücklich Druck auf die Stadt Görlitz ausgeübt, die Deponie an den Ravon zu verkaufen.«[67]

Weil Matthias Lechner sich nicht beugen wollte, nahm er an einer Pressekonferenz der PDS teil. Daraufhin erhielt er Post vom Landesvorsitzenden der CDU: »Seit Sie gemeinsam mit der sächsischen PDS Pressekonferenzen veranstalten und öffentlich unbewiesene Behauptungen mit schwerwiegenden Anschuldigungen gegenüber Herrn Staatsminister a. D. Steffen Heitmann und gegenüber dem Finanzbürgermeister der Stadt Görlitz, Herrn Rainer Neumer, aufstellen, bin ich zu der Auffassung gelangt, dass Sie in der CDU Sachsen fehl am Platze sind. Ich lege Ihnen deswegen nahe, die CDU zu verlassen.«[68]

Matthias Lechner, der Görlitzer Oberbürgermeister a. D., antwortete wenig später:»War es doch die CDU-Fraktion in Görlitz, die 1998 mit der PDS gegen mich gemeinsame Sache gemacht hat. Sie hat sogar die PDS-Fraktion zur Unterschriftsleistung in die CDU-Geschäftsräume gebeten und mit der PDS gemeinsam ein Bürgerbüro betrieben.«

Der Innenminister Steffen Heitmann zeichnete sich nach Medienberichten durch ein eigenwilliges Amtsverständnis aus. Oder wie es aus dem Bericht des sächsischen Datenschutzbeauftragten hervorgeht:»Aufgrund eines schwerwiegenden Datenschutzverstoßes musste ich gegenüber dem - inzwischen nicht mehr im Amt befindlichen - Staatsminister der Justiz eine Beanstandung aussprechen: Der Staatsminister hatte ausweislich eines von ihm gefertigten Aktenvermerks einen Bericht der Staatsanwaltschaft und dessen Auswertung im eigenen Haus angefordert und Informationen daraus weitergegeben, um einen örtlich involvierten, ihm politisch nahestehenden Landtagsabgeordneten über ein Ermittlungsverfahren zu unterrichten.«[69]

Weil er diesen Vorgang öffentlich gemacht hatte, wurde er wegen Geheimnisverrats von der Generalstaatsanwaltschaft strafrechtlich verfolgt. Der Datenschutzbeauftragte musste bis zum Bundesgerichtshof (BGH) gehen, um Recht zu bekommen. In Vergessenheit geraten ist dabei ein geradezu symbolischer Ausspruch des damaligen Innenministers Steffen Heitmann. Während der Verhandlung gegen den Datenschutzbeauftragten wurde er gefragt, warum er sich wöchentlich sechs bis zehn Akten der Staatsanwaltschaft habe vorlegen lassen.»Ja, zum Regieren, zum Regieren.«

»Er brauchte die Ermittlungsakten«, kommentierte der SPD-Abgeordnete Karl Nolle,»weil er herausfinden wollte, was da passiert, insbesondere wegen seiner Parteifreunde in Görlitz.« Das war ein klarer Hinweis darauf, wozu in Sachsen die Staatsanwaltschaft alles gut ist. Einigen sächsischen Politikern ist sicher auch der baden-württembergische Unternehmer Peter Köberle aus Weil der Stadt in Erinnerung. Er wollte mit dem Vermögen seiner Familie, unterstützt von der sächsischen Landesregierung, das staatliche Barockschloss Rammenau im Landkreis Bautzen zu einem exklusiven Schlosshotel umbauen. Die zuständigen Behörden schlossen mit ihm einen Pachtvertrag über 100 Jahre bezüglich der Schlossanlage mit Golfplatz und ließen ihn dann mit der Sanierung beginnen. Dann jedoch wurde sein Vorhaben vom Freistaat Sachsen beziehungsweise dessen Behörden torpediert. Der Pachtvertrag wurde nach Überzeugung des Investors rechtswidrig gekündigt. Wenige Tage vor der dann doch geplanten Eintragung ins Grundbuch, durch den der Erbbaurechtsvertrag Rechtskraft erlangt hätte, wurde ein Mordanschlag auf ihn verübt.

Er wurde auf dem Golfplatz angeschossen. Dort hatte er sich mit einem Geschäftspartner getroffen, der etwa drei Meter neben ihm herging. Köberle fiel zu Boden, ohne den Schuss überhaupt gehört zu haben. Er hatte lediglich einen dumpfen Schlag gefühlt. Nur weil er mit dem Kopf in einen Wasserabzugsgraben gefallen war, sein Kopf also nach unten hing, überlebte er das Ganze, wenngleich er deshalb bis heute schwerbehindert ist.

Sein »Geschäftspartner« legte ein Geständnis ab und wurde zu einer siebenjährigen Haftstrafe verurteilt. Doch das Geständnis war, so Peter Köberle, offensichtlich falsch. Der Geständige war nach Köberles fester Überzeugung nicht der Schütze. Gutachten hätten nachgewiesen, dass der Schuss aus mehreren Hundert Metern Entfernung abgegeben wurde. Im Übrigen hätte er sicher bemerkt, wenn der neben ihm laufende Mann eine Waffe gezogen und auf ihn geschossen hätte.

Geklärt sind diese seltsamen Vorgänge bis zum heutigen Tag nicht. Peter Köberle ist zutiefst verbittert, was auch seine »Rammenauer Erklärung« vom 30. Juli 2006 verständlich macht: »Weder die Staatsanwaltschaft noch das Gericht haben das Opfer dieses Anschlags - also den einzigen Tatzeugen - jemals gesehen, geschweige denn vernommen. Staatsanwaltschaft und Justiz nutzten den äußerst kritischen Gesundheitszustand des Opfers, um mit vielerlei faulen juristischen Tricks, falschen Gutachten und manipulierten Beweismitteln ein äußerst brisantes Verbrechen durch ein rasches Urteil zu deckeln und eine politisch explosive Akte für immer zu schließen.«[70]

Das alles sind starke Indizien dafür, dass bereits seit vielen Jahren in Sachsen Verhältnisse herrschen, die mit dem Begriff Sachsensumpf nur unzulänglich beschrieben werden können. Mafiose politische Kultur wäre korrekter.

Leipziger Allerlei

Grit Hartmann, Koautorin des Buches *Operation 2012 - Leipzigs deutscher Olympiatrip*, beschrieb detailliert den politischen Leipziger Sumpf. »Der Leipziger Umgang mit der Vergangenheit des Managers beschere der deutschen Olympiabewerbung eine turbulente Krise. Der Oberbürgermeister wollte von seinem jungen Protegé nicht lassen. Die Affäre legte auf dramatische Weise zwei miteinander verbundene Probleme in der Stadt der friedlichen Revolution von 1989 offen: die Langzeitkonzilianz gegenüber den Systemtreuen von gestern und die Pflege undemokratischer Erinnerungskultur. Beides wird in Leipzig sorgsam kultiviert.«[71]

Im Februar 1996 verließ der Immobilienkaufmann Martin Mielke seine Wohnung in Leipzig. Er wollte nach Berlin fahren, kam dort jedoch nie an. Später fand die Polizei sein Auto, verschlossen und blutbeschmiert. Der Fall ist bis heute nicht aufgeklärt.

Wenige Monate später, im Sommer 1996, verschwand eine Justizsekretärin im Leipziger Amtsgericht spurlos. Drei Jahre danach entdeckten Arbeiter bei Raßnitz den Schädel und Teile des Skeletts der Frau. »Es soll Hinweise geben, dass die Justizangestellte illegalen Immobiliengeschäften auf die Spur gekommen sein könnte. Doch die Ermittlungen verliefen im Sande, der Fall liegt bei den Akten.«[72]

Bis Mitte 2002 arbeitete Ulrich Ingenlath für die Leipziger Wirtschafts- und Beschäftigungsförderung. Er hatte zwölf Jahre beim Bund gedient, und nach dem Studium der Staats- und Sozialwissenschaften an der Bundeswehr-Universität in München war er zunächst als Presse- und Jugendoffizier bei der Bundeswehr in Leipzig tätig. Danach arbeitete er bei der Stadt Leipzig. Er ist ein sehr zurückhaltender Mann. Doch was er in Leipzig erlebte, hat ihn geprägt.

240   Teil III: Mafialand Deutschland – das sizilianische Syndrom

Denn er stieß, wie er berichtete, regelmäßig auf Organisierte Kriminalität im Sinne der gängigen Begriffsdefinition. »Ich war sogar selber involviert und bin von einem Mitglied des Sächsischen Verfassungsgerichtshofes direkt und unmittelbar bedroht worden, weil ich eine Zeugenaussage in einem Strafgerichtsprozess gemacht habe. Das Besondere an der Organisierten Kriminalität in Leipzig ist nicht das erwähnte Rotlichtmilieu, sondern der parteienbasierte und von selbigen beförderte Filz (Leipziger Modell). Leipzig ist deshalb das Zentrum der Organisierten Kriminalität, weil es in der Tat ein städtebauliches Filetstück war und weil dort mit der Zuweisung von überproportional vielen Fördermitteln (inklusive der kafkaesken Olympia-Entscheidung des Nationalen Olympischen Komitees) zu rechnen war. Zudem ist die Messemetropole bis heute ein MfS- und SED-Nest. Viele kommunale Beteiligungen und Vereine sind durchsetzt mit alten Kadern, die nach wie vor eine tief sitzende Abneigung gegen eine demokratische Gesellschaft hegen. Unter Wolfgang Tiefensee beispielsweise wurde die Kommune wie ein mittelalterliches Fürstentum regiert. Ein reinrassiges Patronatssystem, in dem es den jeweiligen Lebensgefährtinnen beziehungsweise Ehefrauen von kommunalen Spitzenpolitikern zukam, wichtige Abteilungsleiterinnen- oder Geschäftsführerposten bei kommunalen Unternehmen beziehungsweise deren privatwirtschaftlichen Auftragnehmern der Kommune zu besetzen.«[73]

So weit die Aussage von Ulrich Ingenlath, dem wegen »nachhaltiger Störung des Vertrauensverhältnisses« gekündigt wurde. Der Grund: Er hatte die Stadtverwaltung und Staatsanwaltschaft auf für ihn offensichtliche Betrügereien aufmerksam gemacht. Sein einst höchster Chef, Wolfgang Tiefensee, ist inzwischen Bundesminister für Verkehr. Die Aussage von Ulrich Ingenlath deckt sich im Übrigen mit der des städtischen Amtsleiters Karsten Gerkens. Er hatte der Stadt vorgeworfen, ihren Haushalt mit öffentlichen Fördermitteln zu sanieren, die eigentlich für Problemgebiete wie den Leipziger Osten bestimmt waren.[74]

Aus Leipzig schrieb mir im Sommer 2007 ein Polizeibeamter: »Wir als Polizisten eines Reviers wollten Gaststättenkontrollen und auch Jugendschutzkontrollen in Diskos und Gaststätten durchführen. Die Stadt macht das selbstständig nicht. Es wird privaten Sicherheitsunternehmen überlassen, deren Mitarbeiter in kriminelle Strukturen ein-

Sächsische Sumpflandschaften oder die Macht der Wendehälse   241

gebunden sind. Dabei wurden uns vonseiten der Stadt sowie auch von Teilen der Polizeiführung erhebliche Steine in den Weg gelegt und uns die Arbeit auch bewusst und gewollt erschwert und sogar untersagt. Dabei wissen wir, wo die Leute des Sicherheitsdienstes ihre Hände im Spiel haben, dass sie vor den Diskos stehen. Wir wissen, dass über die muskelgepackten Leute Mädels rekrutiert werden, wir wissen, dass die massiv im Rotlichtmilieu vertreten sind. Wir wissen, dass die mindestens in der Vergangenheit mit Schutzgelderpressungen zu tun hatten.«

Fazit: Wenn Heuchelei ein Funktionsprinzip der Politik ist, dann ist Sachsen dafür geradezu ein Präzedenzfall, auch für ein gesellschaftliches Design, in dem Betrug und Rechtsverletzung keine ungewöhnlichen Ausnahmeerscheinungen sind.

25
Eine staatliche Behörde beschäftigt sich kritisch mit staatlichen Institutionen

Seit dem Frühjahr 2007 bezog sich der Begriff Sachsensumpf seltsamerweise nur auf eine Aktensammlung des Landesamts für Verfassungsschutz (LfV) in Dresden.

Zum Hintergrund: Im Landesamt für Verfassungsschutz wurde im Jahr 2003 auf Antrag der CDU ein Referat gegründet, das sich mit diversen Sachverhalten der Organisierten Kriminalität in Sachsen beschäftigen sollte. Die damalige PDS-Fraktion war es, die mit einer erfolgreichen Klage vor dem Sächsischen Verfassungsgericht 2005 dafür sorgte, dass dem Verfassungsschutz die generelle Zuständigkeit für die Beobachtung Organisierter Kriminalität entzogen wurde. Stattdessen sollte er seine Arbeit auf den Bereich beschränken, der sich mit der Bedrohung der freiheitlich-demokratischen Grundordnung befasste.

Das Argument? Für die Bekämpfung von Verbrechen seien Polizei und Landeskriminalamt da, sie müssten gut ausgestattet sein und unabhängig von politischer Macht und Einflussnahme ihre Pflicht tun. Doch das entspricht nicht der Realität.

In der Folge dieses Urteils des Sächsischen Verfassungsgerichtshofs vom 21. Juli 2005 wurde ein Jahr später durch eine Novellierung des Sächsischen Verfassungsschutzgesetzes die Organisierte Kriminalität als eigenständiges Beobachtungsobjekt des Landesamts für Verfassungsschutz gänzlich gestrichen. Und zwar trotz eindringlicher Warnungen.

Am 24. März 2006 ging beim Präsidenten des Landesamts für Verfassungsschutz ein Telefax ein. Absender war das Referat 47 des sächsischen Innenministeriums, dem das LfV unterstellt ist. Angeheftet waren 13 Seiten, unter anderem der Briefentwurf des sächsischen Innenministers und ein Gutachten von Eckart Werthebach, dem ehemaligen Präsidenten des Kölner Bundesamtes für Verfassungsschutz und Berliner Senators für Inneres.

In dem Briefentwurf des Innenministers stand: »Eine Streichung der OK-Zuständigkeit aus dem sächsischen Verfassungsschutzgesetz ist aus meiner Sicht fatal und sendet die falschen politischen Signale an Bund und die übrigen Länder. Ein Zurückfallen hinter den bisherigen ›Status quo‹ der OK-Bekämpfung im Freistaat Sachsen könnte dahingehend verstanden werden, dass die Gefahren, die von der OK ausgehen, in Sachsen trotz seiner Grenzlage als nachrangig und unbedeutend eingestuft werden.«[75]

Im Gutachten von Eckart Werthebach war zu lesen: »Nach Meinung zahlreicher Experten liegt die eigentliche Bedrohungsqualität von OK in der Deliktschwere, den immensen materiellen und immateriellen Schäden und den auf Dauer angelegten kriminellen Strukturen, die unmittelbar oder mittelbar letztlich auf Unterwanderung, Lähmung und Zerstörungen staatlicher Organisationen gerichtet sind.« Er empfahl daher dringend, die vom sächsischen Verfassungsgerichtshof beanstandeten Regelungen des Verfassungsschutzgesetzes entsprechend verfassungskonform auszulegen und anzuwenden.

Und bei der Sitzung des Verfassungs-, Rechts- und Europaausschusses am 27. März 2006 erklärte ein Vertreter des Innenministeriums zu den bisherigen Erkenntnissen des Verfassungsschutzes: »Es ergaben sich Anhaltspunkte und Verdachtsmomente hinsichtlich einer vorgesehenen Einflussnahme von Angehörigen südeuropäischer OK-Strukturen auf die öffentliche Verwaltung und die Justiz im Freistaat Sachsen.«

Es nutzte nichts. Organisierte Kriminalität durfte fortan nicht mehr vom Verfassungsschutz beobachtet werden. Die Mitarbeiter mussten ihre Arbeit einstellen. Seit dem Sommer 2006 waren sie nur noch damit beschäftigt, ihre eigene Auflösung zu organisieren. Sie waren verständlicherweise empört und sprachen davon, dass sie gerade dabei waren, wichtige kriminelle Strukturen in Politik und Justiz aufzudecken, und sie deshalb ihre Arbeit beenden mussten.

Bis zu dem Urteil des Verfassungsgerichts hatten die Verfassungsschützer – wie jeder bundesdeutsche Nachrichtendienst – eine Vielzahl

von Informationen gesammelt. Unter anderem über höchst fragwür-
dige Verbindungen in Leipzig zwischen der Verwaltung, Juristen und
Rotlichtfürsten, über die italienische und russische Mafia, über Ro-
ckergruppen und über ein kriminelles Netzwerk in Plauen.

Wie sah nun konkret die Arbeit der sächsischen Verfassungsschützer aus? Im Vordergrund standen die Führung von Quellen und die Auswertung der Informationen. Charakteristisch ist dafür ein Bericht des
LfV vom 23. Mai 2005. An diesem Tag traf sich ein Beamter des LfV mit
einer Quelle. Daraufhin wurde ein Bericht angefertigt über das, was die
Quelle berichtet hat: »B. sei Inhaber einer Security-Firma. Er soll derzeit Probleme mit einem Alex haben. Er soll öfter in den Lokalitäten
»Sol y Mar«, Bellinis« und »Flower Power« (zwischen drei und vier Uhr)
verkehren und sonst kaum in Leipzig unterwegs sein. Er soll vor Kurzem ein Bordell (18 Betten) in der Nähe des Nachtklubs »Aphrodite eröffnet haben. U. soll in diesem Bordell die Security stellen. H. sei ein
ehemaliger Boxer, bereits wegen eines Tötungsdeliktes in Haft gewesen und konsumiere Kokain. Er soll darüber hinaus verschiedene Woh-
nungsbordelle besitzen. Er soll Kontakte zur Stadtverwaltung haben.«

In einem weiteren Bericht des Landesamts für Verfassungsschutz
vom 6. September 2005 heißt es: »Der VM (die Quelle des LfV, Anmerkung des Autors) Jaguar berichtet seit Ende April 2005 kontinuierlich
über verschiedene Personen aus Leipziger Politik- und Wirtschafts-
kreisen sowie die kriminelle Szene in der Stadt. Eine zentrale Position
in diesem Personengeflecht nimmt B. ein. Dieser soll früher für das
MfS gearbeitet haben. B. verfüge nach Angaben des VM Jaguar über
enge Verbindungen zu maßgebenden Personen der Kommunalpolitik.«

Dem Bericht hinzugefügt wurden strafrechtliche Erkenntnisse
über B. Sie reichten von 1992 (Eintreiben von Schulden unter Gewaltan-
drohung) bis zum Dezember 2004 (Nötigung). Gekennzeichnet wurden
alle Informationen als Verschlusssache (VS) »Zwischenmaterial«.

In einem Dokument des LfV vom 22. Juli 2004 ging es um Aufklärung von OK-Strukturen durch verdeckte Ermittlungen im Personenumfeld der Zielperson A. Dabei handelte es sich um einen Polizeibeamten. »Anfang des Jahres 2003 lief A. in einer Telefonüberwachungsmaßnahme ein, die aufgrund eines Ermittlungsverfahrens
wegen des Verdachts des unerlaubten Handels mit Betäubungsmitteln

durch die Kriminalpolizei Chemnitz geführt wurde. In diesem Zusammenhang wurde bekannt, dass A. Polizeiinformationen an die von der Telefonüberwachungsmaßnahme Betroffene zu ihrem Personenumfeld in Chemnitz weitergegeben haben soll. Dies zeigt, dass A. auch über die Region Aue/Schlema hinaus tätig wird.«

Das ist nun wahrlich keine »Gerüchtesammlung«[76], wie es später Juristen und Journalisten interpretiert hatten. Auf diese Art und Weise werden prinzipiell bei Nachrichtendiensten Informationen gesammelt - wie denn sonst?

Nachdem der sächsische Datenschutzbeauftragte im Herbst 2006 von der Existenz dieser Akten erfahren hatte, sollten alle gesammelten Informationen des Verfassungsschutzes, niedergeschrieben auf etwa 15 600 Seiten, 60 Jahre lang unzugänglich im Staatsarchiv aufbewahrt werden. Und das wäre auch geschehen. Doch am 14. Mai 2007 meldete *Der Spiegel* mit der Schlagzeile »Sächsischer Sumpf«: »Der Dresdner Verfassungsschutz hat Hinweise auf Verbindung von Politik, Justiz und Polizei zum Organisierten Verbrechen. Die Akten sollen aber vernichtet werden.«

Von diesem Zeitpunkt an war der Plan durchkreuzt, die Unterlagen verschwinden zu lassen. In Sachsen begann jetzt eine heftige Diskussion darüber, wer für den Sumpf von mutmaßlichen korrupten Justizangehörigen und kriminellen Strukturen verantwortlich sei und was eigentlich genau in den Verfassungsschutzakten stünde. Die kannte zu diesem Zeitpunkt niemand.

Auffällig war deshalb, mit welcher Vehemenz sich einige Medienvertreter trotzdem vom Beginn der Diskussion über die Informationen des LfV dagegen wehrten, den Begriff Sachsensumpf zu benutzen, und dessen scheibchenweise bekannt gewordene Erkenntnisse als Gerüchte, die nicht justiziabel seien, bewerteten. Was führte zu diesen Vorbehalten, die überwiegend auf den Stellungnahmen der staatlichen sächsischen Institutionen und der CDU basierten, obwohl in den Verfassungsschutzakten Behauptungen nie als Beweise aufgestellt wurden, sondern prinzipiell im Konjunktiv gesprochen wurde?

Einer der Gründe war die totale Unkenntnis über die Arbeitsweise eines Nachrichtendienstes - sowohl bei einigen Medienvertretern wie Angehörigen der Justiz. Erst bei Abschluss der entsprechenden Struk-

246   Teil III: Mafialand Deutschland - das sizilianische Syndrom

turermittlungen sollte die Staatsanwaltschaft informiert werden. Das wiederum wird in anderen Bundesländern nach dem Opportunitätsprinzip geregelt, das heißt, der Nachrichtendienst ist nicht zwingend verpflichtet, Kenntnisse über vermutete strafbare Handlungen den Justizbehörden zu übergeben.

Nachdem der sächsische Verfassungsgerichtshof im Jahr 2006 sein Urteil gefällt hatte, konnte nur noch bedingt weitergearbeitet werden. Quellen wurden zwangsläufig nicht weiter überprüft, die Ergebnisse blieben fragmentarisch. Wie sagte doch ein Verfassungsschützer: »Man hat uns keine Zeit für Überprüfungen gelassen, weder zeitlich noch personell.« Immerhin ergaben die bis zu diesem Zeitpunkt gesammelten Informationen, die später als Gerüchtesammlung denunziert wurden, ein beunruhigendes nachrichtendienstliches Lagebild, gerade was die Verhältnisse in Leipzig betraf. Es waren teilweise ungeprüfte Quellenauswertungen und nicht immer nachgeprüfte Informationen über die bereits seit Langem vermutete Komplizenschaft zwischen Teilen der Justiz, Polizei, einigen Politikern, Unternehmern und der Unterwelt.

Auf der anderen Seite hatten die Verfassungsschützer nicht die Zeit gehabt, um alle Informationen zu überprüfen, und sie hatten ein großes Misstrauen gegenüber vielen Polizeibeamten. In der Vergangenheit spielte die sächsische Polizei nämlich in den Augen vieler Beobachter eine eher kleinmütige Rolle, wenn es um die Bekämpfung der Organisierten Kriminalität ging. Dabei ist auffällig, das sächsische Politiker sich aber nicht scheuen, Beamte einer sogenannten PolizeiBasis-Gewerkschaft einzuladen, die nach Überzeugung der Gewerkschaft der Polizei (GdP) oder des Bundes Deutscher Kriminalbeamter (BDK) überhaupt keine Gewerkschaft sei, sondern eher ein Geschäftsmodell. Die Polizei-Basis-Gewerkschaft wird im Zusammenhang mit »unseriösen Geschäften mit dem guten Namen der Polizei« vom bayerischen Landeskriminalamt genannt.

»Angeblich im Auftrag der Polizei handelnde Verlage, Werbeagenturen und Anzeigenverwaltungen betreiben für vermeintliche Polizeipublikationen Annoncenwerbung. Wahrer Hintergrund ist allerdings die Produktwerbung, also der rein wirtschaftliche Vorteil. Unaufgeforderte und kostenlos übersandte Polizeischriften zum Beispiel der

Eine staatliche Behörde beschäftigt sich kritisch mit staatlichen Institutionen

Polizei-Basis-Gewerkschaft und der Polizei-Basiszeitung, die ausschließlich durch Werbung getragen werden, werden von den Polizeidienststellen weder dienstlich verwendet, noch an Polizeibeamte oder Dritte verteilt.«[77] Und in einem Schreiben des Innenministers von Nordrhein-Westfalen ist in Bezug auf diese Bundesvereinigung der Polizei-Basis-Gewerkschaften zu lesen:»Hierbei handelt es sich um ein sehr komplexes Betrugsphänomen, das im Wesentlichen die bislang sehr unzureichenden Möglichkeiten des rechtlich wirksamen Schutzes des Begriffs ›Polizei‹ ausnutzt.«[78]

Trotzdem traf sich der sächsische Landesvorsitzende dieser seltsamen Polizei-Basis-Gewerkschaft am 16. Januar 2006 mit Innenminister Albrecht Buttolo im Dresdner Innenministerium.»Dieses Gespräch diente vordergründig dem beiderseitigen Kennenlernen sowie dem Austausch gemeinsamer Standpunkte zu bestehenden Problemfeldern innerhalb der sächsischen Polizei ... Mit Staatsminister Dr. Buttolo wurden weitere Gesprächsrunden vereinbart und für die Polizei-Basis-Gewerkschaft, LV Sachsen jegliche Unterstützung zugesagt.«[79] Auf der Webseite der Polizei-Basis-Gewerkschaft war auch zu lesen, dass ihr sächsischer Vorsitzender am 14. Juni 2007 auf Einladung des sächsischen CDU-Bundestagsabgeordneten Günter Baumann in Berlin weilte.[80] Günter Baumann ist Mitglied im Innenausschuss des Deutschen Bundestags! All das erklärt die Demotivation der vielen couragierten Kriminalisten, mit verheerenden Folgen für eine aktive Bekämpfung krimineller Seilschaften.

26
Immobilien und der Puff – Gerüchte und Tatsachen

Immer mehr Einzelheiten über die Erkenntnisse des Verfassungsschutzes wurden in den folgenden Wochen bekannt, unter anderem
auch deshalb, weil *Interpool-TV* einen kleinen Teil der geheimen Informationen des Landesamts für Verfassungsschutz verdienstvollerweise
ins Internet gestellt hatte.[81] Sie führten jedenfalls dazu, dass die Oppositionsparteien, an der Spitze die Linkspartei, im Sommer 2007 einen
Untersuchungsausschuss forderten, um die Vorwürfe des Verfassungsschutzes aufzuklären.

Hinzu kam, dass es bereits Aussagen und Ermittlungsergebnisse
des Leipziger Kommissariats 26 gab, das bis 2003 für Ermittlungen im
Bereich der Organisierten Kriminalität zuständig war. Diese Erkenntnisse deckten sich teilweise mit dem, was die Verfassungsschützer an
Informationen gesammelt hatten, und hatten auch Eingang in die
Akten des Verfassungsschutzes gefunden. Der frühere Leiter des Kommissariats 26, Kriminalhauptkommissar Georg Wehling, berichtete
demnach, dass Staatsanwaltschaft und sächsisches Landeskriminalamt seine Ermittlungen in der Vergangenheit behindert hätten. Als er
und seine Fahnder ein Netzwerk aus Kriminellen und Justizbeamten
aufgedeckt hätten, habe die Staatsanwaltschaft sogar Ermittlungen
gegen die Fahnder selbst eingeleitet. Georg Wehling sagte dazu gegenüber dem *ZDF*-Magazin *Frontal 21* am 18. Juni 2007: »Es ging darum,
uns mundtot zu machen.«

In diesem Zusammenhang spielte ein Leipziger Wohnungsbordell
namens Jasmin eine besondere Rolle. Hier mussten selbst minderjährige Mädchen anschaffen. Ende Januar 1993 wurde die Wohnung von
der Polizei gestürmt. Da vermutet wurde, dass auch einflussreiche Persönlichkeiten – unter anderem bekannte Juristen – dort ein und aus gin-

Immobilien und der Puff – Gerüchte und Tatsachen   **249**

gen, war von der Möglichkeit der Erpressung dieser Personen die Rede. Eines der minderjährigen Mädchen, die zur Prostitution gezwungen wurden, war die 14-jährige M. In einer Zeugenaussage über ihren Zuhälter W. (und die sogenannte Freiwilligkeit, die ihr später auch von einigen Journalisten unterstellt wurde) sagte sie: »Ich hatte Angst vor W. und weiteren Schlägen und blieb somit in der Wohnung ... Er hatte auch Morddrohungen gegen mich und die anderen ausgesprochen. So sagte er einmal persönlich zu mir, wenn wir nochmals versuchen abzuhauen, dann bringt er uns in die Schweinemastanlage. Weiterhin sagte er noch, sollte ich jemals einem etwas erzählen, dann bekomme ich eine Kugel durch den Kopf.«[82]

Der Leipziger Zuhälter W. wurde im Februar 1994 vom Landgericht Leipzig zu vier Jahren Gefängnis verurteilt: wegen »schweren Menschenhandels und Förderung sexueller Handlungen Minderjähriger, tateinheitlich in einem Fall mit sexuellem Missbrauch von Kindern«.[83] Beim sexuellen Missbrauch von Kindern wurde jedoch vom Gericht der minderschwere Fall angenommen. Die Richter schrieben doch tatsächlich in das Urteil: Da das Mädchen »freiwillig diese Handlungen duldete beziehungsweise vornahm, bereits sexuelle Erfahrungen hatte und kurz vor ihrem 14. Geburtstag stand. Und die den Frauen angewandte Gewalt des Angeklagten hielt sich in Grenzen.«[84]

Das waren bemerkenswerte, zutiefst menschenverachtende Argumente, und sie hätten eigentlich bei der Urteilsverkündung zu einem Sturm der Entrüstung führen müssen. Stand dieses infame Urteil vielleicht in einem Zusammenhang damit, dass der Richter, der das Urteil verkündete, auch im Jasmin gesehen worden sein soll? Diese Frage wurde in der Öffentlichkeit heftig diskutiert und von dem Betroffenen ebenso heftig dementiert.

Hinzu kam, dass der Zuhälter W. – laut Vernehmungsprotokoll vom 11. Juli 2000 – selbst erklärt hatte: »Ich bleibe bei meinem Standpunkt, dass die Gesamtfreiheitsstrafe, die ich letztendlich bekommen habe, damit zusammenhängt, dass ich zu Freiern keine Aussage gemacht habe beziehungsweise dass ich keine ›dreckige Wäsche‹ gewaschen habe. So war es auch vereinbart gewesen.«[85]

Erst nachdem im Sommer 2007 aufgrund von Informationen der sächsischen Verfassungsschützer seine zwielichtige Rolle wieder diskutiert wurde und die Staatsanwaltschaft ihn erneut vernahm, rückte er von seiner Aussage aus dem Jahr 2000 ab.

Die Journalisten Thomas Datt und Arndt Ginzel recherchierten jedoch weiter und kamen zu folgenden Erkenntnissen im Zusammenhang mit den mutmaßlichen Bordellbesuchen der Juristen: »Drei Tage nach N.s Vernehmung brach der scheidende Chef der Dresdner Staatsanwaltschaft das bis dahin eiserne Schweigen seiner Behörde. Der *Sächsischen Zeitung* sagte er: ›Aber je tiefer wir graben, desto mehr heiße Luft kommt heraus, die völlig unbescholtene Bürger verbrennt – darunter auch untadelige Mitarbeiter der Justiz.‹ Was der Fast-Ruheständler nicht erwähnte: Zu diesem Zeitpunkt war noch keine der acht Frauen, die im Alter zwischen 13 und 19 Jahren im Jasmin Freier befriedigen mussten, befragt worden. Es sollte noch bis Januar 2008 dauern, ehe die ersten von ihnen vernommen wurden.«[86]

Ein anderer Vorgang, der gleichfalls in den Akten des Verfassungsschutzes eine zentrale Rolle spielte, war der Anschlag gegen Martin Klockzin. Er war Hauptabteilungsleiter in der Leipziger Wohnungs- und Baugesellschaft, zuständig unter anderem für die mit Rückgabeansprüchen belasteten Grundstücke der Stadt Leipzig.

In dem Polizeibericht zu dem Anschlag steht: »Leipzig, 17. Oktober 1994. Unter Vorwand, ein Telegramm übergeben zu müssen, veranlasst unbekannter Täter den Geschädigten die Wohnungstür zu öffnen. Aus circa einem Meter Entfernung werden mehrere Schüsse auf den Geschädigten abgegeben. Unbekannter Täter verlässt nach Schussabgabe unverzüglich das Grundstück, wo er durch eine zweite männliche Person in einem Pkw ... Der Geschädigte wurde im Hüft- und Thoraxbereich getroffen und zum Diakoniekrankenhaus verbracht, mit lebensgefährlichen Schussverletzungen.«

Die Täter wurden schnell gefasst. Im Juni 1996 wurde ihnen der Prozess gemacht. Der Hintergrund des Anschlags war eine Auseinandersetzung zwischen zwei bayerischen Immobilienmaklern auf der einen Seite und Martin Klockzin von der Leipziger Wohnungs- und Baugesellschaft auf der anderen Seite. »Die beiden Bayern«, so Rechtsanwalt Ulrich Sommer, »wollten bereits in der Vergangenheit durch körperliche Gewalt ihre Geschäftspartner beeindrucken, damit diese ihnen genehme Entscheidungen treffen. Nur dieser kriminellen Logik entspricht es allerdings auch, unabhängig von der Verwendung einer Schusswaffe zur besonderen Verdeutlichung der eigenen Interessen, dem Opfer allenfalls vorübergehenden körperlichen Schaden zuzufügen.«[87]

Neu aufgetauchte Akten hatten zudem ergeben, dass die beiden Auftraggeber des Anschlags während der Hauptverhandlung im Gerichtsgebäude anwesend waren. »Beide haben sowohl in der Geschäftsstelle vorgesprochen als auch auf dem Flur ein unmittelbares Gespräch mit dem Richter Herrn S. geführt, das dieser nunmehr inhaltlich als Zeuge wiedergeben kann. Sie versicherten in diesem Gespräch mit Herrn S., dass die aktuell Angeklagten bei ihrem Vorgehen keinerlei Tötungsabsicht gehabt hätten. Sie gaben dabei ebenfalls zu erkennen, dass sie im Hintergrund die Fäden gezogen hätten. Herr S. nahm dies allerdings nicht zum Anlass, um seine Erkenntnisse in die Hauptverhandlung einzuführen. Seinerzeit wollte er den Angaben von S. und S. (die Auftraggeber des Attentats, Anmerkung des Autors) schlicht nicht glauben.«

Das behauptet zumindest Rechtsanwalt Sommer in seinem Wiederaufnahmeantrag.[88] Denn aufgrund der vielfältigen Widersprüche und neuer Beweise beantragte er im November 2007 die Wiederaufnahme des Verfahrens gegen seinen Mandanten R. W.

Das Landgericht Leipzig hatte R. W. 1996 wegen der Anstiftung zum versuchten Mord schuldig gesprochen und zu einer lebenslangen Freiheitsstrafe verurteilt. Zwei weitere Mitangeklagte wurden ebenfalls wegen versuchten Mordes zu einer lebenslangen Freiheitsstrafe verurteilt, einer – im Übrigen der eigentliche Schütze – zu zwölf Jahren. Das Landgericht Leipzig ging in seinem Urteil davon aus, dass es die Absicht der Angeklagten war, Martin Klockzin durch einen Anschlag zu töten. Für widerlegt erachtete das Gericht die Darstellung, wonach die Angeklagten lediglich versucht hätten, Dr. Klockzin durch die Abgabe von Schüssen massiv zu erschrecken und ihn lediglich zu verletzen.

Noch merkwürdiger war hingegen, dass die Auftraggeber des Anschlags, obwohl sie bereits lange bekannt waren, erst Jahre später zur Verantwortung gezogen worden sind. »In einem Bericht des Landeskriminalamtes werden zahlreiche Merkwürdigkeiten des Falls untersucht. Er endet mit der Vermutung der Beamten, dass im Fall Klockzin Dinge und Interessen einiger Leute ins Visier geraten könnten, die im Verborgenen bleiben sollen.«[89]

Nun kommt die nächste Aktion der sächsischen Justiz hinzu, wie nämlich über die Auftraggeber des Attentats geurteilt wurde. Dass sie überhaupt zur Verantwortung gezogen wurden, war übrigens nur den nachhaltigen und gegen heftige Widerstände geführten Ermittlungen des Leipziger Kriminalhauptkommissars Georg Wehling zu verdanken. Im Oktober 1999 wurden die beiden bayerischen Immobilienmakler S. und S. verhaftet. Sie hatten den Auftrag für den Anschlag auf Dr. Klockzin erteilt. Bereits nach einem halben Jahr wurden sie vom Vollzug der Untersuchungshaft verschont.

Nachdem am 4. August 2000 gegen sie Anklage erhoben worden war, begann die Hauptverhandlung vor dem Landgericht Leipzig im Januar 2003. Am 6. Februar 2003, dem achten Verhandlungstag, wurde das Verfahren insbesondere deswegen ausgesetzt, weil erstmalig mehr als 20 Ermittlungsakten bezüglich des Anschlags auf Martin Klockzin aufgetaucht waren. Zu einer weiteren Hauptverhandlung kam es nicht mehr. Auf Anregung der Staatsanwaltschaft Leipzig vom 22. Juli 2003 beschloss das Landgericht, das Verfahren gegen S. und S. vorläufig gemäß § 153a Strafprozessordnung unter der Auflage einzustellen, dass jeder der beiden Angeklagten einen Betrag von 2500 Euro an den Weißen Ring zahlt. Nach Erfüllung der Auflage wurde das Verfahren endgültig am 17. September 2003 eingestellt.

Warum solch ein absurd mildes Urteil? Hing es etwa damit zusammen, dass hohe Justizangehörige vielleicht erpressbar waren? Oder dass die neu aufgetauchten Akten zu brisant waren?

Für den Anwalt des verurteilten R. W., den Kölner Rechtsanwalt Ulrich Sommer, ergab sich eindeutig, dass Akten manipuliert worden waren. »So finden sich bereits aus dem Jahre 1995 etliche Hinweise darauf, dass konkret auf die Sache bezogene Ermittlungstätigkeiten und Darstellungen von Ergebnissen aus den Akten herausgehalten wurden. Gründe, bestimmte Personen zu schützen, sind hierbei nicht ersichtlich. Dass von Beginn der Ermittlungen an entgegen den gesetzlichen Vorschriften und den Grundsätzen der Aktenwahrheit und Vollständigkeit die Dokumentation darauf angelegt war, anderen Verfahrensbetei-

Immobilien und der Puff - Gerüchte und Tatsachen

ligten nur Teile der Erkenntnisse mitzuteilen, zeigen die nunmehr erstmalig der Verteidigung zugänglich gemachten Unterlagen exemplarisch. Ausdrücklich hat beispielsweise der die Ermittlung leitende Polizeibeamte M. Schriftstücke, die unmittelbar verfahrensbezogen sind, mit dem fettgedruckten Vermerk versehen ›nicht zu den Gerichtsakten nehmen‹. An dieser Geheimjustiz beteiligte sich auch die Staatsanwaltschaft.«[90]

Das ist ein schwerer Vorwurf des Kölner Anwalts, der, sollte er zutreffen, im anstehenden Wiederaufnahmeverfahren sicher geklärt werden wird.

Ein weiteres Indiz dafür, dass bei dem Verfahren nicht alles mit rechten Dingen zugegangen ist, liefert eine Telefonnotiz des Leipziger Oberstaatsanwalts Michael Dahms, die mir vorliegt. Sie datiert vom 11. Februar 2003. Darin steht unter anderem:»Bezugnehmend auf den beigefügten Vermerk vom 7.2.2003 habe ich mich daher heute telefonisch bei dem Vorsitzenden Richter Wirth vom Landgericht Chemnitz erkundigt, welche Informationen er zu dem Verfahren gegen die Angeklagten S. und S. habe. Er berichtete, mit dem Wiederaufnahmeantrag des Verurteilten R. W. befasst gewesen zu sein. Dass das Landgericht Chemnitz unzuständig gewesen sei, habe er erst bemerkt, nachdem er die Akten durchgearbeitet habe. Von einer ›Kontaktperson bei der Polizei‹ habe er erfahren, dass das Landeskriminalamt Sachsen eine Liste besitze, die belege, dass Angehörige der Justiz bei Dr. Klockzin Grundstücke gekauft hätten, so ein Richter am Bundesgerichtshof, der mit dem Vizepräsidenten des Landgerichts N. befreundet sei, der ehemalige Präsident des Landgerichts B., der Vizepräsident des Landgerichts Leipzig N., dessen Freundin und Oberstaatsanwalt A. Den Namen der ›Kontaktperson‹ wollte er nicht nennen.« Diesen Hinweisen wurde aus welchen Gründen auch immer nicht mit der notwendigen Sorgfalt nachgegangen.

Die Familie von R. W. glaubt inzwischen nicht mehr daran, dass die sächsische Justiz umdenkt. Ein Grund dafür liegt bereits einige Jahre zurück. R. W.s Familie behauptet in einem an mich gerichteten Schreiben vom 21. Mai 2007:»Bei einer Besichtigung von Minister Heitmann in der Justizvollzugsanstalt Torgau kritisierte ein Pfarrer die Urteile im Klockzin-Prozess. Er sagte, es müsse eine Wiederaufnahme geben.

Daraufhin habe der Minister geantwortet: ›Solange die CDU regiert, gibt es kein Wiederaufnahmeverfahren.‹«

Steffen Heitmann ist seit September 2000 kein Justizminister mehr. Aber trotzdem dürfte die Familie wohl recht behalten.

Im Juni 2007 – die sächsische CDU/SPD-Koalitionsregierung agierte bislang eher ohnmächtig auf die immer neuen Beschuldigungen im Zusammenhang mit korrupten Netzwerken – begann die lang erwartete publizistische und administrative Gegenoffensive der Staatskanzlei und die einiger bevorzugter Journalisten. Der Direktor des Landesamts für Verfassungsschutz wurde in das Innenministerium versetzt und damit aus der politischen Schusslinie gebracht. Dafür sollte Simone H., die für die OK-Abteilung im LfV zuständige Regierungsdirektorin, eine erfahrene und hochgelobte ehemalige Staatsanwältin, ins Visier der Staatsregierung geraten, die nach einem Schuldigen suchte. Sie wurde, kaum aus ihrem Urlaub im Juli 2007 zurückgekehrt, zur neuen Amtsleitung gebeten und, so erinnern sich Mitarbeiter, »massiv unter Druck gesetzt«, um eine bestimmte Quelle des LfV offenzulegen. Ein ziemlich ungewöhnliches Verlangen.

Tage zuvor hatte bereits ein Dresdner Staatsanwalt in den Räumen des Verfassungsschutzes Teile der Akten gelesen, um herauszubekommen, wer genau diese Quelle sei. Nach Simone H.s mehrstündiger Vernehmung bei der Staatsanwaltschaft Dresden sei sie, als sie wieder in ihr Büro zurückkam, zusammengebrochen. Trotzdem wollte die Amtsleitung sie erneut vernehmen. Nur der Intervention der herbeigerufenen Sanitäter sei es zu verdanken gewesen, dass sie trotz ihres Kreislaufkollaps nicht erneut befragt wurde. »Es herrschte eine extrem gereizte Stimmung«, erinnert sich einer der Sanitäter.

Weil an der Unabhängigkeit der sächsischen Justiz heftige Zweifel geäußert wurden nach dem Motto, wie kann die sächsische Justiz etwas aufklären, wenn sie selbst involviert ist, sollte die Generalbundesanwaltschaft in Karlsruhe die Vorwürfe prüfen. Doch Generalbundesanwältin Monika Harms, die zuvor in Leipzig am Bundesgerichtshof tätig war, lehnte die Ermittlungen ab, weil ihre Behörde für den Staatsschutz zuständig sei, nicht aber für Straftaten der allgemeinen Kriminalität. Außerdem sei zweifelhaft, ob die übermittelten Erkenntnisse überhaupt einen Anfangsverdacht für die Existenz einer kriminellen

Immobilien und der Puff - Gerüchte und Tatsachen   255

Vereinigung belegen können. Das war Futter für jene, die davon überzeugt waren, dass die Vorwürfe sowieso unhaltbar sind.

Nun gibt es jedoch Gerüchte, dass die Entscheidungsfindung in
Karlsruhe auch anders gewesen sein könnte. Aus dem direkten Umfeld
der Generalstaatsanwaltschaft in Karlsruhe wurde von einer seriösen
Quelle die Behauptung aufgestellt, dass die Generalbundesanwältin im
»Sachsensumpf« ermitteln wollte. Doch ein Bundesminister habe mit
einigen anderen Politikern aus dem Leipziger und Dresdner Raum über
die Bundesregierung durchgesetzt, dass die Bundesanwaltschaft nicht
ermitteln darf.

Das wird sich nie beweisen lassen, weil die Quelle in der Bundesanwaltschaft dadurch massive Probleme bekommen würde, und so gesehen bleibt es ein Gerücht von vielen, die damals in Sachsen in Umlauf
waren. Andererseits ist inzwischen vieles vorstellbar geworden.

Ende Juni 2007 reichten die Abgeordneten der Fraktion der Links-
partei/PDS, der FDP und der Fraktion Bündnis 90/Die Grünen einen
dringlichen Antrag zur Einsetzung eines Untersuchungsausschusses
ein. Geklärt werden sollte die »Verantwortung der Staatsregierung für
das Versagen bei der Aufdeckung, Verfolgung und Bekämpfung krimineller und korrupter Netzwerke von herausgehobenen Vertretern aus
Politik und Wirtschaft, von Richtern, Staatsanwälten und sonstigen
Bediensteten der sächsischen Justiz, Polizei, Verwaltungs- und weiterer Behörden sowie für das Versagen elementarer rechtsstaatlicher
Informations- und Kontrollmechanismen in Sachsen (kriminelle und
korruptive Netzwerke in Sachsen).«[91]

Vehement wehrte sich die CDU gegen die Einsetzung des Untersuchungsausschusses, obwohl sie zu dieser Zeit bereits die Devise aus-
gegeben hatte, dass an den Vorwürfen des Verfassungsschutzes nichts
dran sei. Ministerpräsident Georg Milbradt behauptete, der Untersuchungsausschuss sei »Klamauk« und alle Vorwürfe seien nur »heiße
Luft«. Das war von diesem Zeitpunkt an auch die offizielle Sprachregelung, die von einigen Journalisten ziemlich kritiklos übernommen
wurde.

Zu den Fragen, die im Untersuchungsausschuss geklärt werden
sollten, gehörte auch, »welche Erkenntnisse die Staatsregierung beziehungsweise deren Mitglieder hatten, dass Ermittler der Arbeitsberei-

che ›Organisierte Kriminalität‹ des LKA beziehungsweise der Polizei-direktionen trotz nach deren Einschätzung vorliegender deutlicher Verdachtsanhalte durch verantwortliche Mitarbeiter der jeweils zu-ständigen Staatsanwaltschaft an der Einleitung oder Fortsetzung not-wendiger förmlicher Ermittlungen behindert worden sind.«

Das heißt, es ging bei vielen Fragen, die der Untersuchungsaus-schuss klären sollte, nicht nur um die umstrittene Informationssamm-lung des Verfassungsschutzes, sondern darum, ob die sächsische Jus-tiz bestimmte Ermittlungen behindert hatte und warum.

Üblicherweise muss dem Parlament das Recht auf einen Unter-suchungsausschuss eingeräumt werden. Üblicherweise. In Sachsen wurde mit allen juristischen Tricks versucht, genau das zu verhindern. Als Erstes wurde die Legitimation des Untersuchungsausschusses in-frage gestellt. Demnach widerspreche der Antrag für die Einsetzung des Untersuchungsausschusses vom 28. Juni 2007 in mehreren Punk-ten verfassungsrechtlichen Vorgaben. Der »Juristische Dienst« des Landtags begründete das damit, dass »das Prinzip der Gewaltenteilung gebietet, dass die jeweiligen Staatsfunktionen eigenständige Bereiche staatlicher Tätigkeit bleiben. Der Landtag und damit auch der Unter-suchungsausschuss dürfen daher die Stellung der Staatsregierung oder der Verwaltung nicht usurpieren oder auch nur substanziell bein-trächtigen.«[92]

Gegen diesen Beschluss legten die Oppositionsparteien Wider-spruch ein, sodass der Verfassungsgerichtshof klären musste, ob und wie der Untersuchungsausschuss arbeiten darf. Kurz vor der Sommer-pause 2008 sollte das Urteil vorliegen, das eigentlich bereits für April 2008 angekündigt war. Damit war schon einmal viel Zeit gewonnen.

Um den Vorsitzenden des Untersuchungsausschusses, den Abge-ordneten Klaus Bartl von der Linkspartei, in Schwierigkeiten zu brin-gen, wurden ihm vom CDU-Abgeordneten Christian Piwarz, dem CDU-Obmann des Untersuchungsausschusses, schon einmal Fragen gestellt wie: »Wann hatten Sie zum ersten Mal persönlichen Kontakt zu dem Journalisten und Buchautor Jürgen Roth? Wann hatten Sie zuletzt Kon-takt mit ihm? Wer stellte diese Kontakte her? Was war der Inhalt Ihres Kontaktes oder Ihrer Kontakte mit Herrn Roth? Haben Sie Akten an Herrn Roth übergeben, oder hat er von Ihnen Akten bekommen?«[93]

Immobilien und der Puff – Gerüchte und Tatsachen

Die Antwort des Abgeordneten Klaus Bartl war entsprechend eindeutig: »Weder berechtigen Unerfahrenheit und mangelnde Kenntnis des Verfassungs- und Parlamentsrechts noch Großkarriereambitionen führen dazu, das Abgeordneten- und Anwaltsgeheimnis auszuhebeln. Es ist außerordentlich dreist zu glauben, die CDU könne als Regierungspartei einen Vertreter der den Untersuchungsausschuss zur Kontrolle der Regierung einsetzenden Opposition einer hochnotpeinlichen Befragung unterziehen. Für die Erprobung derlei neuer Methoden für eine ›Tauglichkeits- und Eignungsüberprüfung‹ von Oppositionspolitikern bin ich mit Sicherheit der falsche Ansprechpartner.«[94]

Gleichzeitig wurde dem Abgeordneten Klaus Bartl vorgeworfen, dass er als ehemaliger Staatsanwalt zu DDR-Zeiten ja kaum das Recht habe, jetzt auf einmal Aufklärung zu verlangen. Verschwiegen wurde, dass der integre Klaus Bartl sich keiner kriminellen Handlungen schuldig gemacht hatte und genauso Teil des DDR-Systems war wie diejenigen aus der CDU, die ihn anklagten. Und er hat aus der Geschichte gelernt – im Gegensatz zu einigen seiner politischen Gegner in der CDU.

Unterdessen weigerte sich der CDU-dominierte Ausschuss weiterhin, Zeugen vorzuladen. »Die CDU tritt Minderheitenrechte mit den Füßen«, beklagte sich daraufhin Karl Nolle, der SPD-Obmann im Untersuchungsausschuss. »Diesen Fundamentalismus machen wir nicht mehr mit.« Dem hielt der CDU-Obmann Christian Piwarz entgegen, dass erst die Akten aufgearbeitet werden müssen, dann könnten Zeugen befragt werden.[95] Kurzum: An einer schonungslosen politischen Aufklärung der Affären hatte die CDU – verständlicherweise – ein eher marginales Interesse.

Hingegen plädierte der Leipziger SPD-Oberbürgermeister Burkhard Jung, der selbst in den Akten des Verfassungsschutzes erwähnt wurde, für die Einsetzung des Untersuchungsausschusses: »Außerdem – und darin sehe ich gleichfalls eine herausragende Bedeutung des Untersuchungsausschusses – hilft seine Arbeit, das Vertrauen der Bürgerinnen und Bürger Sachsens in die Arbeit von Justiz, Polizei und Politik wiederherzustellen. Das ist bitter nötig ... jeder Anschein von Vertuschung muss vermieden werden, ohne Ansehen der Person. Diese Dinge müssen geklärt werden!«[96] Sein Appell sollte nicht gehört werden.

Als Nächstes wurden die Akten des Verfassungsschutzes als streng geheim eingestuft, sodass nur diejenigen die Akten lesen durften, die über die höchste Sicherheitsstufe Ü3 verfügten. Eine solche Sicherheitsüberprüfung dauert normalerweise mehrere Monate. Damit wurde begründet, dass den Abgeordneten der Einblick in die Akten des Landesamts für Verfassungsschutz verwehrt wurde. In einem Redebeitrag des Sächsischen Landtags sagte dazu der Abgeordnete Klaus Bartl: »Alle, die in offiziellen Strukturen des Freistaats Sachsen oder in ›inoffiziellen‹, welche sich ›Unabhängige Arbeitsgruppen‹ nennen, Akten gelesen haben, schnuppern nur ›heiße Luft‹ und eine boshafte Sammlung wilder Gerüchte. Und demnach braucht es eine sogenannte erweiterte Sicherheitsüberprüfung mit Sicherheitsermittlungen, ein Durchleuchten auf der allerhöchsten Ausforschungsstufe Ü3 also, die ansonsten nur für jene infrage kommt, die die hochnotpeinlichsten Staatsgeheimnisse zu hüten haben.«[97]

Gleichzeitig erhielt jedoch der Verteidiger eines der in den Dossiers des LfV Beschuldigten, eines geachteten Juristen aus Chemnitz, Einblick in genau diese so streng geheimen Akten.

»Bei der Aufklärung der sächsischen Korruptionsaffäre hat es offenbar massive Pannen gegeben. Im September wurden dem Anwalt des Beschuldigten sogar Originale von Ermittlungsakten ausgehändigt. Akten zu mindestens zehn Verfahren verließen so für mehrere Tage die Staatsanwaltschaft.«[98]

Die Experten kommen nach Dresden

Im Sommer 2007 hatte die Regierung darüber hinaus durch unabhängige Experten sowohl die Arbeit der Polizei wie des Verfassungsschutzes überprüfen lassen. Das sah danach aus, als habe die sächsische Regierung ein wirkliches Interesse, die Vorwürfe aufzuklären. Die Leiter des Expertenteams, beide der CDU nahestehend, kamen zu dem Ergebnis, dass der sächsischen Polizei im Grunde genommen kein Fehlverhalten vorzuwerfen sei und es keine kriminellen Netzwerke geben würde. Immerhin gebe es bei der Aufklärung des Mordanschlags auf den Wohnungsbau-Manager Klockzin »erhebliche Defizite, die zur Überprüfung führen müssen«. So sei nicht nachvollziehbar, weshalb gegen die namentlich bekannten Anstifter nicht rechtzeitig ermittelt worden sei. Zudem habe die Polizei die Akten schlampig geführt und der Justiz Informationen vorenthalten. Dieser Tatbestand war ein Kernelement der Informationssammlung der sächsischen Verfassungsschützer.

Nach Ansicht des mecklenburgischen LKA-Chefs, der die Expertengruppe Polizei leitete, habe es auch kein Kinderbordell Jasmin gegeben. »Es ist nicht wahr, wenn das ›Jasmin‹ heute immer als Kinderbordell bezeichnet wird. Lediglich eins der Mädchen war unter 14 Jahren.«[99] Wollte er nicht sehen, dass mindestens drei Minderjährige – 14 und 15 Jahre alt – dort anschaffen gingen?

Gerügt wurde die Arbeit von Georg Wehling, dem Chef der Leipziger OK-Abteilung im Polizeipräsidium. Er habe mit Tatverdächtigen zusammengearbeitet und Protokolle gefälscht. Ferner seien im Rahmen der Führung von Vertrauenspersonen (VP) nachweislich falsche Protokolle gefertigt und mit einer VP zusammengearbeitet worden, deren Identität den Ermittlern angeblich nicht bekannt gewesen sei.

»Offenbar blieb den Prüfern verborgen, dass längst widerlegt ist, was sie dem Polizisten ankreiden. Alle neun Disziplinarverfahren und Strafverfahren, die seinerzeit gegen Wehling eingeleitet worden waren, wurden schon vor Jahren eingestellt.«[100] Und Georg Wehlings Rechtsanwalt Steffen Soult schreibt dazu: »Die zitierte Stelle des Prüfberichts ist nachweislich falsch und kann nicht anders verstanden werden, als dass das freisprechende Urteil des Amtsgerichts Leipzig in einem Verfahren gegen Herrn Georg Wehling u. a. offensichtlich nicht beachtet wird.«[101]

Auch ein weiterer Suspensionsgrund des standhaften Polizeikommissars löste sich in Luft auf, wurde jedoch erst einmal mit viel Getöse in die Welt gesetzt. Demnach lägen gegen den Kriminaloberkommissar drei Strafanzeigen vor, behauptete der sächsische Innenminister Albrecht Buttolo gegenüber Journalisten. »Als Wehlings Anwalt Steffen Soult Akteneinsicht bei den Staatsanwaltschaften verlangte, wurde ihm erklärt, diese Anzeigen gebe es gar nicht.«[102] Rechtsanwalt Steffen Soult: »Kenntnis von der Existenz dieser Ermittlungsverfahren, die wohl durch Anzeigen von drei namentlich nicht genannten Bürgern in Gang gesetzt wurden, hat mein Mandant bezeichnenderweise erst durch diesen Disziplinarbescheid erlangt.«

Das zweite »unabhängige Expertengremium«, das die Arbeit und die Akten des Landesamts für Verfassungsschutz überprüfen sollte, kam ebenfalls zu dem erwünschten Ergebnis. Die Verfassungsschützer in Dresden hätten keine Beweise für kriminelle Netzwerke, alles sei »heiße Luft«, die Akten wären schlampig geführt und Sachverhalte seien erfunden worden. Lutz Irrgang, der Exdirektor des hessischen Verfassungsschutzes, der die Expertengruppe Verfassungsschutz repräsentierte, ist unter seinen ehemaligen Kollegen in Wiesbaden eher dafür bekannt, dass er mit Organisierter Kriminalität so richtig nie etwas anfangen konnte.

Übrigens hatte diese Expertengruppe lediglich den Auftrag, Zuständigkeiten, Akten- und Informantenführung sowie die Kontrollen durch Vorgesetzte zu beurteilen. Einer der Verfassungsschützer, der zu dieser Prüfgruppe gehörte und deshalb aus Norddeutschland nach Dresden reisen musste, sagte mir im Januar 2008 in einem vertraulichen Hintergrundgespräch: »Da ist viel dran gewesen. So was saugt man sich ja nicht aus den Fingern – das war uns klar. Sie haben uns nicht alles gegeben. Ich habe Quervermerke festgestellt, aber diese Akten waren nicht vorhanden. Sie werden alles tun, damit die Sache ins Leere läuft.«

Für die Staatsregierung waren die offiziellen Ergebnisse der beiden Prüfgruppen hingegen willkommene Munition. Sie konnten damit die Grundlage vorbereiten, die der Staatsanwaltschaft dann dazu diente, die Akten des Verfassungsschutzes zu prüfen. Inzwischen machte die Sprachregelung »Gerüchte vom Hörensagen« die Runde.

Danach war ein Sonderteam von zehn Dresdner Staatsanwälten damit beschäftigt, die Akten auf strafrechtlich relevante Hinweise zu untersuchen und eventuell Ermittlungsverfahren gegen diejenigen Personen einzuleiten, die in den Verfassungsschutzakten genannt wurden. Dass dabei unterschlagen wurde, dass Akten des Verfassungsschutzes wenig mit polizeilicher oder staatsanwaltlicher Beweisführung zu tun haben, änderte wenig daran, dass besonders aufwendig ermittelt wurde. Aber mit welchem Ziel? Und wie unabhängig ist eigentlich die sächsische Staatsanwaltschaft?

Immobilien und der Puff – Gerüchte und Tatsachen

Um diese Fragen zu klären, ist es hilfreich, einen genaueren Blick auf die Arbeit der sächsischen Justiz der letzten Jahre zu werfen, insbesondere wenn es um politische Implikationen ging, um die Beteiligung von Mitgliedern der Staatsregierung. Wie wehrhaft hat sich da die sächsische Justiz gegenüber politischen Einflüssen gezeigt? Und wenn nicht, wie kann man dann von einer unabhängigen Untersuchung im Zusammenhang mit kriminellen Netzwerken in Sachsen urteilen?

Und es gibt ja noch die Behauptung des SPD-Abgeordneten Karl Nolle, dass der sächsische Justizminister Geert Mackenroth »durch Maulkörbe für Staatsanwälte und Einschüchterung von Ermittlungsbeamten« wiederholt und »im Zusammenwirken mit Parteifreunden« politischen Einfluss auf die Justiz in Sachsen genommen habe.«[103] Der bestreitet das jedoch vehement.

27
Die totale Unabhängigkeit der sächsischen Justiz

Es gibt in Sachsen in der Tat unabhängige Staatsanwälte, die sich nicht von der politischen Führung gängeln lassen - zum Glück. Ihre Chancen, jemals Karriere zu machen, sind allerdings gering. Und es gibt viele Staatsanwälte, die resigniert haben - leider. Wilfried Hamm, der Sprecher der Neuen Richtervereinigung (NRV), findet klare Worte, die in Sachsen niemand hören will: »Auch Deutschland braucht eine Justiz, die nach demokratischen Strukturen verfasst ist, damit sie unabhängig und demokratisch wirken kann ... wir finden hierarchisch gegliederte Justizbehörden, die von der Verwaltung, also der jeweiligen Landesregierung, personell und sachlich abhängig sind und entsprechend gesteuert werden. Solche obrigkeitsstaatlichen Strukturen der letzten Jahrhunderte gilt es zugunsten der Demokratie endlich aufzulösen!«[104]

Das kann in Sachsen noch lange dauern. Eine umstrittene Rolle innerhalb der sächsischen Justiz spielt sicher Gabriele Hauser, Staatssekretärin im Justizministerium. Sie ist dort seit Jahren für Beförderungen und Versetzungen von Richtern und Staatsanwälten verantwortlich, gilt als die wahre Strippenzieherin im Ministerium. »Damit ist ihr aber auch eine Machtposition erwachsen, von der sie auf berufliche Entwicklungen und damit persönliche Schicksale Einfluss nehmen kann wie kaum ein anderer. Und diese Macht übt sie auch aus, immer mit Engagement und Kompetenz, meistens mit Charme und Überzeugungskraft und manchmal auch mit List und Drohungen. Letztere Variante hat ihr - lange vor ihrer Berufung zur Staatssekretärin - den nicht sehr freundlichen Spitznamen ›Königskobra‹ eingebracht.«[105]

Das sagt immerhin der Pressesprecher der Dresdner Staatsanwaltschaft, Christian Avenarius, der im sogenannten Sachsensumpf nicht gerade durch kritische Distanz zur Staatsregierung aufgefallen ist.

Die totale Unabhängigkeit der sächsischen Justiz   263

Vielleicht meldete er sich deshalb zu Wort, weil es um die Wahlen zum sächsischen Präsidialrat ging, der in Personalfragen innerhalb der Justiz mitbestimmen darf. Die von Christian Avenarius erwähnte Königskobra ist übrigens die längste Giftschlange überhaupt und äußerst gefährlich, da sie über ein starkes Nervengift verfügt.

Beispielhaft sind folgende Vorgänge: Ein Staatsanwalt aus Bautzen erzählte mir eine Geschichte über die Staatssekretärin. Demnach habe sie von den sächsischen Staatsanwälten gefordert, dass sie »appellfähig« sein müssen. Der Staatsanwalt, der mir das mitteilte, wusste, dass er keine Karriere mehr in Sachsen machen wird. Ein anderer Staatsanwalt aus Sachsen berichtete mir im Herbst 2007 folgende Geschichte, die ein bezeichnendes Licht auf das Klima der sächsischen Justiz wirft: »Vor anderthalb Jahren gab es ein Geschäftsessen für die Staatsanwälte bis runter zu den Abteilungsleitern. Mein Abteilungsleiter bestellte sich Zwiebelsuppe. Der Generalstaatsanwalt fragte ihn: ›Was ist das denn?‹ Mein Abteilungsleiter antwortete ihm: ›Zwiebelsuppe. Sieht gut aus.‹ Daraufhin herrschte ihn der Generalstaatsanwalt an: ›Wollen Sie mich provozieren? Sie wissen, ich mag keine Zwiebelsuppe.‹ ›Das habe ich nicht gewusst‹, antwortete ihm mein Abteilungsleiter. Der Generalstaatsanwalt daraufhin: ›Dann müssen Sie sich mal vorher kundig machen.‹«

Einer der raren unabhängigen Staatsanwälte ist Andreas Ball, der einstige Dresdner Staatsanwalt und ehemalige Ermittlungsführer der »Integrierten Ermittlungsabteilung der sächsischen Staatsanwaltschaft« (Ines), die gegen Korruption kämpfen sollte. Andreas Ball war ein erfolgreicher Ermittler in dieser Antikorruptionseinheit Ines, bis er sich mit einem der einflussreichsten Männer Sachsens beschäftigte, mit Kajo Schommer. Der war CDU-Mitglied und von 1990 bis 2002 Wirtschaftsminister unter Ministerpräsident Kurt Biedenkopf.

Nach dem Rücktritt des Wirtschaftsministers im Mai 2002 erfuhr Staatsanwalt Andreas Ball, dass Kajo Schommer einen Dienstwagen des Kölner Recyclingunternehmens Duales System Deutschland (DSD), bekannt als Grüner Punkt, fuhr. Das Unternehmen kämpfte während Schommers Amtszeit gegen das Dosenpfand. »Ich wusste, dass er als Wirtschaftsminister gegen das Dosenpfand gekämpft hatte, und daraufhin habe ich über die Finanzverwaltung eine Anzeige gemacht.«

Zu diesem Zeitpunkt konnte Andreas Ball noch relativ unbehindert ermitteln. Das änderte sich jedoch schlagartig, als immer neue Indizien über den Exwirtschaftsminister herauskamen. »Plötzlich gab es ständige Berichtsanforderungen an den Generalstaatsanwalt«, erinnert sich ein Mitglied der Ines-Gruppe. »Da überlegt man sich auf einmal, warum die ständig etwas erfahren wollen.«

Als Nächstes ermittelte Staatsanwalt Andreas Ball beim Grünen Punkt in Köln, was Kajo Schommer dort eigentlich mache. Nichts, erhielten seine Ermittler als Antwort. Und dafür kassierte er 600 000 Euro, ergaben die weiteren Ermittlungen. Andreas Ball stieß nun auf einen Beratervertrag aus dem Jahr 2001 – also einer Zeit, als Kajo Schommer noch sächsischer Wirtschaftsminister war. Daraufhin ordnete Staatsanwalt Ball eine Hausdurchsuchung bei dem prominenten CDU-Mann an. Zu einem Skandal wurde diese Hausdurchsuchung deshalb, weil ein Reporter von der Durchsuchung am 24. Mai 2005 erfahren hatte und ein Foto Kajo Schommers, das bei der Durchsuchungsaktion aufgenommen wurde, veröffentlichte. Kajo Schommer sah das als Rufmordkampagne.

Der CDU-Fraktionsvorsitzende veröffentlichte am 27. Mai 2005, wenige Tage nach der Hausdurchsuchung, eine Pressemitteilung zu dem Vorgang. Der CDU-Fraktionsvorsitzende fragte öffentlich, ob es Ines wirklich um seriöse Aufklärung oder vielmehr um eine skandalträchtige politische Hexenjagd geht. Sachsen dürfte nicht durch eine »derart danebenliegende Einzelfallaktion in ein Klima der Vorverurteilungen« und des »respektlosen Umgangs mit verdienstvollen Persönlichkeiten kommen und damit in Verruf geraten«.[106] Das war ein deutliches Signal.

Wenig später wurde der Staatsanwalt versetzt und gleichzeitig gegen ihn und den Journalisten ein Verfahren wegen Geheimnisverrat von der Chemnitzer Staatsanwaltschaft eingeleitet.

Wäre es nach dem zuständigen Staatsanwalt in Chemnitz gegangen, »wären die Telefondaten von über 40 Staatsanwälten und Polizeibeamten des LKA erhoben worden«, klagte der SPD-Abgeordnete Karl Nolle mir gegenüber in seinem Büro in Dresden. Der zuständige Amtsrichter genehmigte jedoch nur die Telefonüberwachung des Journalisten und des Staatsanwalts Andreas Ball. Und zwar, so erzählte mir ein

Die totale Unabhängigkeit der sächsischen Justiz

kundiger Staatsanwalt, »auf Druck«. Demnach wollte der Richter die Telefonüberwachung gegen den Staatsanwalt nicht genehmigen. »Die haben seinen Präsidenten angerufen, der solle doch mal ... und er hat es dann gemacht.«

Vom 20. Juni 2005 an wurden daraufhin drei Monate lang die Telefone des Staatsanwalts und des Journalisten abgehört. Nach der Argumentation des verantwortlichen Chemnitzer Staatsanwalts konnten die Informationen an den Journalisten nämlich nur durch Andreas Ball weitergeleitet worden sein. Tatsächlich wussten von der geplanten Durchsuchungsaktion mindestens 40 Personen – von der Generalstaatsanwaltschaft bis zum Justiz- und zum sächsischen Innenministerium. Und es hält sich nachhaltig das Gerücht, dass der betroffene Kajo Schommer über die geplante Durchsuchungsaktion bereits informiert war.

»Mehrfach wird in den Anträgen der Staatsanwaltschaft das ›Persönlichkeitsrecht Schommers‹ erwähnt. Insider vermuten gerade darin den Grund für den massiven Gegenschlag von Justiz und Politik. Längst sind die Fahnder durch ihre akribische Aufklärungsarbeit ohne Rücksicht auf das Ansehen von Personen vielen ein Dorn im Auge. Und der Verdacht, dass darum gerade auch die Politik mithilfe der Justiz zum Schlag gegen die eigenen Aufklärer ausgeholt hat, verdichtet sich.«[107]

Der sächsische Justizminister Geert Mackenroth hingegen sah das anders: »Aber im Interesse der effektiven Korruptionsbekämpfung im Freistaat Sachsen hielt und halte ich diese Entscheidung der Staatsanwaltschaft für richtig. Wenn wir ein sauberes, korruptionsfreies Sachsen wollen – und diese Entscheidung hat die Staatsregierung mit der Errichtung von Ines getroffen –, dann ist es unabdingbar, dass die Dienstverschwiegenheit auch und gerade bei Ines unangetastet bleibt.«[108]

Das Landgericht Dresden lehnte die Eröffnung des Verfahrens gegen Staatsanwalt Andreas Ball jedoch ab. Das konnte die Staatsanwaltschaft Chemnitz nicht hinnehmen. Über die Generalstaatsanwaltschaft beantragte sie daher, den Beschluss des Landgerichts Dresden vom 1. Februar 2007 aufzuheben. Am 11. September 2007 urteilte das Oberlandesgericht Dresden: »Die Beschwerde der Staatsanwaltschaft Chemnitz gegen den Beschluss des Landgerichts Dresden wurde als unbegründet verworfen. Das Landgericht hat deshalb zu Recht hinsichtlich der bereits vollzogenen Beschlüsse die Rechtswidrigkeit festgestellt.«[109]

Derjenige Chemnitzer Staatsanwalt, der für diesen »rechtswidrigen Beschluss« gegen Staatsanwalt Andreas Ball und die Überwachung des Telefons des Journalisten mitverantwortlich zeichnete, erklomm die juristische Karriereleiter und war, als der Beschluss des Oberlandesgerichts verkündet wurde, damit beschäftigt, in Dresden Zeugen in der Verfassungsschutzaffäre auf seine Art und Weise zu vernehmen. Bereits im Februar 2007 wurde Staatsanwalt Wolfgang Schwürzer zum ständigen Vertreter des Leitenden Oberstaatsanwalts ernannt. »Davon können andere Staatsanwälte nur träumen«, schrieb die *Dresdner Morgenpost* am 5. Februar 2007. Die Dankbarkeit für die in den Augen der Staatsregierung grandiose juristische Bewältigung des »Sachsensumpfes« blieb ebenfalls nicht aus. Am 1. Januar 2009 übernahm Wolfgang Schwürzer das Amt eines Leitenden Oberstaatsanwalts bei der Generalstaatsanwaltschaft in Dresden. Denn, so pries ihn Justizminister Geert Mackenroth, »er bringt Tatkraft, vielseitige Erfahrungen und eine hohe juristische Kompetenz für sein neues Amt mit«. Die Karriere des von ihm zu Unrecht verdächtigten Staatsanwalts Andreas Ball ist absehbar – keine.

28
Der Sumpf und die Paunsdorf-Affäre

Wie sagte im Sommer 2007 der SPD-Abgeordnete Karl Nolle:»Ich habe im Februar 2004, anlässlich des Paunsdorf-Skandals, zugespitzt erklärt: ›Wenn es um die Mächtigen im Freistaat geht, ist die sächsische Staatsanwaltschaft zur institutionalisierten Strafvereitelungsbehörde geworden.‹ Damit meine ich die Fälle, in denen Verfehlungen der politisch Mächtigen eine Rolle spielen. Von meiner damaligen Aussage habe ich bis heute nichts zurückzunehmen.«[110]

Den Vorwurf der »institutionalisierten Strafvereitelungsbehörde« will er als ein System vorauseilenden Gehorsams verstanden wissen, indem zur Not dann die »Bitte« eines Vorgesetzten genügt, um das politisch Gewollte durchzusetzen. Grundsätzlich wisse aber jeder, der in diesem System längere Zeit überleben will, was von ihm erwartet wird: Ermittlungsansätze nicht verfolgen, rechtliche Konstruktionen unsinniger Art präsentieren, Verfahren verschleppen.

Weil Karl Nolle im Sommer 2007 eine Strafanzeige gegen den damals noch aktiven Generalstaatsanwalt S. sowie Exregierungschef Kurt Biedenkopf gestellt hatte – wegen Strafvereitelung beziehungsweise Untreue –, wurde er von der CDU massiv unter Druck gesetzt.

»Die geplanten Strafanzeigen des SPD-Abgeordneten Karl Nolle gegen Generalstaatsanwalt S. sowie Exregierungschef Kurt Biedenkopf und seinen Nachfolger Georg Milbradt wegen des Paunsdorf-Skandals entzweien die Koalition. Im Kabinett wurde Vizeregierungschef Thomas Jurk (SPD) von CDU-Ministern aufgefordert, Nolle zurückzupfeifen.«[111]

Bei jedem anderen Abgeordneten hätte das funktioniert – doch Karl Nolle lässt sich nicht einschüchtern. Der Hintergrund für seine Strafanzeige war, dass im Zusammenhang mit der Affäre um das Behördenzentrum Paunsdorf der Freistaat Sachsen auf 25 Jahre hinaus mit horrenden Mietzahlungen belastet wurde. Wie mit dieser Affäre umgegangen wurde, ist ein Musterbeispiel dafür, in welchem Umfang in Sachsen geschoben und gedreht wurde, um die Mächtigen in der Staatsregierung zu schützen. Anfang der Neunzigerjahre begann die Affäre, bei der bis zum heutigen Tag die dafür politisch Verantwortlichen nicht zur Verantwortung gezogen worden sind – weil die Justiz sich schützend vor sie stellte.

Damals sollte in Paunsdorf bei Leipzig ein Behördenzentrum errichtet werden, um die unterschiedlichen staatlichen Institutionen – vom sächsischen Landesrechnungshof, dem Staatsarchiv, der Landespolizeistation bis zum Finanzamt – mit neuen, modernen Gebäuden zu versorgen. Dagegen wäre nichts einzuwenden gewesen, wäre alles nach Recht und Gesetz abgelaufen. Errichtet wurde der Gebäudekomplex von dem Kölner Unternehmen Finanztreuhand FTG des Unternehmers Heinz Barth in den Jahren 1990 bis 1996 und danach vom Freistaat Sachsen angemietet.

Dabei kam es zu vielfältigen Ungereimtheiten, die im Zusammenhang mit der Freundschaft des damaligen Ministerpräsidenten Kurt Biedenkopf und des Kölners Heinz Barth standen. Eine Bedarfsanalyse wurde nicht erstellt, auch keine Wirtschaftlichkeitsuntersuchung durchgeführt, eine Ausschreibung fand ebenfalls nicht statt und außerdem wurde der Dienstweg nicht eingehalten. Und so kam es, dass in erheblichem Unfang Flächen angemietet wurden, für die kein Bedarf bestand und bis heute besteht. Alles zum Nachteil des Freistaats Sachsen, das heißt des sächsischen Steuerzahlers.

Der jährliche Mietzins für den Steuerzahler betrug 15,8 Millionen Mark, was für den Vermieter eine völlig risikolose Kapitalverzinsung von jährlich 12,2 Prozent bedeutete. Mietverträge wurden über 46 945 Quadratmeter abgeschlossen, doch nach Fertigstellung des Objektes waren – ohne jede vertragliche Vereinbarung – 53 442 Quadratmeter bebaut, die an den Staat vermietet wurden.

Aufgrund der vielen Unregelmäßigkeiten wurde im sächsischen Landtag 2003 ein Untersuchungsausschuss eingesetzt. Er sollte die »Einflussnahme des Ministerpräsidenten und weiterer Mitglieder der Staatsregierung auf den Abschluss von Mietverträgen durch den Freistaat Sachsen für das Behördenzentrum Leipzig-Paunsdorf zum Nachteil des Freistaates Sachsen« prüfen.[112]

Ich fragte im Sommer 2007 Norbert Steiner, der von Juli 1992 bis September 1994 Leiter des staatlichen Liegenschaftsamtes Leipzig war, ob die Aussage des SPD-Abgeordneten Karl Nolle korrekt sei, er, Steiner, hätte beim Paunsdorf-Untersuchungsausschuss vieles nicht gesagt.

»Natürlich. Ich habe mich schützen müssen, ich habe Drohanrufe und zwei Morddrohungen bekommen. ›Wenn Sie weiter den Mund aufmachen, werden wir Sie umbringen.‹ Meine Frau war dabei.«

Und er erinnert sich auch an folgendes Gespräch, das einen gewissen Eindruck über die Art und Weise vermittelt, wie das Projekt Paunsdorf durchgepeitscht wurde und wie die Administration sich den Befehlen des damaligen Ministerpräsidenten Kurt Biedenkopf beugen musste: »Ich habe nochmals zu Milbradt gesagt: ›Herr Professor Milbradt, was wir machen, ist Betrug.‹ Seine Antwort war: ›Nein, es muss dort hinausgezogen werden.‹ In der Nacht, bevor ich unterschreiben musste, habe ich mich mit einem katholischen Pfarrer getroffen und bin mit ihm nachts spazieren gegangen. Ich musste mich auskotzen, ich konnte nicht mehr. Es tut einem weh zu sehen, wie das Geld des Steuerzahlers verschleudert wurde.«

Danach besuchte ihn der Chemnitzer Finanzpräsident Weber, der ihm zu verstehen gab, dass der Staatssekretär mit seiner Arbeit nicht zufrieden sei. »Herr Steiner, ich wollte Sie jetzt fragen, gehen Sie freiwillig aus dem Staatsdienst?‹ Was soll das? Was habe ich Ungesetzliches getan? Und ich sagte ihm: ›Dann kann ich mir gleich die Kugel geben.‹ An seine Antwort kann ich mich noch heute gut erinnern: ›Herr Steiner, es wäre nicht das Schlechteste für uns.‹«

So weit ein kleiner Einblick in sächsische Verhältnisse aus der Sicht eines aufrechten bayerischen Beamten, der in Sachsen jahrelang Leiter des staatlichen Liegenschaftsamtes war.

Das Finanzministerium in Sachsen wies die Vorwürfe von Steiner zurück. »Vor dem Hintergrund der umfassenden Untersuchungen und Prüfungen in den zurückliegenden Jahren sind die derzeitigen Aussagen von Herrn Steiner nicht glaubwürdig. Vielmehr entsteht der Eindruck der Instrumentalisierung von Herrn Steiner, um das durch den

Abschlussbericht des Untersuchungsausschusses des Landtages abgeschlossene Thema Paunsdorf im Zuge der derzeitigen Diskussionen um die Akten des sächsischen Verfassungsschutzes erneut politisch in die Öffentlichkeit zu bringen.«[113]

In der Presseerklärung des Finanzministeriums steht auch, dass ein Untersuchungsausschuss sich mit der Liegenschaft Paunsdorf eingehend beschäftigt habe, ohne dass Vorwürfe erhärtet wurden. Das war eine eigenwillige Interpretation der Sachlage.

Der angesehene Strafrechtsprofessor Hans-Ullrich Paeffgen[114] aus Bonn hat da einen ganz anderen Eindruck gewonnen: »Das Ergebnis des Ausschusses war, wie fast regelmäßig bei derartigen Enqueten, nicht nur, dass die verschiedenen Parteien den Geschehensablauf sehr unterschiedlich wahrnahmen und einschätzten, sondern dass dank der CDU-Mehrheit im Ausschuss auch keinerlei Unregelmäßigkeiten seitens der von der CDU gestellten exekutiven Spitzen, namentlich des damaligen Ministerpräsidenten Prof. Dr. Biedenkopf und seines damaligen Finanzministers und späteren Nachfolgers Professor Dr. Milbradt, festgestellt werden konnten.«[115]

Gleichzeitig wirft Professor Hans-Ullrich Paeffgen im Zusammenhang mit der Paunsdorf-Affäre dem damaligen Generalstaatsanwalt S. Strafvereitelung im Amt vor. Er habe Ermittlungen der Leipziger Staatsanwaltschaft zur Paunsdorf-Affäre »unrechtmäßig gestoppt«.[116]

In einer Rede zum gleichen Untersuchungsausschuss sagte Karl Nolle am 5. Februar 2004: »Kein Finanzminister, kein Abteilungsleiter, kein Mitarbeiter wagte zu widersprechen. Kein Abgeordneter der Mehrheitsfraktion, meine Damen und Herren von der CDU, wagte zu untersuchen. Kein Staatsanwalt wagte zu ermitteln und wagt es bis heute nicht. Ein solches absolutistisches System wie das System Biedenkopf erstickt alle Möglichkeiten von Kontrolle und Korrektur.«[117]

Als ein Ergebnis dieses parlamentarischen Untersuchungsausschusses kam heraus, dass der in Köln ansässige Immobilienkaufmann Heinz Barth bereits Mitte 1989 dem ihm aus früherer Zeit gut bekannten und mit ihm befreundeten Professor Kurt Biedenkopf einen Lehrstuhl auf seine Kosten eingerichtet haben soll. Als Lehrstuhlsekretärin fungierte Uta Nickel, die ehemalige Finanzministerin der DDR. Die war seit der Wende und nach der Wahl Professor Biedenkopfs zum Ministerpräsidenten selbstständige Immobilienmaklerin in Leipzig.

Später wusste *Der Spiegel* zu berichten: »›Der Kölner Heinz Barth‹, so Kurt Biedenkopf am 30. Juni 1993, helfe ›der Stadt beim Aufbau‹ und habe der Uni ›für eine Dauer von 50 Jahren einen Gastlehrstuhl gestiftet‹. Barth hatte sich verpflichtet, jährlich 50 000 Mark an das Institut des Biedenkopf-Freundes Meinhard Miegel zu zahlen.«[118] Der war von 1973 bis 1977 Mitarbeiter des damaligen CDU-Generalsekretärs Kurt Biedenkopf und 1975 Leiter der Hauptabteilung Politik, Information und Dokumentation der Bundesgeschäftsstelle der CDU. Sein Institut gilt als konservative Denkfabrik und Meinhard Miegel selbst als Vertreter des Neoliberalismus.

Beide, der Immobilienkaufmann Barth und der Politiker Biedenkopf, hatten große Pläne. »Ich möchte Dich nochmals an eine andere Sache erinnern, die ich im Gespräch mit Dir schon einmal kurz erwähnt habe, und zwar, dass mein italienischer Freund und Nachbar Robert Haggiag alle Kinos in Dresden und Leipzig kaufen möchte. Hast Du hier schon etwas unternommen?« Das schrieb Heinz Barth am 12. November 1990 auf dem Briefbogen der FTG Finanztreuhand in Köln an den »lieben Kurt Hans«. Professor Kurt Hans Biedenkopf war damals noch Abgeordneter im Deutschen Bundestag in Bonn, aber bereits auf dem Absprung nach Dresden, um in Sachsen Ministerpräsident zu werden.

Zehn Jahre später, Anfang 2000, wurde bekannt, dass der hinter dem Paunsdorf-Center stehende Kölner Investor und Biedenkopf-Freund Heinz Barth über einen Freund mehrfach an die CDU in Sachsen Geldspenden geleistet haben soll. In der Adventszeit 1994 hatte Barth den damaligen Ministerpräsidenten zu einem Wochenendausflug »unter Männern« mit seinem Privatjet in seine Villa nach Italien eingeladen. Biedenkopf nahm an, bezahlte dafür aber nach Aussage Barths nichts. Kurze Zeit später wurde berichtet, dass Biedenkopf sogar mehrfach Flugdienste Barths genutzt hatte. So weit wäre das alles die ganz normale politische Kultur in Sachsen wie anderswo auch.

Nun spielt aber das Zusammenspiel zwischen Politik und Justiz eine weitaus größere Rolle – sie ist sozusagen das Kernproblem der mafiosen sächsischen Strukturen. Der Landesrechnungshof hatte bezüglich des Paunsdorfer Behördenzentrums bereits 1996 moniert, dass beim Abschluss der Mietverträge alle haushaltsrechtlichen Vorgaben außer Acht gelassen wurden. Allein für die Anmietung eigentlich nicht benötigter Flächen ging der Rechnungshof seinerzeit von einem jährlichen Schaden für den Freistaat von rund 664 000 Euro aus. Bei einer Gesamtlaufzeit des Vertrages über 25 Jahre summiert sich der Schaden auf rund 16 Millionen Euro. Geld, das der Steuerzahler aufbringen muss.

Die Generalstaatsanwaltschaft in Sachsen reagierte ungewöhnlich zurückhaltend, aus dem Prüfungsbericht des Landesrechnungshofes strafrechtliche Handlungen abzuleiten. So schrieb Generalstaatsanwalt S. am 14. Mai 1998 an den Leitenden Oberstaatsanwalt in Leipzig: »Ich bitte zu berücsichtigen, dass allein der Verstoß gegen Haushaltsrecht noch nicht den Anfangsverdacht der Untreue begründet. Sollten Anhaltspunkte für eine vorsätzliche Schädigung des Staatshaushaltes sich im Zuge der bisherigen Überprüfung nicht ergeben, so rege ich an, von der Einleitung eines Ermittlungsverfahrens nunmehr abzusehen.«[119] Für Nolle ein deutliches Signal des »Chefs« an die ihm Unterstellten. Im Juni 1998 entschied die Staatsanwaltschaft, von einem Ermittlungsverfahren abzusehen.

Richtig ist, dass die Leipziger Staatsanwaltschaft schon Mitte der Neunzigerjahre untersuchen wollte, ob der Freistaat dem Eigentümer des Behördenzentrums Leipzig-Paunsdorf unangemessen hohe Mieten zahlte. Zunächst wollte oder durfte die Staatsanwaltschaft den konkreten Ermittlungshinweisen des Landeskriminalamtes im Zusammenhang mit dem Ankauf des Objektes nicht folgen. Stattdessen wurde ein Vorermittlungsverfahren mit einem Umfang von 30 Aktenordnern angelegt. Doch die Ermittlungen des Landeskriminalamts wurden am 12. Dezember 1997 während einer Besprechung mit der Staatsanwaltschaft gegen den Protest der Kriminalbeamten eingestellt.

Aufschlussreich ist ein Aktenvermerk der Staatsanwaltschaft Leipzig im Zusammenhang mit Ministerpräsident Biedenkopf. Er lautet: »Ich habe auf die drohende Verjährung hingewiesen, worauf Staatsanwältin K. zunächst meinte, sie werde die Akten vom Justizministerium zurückfordern und ich solle durch eine Durchsuchung oder eine Be-

Der Sumpf und die Paunsdorf-Affäre   273

schuldigtenvernehmung die Verjährung unterbrechen, um die weitere Entwicklung abwarten zu können. Ich habe sie darauf aufmerksam gemacht, dass dies bedeute, den Ministerpräsidenten als Beschuldigten zu erfassen, ihn zu vernehmen und/oder bei ihm zu durchsuchen. Staatsanwältin K. nahm Abstand von ihrem Vorschlag und teilte mir unter Hinweis darauf, dass die Informationen in dem Artikel der *Leipziger Volkszeitung* keine Maßnahmen erforderlich machen, mit, ich solle gar nichts unternehmen. Man solle ›alles so lassen, wie es ist‹. Nur wenn weitere Tatsachen über Spenden oder Ähnliches genannt werden sollten, müsse die Fortsetzung der Vorermittlungen erneut geprüft werden.«[120]

Eine Überprüfung des Vorwurfs, Biedenkopf habe mehrmals Flugdienste Barths genutzt, wäre ein Grund gewesen, die Verjährung zu unterbrechen. Auf Anordnung der Generalstaatsanwaltschaft wurde aber nichts weiter unternommen.

Am 27. Juni 2007 stellte Karl Nolle deshalb Strafanzeige gegen Generalstaatsanwalt S. und die ehemalige Staatsanwältin K., die inzwischen zur Vorsitzenden Richterin am Landgericht ernannt worden war, wegen Strafvereitelung im Amt. Die Strafanzeige wurde an die Generalbundesanwaltschaft in Karlsruhe gerichtet, weil das Vertrauen in eine unabhängige Justiz in Sachsen anscheinend nicht mehr vorhanden ist. Denn, so Nolles Rechtsanwalt in seinem entsprechenden Schriftsatz: »Aufgrund der Position des Beschuldigten als Generalstaatsanwalt des Freistaats Sachsen und der Beschuldigten als Vorsitzender Richterin am Landgericht Dresden, dort zugleich Vorsitzende der unter anderem für Wirtschaftsstrafsachen zuständigen 8. Strafkammer, der Verwicklung führender Landespolitiker sowie der gerade den Gegenstand der Strafanzeige darstellenden Blockadehaltung der Strafverfolgungsbehörden in der Paunsdorf-Affäre besteht eine erhebliche Wahrscheinlichkeit, dass die Strafanzeige im Freistaat Sachsen nicht oder aber nur verzögert und unwillig bearbeitet wird.«[121] Der Anwalt spricht aus Erfahrung, denn sonst würde er nicht derart harsche Worte benutzen. Die Justiz in Sachsen sieht das natürlich anders. Alles ginge seinen juristisch korrekten Weg, heißt es.

Wie diese Prüfung wahrscheinlich ausgehen könnte, beschreibt der Leipziger Strafrechtler Patrick Graf zu Stolberg am 22. Juni 2008 ziemlich sarkastisch: »Die Strafanzeige eines Kollegen gegen den General-staatsanwalt S. in Dresden im Zusammenhang mit der Paunsdorf-Bie-denkopf-Barth-Affäre – offensichtlich besteht wenig Neigung, sie zu bearbeiten, wenn nicht mit dem Ziel, eine wasserdichte Einstellung zu verfügen, weil die Ermittlungen keinen genügenden Anlass zur An-klage bieten. Nun ja, die Strafanzeige unterbricht die Verfolgungsver-jährung ja nicht; insofern lässt man sich auch bei dieser Bearbeitung Zeit, damit erneut die angezeigten Straftaten nicht mehr geahndet werden können. Man hat ja auch wenig Lust, gegen seine eigene Be-hörde oder gar gegen seinen eigenen Chef zu ermitteln, Anklage zu erheben und dann auch noch in einem Hauptverhandlungstermin den hochverdienten Ministerpräsidenten Biedenkopf vom idyllischen Te-gernsee herzuzerren und ihn zu nötigen, jetzt doch noch etwas über seine schattige Vergangenheit und die Geschäfte seines Spezis Barth auszusagen.«

Einige Jahre sind seit der Paunsdorf-Affäre vergangen. Was hat sich inzwischen verändert? Karl Nolle schreibt dazu im Juni 2007 in einer Mitteilung an SPD-Landtagsabgeordnete: »Unser Wissen über die Strukturen, Abhängigkeiten und Verfehlungen bei den Schwarzen aus drei Untersuchungsausschüssen sollten wir uns von niemandem neh-men lassen. Es sind die Altlasten einer vordemokratischen, bis ins Ab-solutistische gehenden schwarzen Rechts- und Staatsauffassung und einer ebensolchen Personalpolitik. Das sind unsere politischen Gegner und werden es immer bleiben, auch wenn wir das Land zeitweise mit denen anständig verwalten müssen.«[122]

Diese Erfahrungen sind Voraussetzung dafür, um zu begreifen, wie und warum die sächsische Staatsanwaltschaft auf die Vorwürfe des Landesamts für Verfassungsschutz notwendigerweise reagieren wird, eigentlich aufgrund der bisherigen Erfahrungen nur reagieren kann.

Der Sumpf und die Paunsdorf-Affäre

29
Wie ein sogenannter Sachsensumpf ausgetrocknet wird

Am 29. April 2008 lud die Staatsanwaltschaft Dresden zu einer Pressekonferenz ein, um nach den sorgfältigen und monatelangen Ermittlungen das Ergebnis der staatsanwaltlichen Untersuchungen zu präsentieren. Dazu wurde ein sogenanntes Handout der Staatsanwaltschaft Dresden für die Pressekonferenz vorbereitet, das man zeitweilig über die Homepage der CDU-Landtagsfraktion herunterladen konnte.

»Hierbei fiel mir aus juristischer Sicht auf, dass man offenbar die Öffentlichkeit für dumm verkaufen will und weiterhin höhere Chargen decken möchte.« Das sagte der renommierte Leipziger Strafverteidiger Roland Ulbrich, der weder direkt noch indirekt Beteiligter der Sachsenaffäre ist, sondern nur ein Beobachter der sächsischen Justizszene.

Die CDU jubelte jedenfalls, als das Ergebnis der staatsanwaltlichen Ermittlungen in Dresden der Öffentlichkeit präsentiert wurde. »Vom Sachsensumpf bleibt nichts übrig, denn die Staatsanwaltschaft habe sehr gründlich gearbeitet und hinreichend fundiert ausermittelt«, so der CDU-Obmann im Untersuchungsausschuss, Christian Piwarz.[123]

Und ähnlich undifferenziert schallte es danach aus dem Blätterwald. Da las man Schlagzeilen wie: »Kein Sumpf, nirgends«[124], »Doch kein »Sachsensumpf«[125], »Gab es jemals einen Sachsen-Sumpf?«[126]. Das Ergebnis der Pressekonferenz war in der Tat seit Langem absehbar, weil es schon in den Monaten vorher – gefüttert von diversen Interessengruppen – von einigen Medien geradezu herbeigeschrieben wurde.

Zur Pressekonferenz eingeladen hatte Oberstaatsanwalt Christian Avenarius, der Pressesprecher der Dresdner Staatsanwaltschaft. Wie muss er sich dabei eigentlich gefühlt haben? War er doch Mitverfasser eines »Dresdner Plädoyers für eine unabhängige Staatsanwaltschaft«, das im September 2003 in Dresden verabschiedet wurde: »Es ist allgemein anerkannt, dass die Strafrechtssprechung nur durch unabhängige, von politischen Einflüssen freie Gerichte wahrgenommen werden kann. Aus den gleichen Gründen kann eine effektive Strafverfolgung nur durch unabhängige Staatsanwälte erfolgen.«[127]

Erich Wenzlick, der Anfang November 2007 zum neuen Leitenden Oberstaatsanwalt der Staatsanwaltschaft Dresden ernannt wurde, erklärte auf der Pressekonferenz: »Im Kern liegt, um das vorab zu sagen, den Vorwürfen eine Art Verschwörungstheorie zugrunde.« Das behauptete kriminelle Personennetzwerk existiere seinen Worten nach nicht.

In dem Handout für die Pressekonferenz war zudem zu lesen: »Die LfV-Beobachtungen haben keinen Nachweis über funktionierende Strukturen der ›italienischen OK‹ erbracht, die es erlaubt hätten, konkrete Straftaten zur Verfolgung an die Staatsanwaltschaft zu übermitteln.«

Das war eine ziemlich gewagte Aussage, wohl wissend, dass das Bundeskriminalamt und italienische Ermittlungsbehörden eine ganz andere Sicht der Dinge - gerade zur italienischen Mafia in Sachsen - haben, wobei das korrekte Wort Mafia seltsamerweise von der Staatsanwaltschaft nicht benutzt wurde. Außerdem war es weder Ziel und Aufgabe des Landesamts für Verfassungsschutz, konkrete Straftaten zur Verfolgung an die Staatsanwaltschaft zu übermitteln. Doch darum ging es nicht, sondern um die Botschaft, es gebe in Sachsen keine italienische Mafia.

Und zu den Motiven, warum belastende Behauptungen beziehungsweise »Unwahrheiten« in den Akten des Landesamts für Verfassungsschutz auftauchten, erhielten die Journalisten zur Antwort: »Es ist fraglich, ob man die hinter den Angaben steckenden Motive wird endgültig klären können. Es können persönliche und berufliche Eitelkeiten gewesen sein, bestimmte Interessenlagen, persönliche Anfeindungen oder schlicht ein irgendwie gearteter Jagdtrieb von ermittelnden Personen.« Dass bis zu dieser Pressekonferenz kaum einer der von den Vorwürfen betroffenen Beamten des Verfassungsschutzes überhaupt vernommen wurde, spielte keine Rolle.

Nach den Ausführungen des Leitenden Oberstaatsanwalts Erich Wenzlick kam Oberstaatsanwalt Christian Avenarius zu Wort, der Pressesprecher der Staatsanwaltschaft und Leiter der Abteilung 6 der

Wie ein sogenannter Sachsensumpf ausgetrocknet wird

Dresdner Staatsanwaltschaft, zuständig für Jugend, Jugendschutz und Graffiti – demnach ein ausgewiesener Kenner von Wirtschafts- und Organisierter Kriminalität. Er äußerte sich zu dem Fall des Martin Klockzin und sagte, dass das Verfahren gegen die beiden Immobilienmakler, die die Auftraggeber des Anschlags gegen Klockzin waren, mit einer Einstellung beendet wurde, weil sich das Gericht nicht dazu in der Lage sah, einen entsprechenden Mordvorsatz zu erkennen. Die Entscheidung sei juristisch durchaus diskutabel, aber mitnichten unvertretbar.

Kein Wort zu dem merkwürdigen Urteil gegen die zu lebenslänglichem Gefängnis verurteilten Täter, die nur im Auftrag der beiden bayerischen Immobilienhändler gehandelt hatten. Die einen bekommen lebenslänglich – die anderen quasi einen Freifahrschein.

Und bis heute auch kein Wort zu dem schweren Vorwurf von Rechtsanwalt Ulrich Sommer, der durch ein Wiederaufnahmeverfahren versucht, dem zu lebenslangem Gefängnis verurteilten R. W. endlich Gerechtigkeit widerfahren zu lassen: »Dass weite Teile des Verfahrens dem Manipulationsverdacht bis hin zur Urteilsformulierung unterliegen, hat mein Mandant in der Vergangenheit bereits mehrfach deutlich gemacht. Die nunmehr vorliegenden Akten belegen, dass hinsichtlich der Einleitung des Ermittlungsverfahrens gegen meinen Mandanten an einer solchen Manipulation durch die Ermittlungsbehörden kein Zweifel mehr bestehen kann. Das LKA hat in Zusammenarbeit mit der Staatsanwaltschaft Leipzig die Akten schlicht gefälscht.«[128]

Meine Nachfrage bei Rechtsanwalt Ulrich Sommer, ob es eine Reaktion auf seine schweren Vorwürfe gegeben habe, beantwortete er knapp: »Nein.«

Ebenso keine befriedigende Erklärung zur Aktennotiz des Vorsitzenden Richters Wirth aus Chemnitz zu den Immobilienverkäufen an Justizangehörige im Zusammenhang mit dem Klockzin-Prozess.

Ausgeblendet blieb auch, dass die von der sächsischen Regierung eingesetzte »Länderübergreifende Prüfgruppe für die Polizei« festgestellt hatte, dass es im Zusammenhang mit dem Attentat auf den Manager Martin Klockzin der Leipziger Wohnungs- und Baugesellschaft – ein Vorgang, der im Zentrum der Sachsen-Affäre stand – zu einer nicht nachvollziehbaren Verschleppung der Ermittlungen gekommen sei. In dem Handout der Staatsanwaltschaft für die Pressekonferenz am

278   Teil III: Mafialand Deutschland – das sizilianische Syndrom

29. April 2008 steht dazu: »Es ergaben sich schließlich auch keinerlei Anhaltspunkte für eine unlautere Einflussnahme durch die beteiligten Zivilrichter, nämlich die Lebensgefährtin des Beschuldigten X. und ihren damaligen Beisitzer, der später als Staatsanwalt arbeitete.«

Eindeutig war die Aussage des Staatsanwalts Christian Avenarius zu dem Leipziger Kinderbordell Jasmin, das von hohen sächsischen Juristen aufgesucht worden sein soll. Nach intensiven Ermittlungen der Staatsanwaltschaft habe sich herausgestellt, dass dies nicht stimme. »Soweit zwei ehemalige Prostituierte die Beschuldigten belastet haben, sind deren Angaben widerlegt. Die Angaben der Zeuginnen sind nicht glaubhaft und daher auch nicht geeignet, einen der Beschuldigten einer Straftat zu überführen. Die Aussagen dieser Zeuginnen sind bereits in sich widersprüchlich und widersprechen sich auch untereinander. Sie stehen zudem im Widerspruch zu ihren Angaben in früheren Vernehmungen und widersprechen auch den Angaben der anderen früheren Prostituierten.«[129]

Fragenden Journalisten antwortete Oberstaatsanwalt Avenarius: »Wenn Sie es wünschen, kann man Ihnen in allen Einzelheiten sagen, wie sehr sich die Aussagen der beiden vormaligen Prostituierten, die die beiden Beschuldigten N. und X. belastet haben, zum einen in sich, zum anderen untereinander widersprechen und wie sehr sie anderen Äußerungen widersprechen, die sie in vorigen Verfahren gemacht haben ... alles in allem, muss man sagen, sind hier Personen an die Öffentlichkeit gezerrt worden und mit einem ungeheuren Vorwurf belegt worden, den man als sozialen Genickschuss bezeichnen kann.«

Außerdem hätten vor den Ermittlern bereits Journalisten den früheren Jasmin-Mädchen Fotos von möglichen Freiern vorgelegt. »Es ist nicht auszuschließen«, so die Vertreter der Dresdner Staatsanwaltschaft, »dass die Zeuginnen dadurch beeinflusst wurden.«

Damit waren zwei Journalisten gemeint, die unter anderem für den *Spiegel* und *Die Zeit* arbeiteten und zu den wenigen Journalisten gehörten, die intensiv über den Sachsensumpf recherchiert und die offiziellen Verlautbarungen nicht als eine Art göttliche Offenbarung hingenommen hatten. Sie hatten lange vor der Staatsanwaltschaft mit Frauen gesprochen, die als Kinder beziehungsweise Jugendliche Anfang der Neunzigerjahre im Jasmin anschaffen mussten.

Wie ein sogenannter Sachsensumpf ausgetrocknet wird

»Was die Autoren dabei erfuhren, weicht von der Schlussfolgerung der Ermittler erheblich ab. So erzählte Sara im Juli 2007, ohne dass ihr die Journalisten auch nur ein Foto gezeigt hatten, sichtlich aufgeregt, was sie 1994 beim Prozess gegen den Jasmin-Betreiber vollends verwirrt habe: Nicht nur dass der Angeklagte M. W., anders als angekündigt, bei ihrer Zeugenaussage im Gerichtssaal saß. Von der Richterbank habe sie auch ein früherer Stammkunde aus dem Minderjährigen-Bordell angelächelt. Der von Sara und Claudia als ›Jasmin-Freier‹ belastete Exrichter zeigte nicht nur die beiden Frauen an. Er stellte zusätzlich noch einen Strafantrag, falls die Ermittlungen ergeben sollten, dass andere die beiden Frauen zu den Aussagen gegen ihn bewegt hätten.«[130]

Selbst in hohen Dresdner Justizkreisen, notierten Sabine Beikler und Matthias Schlegel vom Berliner *Tagesspiegel*, »stößt es auf Unverständnis, dass die Staatsanwaltschaft den beiden Zeuginnen so wenig Glauben schenkt. Was hätten die beiden ehemaligen Prostituierten für ein Motiv für ihre belastenden Aussagen haben sollen? Beide bestätigten in den Befragungen im Übrigen, dass sie keine Vorteile daraus gezogen hätten, sondern die Aussagen im Gegenteil als große Belastung empfunden hätten.«[131]

In Erinnerung ist noch die Aussage eines der zur Prostitution gezwungenen jungen Mädchen: »Unter den Freiern, so sagt Sara, seien auch Größen aus Leipzigs feiner Gesellschaft in dem Bordell gewesen. Martina, die ebenfalls im Jasmin anschaffen musste, erinnert sich, wie der Bordellbesitzer mit besten Beziehungen prahlte: ›Das hat er öfters gesagt, dass ihm nichts passieren kann. Er hätte genug Leute, die ihn reinwaschen würden.‹«[132]

Und einer der vernehmenden Ermittler soll laut Auskunft des Anwalts der Zeugin Sara gesagt haben: »Wem wird man mehr glauben – zwei ehrenvollen Polizeibeamten oder einer Exprostituierten?«[133]

Bei der staatsanwaltlichen Vernehmung dieser Zeuginnen, die die hohen Juristen N. und X. belasteten, offenbart sich ein umstrittenes Verhalten der Staatsanwaltschaft. Was will man von Zeugen erfahren? In einem Schreiben an den Dresdner Oberstaatsanwalt Sch. beschwerte sich die Leipziger Rechtsanwältin Constanze Dahmen, die eine der Zeuginnen vertrat, jedenfalls über staatsanwaltliche Vernehmungsmethoden.

»Des Weiteren teile ich Ihnen - unter Bezugnahme auf die Vernehmung von Frau E. am gestrigen Tag durch Sie - mit, dass ich die von Ihnen gewählte Art der Befragung für bedenklich erachte. Aus meiner Sicht besteht kein Grund, derart aggressiv und feindselig die Vernehmung eines offensichtlich stark traumatisierten Opfers vorzunehmen. Entsprechendes gilt hinsichtlich der Tatsache, dass Sie gegenüber meiner Mandantin ohne Not laut wurden. Bis zu diesem Zeitpunkt, als Sie zu der bereits begonnenen Befragung durch Herrn Staatsanwalt K. hinzugetreten sind, war meine Mandantin emotional derart stabil, dass sie hinsichtlich der ihr gestellten Fragen Rede und Antwort stehen konnte. Durch Ihre aggressive Haltung gegenüber Frau E. war diese innerhalb weniger Minuten derart verschüchtert, dass sie außerstande war, weiterhin die Vernehmung ›durchzustehen‹ … Die Aggressivität und die Feindseligkeit, die meiner Mandantin entgegengeschlagen sind, verbunden mit dem Gefühl, dass ihren Aussagen ohnehin kein Glauben geschenkt wird, können kaum geeignet sein, in der Sache reale Ermittlungsergebnisse zu erzielen. Aufgrund der oben geschilderten Situation, welche sich innerhalb weniger Minuten nach Ihrem Hinzutreten aufbaute, war Frau E. außerstande, die Vernehmung weiter fortzuführen. Sie zitterte, bekam einen Weinkrampf und Nasenbluten, sodass die Vernehmung abgebrochen werden musste.«

Mit Schreiben vom 21. Februar 2008 erhielt die Anwältin eine Antwort von der Staatsanwaltschaft Dresden auf ihre Behauptungen über die unwürdigen Vernehmungsmethoden. Mit keinem Satz sei auf ihre Beschuldigungen eingegangen worden, beschwerte sie sich mir gegenüber. Dabei dürfte der Staatsanwaltschaft ein Schreiben des Koblenzer Rechtsanwalts aus dem Jahr 2000 bekannt gewesen sein. Der Anwalt, der damals eine der Zeuginnen betreute, schrieb: »Unsere Auftraggeberin will künftig nicht mehr ohne anwaltlichen Beistand konfrontiert werden, da regelmäßig durch weitere Vernehmungen alte traumatische Zustände wieder hervorgerufen werden.«[134]

Ich erinnere mich in diesem Zusammenhang an die Leipziger Journalistin von der *Bild*-Zeitung, die nach der Vernehmung durch den gleichen Staatsanwalt mich weinend anrief und davon sprach, dass sie von dem Staatsanwalt angeschrien wurde.

Auf der besagten Pressekonferenz im April 2008 wurde Christian

Avenarius darauf angesprochen, dass es Vorwürfe gebe, bei der staatsanwaltlichen Vernehmung der beiden ehemaligen Prostituierten soll nicht alles mit rechten Dingen zugegangen sein. Er antwortete laut Wortprotokoll:»Und es ist vollkommen klar, dass man – wir reagieren alle emotional in bestimmten Situationen, das erleben wir auch heute –, es ist vollkommen klar, dass man in solchen Vernehmungen nicht immer nur absolut unemotional reagiert. Das ist ganz normal. Das weiß jeder, der schon einmal eine längere Vernehmung machen musste ... Und es ist auch ein ungeheuerlicher Vorwurf, wenn jetzt so getan wird, als hätten die Kollegen, die sicher nicht immer nur gleichmütig waren und sicher den Zeugen auch in bestimmten Situationen deutlich aufgezeigt haben, was für Widersprüche es gibt ... Als hätten die Vernehmungsmethoden wie in Abu Ghraib angewandt. Das ist ja totaler Nonsens.« Die monierte Vernehmungsmethode nannte er »kritische Befragung«.

In der Tat sollen Staatsanwälte neutral sein, selbst wenn es bei den Ermittlungen um Angehörige der eigenen Justizfamilie geht. Wenn Zeuginnen wagen auszusagen, wissend, welche Tragweite ihre Aussagen haben, wäre es eigentlich angemessen, besonders sensibel zu agieren, sofern das Ermittlungsziel ist, wirklich nichts als die Wahrheit zu erfahren. Gerade bei denjenigen Frauen, die aufgrund ihrer schlimmen Erfahrungen als Kinder beziehungsweise Jugendliche traumatisiert worden sind, sollte das selbstverständlich sein.

Ich erinnere mich in diesem Zusammenhang an eine E-Mail, die ich am 23. Februar 2008 erhielt:»Ich bin eines der Opfer aus dem Jasmin und musste schon zweimal zur Vernehmung. Habe jetzt das Gefühl, dass ich vielleicht nicht die Wahrheit hätte sagen sollen. Ich habe Angst um meine Familie und um meine Kinder. Ich kann das Ausmaß meiner Aussagen nicht abschätzen und überlege, ob ich vielleicht die Aussagen zurückziehen soll. Andererseits will ich, dass die Wahrheit jeder kennt. Und man uns endlich auch als Opfer betrachtet.« Wurde das beherzigt?

Wie schrieb der Leipziger Rechtsanwalt Steffen Soult: »Die Staatsanwaltschaft wird mir und den in dieser Sache verteidigenden und vertretenden Kollegen Rede und Antwort zu stehen haben, ob es im Zuge der Ermittlungsführung Vernehmungsmethoden gab, die bei Zeuginnen, welche sich als im Kindes- oder Jugendalter sexuell Missbrauchte von selbst den Ermittlungen zur Verfügung stellten, Weinanfälle, nervliche Zusammenbrüche und offensichtlich bewusst herbeigeführte Verunsicherung auslösten.«[135]

Vernichtend war jedenfalls die Kritik der Dresdner Staatsanwaltschaft an der Arbeit des Verfassungsschutzes, die in bestimmten Medien so wiedergegeben wurde: »Die Ergebnisse der staatsanwaltlichen Ermittlungen untermauern den Verdacht, dass das tatsächlich rechtsstaatsgefährdende Element der sächsischen Affäre das Handeln des mittlerweile aufgelösten OK-Referats ist.«[136]

Ausgeblendet und in den meisten Medien unerwähnt blieb die Presseerklärung von Bernfried Helmers, dem Anwalt der angegriffenen Leiterin der OK-Abteilung im LfV. »Wenn zudem medial die Botschaft verkündet wird, meine Mandantin habe als Mitarbeiterin des Landesamtes für Verfassungsschutz Akten bewusst aufgebauscht und im Zusammenspiel mit Politikerhandlungen für eine ›Luftblase‹ und damit für ein Problem gesorgt, das keines gewesen sei, ist dies ebenfalls richtigzustellen ... Dabei wurden durch meine Mandantin weder Akten gefälscht noch Sachverhalte aufgebauscht. Meine Mandantin hatte eine strafrechtliche Relevanz für staatsanwaltliche Maßnahmen nicht festzustellen. Sie war lediglich daran beteiligt, den Aktenstoff für die Prüfung der strafrechtlichen Relevanz durch die Staatsanwaltschaft aufzuarbeiten.«[137]

Schließlich haben die Verfassungsschützer nicht im luftleeren Raum gearbeitet, gegen die eigene Regierung geputscht. »Denn das hieße letztlich, im Landesamt für Verfassungsschutz«, so Klaus Bartl und André Hahn von der Fraktion der Linkspartei im Landtag, »hätte ein Dutzend hoch bezahlter Beamter über Jahre hinweg Tausende Seiten mit haltlosen Denunziationen über Persönlichkeiten des öffentlichen Lebens angelegt. Einen Verfassungsschutzskandal dieses Ausmaßes hat die Bundesrepublik wohl noch nicht erlebt. Der Rücktritt der gesamten Staatsregierung, der der Verfassungsschutz unterstellt ist, wäre dann die logische Konsequenz.«

Trotz der intensiven Ermittlungen der Dresdner Staatsanwaltschaft bleiben viele Fragen ungeklärt und nicht nur die der politischen Verantwortung. Die hätte der Innenminister Albrecht Buttolo übernehmen müssen. Oder der heutige Chef des Bundeskanzleramtes Thomas de Maizière, der als sächsischer Innenminister bis Herbst 2005 für das Landesamt für Verfassungsschutz zuständig war. Dessen Interesse an einer »lückenlosen Aufklärung« könnte erklären, warum der Bundesnachrichtendienst und das Bundesamt für Verfassungsschutz, obwohl nicht zuständig, beim »Sachsensumpf« eingeschaltet wurden. Innenminister Albrecht Buttolo blieb jedoch im neuen Kabinett von Ministerpräsident Stanislaw Tillich auf seinem Posten. Ministerpräsident Georg Milbradt musste aufgrund der Affäre um die Sachsen LB im Frühjahr 2008 zurücktreten. Für viele überraschend entschied am 29. August 2008 das sächsische Verfassungsgericht, dass der Untersuchungsauftrag des parlamentarischen Ausschusses verfassungsgemäß ist. In dem Gerichtsurteil wurde die Regierung gehalten, »durch die Gestaltung des Verfahrens der Aktenvorlage den berechtigten Informationsinteressen möglichst umfassend nachzukommen«.[138] Das Urteil sei eine »deftige Ohrfeige« und »ein Denkzettel, dass man nicht so rüpelhaft mit dem Parlament umgehen kann«, sagte dazu der Ausschusschef Klaus Bartl von der Linkspartei.[139]

Bislang hatte die sächsische Regierung mit allen Tricks versucht, die Akten des Verfassungsschutzes den Parlamentariern vorzuenthalten. Wochen vor dem Urteil, im Juli 2008, hatte der Prozessvertreter der Regierung, Rechtsanwalt Professor Klaus Finkelnburg, sogar erklärt: »Viel werde nach einer juristischen Prüfung wohl nicht übrig bleiben, antwortete Finkelnburg. Es sei wohl das Beste, der Landtag setze einen neuen Ausschuss ein - wohl wissend, dass dieser kaum ausreichend Zeit hätte, zu einem Ergebnis zu kommen.«[140]

Doch kaum hat das Verfassungsgericht ein Machtwort gesprochen, wird erneut versucht, die Aufklärung zu behindern. Innenminister Albrecht Buttolo will lediglich Spitzenbeamten des LfV eine Aussagegenehmigung erteilen wie dem ehemaligen Präsidenten des LfV und der Exleiterin des Referats Organisierte Kriminalität. Die Sachbearbeiter sollen anscheinend nicht angehört werden. Der SPD-Abgeordnete Karl Nolle kritisierte dieses Vorgehen des Ministeriums mit den Worten: »Erst wird behauptet, die Mitarbeiter hätten in den Akten Märchen erzählt, und dann wird der Ausschuss gehindert, das zu hinterfragen.«[141]

Anfang November 2008 wurden in Dresden erstmals zwei der Verfassungsschützer vor dem Untersuchungsausschuss vernommen, die

284   Teil III: Mafialand Deutschland - das sizilianische Syndrom

nach Meinung der Staatsregierung und der mit ihnen kokettierenden Medien dafür verantwortlich gemacht wurden, nur Fantasie- und Lügengeschichten aufgeschrieben zu haben. Obwohl alles unter strikter Geheimhaltung lief, wurden die Parlamentarier wieder düpiert. Einer der Auswerter des LfV weigerte sich aus Geheimhaltungsgründen sogar zu sagen, welche Quellen das Landesamt geführt hatte. Trotzdem: »Es gab Hinweise auf erhebliche Kriminalität«, erklärte danach Caren Lay von der Linkspartei nach deren Vernehmung. Und Karl Nolle sagte, dass es sich bei all ihren Hinweisen nicht um Märchen gehandelt hat, sondern nur nicht zu Ende ermittelt wurde. Und dass es konkrete Hinweise für Straftaten gibt. Die CDU hüllte sich in Schweigen. Gleichzeitig meldete die *Sächsische Zeitung*, dass eine Quelle für die Behauptung, im Leipziger Rathaus hätten Sex-Partys stattgefunden, seine entsprechende Aussage zurückgenommen habe. Diese Quelle, schrieb die Zeitung am 5. November 2008, sei der Leipziger Kripobeamte Georg Wehling. Das war eine offensichtliche Lüge. Aber sie diente dazu, noch einmal Stimmung gegen den couragierten Kripobeamten zu machen.

Das Wort »hinterfragen« ist in Sachsen – wie in anderen neuen Bundesländern – nicht unbedingt geschätzt. Selbstbewusste und kritische Staatsbürger scheinen daher eher ein Dasein am Rand zu fristen, zu sehr wurden jahrzehntelang autoritäre Strukturen implantiert. Gerade das in den neuen Bundesländern herrschende System der politischen Omertà hat entscheidend dazu beigetragen, dass sich die mafiose Kultur ausbreiten konnte. Wenn wie in Sachsen-Anhalt der wirtschaftspolitische Sprecher einer Partei sämtliche Fäden in der Stadt Halle in der Hand hält, die Interessen von Libanesen, Albanern und Italienern dirigiert und nur derjenige keine Probleme bekommt, der sich an die Absprachen hält, dann zeigt das die politische Sprengkraft des sizilianischen Syndroms.

Wenn außerdem Teile der Justiz, Polizei und Politik ein unverhohlen feudales Verhältnis zur demokratischen Verfassung zeigen, dann kann niemals eine Bürgergesellschaft entstehen. Dieser »vordemokratische Morast«, wie es der SPD-Politiker Karl Nolle auf Sachsen bezog,[142] führt bei den Bürgern zur politischen Apathie oder, noch schlimmer, dazu, dass rechtsradikale Bewegungen und Parteien immer größere Erfolge verbuchen können.

Epilog
Die bedrohte Bürgergesellschaft

Was wäre, wenn ein deutscher Ministerpräsident Kokain zum Aufputschen nähme und deshalb bereits diverse Male eine Klinik aufgesucht hätte? Es wäre ein persönliches Schicksal, das der Privatsphäre zuzuordnen wäre. Was wäre jedoch, wenn dieser Politiker sein Kokain von einem Mann der 'Ndrangheta, der bei den Strafverfolgungsbehörden in Kalabrien einschlägig bekannt ist, erhalten würde und der Politiker Kenntnis davon hätte, wer sein Lieferant ist? Dann müsste es eigentlich die Öffentlichkeit interessieren. Und was wäre, wenn ein deutscher Medienkonzern davon weiß, aber deshalb nicht darüber berichtet, weil der Ministerpräsident für die strategischen Geschäftsinteressen des Medienkonzerns äußerst wichtig ist?

»Die Mafia in Deutschland hat andere Namen und eine andere Geschichte; aber sie richtet vergleichbares Unheil an«, schreibt Heribert Prantl.[1] Noch hält sich die Meinung, wir hätten damit nichts zu tun, die Mafia sei mit der Situation hier in Deutschland oder Österreich nicht zu vergleichen, sei daher keine ernsthafte Bedrohung für die demokratische Gesellschaft. Letizia Paoli vom Freiburger Max-Planck-Institut für ausländisches und internationales Strafrecht beschreibt in einer wissenschaftlichen Studie aus dem Jahr 2004, dass sowohl Cosa Nostra wie 'Ndrangheta Spezialfälle seien, das Produkt bestimmter historischer, sozialer und kultureller Konditionen, welche nicht einfach wiederholt werden können. Daher sei es völlig verfehlt, »die Entscheidungsgremien der Mafia mit den Verwaltungs- und Aufsichtsräten großer Firmen zu vergleichen oder gar anzunehmen, Cosa Nostra und 'Ndrangheta funktionierten wie multinationale Konzerne«.[2] Das Gleiche gilt dann zwangsläufig auch für die anderen multinationalen Mafiaorganisationen.

Bei dieser Betrachtungsweise wird die zentrale Bedeutung des Transformationsprozesses der klassischen Mafia hin zu einem bedeutenden wirtschaftlichen Global Player verkannt. Allein im schweizerischen Tessin werden jede Woche 35 Millionen Euro durch die italienische Mafia gewaschen - über Treuhänder und Banker, die Teil der Cosa Nostra oder der 'Ndrangheta sind. Aus sozialwissenschaftlicher Sicht mag es stimmen, dass die Entscheidungsgremien der Cosa Nostra oder der 'Ndrangheta nicht wie Vorstände oder Aufsichtsräte multinationaler Konzerne funktionieren. In der Realität aber funktioniert und agiert die Mafia nicht anders als nationale und multinationale Konzerne. Politisch und insbesondere ökonomisch operieren sowohl 'Ndrangheta wie Cosa Nostra entweder über Strohleute, als Besitzer oder als heimliche Teilhaber in großen Konzernen. Und sie entscheiden in den dortigen obersten Etagen der unternehmerischen Macht mit, unter anderem wenn es darum geht, unliebsame Konkurrenz auszuschalten.

Wie sehr die von der Mafia infiltrierte Ökonomie eine autonome, politisch kaum zu steuernde Macht geworden ist, zeigt der »neue«, der börsengetriebene Kapitalismus. »In seinen Unternehmen haben nicht mehr lokale Patriarchen das Sagen, sondern milliardenschwere Fondsfirmen, die nach Leibeskräften versuchen, sich auf der Prärie der Weltgesellschaft das fetteste Wild abzujagen. Dieser Kapitalismus funktioniert nach der Logik von Exzess und Selbstüberbietung und bringt aus sich selbst heraus keine Grenze hervor.«[3]

Typisch dafür war der Skandal um Italiens größten familiengeführten Lebensmittelkonzern Parmalat. Im Jahr 2003 stellte sich heraus, dass zwischen acht bis 14 Milliarden Euro Betriebsvermögen verschwunden waren, ein Teil davon auf den Cayman-Inseln.[4] Banken, auch die Deutsche Bank, gaben dem undurchsichtig verschachtelten Konzern Kredite und halfen mit, hoch riskante Finanzgeschäfte abzuwickeln. Dann stellte sich heraus, dass die Konzernspitze Absprachen mit der neapolitanischen Camorra getroffen hatte. Jährlich zahlte der Konzern rund 200 000 Euro an den Casalesi-Clan, um sich ein Monopol in der süditalienischen Region zu sichern.[5] Aufgrund der Zahlungen von Parmalat wurden Konkurrenten durch Abschreckungen und Drohungen eingeschüchtert.

Epilog: Die bedrohte Bürgergesellschaft

»Das sogenannte Erpressungsgeld, folgerte daraus Roberto Saviano, war keine einseitige Angelegenheit, sondern Teil eines wirtschaftlichen Netzwerkes, das der kollaborierenden Firma Parmalat durchaus Vorteile bot. Illegale Methoden werden also angewandt, um die Wirtschaft anzukurbeln und das Rad schneller laufen zu lassen.«[6] Denn das Prinzip des freien Marktes im Rahmen der Globalisierung, das auch die italienische Mafia sehr früh erkannt hat, bedeutet »die totale Subsumtion allen menschlichen, gesellschaftlichen Lebens unter die Erfordernisse der ›Anhäufung von Reichtum‹«.[7]

Investmentbanker einer deutschen Großbank in der City of London[8] wollen verständlicherweise nicht wissen, welchen Ursprung die Milliarden Euro haben, die sie für ihre Kunden anlegen sollen. Mafia hin, Mafia her. Für sie zählen alleine die Prämien aus den Verkaufsabschlüssen.

Der Vorstand einer Frankfurter Bank wiederum konnte selbst von seiner eigenen Compliance-Abteilung[9] nicht davon abgehalten werden, den sogenannten Usbeken als Kunden anzunehmen. Der »Usbeke«, ein bekannter Oligarch aus Russland, Geschäftsbereich Gas, Metall, Banken und Fußball, war Anfang der Neunzigerjahre der Geldwäscher und Banker der Solnzevskaja und unterhält bis heute intime Kontakte zu den führenden Repräsentanten der Russenmafia. In einem mir vorliegenden Dossier des russischen Nachrichtendienstes FSB aus dem Jahr 2006 ist zu lesen, dass »der Usbeke« in der Moskauer kriminellen Szene »aufgrund seiner Fähigkeiten und seines praktischen Vermögens sehr schnell den Ruf eines ›Finanzgenies‹ hatte, insbesondere wenn es darum ging, große Geldsummen zu waschen«. Und er hat mächtige Freunde, zum Beispiel den Duma-Abgeordneten Andrei Skoch. Auch der gehörte Anfang der Neunzigerjahre der Solnzevskaja an, soll in den internationalen Waffenhandel verstrickt sein. Entsprechende Informationen liegen bei den Sicherheitsbehörden verschiedener Länder vor, ob Russlands, der Schweiz, Frankreichs, Tschechiens oder der USA. Anfang der Neunzigerjahre war Evgeny Ananyev der KGB-Betreuer vom »Usbeken« und später mit ihm geschäftlich verbunden.[10] 1994 tauchte der »Usbeke« in einem Bericht des FBI auf, und zwar im Zusammenhang mit seinen engen Beziehungen zu führenden kriminellen russischen Autoritäten in Kanada und den USA.[11] Im Jahr

1998 löschte Islam Karimow, der diktatorisch regierende Präsident von Usbekistan, mittels einer speziellen Verordnung die kriminelle Geschichte des »Usbeken« aus den Akten, und zwei Jahre später wurde dieser durch das höchste Gericht Usbekistans, das vom Präsidenten total abhängig ist, entlastet. All das war dem Vorstand der Bank bekannt. Jetzt ist er ein Kunde dieser deutschen Großbank.

Diese Kooperation ehrenwerter deutscher Topbanker mit hoch krimellen, aber kapitalstarken Dunkelmännern demonstriert die Macht der neuen Mafia, deren Instrument zur Infiltration der Wirtschaft die Geldwäsche ist. Das ist die Methode, »die Geschichte des Geldes (nämlich seine Herkunft) zu eliminieren. Nur die Gegenwart zählt. Im dunklen Vergangenen soll bleiben, aus welchen Quellen das Geld stammt. Mit dem alle Zeit-Räume überwindenden Geld, insbesondere im Zuge der finanziellen Globalisierung, hat eine territoriale Vorstellung von Souveränität, Staatlichkeit und Regulation ausgedient.«[12]

Der Geldwäschebeauftragte einer anderen deutschen Großbank sagt daher auch, dass er aufgrund seiner über zehnjährigen Erfahrung nicht mehr zwischen dem Capo aus Moskau, Reggio Calabria und Palermo oder einigen Bankvorständen und Investmentbankern unterscheiden könne, weil Letztere erst die globalen Entfaltungsmöglichkeiten bieten, wissend, wer ihr Gegenüber ist.[13]

So gesehen ist es nicht weiter verwunderlich, dass »manche Wirtschaftsunternehmen zu Hochburgen krimineller Machenschaften geworden sind, in denen die Handlungsmuster der Organisierten Kriminalität die alltägliche Geschäftspraxis prägen«.[14] Diese Auffassung steht im Einklang mit Studien, die zu dem Ergebnis kommen, dass im Bereich der Wirtschaftskriminalität ein »Dunkelfeld von mehr als 80 Prozent besteht«.[15] Beispielhaft dafür ist die internationale Finanzmarktkrise. Hier haben profitgierige Banken durch ausgeklügelte und teilweise betrügerische Finanzprodukte zusammen mit skrupellosen Investoren die internationalen Finanzmärkte ins Trudeln gebracht. »Die US-Kreditkrise entwickelt sich immer mehr zum Kriminalfall. Jetzt hat die Justiz Betrugsermittlungen aufgenommen. Im Fadenkreuz stehen nicht nur Einzeltäter, sondern auch große Investmentbanken. Sie sollen das Chaos absichtlich verursacht haben – um dann eiskalt zu profitieren.«[16]

Epilog: Die bedrohte Bürgergesellschaft

Diese Banker wiederum, eine Art von Kapitalmarkt-Cupola, pflegen enge Beziehungen zum politischen Establishment, waren und sind noch einflussreiche Berater politischer Parteien, insbesondere jener, die von der grenzenlosen Freiheit des internationalen Kapitalmarktes sprechen. So hat die Pleite der US-Investmentbank Lehman Brothers weitreichende Folgen für einige deutsche Landesbanken. Von einem Schaden in Höhe von 1,4 Milliarden Euro ist die Rede. Und obwohl seit geraumer Zeit bekannt war, das ein möglicher Zusammenbruch der Investmentbank bevorstehen könnte, wurden von Banken und Anlage-vermittlern die Zertifikate von Lehman Brothers als sichere Anlage empfohlen. Mitglied des Vorstands von Lehman Brothers in Deutsch-land ist übrigens der einstige SPD-Politiker Hans Martin Bury. Er war von 1999 bis 2002 Staatsminister bei Bundeskanzler Gerhard Schröder und bis 2005 Staatsminister für Europa.

Er ist kein Einzelfall. »Wenn Lothar Späth, Friedrich Merz und der ehemalige Bundesbankdirektor und Chefökonom der Europäischen Zentralbank Issing und viele mehr für ausländische, angelsächsische Investmentfirmen und Hedgefonds arbeiten, dann deutet das auf ein einflussreiches Geflecht hin.«[17] Lothar Späth wurde 2005 Vorsitzender der Geschäftsführung der Investmentbank Merrill Lynch, und Fried-rich Merz, der CDU-Wirtschaftsexperte, war Berater des britischen Hedgefonds »The Children's Investment Fund«(TCI). Sie alle haben auf-grund ihrer guten Vernetzung in die entscheidenden politischen Ebenen ihren Beitrag geleistet, damit die Finanzindustrie auch in Deutschland aufblühen konnte. Denn die »Enthemmung des Kapitals«, schreibt Ped-ram Shahyar, der Sprecher von Attac, »korrelierte mit einer Geisteshal-tung der neuen ökonomischen Eliten, in der die rauschende Verhei-ßung des Profits jegliche Grenzen verlor«.[18]

Auf bisher eine Billion US-Dollar in den ersten neun Monaten des Jahres 2008 summieren sich die Verluste durch die »US-Finanzkrise« weltweit, für die in der Regel der Steuerzahler auf die eine oder andere Weise zur Kasse gebeten wird. In Deutschland selbst wurden alleine zur Rettung der privaten Industriekreditbank (IKB), die kurz vor der Pleite stand, 10,7 Milliarden Euro Steuergeld gezahlt. Der haushalts-politische Sprecher der FDP, Jürgen Koppelin, meint: »Auf der einen Seite heißt es, Renten können nicht angehoben werden, wir haben kein

Geld, wir zahlen sehr viel Steuern, Steuersenkung ist nicht drin, und gleichzeitig ist der Bund in der Lage, wirklich in wenigen Stunden Milliarden lockerzumachen, um eine marode Bank zu sanieren, wo Manager noch heute dicke Gehälter kassieren, wo man sich fragt, wie ist so etwas möglich.«[19]

In Deutschland sind neben der Industriekreditbank (IKB) mehrere Landesbanken, etwa die Sachsen LB, die WestLB oder die Bayerische Landesbank, von der Finanzkrise betroffen, da sie ebenfalls in hoch riskante Finanzprodukte investierten und Spekulation zum Geschäftsprinzip erhoben – auf Kosten der Steuerzahler. In den Aufsichtsräten der Landesbanken sitzen viele Politiker, die zwar keine Bilanz lesen können, aber diese Geschäfte stillschweigend akzeptierten.

Jetzt fehlen die Finanzmittel, die für Kindergärten, Schulen, Krankenhäuser, Altenpflege und soziale Infrastruktur dringend notwendig wären. »Die stolze Demokratie, das Versprechen von Freiheit und Gerechtigkeit, verblasst zu einer Reparaturdemokratie, die nur noch die Suppe auslöffelt, die ihr die globalisierte Moderne eingebrockt hat.«[20]

Ein unabwendbares Gottesschicksal war es nicht. Vielmehr sorgten deutsche Politiker im Verein mit bestimmten Wirtschaftsführern und deren Lobbyorganisationen dafür, »dass Zeitgenossen, die mit besonderem Wissen und erheblicher (auch krimineller) Energie ausgestattet sind, Bereicherungschancen haben, die nicht nur mit qualifizierter Ausbildung und Erwerbsfleiß zu realisieren sind«. Das sagte mir Wolfgang Hetzer während einer Tagung der Katholischen Akademie in Trier schon im Jahr 2006. Für ihn geht es um »ein entgleitendes System, das nicht mehr vornehmlich der Bedürfnisbefriedigung arbeitender Menschen dient, sondern der Erschließung von Tatgelegenheiten in Gestalt gesellschaftsfeindlicher Raubzüge, eine Entwicklung, die nicht mehr durch eine Reform des § 266 StGB[21] oder mit legislativer Kosmetik zu steuern ist.«

Unbestritten ist, dass die Mafia sich dort überall ausbreiten konnte und kann, wo Partikularinteressen die Gemeinwohlinteressen verdrängen, wo politische Sumpflandschaften üppig wuchern, soziale Ungerechtigkeit ein menschenwürdiges Leben unmöglich macht und die direkte Beteiligung der Bürger an politischen Entscheidungen auf allen Ebenen entweder überhaupt nicht oder nur rudimentär möglich

Epilog: Die bedrohte Bürgergesellschaft

ist. Hinzu kommt die Verzahnung legaler und krimineller Strukturen, die heute nicht mehr die Ausnahme ist. Denn warum sollte eigentlich der deutsche Unternehmer oder Banker nicht mit der Mafia kooperieren? Wer Arbeitnehmer nur noch als möglichst billigen und jederzeit auswechselbaren Kostenfaktor betrachtet, Dumpinglöhne bezahlt, dem wird es im Prinzip gleichgültig sein, mit wem er geschäftlich zusammenarbeitet.

Um das zu belegen, ist folgender Vorgang beispielhaft: Im Herbst 2007 wollte eine in Bayern ansässige große Maschinenfabrik 500 Maschinen nach Kasachstan verkaufen. Im Aufsichtsrat des Unternehmens sitzt ein ehemaliger Bundesminister. Um das Geschäft anzubahnen, benötigte man einen direkten Kontakt zu Nursultan Nasarbajew, dem Despoten von Kasachstan. Der Mann, der mit diesem Kontakt trumpfen konnte, war Oral Celik aus Ankara. Die Verhandlungen standen vor dem Abschluss, die Provisionszahlung schien geregelt, der Flugschein war bezahlt, als der Mitarbeiter einer Bundesbehörde, er kannte Oral Celik ziemlich gut, intervenierte. Wenn herauskäme, erklärte er der Geschäftsführung, dass der Türke als Vermittler eingesetzt worden sei, wäre das schlecht für das Image des Unternehmens. Oral Celik war in den Achtzigerjahren Kopf einer europaweit agierenden türkischen Drogenhändlerorganisation, führendes Mitglied der rechtsradikalen Grauen Wölfe und galt als einer der Hintermänner des Papst-Attentates.[22] Er lebt heute, gut versorgt durch den türkischen Geheimdienst, in Ankara. Ob das Geschäft mit Kasachstan trotzdem zustande kam, ist nicht bekannt.

Weil derartige Verbindungen häufig vorkommen, aber nur selten bekannt werden, stellt sich die Frage, ob die Mafia nicht bereits politisches und wirtschaftliches Handeln bei uns entscheidend mitprägt. Zur Erinnerung noch einmal die Aussage von Klaus Jansen, dem Bundesvorsitzenden des Bundes Deutscher Kriminalbeamter (BDK): »Deutschland, einst eine der letzten Bastionen staatlicher Loyalität, Integrität und Effizienz, ist inzwischen zu einem unauffälligen florierenden Aktions- und Ruheraum für Organisierte Kriminalität geworden. Phänomene wie Geldwäsche, gekennzeichnet durch Immobiliengeschäfte, Investitionen in die Restaurant- und Hotelbranche, Korruption, Subventionsbetrug und vieles mehr, sind längst Teil einer stetig wachsenden Schattenwirtschaft geworden, Dinge, die man so eigentlich nur in Italien vermutet hatte.«[23]

Das, was er aufzählt, verbindet auf der politischen Systemebene (mit höchst unterschiedlicher Qualität und Quantität) Italien und Russland mit vielen europäischen Staaten, auch mit Deutschland und Österreich. Entsprechend stark oder weniger stark ist die Mafia Teil der politischen Kultur geworden.

Sie besteht aus zwei Ebenen. Die eine Ebene wurde im Jahr 2004 im brandenburgischen Neuruppin sichtbar. Kriminelle, Unternehmer, ein Anwalt und Politiker - alle gehörten dazu. Der Kopf der Bande: ein einstiger Imbissbesitzer mit Blitzkarriere in der CDU, der bis im Jahr 2003 im Wirtschaftsausschuss der Stadt saß. Die Journalistin Gabi Probst nannte es »italienische Verhältnisse im Brandenburger Land«.[24] Im Glücksspielsalon »Monte Carlo« war der kleine Pate aus Neuruppin häufig mit Vertretern der Politik am illegalen Spieltisch zu sehen. Mit dem Drogengeld und den Erlösen aus der Zwangsprostitution wurde Einfluss auf den regionalen Immobilienmarkt genommen, und die Staatsanwaltschaft war verzweifelt, weil Ermittlungen lange Zeit nicht möglich waren. Im August 2004 wurde die kleine Mafia aus Neuruppin endlich zerschlagen. Doch noch immer herrschte das bekannte Prinzip der Omertà. Im Mai 2005 erklärte der kleine Pate vor Gericht: »Wir waren wie eine Familie und halfen, wenn Not am Mann war. Doch für uns war das eine reine Männerfreundschaft.«[25] Teil dieses mafiosen Milieus von Neuruppin ist, dass ein ehemaliger Bürgermeister und Landtagsabgeordneter wegen Vorteilsnahme verurteilt wurde, ein Stadtverordneter wiederum wegen Bestechung, und gegen einen Hotelinvestor erging ein Strafbefehl wegen Subventionsbetrugs und Abgeordnetenbestechung.

Zu den Gesetzen der Mafia gehört zum Beispiel »das Gesetz der Freundschaft und der Ehre«. In dem sizilianischen Mafiakodex heißt es dazu: »Meine Verbündeten und alle, die mir ein Bündnis antragen oder es ihren Verbündeten empfehlen, sind meine Freunde und achtbare Menschen. Alle anderen sind meine Feinde, und unter ihnen finde ich all die unehrenhaften Menschen.«[26] Oder das »Gesetz der Wahrheit«. Es lautet: »Die Wahrheit gibt es nicht. Es gibt so viele Wahrheiten, wie es Parteien gibt oder Koalitionen unter ihnen.«[27] Wie fremd

Epilog: Die bedrohte Bürgergesellschaft

sind uns diese Gesetze wirklich, wenn sie mit bestimmten Vorgängen in Deutschland verglichen werden?

Und das führt zur zweiten Ebene der mafiosen Kultur, zu einem Ereignis der besonderen Art. Am 13. September 2008 fand in der russischen Botschaft der »deutsch-russische Ball der Wirtschaft, Kultur und Politik« statt. Eingeladen hatte seine Exzellenz Botschafter Wladimir Kotenew als offizieller Vertreter von Don Putin und Don Medwedew. Und alle kamen: Stars, Sternchen, Wirtschaftsbosse und Politiker. Später formierten sich in den Hinterzimmern »kleine Herrenrunden, man paffte dicke Zigarren, Milliardengeschäfte sollen hier jedes Jahr auf den Weg gebracht werden, heißt es«.[28]

Natürlich waren die Spitzen der deutschen Wirtschaft anwesend. »Der ehemalige Daimler-Vorstand Klaus Mangold war mit von der Partie, der – seit er Chef des Ostausschusses der deutschen Wirtschaft ist – selbst den bedenklichsten politischen Vorgang in Russland schönzureden weiß und Präsident Dimitrij Medwedew (wie vorher Putin) als ›Glücksfall‹ der russischen Geschichte versteht.«[29]

Mit reichlich Prominenz zeigte die SPD Flagge. Walter Momper, Träger eines ABOP-Ordens, wird mit den Worten zitiert: »Wir halten noch was von Russland.«[30] Derweil hält Exbundeskanzler Gerhard Schröder in einem holzgetäfelten Nebenraum Hof. »Er wird umschwirrt von den Ministern Sigmar Gabriel und Brigitte Zypries, Otto Schily ist auch da und der Brandenburger Ministerpräsident Matthias Platzeck. Der ist mit Kotenew so dicke, dass er ihn sogar zu seiner Hochzeit eingeladen hat.«[31] Zu lesen war, dass ein hoher Vertreter von Gasprom sich über die »Einförmigkeit der veröffentlichten Meinung in Deutschland« beschwerte.[32]

Die folgenden Aussagen sind nicht weniger eindeutig: »Was früher Russlands Raketen, sind heute seine Rohstoffe. Die Erlöse aus deren Verkauf machen das Land mächtig genug, um weiterhin Imperium spielen zu können.«[33] Oder: »Russland kämpft im neuen Kalten Krieg nicht mit Panzern, sondern mit Banken und Pipelines.«[34]

Aufschlussreich ist zweifellos die Aussage des russischen Milliardärs Alexander Lebedew, einer Ausnahmeerscheinung im russischen Herrschaftssystem, dem deshalb früher oder später das Schicksal des Oligarchen Michail Chodorkowski droht. Zu dem System Russland, das in der Botschaft gehuldigt wurde, sagt er: »Die Banken sind Geldwäscheanlagen. Eine Justizreform? Können Sie vergessen. Das Parlament? Gibt es nicht. Wahlen? Verschwunden.«[35]

Einige deutsche Politiker und Konzernchefs, die in der russischen Botschaft zechten und herumhopsten, verdrängen diese Realitäten, und mancher fragt sich, warum eigentlich? Ist es nur der Verlust ethischer Wertmaßstäbe, der bei der politischen Elite etwas Selbstverständliches geworden ist?

Selbst der Herausgeber der *Hamburger Morgenpost* und der Chefredakteur der *Berliner Zeitung*, bekannt eher dafür, dass die Redaktionen des Profits wegen in der Vergangenheit ausgedünnt wurden, scheinen jegliche Wertmaßstäbe verloren zu haben. Für schlappe sechs Millionen Euro kauften sie die Luxusimmobilie einer berüchtigten Hamburger Albanerfamilie. Als dieser unappetitliche Vorgang im Oktober 2008 ruchbar wurde, sagte Josef Depenbrock, der Geschäftsführer und Chefredakteur der *Berliner Zeitung* und Anteilseigner des Finanzmagazins *Cash*: »Ich bin überrascht, dass sich jetzt die Moralapostel zu Wort melden.« Die Redakteure der *Berliner Zeitung* erklärten hingegen am 24. Oktober 2008 in einer einstimmig verfassten Resolution: »Wer mutmaßliche Vertreter der Unterwelt als Vertragspartner akzeptiert, kann nicht zugleich Chefredakteur der *Berliner Zeitung* sein. Denn ihm fehlt jegliches Gespür für die Voraussetzungen journalistischer Glaubwürdigkeit.« Als im Oktober 2008 vom Landgericht Hamburg zwei der berüchtigten Albaner immerhin wegen Wirtschaftskriminalität zu mehrjährigen Haftstrafen verurteilt wurden, beschimpften sie Journalisten. Matthias Rebaschus, der in der Vergangenheit für das *Hamburger Abendblatt* beharrlich über die Aktivitäten der Albaner berichtete, wurde von einem der verurteilten ehrenwerten Albaner, mit denen der Chefredakteur der *Berliner Zeitung* Geschäfte machte, vor dem Gerichtssaal angespuckt.

Das politische Prinzip der Verdrängung von Realitäten zeigt sich jedoch noch auf einer anderen Ebene. Denn dem Bürger wird vermittelt, von Einzelfällen einmal abgesehen, die Welt sei zumindest hier mehr oder weniger in Ordnung, die Sicherheitsbehörden haben letztlich alles im Griff, was mit der Bedrohung durch die Mafia zusammenhängt. Tatsächlich haben sie nichts im Griff! Ein Indiz dafür stellt eine Statistik

Epilog: Die bedrohte Bürgergesellschaft

dar, die jedes Jahr von Neuem auf Landes- wie auf Bundesebene präsentiert wird: die Polizeiliche Kriminalstatistik (PSK). Mit ihr wird die Öffentlichkeit jährlich darüber informiert, welche Straftaten registriert wurden, ob es mehr oder weniger Delikte gegeben hat. Tatsache ist jedoch, so erfahrene, leitende Kriminalisten: »Es sind reine Fantasiezahlen.«

So melden die regionalen Polizeidienststellen ihre »PKS-Zahlen« monatlich an ihre vorgesetzten Dienststellen. Diese melden ihre Zahlen weiter an ihr Landeskriminalamt und die an das Bundeskriminalamt. Die Zahlen erhebt nicht etwa ein unabhängiger Computer oder eine nicht zu beeinflussende Software, sondern jeder Dienststellenleiter selbst – per Post. Die Polizeipräsidien sind an niedrigen Zahlen interessiert, also wird die strenge Auslegung der PKS-Richtlinien in Jahren, in denen die Kriminalität sinken muss, beispielsweise vor Wahlen, angewandt.

Die Statistik schön gemacht, wie es Kriminalisten nennen, wurde auch im Zusammenhang mit der EU-Osterweiterung im Jahr 2007. Hier gab es die klare politische Vorgabe, die Zahlen zu stabilisieren. Dazu sagt mir ein hoher Kriminalbeamter aus Bayern: »Ich habe die Befürchtung, dass aufgrund politischen Willens der Bevölkerung die tatsächliche Entwicklung vor allem seit dem Wegfall der Grenzen zu Osteuropa in Deutschland verschwiegen wird. Mit der Folge, dass man die eigentlich notwendigen Gegenmaßnahmen nicht oder viel zu spät trifft.«

Und ein Kriminalist aus einer fränkischen Großstadt klagt: »Hier gibt es, wie in vielen Städten, einen Sicherheitspakt zwischen Stadt, Polizei und Verkehrsbetrieben. Dabei werden bei der täglichen Lagemeldung die Betäubungsmitteldelikte elektronisch unterdrückt, da der Oberbürgermeister kein Drogenproblem in seiner Stadt haben will.«[36]

Selbstverständlich lässt sich durch polizeiliche Aktivitäten alleine an den Ursachen des Mafiasystems nichts ändern. Das ist eine gesellschaftliche Aufgabe, an der jeder einzelne Bürger ein Interesse haben müsste. Polizeibeamte können und wollen jedoch dazu einen wichtigen Beitrag leisten – aber sie dürfen es nicht immer. Häufig fordert die politische und polizeiliche Führung von ihnen blinden Gehorsam, und das hat fatale Folgen.

296   Epilog: Die bedrohte Bürgergesellschaft

Im Frankfurter Polizeipräsidium, um ein Beispiel für diesen um sich greifenden Zustand zu nennen, regiert die blanke Angst, weil die Führungsebene mit autoritären Herrschaftsallüren das Betriebsklima vergiftet. Der hessische Landespolizeipräsident soll dabei mit allen Mitteln versucht haben, die Beamten des höheren Dienstes »auf Linie« zu bringen. Er habe kein Problem, wird auf den Fluren des Frankfurter Polizeipräsidiums geraunt, Polizeidirektoren sofort abzusetzen, wenn sie nicht nach seinen Vorstellungen handeln. Vom »Ministerschutz« ist die Rede. Missliebige Beamte werden durch linientreue ersetzt, und dabei sollen persönliche Freunde der Polizeiführung keine Nachteile erfahren haben.

Das Nachbarland Österreich scheint hier Vorbild zu sein. Dort wurden, nachdem im Jahr 2000 die ÖVP und die rechte FPÖ an die Macht kamen, alle Polizeibeamte auf der höheren und mittleren Ebene, die nicht diesen beiden Parteien angehörten, ausgewechselt und durch Günstlinge ersetzt. Gleichzeitig wurde bekannt, dass ein »Freundeskreis der Polizei« sich der Unterstützung höchst fragwürdiger Ehrenmänner erfreute. Der Grünen-Abgeordnete Peter Pilz fragte: »Wie kommen Polizisten auf die Idee, Puffbesitzer, Kasinochefs und Ex-Stasi-Männer könnten ihre Freunde sein? Die Freunde, die das Sagen haben, sind Unternehmer. Sie betreiben Sicherheitsdienste und Spielhallen, sie handeln mit Waffen und Telekom-Firmen, sie leiten Banken und vergeben Kredite. Unternehmer haben nichts zu verschenken. Sie investieren.«[37] Und nach wie vor sind in Österreich Staatsanwälte und Polizisten an der kurzen Leine ihrer Minister.

In Frankfurt wurden Kriminalisten, die der Polizeiführung nicht genehm sind, denunziert und können dann die Vorwürfe, so absurd sie auch sind, in großer Aufmachung in einer Boulevardzeitung nachlesen. Die Vorwürfe stammen unter anderem von Beamten, die als rechtsradikal bekannt sind. Dazu zählt ein Beamter, der von der Polizeiführung in Frankfurt sogar im Rahmen einer Weihnachtsfeier als besonders vorbildlicher Beamter gelobt wurde.

In einem mir vorliegenden internen Papier gemobbter Frankfurter Kriminalbeamter vom Herbst 2007 heißt es: »R. S. hatte einen rechtsradikalen Verein mit dem Namen Parabellum gegründet. Nach vorliegenden Informationen war er Gegenstand von Ermittlungen der Ber-

Epilog: Die bedrohte Bürgergesellschaft   297

liner Polizei. In diesem Zusammenhang wurde bei ihm auch eine Durchsuchung durchgeführt und belastendes Material gefunden. Das Verfahren wurde sehr schnell eingestellt. KOK [Kriminaloberkommissar] M. D. hat zusammen mit R. S. mehrere Veranstaltungen rechtsradikaler Gruppen besucht.«

Ein solch verheerendes Klima wirkt sich entsprechend auf das Engagement und damit die Ermittlungsarbeit aus. Die Frankfurter Polizeiführung hat den einst hervorragenden Ruf der Kriminalisten im Kampf gegen die Mafia verspielt – zur Freude der kriminellen Drahtzieher, sei es die italienische, die russische oder albanische Mafia. Dabei ist es eine Binsenweisheit, dass für eine erfolgreiche Kriminalitätsbekämpfung motivierte und fachlich auf hohem Niveau aus- und fortgebildete Kriminal- und Polizeibeamte lebensnotwendig sind. Doch, so klagt der Landesverband Baden-Württemberg des Bundes Deutscher Kriminalbeamter (BDK),»zahlreiche einseitig erfahrene Spareinschnitte zur Konsolidierung des Landeshaushalts sowie mangelnde und damit dem Leistungsprinzip widersprechende Beförderungsperspektiven zehren an der Motivation und an der uneingeschränkten Identifizierung mit der Aufgabe.«[38]

Verbitterung herrscht auch in Nordrhein-Westfalen.»Die Motivation und Stimmung der NRW-Kripo ist bereits auf dem Nullpunkt. Für den Slogan des Innenministers ›Mehr fahnden statt verwalten‹ haben die Kriminalisten des Landes nur noch ein müdes Lächeln übrig. Schon seit Längerem hört man es auf den Fluren leise, aber beharrlich: ›Dienst nach Vorschrift‹ und ›Wer nicht hören will, muss fühlen‹ sind die Vorboten einer zerschlagenen Kriminalpolizei.«[39] Ein Polizeibeamter aus Nordrhein-Westfalen sagt:»Eine demotivierte, personell am Boden liegende und mit immer mehr Aufgaben zugeschüttete Polizei kann die Sicherheit der Bürger nicht mehr ausreichend gewährleisten.«[40] Autoritär und wie ein kleiner Sonnenkönig verhalte sich der nordrhein-westfälische Innenminister Ingo Wolf, klagen die Kriminalisten und: Die Politisierung der Polizei habe ein ungeahntes Ausmaß angenommen.

Motivierend ist sicher nicht, dass aufgrund steigender Preise und fehlender Gehaltserhöhungen immer mehr Polizeibeamte auf einen Nebenjob angewiesen sind. Geschätzt wird, dass inzwischen jeder zehnte Polizeibeamte einen Nebenjob angenommen hat, um sich und seine Familie zu ernähren.

Wenn Demotivation, Politisierung und Ressourcenkürzungen von den politischen Entscheidungsträgern derart massiv gefördert werden, wie soll dann noch die Mafia wirkungsvoll bekämpft werden? Vielleicht ist das ja überhaupt nicht gewünscht?

Gleichzeitig, und das ist das Perfide, findet ein kontinuierlicher Abbau bürgerlicher Freiheitsrechte statt. »In einer ungeahnten Verbissenheit und Maßlosigkeit«, klagt die ehemalige Bundesjustizministerin Sabine Leutheusser-Schnarrenberger, »hat sich die Politik der inneren Sicherheit seit etwa zehn Jahren immer wieder über wichtige und für die freiheitliche demokratische Ordnung unerlässliche Freiheitsrechte der Bürgerinnen und Bürger hinwegzusetzen versucht.«[41] Ähnlich sieht es Herwig van Nieuwland, der ehemalige Präsident des niedersächsischen Oberverwaltungsgerichts: »Es findet eine Erosion des Rechtsstaats statt. Die Möglichkeiten des Bürgers, sich zur Wehr zu setzen, werden schleichend immer geringer.«[42]

In Italien leiden die Bürger seit über einem Vierteljahrhundert unter der Mafia und einer korrupten politischen Elite. Sie können, weil sich daran in den letzten Jahrzehnten trotz massiver Proteste nicht viel geändert hat, inzwischen das Wort Mafia nicht mehr hören. Rechtspopulistische Bauernfänger nutzen das begierig aus.

Und in Deutschland oder Österreich? Da hat längst ein ähnlich fataler Gewöhnungsprozess an die mafiose Kultur, an Klüngel, Seilschaften, Machtmissbrauch und Korruption eingesetzt, weil sich ebenfalls nichts verändert – im Gegenteil. Die Ursachen dafür sind, analysierte der Publizist Andreas Zielcke in der *Süddeutschen Zeitung* vom 17. Oktober 2008: »Verzerrung der Gewaltenteilung durch Vormacht der Exekutive, Entleerung der Parteiprogramme zugunsten personalisierter Politik, politisches Marketing statt politischer Information, Dominanz von Experten statt von Volksvertretern, schwache Regierung gegenüber Wirtschaft und Globalisierung, absteigende Kompetenz des politischen Personals, Populismus und Boulevardmediendemokratie, Abwendung und Politikverachtung der Wähler. Die Liste der Symptome ist lang, gravierender aber ist, dass sich ihr Gefahrenpotenzial in der Krise auflädt, nicht abbaut.« Jene smarten Politiker und skrupellosen Unternehmer samt ihren medialen Helfershelfern, die für dieses Dilemma verantwortlich sind, brüsten sich damit, ihr politisches und gesellschaftliches Handeln nicht mehr an Ideologien auszurichten. Tatsächlich haben sie die Ideologien durch Mythen und Illusionen ersetzt, um die Ideologie des globalen Mafiasystems dem Bürger müheloser verkaufen zu können. Ein Mythos ist es, die Mafia und die mafiose Kultur in Deutschland (wie in vielen anderen europäischen Ländern) seien ohne Bedeutung für den demokratischen Staat und seine Bürger. Und die Illusion besteht darin, zu glauben, dass die staatlichen Institutionen bereit seien, wirksam und nachhaltig die Mafia und die Mafiakultur zu bekämpfen.

Aber irgendwann wird vielleicht Folgendes geschehen: »Der Populismus der neuen Mythenmanipulation kann und wird scheitern, wenn die Menschen das Netz der Lügen und Illusionen zerstören, das sie gefangen hält.«[43] Dazu soll dieses Buch einen Beitrag leisten.

Anmerkungen

Einleitung

1 www.schlossbensberg.com/go/39C 886B9-A910-772A-93BB6670 AADB95A4
2 Gespräch im Juli 2008 in Reggio Calabria
3 BND-Analyse, 5. Februar 2006
4 Francesco Forgione: 'Ndrangheta, Mailand 2008, Seite 13
5 Luciano Violante, zitiert nach *Neue Zürcher Zeitung Folio*, 04 (1993)
6 Werner Raith: *Das neue Mafia-Kartell*, Reinbek 1996, Seite 43
7 BND-Meldung vom 13. Mai 2004
8 Podiumsdiskussion »Ratlos vor der Mauer des Schweigens« – wie Politik und Justiz eine effektive Mafiabe-kämpfung verhindern, Fachtagung des Bundes Deutscher Kriminal-beamter, München, 4. Juni 2008
9 Presseerklärung des Bundes-kriminalamts, 27. August 2008, www.bka.de
10 Nando dalla Chiesa: *Der Palazzo und die Mafia*, Mailand 1984, Seite 155
11 Wolfgang Hetzer: Organisierte Kriminalität in Europa zwischen Theorie und Praxis, Aufsatz 2008
12 Klaus Jansen: Mafiabekämpfung, *Kripo Inter* 2008, Sonderheft, Juni 2008, Seite 4
13 Vortrag am 5. Dezember 2007, Fach-seminar des Bundes Deutscher Kri-minalbeamter (BDK) in Bensberg

14 *Die Welt*, 13. August 2008
15 Vortrag, Polizeiführungsakademie Hiltrup, Münster, September 2006
16 Youssef M. Ibrahim, Direktor der Strategic Investment Group: The Collapse of Capitalism as we know it, *International Herald Tribune*, 9. März 2004
17 Carmen Butta: *Jetzt gehörst du nicht mehr dieser Welt, Reportagen über die Mafia*, Stuttgart 1999, Seite 95
18 *Profil*, Wien, 21. August 2006
19 BND-Analyse vom 17. Januar 2005
20 Henning Klüver: Italiens politische Kultur, *Süddeutsche Zeitung*, 1. Februar 2008
21 Uwe Dolata, Interview: www.compliancemagazin.de/markt /interviews/siemens240507.html
22 Wolfgang Hetzer: Organisierte Kriminalität in Europa zwischen Theorie und Praxis, Aufsatz 2008
23 vgl. *Süddeutsche Zeitung*, 10. Mai 2008, Seite 23
24 Interview in der *Süddeutschen Zeitung*, 1. August 2008
25 *Die Welt*, 29. August 2008

Teil I

1 vgl. Literaturliste
2 So wurden sie von den italienischen Medien bezeichnet.
3 BND-Analyse vom 11. März 2005

4 *Der Spiegel*, 28. März 1994
5 Commissione Parlamentare
D'Inchiesta sul Fenomeno della
Criminalità Organizzata Mafiosa
o Similare, Rom, 20. Januar 2006,
Seite 43
6 ebd., Seite 44
7 BND-Meldung vom 13. Mai 2004
8 BND-Analyse vom 17. Januar 2005
9 *La Repubblica*, Regionalausgabe
Neapel, 25. Februar 1992
10 Sonderermittler und Staatsanwalt
Giovanni Corona im *stern*-Inter-
view, Nr. 46, 2006; nachzulesen
unter www.stern.de/politik/
ausland/:Neapel-Die-Camorra-
Arbeitgeber/576261.html
11 BND-Meldung vom 13. Mai 2004
12 Stefan Ulrich: Im Schattenreich
der Krake, *Süddeutsche Zeitung*,
12. Mai 2006
13 Die Provinzialkommission ist
diejenige Institution, in der die
jeweiligen »Capi Famiglia«, die
Familienoberhäupter, vertreten
sind.
14 BND-Analyse vom 28. März 2006
15 'Ndrangheta Holding – Dossier
2008: Istituto di Studi Politici
Economici e Sociali (Eurispes),
Rom, 2008
16 Nach einem Beschluss des italienischen Parlaments unter der ersten
Regierung Silvio Berlusconi sollte
die Brücke von 2006-2012 gebaut
werden; nachdem nach einem
Machtwechsel die Regierung
Romano Prodi das Projekt 2006
stoppte, will die neu gewählte
Regierung Berlusconi es nun
weiter verfolgen.
17 Die Direzione Investigativa Antimafia (DIA) ist ein nationales
italienisches Kriminalamt zur

Bekämpfung der Mafia und
anderer Formen der Organisierten
Kriminalität und untersteht dem
Innenministerium.
18 BND-Analyse vom 28. März 2006
19 Eine Bazooka ist eine raketenange-
triebene Panzerabwehrhandwaffe.
20 BND-Analyse vom 28. März 2003
21 *Stuttgarter Zeitung*, 4. November
1993
22 ebd.
23 *Stuttgarter Zeitung*, 5. November
1993
24 *Der Spiegel*, 8. März 1994, Seite 37
25 *Frankfurter Allgemeine Zeitung*,
29. November 1994, Seite 4
26 Bericht der ROS in Catanzaro vom
13. April 1995, Nr. 64/26-2-1994
27 Informativa di Reato Indagine
»Galassia«, 4. Band, Seite 17
28 Rainer Nübel: Oettinger und der
Pizzabäcker, in: Josef-Otto
Freudenreich, Meinrad Heck,
Wolfgang Messner und Rainer
Nübel: *Wir können alles – Filz,
Korruption & Kumpanei im
Musterländle*, Tübingen 2008
29 1980-1991 Minister für Kultus
und Sport, von 1991-1998 Finanzminister
30 Conny Neumann: Mafiakiller
gesteht über 30 Morde, *Süddeutsche Zeitung*, 9. Februar 1999
31 Markus Rosch, Oliver Bendixen,
Diego Vanzi: Ein Mafiamörder
packt aus, *ARD-Report München*,
17. März 2008
32 *stern*, 4. September 2007
33 *Die Welt*, 17. August 2007
34 BKA-Auswertungsbericht San Luca,
2007, Seite 65
35 *Thüringer Allgemeine*, 18. Januar
2003
36 *ad-hoc news*, 16. August 2007

37 ebd.

38 Antwort von Albrecht Buttolo, Staatsminister des Inneren, Aktenzeichen 33-014150/3579, vom 22. Januar 2008

39 Senato della Repubblica, Camera die Deputati, Doc XXIII n. 16, 19. Januar 2006, Seite 58

40 *Leipziger Volkszeitung*, 12. Dezember 2000, Seite 13

41 *Leipziger Volkszeitung*, 12. Februar 2002, Seite 17

42 *Leipziger Volkszeitung*, 21. März 2002, Seite 17

43 zitiert nach *Focus*, 3. April 1999, Seite 76

44 Manuela Pfahl: Operationsgebiet Ostdeutschland, *stern*, 16. August 2007

45 Im Original:»Giuro su questa punta di pugnale bagnata di sangue, di essere fedele sem-pre a questo corpo di società di uomini liberi, attivi e affermativi appartenenti alla Sacra Corona Unita e di rappresentarne ovunque il fondatore, Giuseppe Rogoli.«

46 vgl. auch *Kieler Nachrichten*, 23. Februar 2008, und *Süddeutsche Zeitung*, 25. Februar 2008

47 Stefan Ulrich: Im Schattenreich der Krake, *Süddeutsche Zeitung*, 4. März 2006

48 »C'est avec une grande satisfaction que j'ai lu les articles de la revue de presse de Milan. J'espère simplement que les relais de ce monsieur à OLAF suivront le même chemin vers la porte de sortii. Bien cordialement et amicalement. Jean-Pierre.«

49 Die Rede ist im Internet zu hören unter www.radioradicale.it

50 Apcom, 13. November 2007

51 E-Mail von A. Butticé, Presse-sprecher von OLAF an das Nachrichtenmagazin apcom vom 14. November 2007

52 *Espresso*, 16. Dezember 2006

53 *Il Giornale*, 8. Mai 2008

54 Hans-Martin Tillack: Der EU-Ermittler und sein verdächtiger Freund, *stern*, 24. März 2006

55 ebd.

56 Alexander Stille: *Citizen Berlusconi*, München 2006, Seite 235

57 Beppe Grillo's Blog: European Parliament/2 Luigi De Magistris

58 Petra Reski: Treffen im Hinterzim-mer, *Zeit Online*, 10. November 2007

59 Petra Reski:»Die Linken sind nicht anders als Berlusconianer ohne Vorstrafen«, *stern.de*, 30. November 2007

60 http://www.beppegrillo.it/eng/ 2007/10/dolcino_acting_general_p rosecu_1.html

61 www.beppegrillo.it/eng/

Teil II

1 Senato della Repubblica - Camera dei Deputati - Commissione Parla-mentare d'inchiesta sul fenomeno della criminalità organizzata mafiosa e similare. 30. Juli 2003, XIV Legislatura, Seite 130

2 Prof. Hans-Hermann Höhmann: Bedingungsfaktoren der Krimi-nalität in der osteuropäischen Transformation: ökonomische Aspekte, Vortrag am 17. September 2002 in Brühl

3 Elmar Altvater, Birgit Mahnkopf: *Globalisierung der Unsicherheit*, Münster 2002, Seite 311

4 vgl. Anne-Gabrielle Casgagnet: Die Mafia in Russland – ein anderer Standpunkt, *La revue internationale et stratégique*, Nr. 43, Herbst 2001, Seite 96

5 Wolfgang Hetzer: *Globalisierung und Innere Sicherheit*, 2002, Seite 18

6 W. Webster, Russian Organized Crime: Global Organized Crime Project, Washington, D. C.: Center for Strategic and International Studies, 1997, Seite 2

7 Gemeinschaft Unabhängiger Staaten (GUS) bezeichnet den Zusammenschluss verschiedener Nachfolgestaaten der Sowjetunion seit Dezember 1991.

8 Russian Organised Crime, Threat Assessment, *Europol Analysis Unit*, 6. September 2001

9 Viktor Timtschenko: *Russland nach Jelzin*, Hamburg 1998, Seite 228

10 RFE/RL *Organized Crime and Terrorism Watch*, Vol. 3, Nr. 6, Prag, 20. Februar 2003

11 vgl. Projekt KAHN, Kriminelle Strukturen von Gefangenen aus der ehemaligen Sowjetunion in baden-württembergischen Haftanstalten, LKA Baden-Württemberg, 2007

12 *Stuttgarter Nachrichten*, 2. Juni 2008, Seite 4

13 Verfassungsschutzbericht Bayern 2007, München. Seite 227

14 ebd., Seite 228

15 Juzgado Central de Instruccion Num. 5 Audiencia Nacional, Madrid Diligencias Previas 321/06 J

16 *El Pais*, 18. Juni 2008

17 *El Pais*, 14. Juni 2008

18 Bericht des Landesamts für Verfassungsschutz vom 9. Mai 2005

19 ebd.

20 ebd.

21 ebd.

22 Az. 421 Js19167/01

23 Tagebuch-Nr. 651/02/227204

24 Allkampf setzt sich aus Elementen verschiedener Kampfsportarten zusammen, darunter Karate, Taekwondo, Kung-Fu und Jiu-Jitsu.

25 *Fakts*, Zürich, 16. April 1998, Seite 74

26 Das meldete die polnische Zeitung *Wrpost* am 15. Mai 2008.

27 *FinanzNachrichten.de*, 20. Mai 2007

28 Die entsprechenden Fotos kann man sich auf der Webseite http://www.rotmann.com/index.php anschauen.

29 Alain Lallemand: *Russische Mafia. Der Griff zur Macht*, München 1997, Seite 145

30 *Wprost*, Warschau, 15. Mai 2006

31 *New York Post*, 20. Januar 2008

32 U.S. District Court, Eastern District for New York. Criminal Docket for Case 1:07-cr-00736-CPS-1, vom 10. Januar 2007

33 Bericht Innere Sicherheit der Schweiz 2007, Bundesamt für Polizei, Bern, Juli 2008, Seite 20

34 *Tiroler Tageszeitung*, 7. Januar 2008

35 Prozessbeginn war am 16. Oktober 2007.

36 Begründung zur Ablehnung des Hauptverfahrens gegen Alexander A. von Rechtsanwalt Wolfram Ziegelmeier, 9. Mai 2007, Seite 10

37 *Frankfurter Allgemeine Zeitung*, 2. August 2002

38 Jens Weinreich: Die Absahner, *Berliner Zeitung*, 14 Juli 2001

39 ebd.

40 Andreas Ulrich: Mafiaprozess rückt Putin-Vertrauten ins

Zwielicht, *Spiegel Online* vom
1. September 2007

41 Staatsanwaltschaft Stuttgart,
Anklageschrift an das Landgericht
Stuttgart, vom 15. März 2007

42 ebd.

43 ebd.

44 http://money.cnn.com/magazines/
fortune/fortune_archive/2000/06/
12/281972/index.htm

45 Staatsanwaltschaft Düsseldorf,
Az: 513 Js 1497/99

46 Schreiben der Anwaltskanzlei
Ziegelmeier an das Landgericht
Stuttgart vom 9. Mai 2007

47 ebd.

48 ebd.

49 ebd.

50 ebd.

51 *Der Spiegel*, 25. Oktober 1999, S. 260

52 Bundesamt für Polizeiwesen, Crime
Organise Ex-URSS, Solnzevskaja,
Bern, 25. April 1966, Seite 4

53 Europol: Russian Organised Crime,
Threat Assessment, File N: 2520-31,
6. September 2001

54 Staatsanwaltschaft Stuttgart,
Anklageschrift an das Landgericht
Stuttgart, vom 15. März 2007

55 Docket Nr. 00 Civ. 9627

56 *Profil*, Wien, 30. April 2007

57 www.swissmoney.net/feb01.htm

58 Russian Organised Crime, Threat
Assessment, File 2520-32, Den
Haag, 6. September 2001, Seite 49

59 Dimitri Klimentyev auf
www.FLB.ru

60 www.cherfund.org/

61 *The Guardian*, 27. November 1999

62 SATCOR Report on the International
Conference Stop Money Launder-
ing, 26. Februar 2002, London

63 *novaayagazeta*, Moskau,
22. Oktober 2007

64 *The Independent*, London,
25. Februar 2007

65 http://en.wikipedia.org/wiki/
Oleg_Deripaska

66 Carlo Bonini/Giuseppe D'Avanzo:
La Mafia Russa e l'Italia, *La
Repubblica*, 6. Januar 2003

67 Bundesamt für Polizeiwesen, Bern,
24. April 1996, Seite 5

68 Aktenzeichen: 1.804 374/1-
II/BK/31030, Gegenstand: Chernoy
Mikhail, Organisation Izmailovo

69 eine österreichische Bank

70 Bundestagsdrucksache 13/10900,
Seite 398

71 *Profil* 27/07

72 Thomas Urban, *Süddeutsche
Zeitung*, 24. November 2007

73 *Organized Crime in Bulgaria:
Markets and Trends*, Center for the
Study of Democracy, Sofia 2007

74 Bernd Knabe: *Die System-Mafia als
Faktor der sowjetisch-russischen
Transformation*, Teil II, Berichte
des Bundesinstituts für ostwissen-
schaftliche und internationale
Studien, Köln, 48-1998, Seite 11

75 *Die Welt*, 29. August 2002

76 Bayerisches Staatsministerium
des Inneren, Verfassungsschutzbericht 2001, Seite 232

77 Bayerisches Staatsministerium
des Inneren, Verfassungsschutzbericht 2003, Seite 233

78 Bericht Innere Sicherheit der
Schweiz 2007, Bundesamt für
Polizeiwesen, Bern, Juli 2008,
Seite 20

79 Jens Mattern: Polens Privatisie-
rungsskandale überschatten das
politische Leben, *Das Parlament*,
24. Januar 2005

80 www.bbc.co.uk/polish/indepth/
story/2005/01/050103_orlen_com-

mission_spec_9.shtml; vgl. *Wprost*,
Warschau, 24. Oktober 2004

81 www.wprost.pl

82 *Neue Zürcher Zeitung*,
18. Dezember 2005

83 *Kapital*, Sofia, 10. November 2006

84 Organisation Erdöl exportierender
Länder

85 Nachrichtenagentur *Reuters*,
Washington, 5. Februar 2008

86 Michael Martens: Kostunica blickt
jetzt in die andere Richtung,
Frankfurter Allgemeine Zeitung,
12. Januar 2008, Seite 7

87 Allein Rumäniens Transgaz scheint
bisher ganz auf das Nabucco-
Pipeline-Projekt gesetzt zu haben.

88 Schriftsatz von Winfried Seibert an
die 23. Kammer des Landgerichts
Köln in einem Widerspruchs-
verfahren gegen eine einstweilige
Verfügung vom 6. November 2007

89 Die Dokumente der Birthler-Behörde, die die Stasi-Belastung insbesondere von Strehober betreffen,
umfassen Hunderte von Seiten.

90 Deutscher Bundestag, 13. Wahl-
periode, Drucksache 13/10900,
Seite 395

91 Schriftsatz von Winfried Seibert an
die 23. Kammer des Landgerichts
Köln in einem Widerspruchsver-
fahren gegen eine einstweilige
Verfügung vom 6. November 2007

92 Schreiben vom 6. September 2007

93 Landgericht Köln, Urteil vom
21. Dezember 2007, Seite 10

94 Bundesamt für Verfassungsschutz,
Spionagetätigkeit der
sowjetischen Geheimdienste KGB
und GRU und seiner russischen
Nachfolgeorganisationen nach der
Wiedervereinigung Deutschlands,
23. April 1996, Seite 17

95 ebd.

96 *Die Welt*, 17. Juni 2008

97 Michail Wassiljewitsch
Lomonossow, 1711 in Russland
geboren, war Geschichtswissen-
schaftler und galt als Begründer
der russischen Wissenschaft, die
vorher eine Domäne ausländischer
Experten war. Die Moskauer Universität wurde nach ihm benannt.

98 Alexander Rahr, E-Mail vom
25. August 2008

99 *Der Spiegel*, 47/2005, Seite 174

100 www.ostsee-zeitung.de

101 *Die Welt*, 17. Juni 2008

102 heißt so viel wie: Bürger für eine
europäische Entwicklung
Bulgariens

103 Der nach dem Großfürsten
Alexander Nevski benannte Orden
war ein kaiserlich-russischer
Zivil- und Militärverdienstorden.
Russische Großfürsten und Söhne
der Zaren erhielten ihn nach der
Geburt. Der zweite Alexander-
Nevski-Orden war ein Militär-
verdienstorden, der von Stalin
verliehen wurde.

Teil III

1 Klaus Schrameyer: Bulgariens
Transformation – eine unendliche
Geschichte; Vortrag auf dem
Bulgarienseminar in Berlin, 17. Mai
2008

2 Nando dalla Chiesa: *Der Palazzo
und die Mafia*, Köln 1985, Seite 224

3 Wolfgang Sofsky: *Verteidigung des
Privaten*, München 2007, Seite 125

4 mehr zur KoKo – kommerzielle
Koordination – siehe Seite 216

5 Wolfgang Sofsky, 2007, Seite 167
6 Klaus Schrameyer: Bulgariens Transformation - eine unendliche Geschichte; Vortrag, Berlin, 17. Mai 2008
7 Wolfgang Sofsky, 2007, Seite 19
8 zitiert nach *Standart*, Sofia, 11. Januar 2008
9 Ilija Trojanow: *Hundezeiten*, München 1999, Seite 11
10 Klaus Schrameyer: Machtspiele in Sofia, *Europäische Rundschau* Nr. 3/2007, Seite 39 ff. (48)
11 Jean Ziegler: *Die Barbaren kommen - Kapitalismus und organisiertes Verbrechen*, München 1998, Seite 80
12 www.stasiopfer.com/infoblg.html
13 *Der Spiegel*, 1. März 1993, Seite 106
14 *Fakt*, *MDR*, 26. November 2007
15 zitiert nach Wilfried Huismann, Jürgen Thebrath: Gesucht wird – die Mafia Ost, *WDR Fernsehen* 1991
16 Wilfried Huismann, Jürgen Thebrath: Gesucht wird – die Mafia Ost, *WDR Fernsehen*, 1991
17 vgl. die Analyse von Helmut Müller-Enbergs, wissenschaftlicher Mitarbeiter des Bundesbeauftragten für die Unterlagen des Staatssicherheitsdienstes der ehemaligen DDR: Recht melde Sieger. Zur Stasi-Überprüfung im öffentlichen Dienst des Landes Brandenburg. In: *Horch und Guck*, Berlin, 2000, Seite 47–50
18 Hubertus Knabe: *Die Täter sind unter uns. Über das Schönreden der SED-Diktatur*, Berlin 2007, Seite 160
19 Gespräch des Autors mit Prof. Johannes Kruscha
20 Frank Jansen: Genossenschaft Cottbus, *Der Tagesspiegel*, 26. August 2001
21 Klaus Brinkbäuer: Mutter Courage von Cottbus, *Der Spiegel*, 3. September 2001, Seite 132
22 Jan von Flocken, *Focus*, Nr. 23/2001
23 Frank Jansen: Genossenschaft Cottbus, *Der Tagesspiegel*, 26. August 2001
24 Simone Wendler: Unternehmer finanzierte 2002 verdeckt Rätzels Wahlkampf, *Lausitzer Rundschau*, 28. Juni 2006
25 ebd.
26 *Klartext*, *Rundfunk Berlin Brandenburg*, Beitrag vom 12. Dezember 2000
27 *Der Spiegel*, 3. September 2001, S. 132
28 *Der Spiegel*, 9. September 1991, Seite 122
29 ebd.
30 www.fembio.org/biographie.php/ frau/biographie/birgit-breuel/
31 Deutscher Bundestag: Drucksache 13/10900 vom 28. 05. 1998
32 *Der Spiegel*, 12. August 1996, Seite 26
33 *Berliner Zeitung*, 1. August 1996
34 Winfried Schneider-Deters: Aufarbeitung statt Schlussstrich, Friedrich-Ebert-Stiftung, Reihe Bautzen Forum, Nr. 5, Leipzig 1994, Seite 12
35 ebd.
36 *Der Spiegel* Nr. 15, 1994, Seite 37
37 Nachrichtenagentur *Reuters*, 18. Januar 1992
38 Abweichender Bericht der Berichterstatterin der Gruppe Bündnis 90/ Die Grünen im 1. Untersuchungsausschuss zur Aufklärung der Vorgänge um die Organisation »Kommerzielle Koordinierung (KoKo) Ingrid Köppe, MdB, Seite 148

Anmerkungen

39 zitiert nach Wilfried Huismann, Jürgen Thebrath: Gesucht wird – die Mafia Ost; *WDR Fernsehen* 1991

40 Grit Hartmann, Cornelia Jeske, Jens Weinreich: *Operation 2012*, Leipzig 2004, Seite 238

41 Jochen Elgt, David Frank: Strausberg, *Doku-Report*, Berlin 2003, Seite 17. Der Historiker Jochen Elgt wurde aufgrund der Veröffentlichung in den Ruin geklagt, weil er es gewagt hatte, die Machenschaften der deutsch-deutschen Wiedervereinigung anzuprangern.

42 Schreiben vom 5. September 2008 an den Autor

43 Zeugenvernehmung vom 30. August 1994, Der Polizeipräsident in Berlin, ZERV 113

44 Andrea Everwien, Sabine Tzitschke: Designierte brandenburgische Rechnungshofpräsidentin unter Druck, *RBB*, Sendung *Klartext* vom 6. Dezember 2006

45 Urteil des Verwaltungsgerichts Frankfurt (Oder), Aktenzeichen 8 K 928/99, vom 13. Juli 2006, Seite 12

46 Ausverkauft im Osten: *Focus*, München, Nr. 22, 2000, Seite 46

47 *Berliner Morgenpost*, 11. Juli 2001

48 *Berliner Zeitung*, 29. Juli 2008

49 www.wmp-ag.de/know-how.php

50 Gabi Probst, Sascha Adamek, Beitrag in der *RBB*-Sendung *Klartext*, 16. Mai 2007

51 Eidesstattliche Versicherung von Bernd Porstein, vom 14. Mai 2007

52 Marcus Walker, *Wallstreet Journal*, 17. Mai 2007

53 ebd.

54 *Süddeutsche Zeitung*: Klein-Florida am Schwielowsee, 12. August 2007

55 Gabi Probst, Sascha Adamek, Beitrag in der *RBB*-Sendung *Klartext*, 16. Mai 2007

56 Rede von Karl Nolle, SPD-MdL, Sächsischer Landtag, Landtags-Drucksache 3/9000, 5. Februar 2004

57 Sächsisches Staatsministerium des Innern, Antwort auf die Kleine Anfrage des Abgeordneten Karl Nolle, vom 15. September 2006

58 Moll-Liste, Seite 12, vom 2. Mai 1992

59 Stephan Hilsberg, Mitbegründer der Ost-SPD, in: *Spiegel Online*, 18. September 2008

60 Brief von Karl Nolle an den Unternehmer Wolfgang K., vom 24. Juni 2008

61 Stephan Lebert, Schatten der Vergangenheit, *Süddeutsche Zeitung* vom 26. August 1990

62 Karl Nolle, Presseerklärung vom 11. November 2007

63 Karl Nolle, Rede, Plenum des Sächsischen Landtags, 5. Februar 2004

64 Michael Winkler: Wie aus Abwasser Platin wird, *Vogtland-Anzeiger*, 20. September 2003

65 E-Mail vom 10. September 2008

66 *Sächsische Zeitung*, 27. August 2008

67 Landgericht Görlitz, Protokoll der öffentlichen Sitzung, 11. November 2004

68 Schreiben von Fritz Hähle, CDU Landesverband Sachsen, Der Landesvorsitzende, vom 14. September 2000

69 Bericht des Sächsischen Datenschutzbeauftragten 2000, Dresden, Seite 101

70 http://elf88null.de/rammegate2/ruf/frames/declaration.php

71 Grit Hartmann, Cornelia Jeske,
Jens Weinreich: *Operation 2012*,
Leipzig 2004, Seite 179
72 *Sächsische Zeitung*, 15. Mai
2007
73 www.bfb-betrug-leipzig.de.vu
74 *Leipziger Volkszeitung*,
18. September 2006
75 Schreiben an die Mitglieder des
Innenausschusses, Entwurf, Der
Staatsminister des Innern, März
2006
76 Karin Schlottmann, *Sächsische
Zeitung*, 11. Dezember 2007
77 www.polizei.bayern.de/lka/
schuetzenvorbeugen/krimina-
litaet/alltag/index.html/314
78 Schreiben von Ingo Wolf, Innenministerium des Landes Nordrhein-
Westfalen, an den Landtagsabgeordneten Jens Petersen, vom
6. Februar 2007
79 www.pbg-sachsen.de/artikel/2006/
06_02_15_1.php
80 www.pbg-sachsen.de/artikel/2007/
07_06_24.php
81 www.interpool.tv/index.php?option
=com_content&task=view&id=114&I
temid=36
82 Zeugenvernehmung,
Polizeidirektion Leipzig, 21. April
1993
83 Urteil des Landgerichts Leipzig
vom 11. Februar 1994
84 ebd.
85 Zeugenvernehmung, Kriminalpolizeiinspektion, Kommissariat
26, 11. Juli 2000
86 *Zeit Online* 27/2008: Die Geschichte
des »Jasmin«; www.zeit.de/online/
2008/27/sachsensumpf-jasmin?
page=1
87 Schriftsatz von 14. November 2007
an das Landgericht Leipzig

88 Ulrich Sommer: Begründung für
die Wiederaufnahme des Verfahrens gegen das Urteil des
Landgerichts Leipzig vom
26.6.1996, 14. November 2007
89 *Sächsische Zeitung*, 15. Mai 2007
90 Ulrich Sommer: Begründung für
die Wiederaufnahme des
Verfahrens gegen das Urteil des
Landgerichts Leipzig vom
26.6.1996, 14. November 2007
91 Dringlicher Antrag, DRS 4/9265,
Sächsischer Landtag, Dresden,
26. Juni 2007
92 Juristischer Dienst, Gutachterliche
Stellungnahme, Drs 4/9265, vom
11. Juli 2007
93 Schreiben der CDU-Fraktion des
Sächsischen Landtags an Klaus
Bartl, 3. August 2007
94 Pressemitteilung Die Linke,
8. August 2007
95 *Sächsische Zeitung*, 23. November
2007
96 Burkhard Jung, Rede in der Rats-
versammlung der Stadt Leipzig am
18. Juli 2007
97 Redebeitrag zur 92. Sitzung
des Sächsischen Landtags am
8. November 2007, Drucksache
4/10074
98 *Der Spiegel*, Nr. 46/07, vom 12.
November 2007
99 Thomas Datt, Arndt Ginzel:
Gefährliche Spuren, *Zeit Online*,
16. November 2007
100 ebd.
101 Presseerklärung der Rechtsanwälte Soult & Dahmen, Leipzig,
vom 7. November 2007
102 ebd.
103 *ddp*-Agentur, 14. Januar 2007
104 Presseerklärung der Neuen Richtervereinigung, 8. September 2008

Anmerkungen

105 Christian Avenarius: Neue Richtervereinigung, Landesverband
Sachsen, Wahl-Info 2008, Seite 4/5
106 zitiert nach Johannes Lichdi,
Bündnis 90/Die Grünen, Sächsischer Landtag, Plenarprotokoll
4/26, 7. September 2005, Seite 2052
107 *Sächsische Zeitung*, 29. August
2005
108 Sächsischer Landtag, Plenarprotokoll 4/26, 7. September 2005,
Seite 2031
109 Oberlandesgericht Dresden,
2. Strafsenat, Beschluss vom
11. September 2007
110 Presseerklärung, Karl Nolle,
24. Mai 2007
111 *Dresdner Morgenpost*, 21. Juni 2007
112 Sächsischer Landtag, 3. WP, Land-
tagsdrucksache 3/9000 vom
12. November 2003
113 Pressemitteilung, Sächsisches
Staatsministerium der Finanzen,
Dresden, 10. Juli 2007
114 Hans-Ulrich Paeffgen hatte von
1993 bis 1996 den Lehrstuhl für
Strafrecht, Strafprozessrecht und
Strafrechtsgeschichte an der
Technischen Universität Dresden
inne. 1996 erfolgte die Rück-
berufung an die Rheinische
Friedrich-Wilhelms-Universität
Bonn. Er ist zusammen mit Urs
Kindhäuser und Ulfrid Neumann
Herausgeber eines Kommentars
zum Strafgesetzbuch.
115 Hans-Ullrich Paeffgen: Paunsdorf –
eines langen Vorgangs Reise in die
Nacht – der Archive, Festschrift für
Wilfried Küpers zum 70. Geburtstag, Heidelberg, 2007
116 ebd.
117 Karl Nolle, Untersuchungsausschuss Paunsdorf: Rede zum

Minderheitenvotum »Nennen die
Juristen dies nicht Strafvereitelung
im Amt?«, 5. Februar 2004
118 *Der Spiegel*, 18. November 1996,
Seite 18
119 *Freie Presse*, Chemnitz, 2. Juli 2007
120 www.faktuell.de/Hintergrund/
Background164.shtml
121 Schriftsatz der Anwälte Strewe &
Partner, Dresden, an den General-
bundesanwalt beim BGH vom
27. Juni 2007
122 Mitteilung an SPD-Landtagsabgeordnete, 17. Juni 2007
123 *Der Tagesspiegel*, 26. Mai 2008
124 Bernhard Honnigfort, *Frankfurter
Rundschau*, 30. April 2008
125 Reiner Burger, *Frankfurter
Allgemeine Zeitung*, 30. April
2008
126 *SuperIllu*, 21. Mai 2008
127 Abschlusserklärung der Internationalen Tagung der Neuen Richtervereinigung Sachsen, der
Europäischen Vereinigung von
Juristinnen und Juristen für
Demokratie und Menschenrechte
in der Welt e. V. und der Vereinigung
Demokratischer Juristinnen und
Juristen am 21. September 2003 im
Sächsischen Landtag
128 Dr. Ulrich Sommer, Köln, Presseerklärung vom 29. April 2008
129 Handout der Staatsanwaltschaft
Dresden zur Pressekonferenz am
29. April 2008
130 Thomas Datt, Arndt Ginzel:
Voreiliger Freispruch, *Zeit Online*,
27. Juni 2008
131 *Der Tagesspiegel*, 26. Mai 2008
132 *Mona Lisa*, ZDF, 13. April 2008. Der
Beitrag war übrigens, so erzählten
hinter vorgehaltener Hand Redakteure in München, politisch aus-

310   Anmerkungen

gedünnt. Immerhin durfte er dann gesendet werden. Dem *ZDF*-Büro in Dresden werden gute Beziehungen zum sächsischen Ministerpräsidenten nachgesagt.

133 Thomas Datt, Arndt Ginzel: Voreiliger Freispruch. *Zeit Online*, 27. Juni 2008

134 Schreiben von Rechtsanwalt Armin Bernhard an die Polizeidirektion Leipzig, 16. Juni 2000

135 Schreiben der Rechtsanwaltskanzlei Soult & Dahmen vom 28. April 2008

136 Reiner Burger: Was aufzuklären bleibt, *Frankfurter Allgemeine Zeitung*, 2. Mai 2008

137 Presseerklärung von Rechtsanwalt Bernfried Helmers, Berlin, vom 29. April 2008

138 Agentur ddp, 2. September 2008

139 *Leipziger Volkszeitung*, 30. August 2008

140 *Sächsische Zeitung*, 12. Juli 2008

141 *Leipziger Volkszeitung*, 12. September 2008

142 Karl Nolle, Presseerklärung vom 11. November 2007

143 www.zoomer.de/news/topthema/endstation-rechts/rechtsextremismus-in-brandenburg/artikel/interview-9

Epilog

1 *Süddeutsche Zeitung*, 20. September 2008, Seite 4

2 Letizia Paoli: Die italienische Mafia, Paradigma oder Spezialfall organisierter Kriminalität?, Max Planck Forschung, Heft 1, 2004, Seite 14

3 Thomas Assheuer, *Die Zeit*, 27. März 2008

4 Stefan Theil, *Newsweek*, 12. Januar 2004

5 *Berliner Zeitung*, 3. März 2004

6 Conrad Lay, *Deutschlandfunk*, 10. September 2007

7 Johannes Agnoli: *Die Transformation der Demokratie*, Hamburg 2004, Seite 204

8 Die City of London ist europaweit das bedeutendste Geldwäschezentrum, wichtiger für den internationalen Kapitalmarkt als Liechtenstein oder die Schweiz.

9 Der Begriff Compliance wurde Ende der Achtzigerjahre in den USA geprägt. Unternehmen sagten zu, sich im Sinne einer Selbstverpflichtung ein System einzurichten, das sicherstellte, dass sich alle Mitarbeiter an die rechtlichen Rahmenbedingungen hielten (to comply). Insbesondere betrifft es Korruption, Insiderhandel und Geldwäsche.

10 Bericht der Risk Advisory Group, London, Januar 2007, Seite 3

11 U. S. Department of Justice, FBI: The Ivankov Aka »Yaponchik« Organization, Interim Report, Dezember 1994, Seite 21

12 Elmar Altvater, Birgit Mahnkopf: *Globalisierung der Unsicherheit*, Münster 2002, Seite 243

13 Gespräch am 3. September 2008 in Frankfurt

14 Wolfgang Hetzer: Kapitulation vor der Korruption – Plädoyer gegen die Strafbarkeit der Bestechung, Vortrag, Budapest, September 2008

15 Wirtschaftskriminalität, Bundeslagebild 2007, Bundeskriminalamt 2008

16 Marc Pitzke: Die Krise wird zum Krimi, *Spiegel Online*, 17. Juli 2008

17 Albrecht Müller: Deutschlands maßgebliche politische und wirtschaftliche »Eliten« sind mit der Finanzindustrie verfilzt«, NachDenkSeiten vom 28. September 2008, www.nachdenkseiten.de/?p=3478#more-3478

18 *Süddeutsche Zeitung*, 27. September 2008

19 zitiert nach Steffen Mayer, Kay Walter: Transparenz Fehlanzeige – Milliarden Steuergelder für die Industriebank, *RBB*, *Kontraste*, 11. September 2008

20 ebd.

21 »Wer die ihm durch Gesetz, behördlichen Auftrag oder Rechtsgeschäft eingeräumte Befugnis, über fremdes Vermögen zu verfügen oder einen anderen zu verpflichten, missbraucht oder die ihm kraft Gesetzes, behördlichen Auftrags, Rechtsgeschäfts oder eines Treueverhältnisses obliegende Pflicht, fremde Vermögensinteressen wahrzunehmen, verletzt und dadurch dem, dessen Vermögensinteressen er zu betreuen hat, Nachteil zufügt, wird mit Freiheitsstrafe bis zu fünf Jahren oder mit Geldstrafe bestraft.«

22 www.zeit.de/1985/22/Spuren-Suche-auf-dem-Balkan?page=all

23 Klaus Jansen, Fachtagung des Bundes Deutscher Kriminalbeamter, München, *Kripo Inter*, 4. Juni 2008

24 *RBB Klartext*, 15. Dezember 2004

25 *Die Welt*, 25. Mai 2005

26 Nando dalla Chiesa: *Der Palazzo und die Mafia*, Mailand 1984

27 ebd.

28 Angelika Slavik: Glänzende Geschäfte, *Süddeutsche Zeitung*, 15. September 2008, Seite 9

29 Christian Neef: Kaviarhäppchen, Pomp und Propaganda, *Spiegel Online*, 21. September 2008

30 *Westfälische Nachrichten*, 15. September 2008

31 Robin Alexander: In Berlin tanzt der Bär, *Welt am Sonntag*, 14. September 2008, Seite 16

32 ebd.

33 Malte Lehming: Korrespondierende Röhren, *Der Tagesspiegel*, 13. September 2008, Seite 8

34 Edward Lucas, *Daily Telegraph*, 30. August 2008

35 Sonja Zekri: Das russische Modell funktioniert nicht, Interview mit Alexander Lebedew, *Süddeutsche Zeitung* vom 20. September 2008

36 Gespräch mit einem leitenden Kriminalisten aus Franken am 28. Mai 2008

37 Peter Pilz, Tagebuch vom 27. Oktober 2007, www.peterpilz.at

38 *der kriminalist*, Fachzeitschrift des Bundes Deutscher Kriminalbeamter, September 2008, Seite 368

39 Wilfried Albishausen, BDK-Landesvorsitzender Nordrhein-Westfalen, *der kriminalist*, Juli-August 2008, Seite 335

40 E-Mail-Nachricht vom 18. Oktober 2006, siehe auch: www.aktionwir.de

41 Sabine Leutheusser-Schnarrenberger, Freiheit in Gefahr, *Der Tagesspiegel*, 20. August 2008

42 www.3sat.de/3sat.php?http://www.3sat.de/specials/125737/index.html

43 Loretta Napoleoni: *Die Zuhälter der Globalisierung*, München 2008

Literatur

Teil I

Butta, Carmen: *Jetzt gehört du nicht mehr dieser Welt. Reportagen über die Mafia*, Stuttgart 1999

Badolati, Arcengelo: *I Segreti dei Boss: Storia della 'ndrangheta cosentia*, Cosenza 2007

Dickie, John: *Cosa Nostra - die Geschichte der Mafia*, Frankfurt 2007

Forgione, Francesco Forgione: *'Ndrangheta - Boss Luoghi e Affari della Mafia piu potente al Mondo*, Mailand 2008

Gambetta, Diego: *Die Firma der Paten. Die sizilianische Mafia und ihre Geschäftspraktiken*, München 1994

Glenny, Mischa: *McMafia - Die grenzenlose Welt des Verbrechens*, München 2008

Klüber, Henning: *Der Pate - letzter Akt: Eine Reise ins Land der Cosa Nostra*, München 2007

Nicaso, Antonio: *'Ndrangheta. Le radici dell'odio*, Rom 2007

Orlando, Leoluca: *Die Mafia*, Freiburg 2008

Paoli, Letizia: *Mafia Brotherhoods. Organized Crime, Italian Style*, Oxford 2003

Pelle, Antonio: *Geboren in San Luca*, München 2008

Reski, Petra: *Mafia. Von Paten, Pizzerien und falschen Priestern*, München 2008

Saviano, Roberto: *Gomorrha, Reise in das Reich der Camorra*, München 2007

Ulrich, Andreas: *Das Engelsgesicht. Die Geschichte eines Mafia-Killers aus Deutschland*, München 2007

Teil II

Appelius, Stefan: *Bulgarien, Europas Ferner Osten*, Bonn 2005

Andrew, Christopher: *Vasili Mitrokhin: The Mitrokhin Archive. The KGB in Europe and the West*, London 2000

Handelman, Stephen: *Comrade Criminal - Russia's New Mafiya*, London 1995

Klebnikow, Paul: *Der Pate des Kreml. Boris Beresowski und die Macht der Oligarchen*, München 2001

Panjuschkin, Waleri, Michail Sygar: *Gazprom. Das Geschäft mit der Macht*, München 2008

Reitschuster, Boris: *Der neue Herr im Kreml? Dimitrij Medwedew*, Berlin 2008

Ziegler, Jean: *Die Barbaren kommen. Kapitalismus und organisiertes Verbrechen*, München 1999

Ziegler, Jean: *Die neuen Herrscher der Welt: Und ihre globalen Widersacher*, München 2005

Teil III

Knabe, Hubertus: *Die Täter sind unter uns. Über das Schönreden der SED-Diktatur*, Berlin 2007

Agnoli, Johannes: *Die Transformation der Demokratie und verwandte Schriften*, Hamburg 2004

Altvater, Elmar, Birgit Mahnkopf: *Globalisierung der Unsicherheit. Arbeit im Schatten, Schmutziges Geld und informelle Politik*, Münster 2002

Bannenberg, Britta, Dieter Rössner: *Kriminalität in Deutschland*, München 2005

Caberta, Ursula: *Schwarzbuch Scientology*, Gütersloh 2007

Chomsky, Noam: *Der gescheiterte Staat*, München 2006

Chomsky, Noam: *Profit over People - War against People: Neoliberalismus und globale Weltordnung, Menschenrechte und Schurkenstaaten*, München 2006

Dolata, Uwe, Kreitel Rolf: *Korruption und der Ausweg - Analysen zum Korruptionsproblem und mögliche Lösungsstrategien*, München 2008

Heinrich, Michael: *Kritik der politischen Ökonomie*, Stuttgart 2005

Hetzer, Wolfgang: *Tatort Finanzmarkt. Geldwäsche zwischen Kriminalität, Wirtschaft und Politik*, Hamburg 2003

Hetzer, Wolfgang: *Rechtsstaat oder Ausnahmezustand? Souveränität und Terror*, Berlin 2008

Napoleoni, Loretta: *Die Zuhälter der Globalisierung: Über Oligarchen, Hedge Fonds, 'Ndrangheta, Drogenkartelle und andere parasitäre Systeme*, München 2008

Roth, Jürgen: *Ermitteln verboten! Warum die Polizei den Kampf gegen die Kriminalität aufgegeben hat*, Reinbek 2007

Roth, Jürgen: *Der Deutschland-Clan. Das skrupellose Netzwerk aus Politikern, Top-Managern und Justiz*, München 2007

See, Hans: *Kapitalverbrechen - Die Verwirtschaftung der Moral*, Düsseldorf 1990

Internetlinks

www.robertamsterdam.com
www.narcomafie.it
www.antimafiaduemila.com
www.fondazionefalcone.it
www.falconeborsellino.net
www.addiopizzo.org
www.centroimpastato.it
www.nicaso.com
www.gegenrede.info
www.mehrdemokratie.wordpress.com
www.edwardlucas.blogspot.com
www.whistleblower-net.de
www.vertrauensschaden.com
www.newcriminologist.com
www.balkanblog.org
www.karl-nolle.de
www.buskeismus.de
www.stefan-niggemeier.de
www.prwatch.org
www.wirtschaftsverbrechen.de
www.mehr-demokratie.de
www.roter-ring.de
www.kritischeaktionaere.de
www.labournet.de
http://forum.politik.de/diskussion/index.html
www.klima-der-gerechtigkeit.de
www.whistleblower.de

Personen- und Clanregister

A., Alexander 147, 150 ff.,
154 - 157, 161, 303
A., Anton 132
A., Antonio 56
A., Giorgio 101
A., Rosario 88
Adamek, Sascha 307
Agnoli, Johannes 310
Aksienow, Sergey 168
Albishausen, Wilfried
15 f., 311
Alexander II. 185
Alexander, Robin 311
Alexej 136
Alganow, Wladimir 181 f.
Althans, Friedhelm 57 f.
Altvater, Elmar 303, 310
Alvaro, Alexander 11
Amato, Giulio 67
Ananyev, Evgeny 288
Andrej 136
Andreotti, Giulio 18
Antomarchi, Florence 34
Arlacchi, Pino 32
Assheuer, Thomas 310
Avenarius, Christian
263 f., 276 - 279, 282,
309

B., Beate 222
B., Francesco 64
Bagarella, Leoluca 113
Ball, Andreas 264 - 267,
294
Bank, Jeazy (*siehe auch*
Rotman, Richard)
144

Barbaro-Clan (*siehe auch*
Strangio) 39, 59
Barbaro, Francesco 39, 69
Barbaro, Giuseppe 39
Barsukow, Wladimir 123,
130, 180 (*siehe auch*
Kumarin)
Barth, Heinz 269, 272 f.,
275
Bartl, Klaus 84, 257 ff.,
283 f., 308
Basile, Giorgio 61 f.
Baumann, Günter 248
Beck, Kurt 228
Becker, Boris 51
Beckstein, Günter 195
Beikler, Sabine 280
Bella Società Riformata
(Gute Neugestaltete
Gesellschaft) 33
Bender, Andreas 147
Bendixen, Oliver 301
Bergmann, Claus 147 f.
Berlusconi, Silvio 112,
301 f.
Bernd (IM) 224
Bernhard, Armin 310
Bernotat, Wulf H. 176
Biedenkopf, Kurt Hans
264, 268 - 275
Bonini, Carlo 304
Borissov, Boyko 198
Borsellino, Salvatore 117
Boviciano-Clan 82
Breschnew, Leonid 121
Breuel, Birgit 215 f., 306
Brinkbäuer, Klaus 306

Brüner, Franz-Hermann
111f., 115
Buck, Ronald 99, 106, 108
Bülles, Egbert 129
Burger, Reiner 309 f.
Bury, Hans Martin 290
Buscetta, Tomasso 28
Buschaev, Alexander
155 f.
Butta, Carmen 300
Butticé, A. 302
Buttolo, Albrecht 248,
260, 284, 302
Bykov, Anatoly 163

C., Vincenzo 76
Calabrese-Clan 59
Cali-Kartell 155
Callace-Clan 60
Callaci-Cimino-Clan
59 f.
Camorra 9, 16, 19 f.,
26 - 29, 31, 33 - 37, 41 f.,
61 f., 84 f., 94, 100,
142, 200, 287, 301
Campanella, Francesco
112
Carelli-Clan 59 - 64, 89
Carelli, Santo 60 f.
Cariati 54
Casalesi-Clan 35 f., 287
Casgagnet, Anne-
Gabrielle 303
Celik, Oral 292
Cesa, Lorenzo 111 f.
Cherney, Lew 153, 156 f.,
160 - 164, 167 f.

Cherney, Michael 153 f., 156–173
Chernoy, Mikhail (*siehe auch* Cherney, Michael) 304
Chiesa, Nando dalla 300, 306, 311
Chmelnizkij, Dmitrij 194, 198 f.
Chodorkowski, Michail 294 f.
Ciceri (*siehe auch* G., Domenico) 70
Ciconte-Clan 60
Ciconte, Enzo 68
Cimino, Candido 60
Cimino, Giovanni 61 f.
Claudia 280
Corleonesi-Clan 27
Corona, Giovanni 301
Cosa Nostra 10 f., 20, 26–31, 37, 40 f., 64, 84–88, 109, 113, 126, 202, 213, 286 f.
Costa, Gaetano 33
Cuffaro, Salvatore »Totò« 113 f.
Cutolo, Raffaele 33
Cutolo, Rosetta 34

D'Allessandro, Ercole 15
D'Avanzo, Giuseppe 304
Dahmen, Constanze 280 f., 308 f.
Dahms, Michael 254
Datt, Thomas 251, 308 ff.
De Magistris, Luigi 110 f., 114 ff., 302
Denaro, Matteo Messina 30
Depenbrock, Josef 295
Deripaska, Oleg 11, 153 f., 158–162, 166 f., 170, 200, 304
Di-Agostino-Clan 70
Di Fazio, Umberto 30

Di-Giovine-Clan 65
Di Giovine, Giovanni 65
Di Maggio, Baldassare 18, 68
Di Secondigliano, Alleanza 35 f.
Dina-Clan 59
Dipo-Dato-Clan 57
Dolata, Uwe 22, 300
Donatiello, Giovanni 100
Donatiello, Giuseppe 101
Dragone, Antonio 43
Dragone-Arena-Clan 43
Dzierzynski, Feliks 188

Edelbacher, Maximilian 145
Edicon (Deckname) 196
Elgt, Hans-Joachim 221
Elgt, Jochen 307
Elia-Clan 59
Eriksson, Valery 76 f.
Everwien, Andrea 307

F., Cosomi 100 ff.
F., Giusepe 91
Falcone, Francesca 28
Falcone, Giovanni 27 f., 113
Familie der Elf (Syndikat) 177
Fanchini, Riccardo Marian (*siehe auch* Rotman, Richard) 138, 142 ff.
Farao-Clan 9, 46, 49 ff., 54 ff., 59, 89
Farao, Giuseppe 55 f.
Fava, Giuseppe 20 f.
Favi, Dolcino 116
Fedotov, Valerij 199
Ferraro, Liliana 9
Ferrazo-Clan 59
Fiaré-Clan 42
Finkelnburg, Klaus 284
Fjodorow, Boris 152 f.

Flocken, Jan von 306
Fontane, Theodor 228
Forgione, Francesco 9, 88, 300
Frank, David 307
Freudenreich, Josef-Otto 301
Fritsch, Gunter 223 f.
Frunzu (*siehe auch* Vottari) 68

G., Domenico (alias Ciceri) 65, 70, 76, 81 f., 86, 106, 137
G., Witali 137
Gabriel, Sigmar 294
Gambazza (*siehe auch* Pelle, Antonio und Pelle-Clan) 68, 81, 83
Geil, Rudi 106
Geißdörfer, Josef 22
Gennaro 95
Genscher, Hans-Dietrich 96
Gergov, Georgi 198
Gerkens, Karsten 241
Giampaolo, Giuseppe (alias Russelo) 68
Giglio-Clan 58
Ginzel, Arndt 151, 187 ff.
Giorgi-Clan 81, 87
Giorgi, Bruno 70 f.
Giorgi, Fortunato 71
Giovanni 87 f.
Gorbatschow, Michail 148, 197, 200
Gornik, Hans-Joachim 187
Grande-Aracri-Clan 44
Grande Aracri, Nicolino 43
Grande-Aracri-Nicoscia-Clan 43
Gratteri, Nicola 8, 12, 66, 69
Greco-Clan 51, 59

Greco, Francesco 51
Greco, Michele 51
Gref, German 140
Grigorivich, Viktor 194
Grillo, Beppe 302
Grossauer, Michael 183

H., Lorenz 193 f.
H., Simone 255
Haggiag, Robert 272
Hähle, Fritz 307
Hahn, André 283
Hamm, Wilfried 263
Harms, Monika 255
Hartmann, Grit 240, 307,
    309
Hauser, Gabriele 263
Hausheer, Urs J. 182 f.
Heck, Meinrad 301
Heitmann, Steffen 237 f.,
    254 f.
Helmers, Bernfried 283,
    310
Hetzer, Wolfgang 24, 291,
    300, 302, 310
Hilpert, Axel 228 ff.
Hilsberg, Stephan 307
Hofmann, Gregor 92
Höhmann, Hans-
    Hermann 302
Holtz, Christian 196
Honnigfort, Bernhard
    309
Horngacher, Roland
    172 f.
Hübner, Danuta 113
Huismann, Wilfried
    306 f.

I., Vitali 129
Ibrahim, Youssef M. 17 f.,
    300
Ingenlath, Ulrich 240 f.
Irrgang, Lutz 261
Ismailovo-Mafia 159,
    170

Ismailovskaja 6, 11, 120,
    129, 148 - 161, 168 - 173
Ismailovskaja/Podolskaja

Jaguar (Deckname)
    85 - 88, 91, 245
Jansen, Frank 306
Jansen, Klaus 12, 292,
    300, 311
Jansen, Nadine 44
Jelzin, Boris 148, 152 f.,
    160, 301
Jeske, Cornelia 307 f.
Juan Carlos 130
Jung, Burkhard 258, 308
Jurk, Thomas 268

K., Wolfgang 307
Karimow, Islam 288
Khadairow, Djalol 154
Kindhäuser, Urs 309
Kislin, Arik 169
Kittlaus, Klaus 218
Klockzin, Martin
    251 - 254, 260, 278
Klüver, Henning 300
Knabe, Bernd 177, 304
Knabe, Hubertus 208,
    306
Köberle, Peter 238 f.
Koebe, Hermann 222
Kohl, Helmut 222, 228, 230
Köhler, Horst 214
Kolumbus, Christopher
    161
Köppe, Ingrid 217 f., 230,
    307
Koppelin, Jürgen 290
Kotenew, Wladimir 294
Kouzmine, Sergei 131
Kozina, Riccardo (*siehe
    auch* Rotman,
    Richard) 144
Kozina, Richard (*siehe
    auch* Rotman,
    Richard) 144

Kozina, Ryszaro (*siehe
    auch* Rotman,
    Richard) 144
Krause, Günther 218
Kreher, Hans-Uwe 198
Kruscha, Johannes 209 f.,
    212, 306
Kulczyk, Jan 181 f.
Kulikow, Anatoli 163 f.
Kumarin, Wladimir (alias
    Barsukov) 130
Künast, Renate 230
Küpers, Wilfried 309
Kuzmin, Sergei 131
Kwasniewski, Aleksander
    181

La-Minore-Clan 57 f.
Lai, Antonio 90 - 97
Lallemand, Alain 303
Landgraf (IM) 170, 217
Larsson, Lothar 92 - 97
Lay, Conrad 310
Lay, Caren 284
Lazzaretti-Clan 81, 91
Lazzaretti, Sergio 91
Lebedew, Alexander 294,
    311
Lebert, Stephan 307
Lechner, Matthias 237 f.
Ledonne, Emilio 98
Lehming, Malte 311
Lekarjew, Stanislaw
    196
Leutheusser-Schnarren-
    berger, Sabine 298,
    311
Lichdi, Johannes 309
Liciardi-Clan 62
Limbach, Jutta 216
Loge P2 32
Lomonossow, Michail
    Wassiljewitsch 305
Longo-Versace-Clan 59
Lucas, Edward 311
Lujanow, Kurat 146

M., Rafael 128
M., Rosario 64
Machmudov, Iskander
   154
Mackenroth, Geert 262,
   266
Mahnkopf, Birgit 303, 310
Maiolo-Clan 59
Maizière, Lothar de 209
Maizière, Thomas de 284
Malewski, Anton 159, 168
Malyshev (Malischew),
   Alexander 131
Malyshevskaya 130 f.
Mammoliti-Clan 58, 67,
   69, 89
Mammoliti, Antonio 69,
   71 f.
Mammoliti, Aurelio 73
Mammoliti, Domenico
   73
Mammoliti, Giuseppe 77
Mangold, Klaus 294
Manno, Fabio Iacono 54
Marando-Clan 39
Marinaro, Pietro 60 f.,
   63
Martens, Michaela 305
Martina 280
Massoneria devita (Ab-
   weichende Freim-
   aurerloge) 30 ff.
Mastella, Clemente 115 f.
Mattern, Jens 304
Mayer, Steffen 311
Mayer-Vorfelder, Gerhard
   52
Mazzaferro-Clan 9, 59
McConnell, Michael 185
Medwedew, Dimitrij
   294
Mele, Toni Michelle 143
Merbitz, Bernd 235
Merkel, Angela 194
Merker, Nils 234
Merz, Friedrich 290

Messner, Wolfgang 301
Michailow, Sergej 148 f.
Miegel, Meinhard 272
Mielke, Erich 205
Mielke, Martin 246
Milbradt, Georg 237, 256,
   268, 270 f., 284
Miller, Alexej 184
Modrow, Hans 209
Mogilevich, Semion 123,
   180
Möllemann, Jürgen 215
Momper, Walter 195, 294
Monika (IM) 229, 255
Morabito-Clan 42, 59
Müller, Albrecht 311
Müller-Enbergs, Helmut
   306
Musotto, Francesco 113
Muto-Clan 59

N., Giuseppe 87
Nak, Igor 145
Napoleoni, Loretta 311
Nasarbajew, Nursultan
   292
Natale, Antonio 36
'Ndrangheta 5, 8 ff., 20,
   26 f., 29, 31 ff., 37 – 64,
   66 ff., 70 f., 73 – 82,
   84 – 87, 89, 91, 96, 98,
   109, 115 f., 126, 202,
   286 f., 300 f.
Neef, Christian 311
Neumann, Conny 301
Neumann, Ulfrid 308
Neumer, Rainer 238
Nevski, Alexander 305
Nickel, Uta 271
Niederleig, Jan 236
Nieuwland, Herwig van
   298
Nirta-Clan 67 f., 70, 81,
   87, 89
Nirta, Francesco (alias
   Scalzone) 68

Nolle, Karl 231 f.,
   234 – 238, 258, 262,
   265, 268, 270 f., 274 f.,
   284 f., 307, 309 f.
Nübel, Rainer 51, 301

Oettinger, Günther 47 ff.,
   51 f., 54, 301
Onorata fratellanza
   (Ehrenwerte
   Bruderschaft) 34
Orlando, Leoluca 13, 18, 22
Orzschig, Kay 92

P., Antonio 62 f.
P., Leonardo 63
P., Nicola 87 f.
Paeffgen, Hans-Ulrich
   271, 309
Paentzer, Wolf-Olav 196
Paoli, Letizia 286, 310
Patruschev, Nikolaj 197 f.
Pelle-Clan (alias
   Gambazza) 59, 82 f.,
   89
Pelle, Antonio (alias
   Gambazza) 68, 70, 72,
   81 f.
Pelle, Giuseppe 70
Pelle-Romeo-Clan 67
Petersen, Jens 308
Petrov, Gennadios
   (Gennadi) 130
Pfahl, Manuela 302
Pierer, Heinrich von 23 f.
Pilz, Peter 296, 311
Pitzke, Marc 311
Piwarz, Christian 257 f.,
   276
Platzeck, Matthias 195 f.,
   276
Pole, der (*siehe auch*
   Rotman, Richard) 144
Polillo-Musacchio-Clan
   64
Popow, Sergeij 163

318   Personen- und Clanregister

Porstein, Bernd 307
Prantl, Heribert 286
Probst, Gabi 229 f., 293, 307
Prodi, Romano 114 ff., 301
Provenzano, Bernardo 29, 112
Provenzano, Saveria 29
Putin, Wladimir 123, 131, 140, 166, 183, 185 f., 194 ff., 199, 294, 304

R., Alexander 150 f.
R., Antonio 86
Raccuglia, Domenico 30
Radev, K. P. 166
Radin, Valerij 198
Rahr, Alexander 195, 305
Raith, Werner 300
Rätzel, Karin 211, 306
Rau, Rolf 218
Rauer, Helmut 211
Rebaschus, Matthias 295
Reski, Petra 117, 302
Riina, Salvatore Totò 18, 29 f.
Ringstorff, Harald 196
Roberti, Franco 16, 19
Rogoli, Giuseppe 34, 100, 302
Romeo-Clan (alias Staccu) 59, 67 ff., 71, 73 f., 83, 86
Romeo-Pelle-Nirta-Clan 89
Romeo, Antonio (alias Staccu) 68, 73
Rosch, Markus 63, 301
Roth, Jürgen 257
Rotman, Richard (alias Jeazy Bank, alias Riccardo Marian Fanchini, alias Riccardo Kozina, alias Richard Kozina, alias Ryszaro Kozina,

alias der Pole, alias Rysiek, alias Joannis Skandalis-Themistoklis, alias Vasja, alias Warhol, alias Ricardo Wojoiechowska, alias Yura, alias der Zigeuner) 138–144, 150, 303
Rushailo, Vladimir 165
Ruga-Clan 59 f.
Russelo (siehe auch Giampaolo) 68
Russo, Gerado 99–102, 104
Russo, Guiseppe 36
Rysiek (siehe auch Rotman, Richard) 144
Ryszaro, Kozina (siehe auch Rotman, Richard) 144

S., Enzo
Saavedra, Juan Carlos 155
Sacra Corona Unita (Heilige Vereinte Krone) 5, 26 f., 34, 42, 85, 87 f., 98–108, 302
Saint-Upéry, Mark 34
Salvo, Ignazio 18
Santa Cruz Connection 56
Santoro-Clan 60
Santoro, Domenico 60
Saviano, Roberto 236 f., 288
Scalzone (siehe auch Nirta) 68
Scarpinato, Roberto 7, 13 f., 18 f., 22, 46
Schalck-Golodkowski, Alexander 189, 216 ff.
Schäuble, Thomas 48 f.
Scheerer, Thomas 222 f.
Schelter, Kurt 209

Schewtschenko, Wiktor 193
Schichkanow, Atlan 146
Schily, Otto 294
Schlegel, Matthias 280
Schlottmann, Karin 308
Schmitz, Jürgen 224
Schneider-Deters, Winfried 306
Schommer, Kajo 264 ff.
Schönbohm, Jörg 230
Schrameyer, Klaus 186, 203, 205, 305 f.
Schröder, Gerhard 72, 187, 290, 294
Schröder, Roland (Deckname) 190
Schubert (IM) 211
Schulze, Klaus 218
Schwenk, Heinz 206
Schwennen, Manuela 92 f.
Schwürzer, Wolfgang 267
Scotti, Pasquale 86
Seibert, Wilfried 191, 305
Seredzinski, Oleg 145
Sergi-Clan 39, 91
Serraino-Clan 65
Shahyar, Pedram 290
Siekaczek, Reinhard 23
Siemiatkowski, Zbigniew 182
Silvano 106
Skandalis-Themistoklis, Joannis (siehe auch Rotman, Richard) 144
Skoch, Andrei 288
Slavik, Angelika 311
Sofsky, Wolfgang 202, 306
Solnzevskaja 11, 120, 129, 148, 288, 304
Sommer, Ulrich 251 ff., 278, 308 f.
Soult, Steffen 260, 282, 308, 310
Späth, Lothar 290

Spiotta 87
Staccu (*siehe auch*
    Romeo-Clan) 67 f., 71,
    73 f., 86
Stark, Britta 223
Steiner, Norbert 270 f.
Stipo-Clan 74
Stolberg, Patrick Graf zu
    274 f.
Stolpe, Manfred 220, 230
Stoychev, Krassimir 170
Strahl, Jürgen 206
Strangio-Clan 67, 71, 77
Strangio, Francesco (alias
    Barbaro) 68, 83
Strangio, Pino 66
Strangio, Sebastiano 70
Strangio-Nirta-Clan 67, 71
Strauß, Franz Josef 197
Strehober, Felix 187 – 190,
    305

Tambovskaja 11, 120, 123,
    129 – 132
Tambovskaja-
    Malyshevskaya 130
Tarpitschtschew, Schamil
    153
Thebrath, Jürgen 306 f.
Theil, Stefan 310
Tiedje, Hans-Hermann
    228
Tiefensee, Wolfgang 240
Tillack, Hans-Martin 111,
    302
Tillich, Stanislaw 234,
    284
Timtschenko, Viktor 303
Tiscione, Steven
    Lawrence 142

Tochtachunow, Alimzan
    160 f.
Tolone-Clan 59
Trimboli-Clan 39
Trincia, Pablo 15
Tripodore-Morfo-Manzi-
    Clan 64
Trojanow, Ilja 204, 306
Tschizhow, Wladimir
    184
Tzitschke, Sabine 307

Ulbrich, Roland 233 f., 276
Ulrich, Andreas 304
Ulrich, Stefan 301 f.
Urban, Thomas 304
Usbeke, der 288

V., Antonio 101
Vallelunga-Clan 60
Vallelunga, Savario 61
Vanzi, Diego 301
Vasja (*siehe auch* Rotman,
    Richard) 144
Vecchione, Umberto 35 f.
Vegas, Don 7
Velchev, Boris 176
Vez, Jean-Luc 144
Villani, Matteo 78 f.
Violante, Luciano 9, 300
Völler, Rudi 52
Vottari-Clan 67
Vottari, Santo (alias
    Frunzu) 68

W., Ulrich 233
Walker, Marcus 307
Walter, Kay 311
Warennikow, Walentin
    200

Warhol (*siehe auch*
    Rotman, Richard)
    144
Warnig, Matthias 186
Webster, W. 303
Wehling, Georg 249, 253,
    260, 284
Weinreich, Jens 152, 303,
    307 f.
Weitemeier, Ingmar 107
Wekselberg, Wiktor 11,
    139 f.
Wendler, Simone 212 f.,
    306
Wenzlick, Erich 277
Werner, Ingrid (IM) 224
Werthebach, Eckart 244
Winkler, Michael 307
Wojoiechowska, Ricardo
    (*siehe auch* Rotman,
    Richard) 144
Wolf, Ingo 15, 298, 308
Wolf, Markus 195, 199
Wotzlaw, Angela 127
Wulff, Wolfgang 218

Yura (*siehe auch* Rotman,
    Richard) 144

Zapf, Friedhelm 223 – 226
Zekri, Sonja 311
Ziegelmeier, Wolfram 147,
    156 f., 160 f., 303 f.
Ziegler, Jean 306
Ziercke, Jörg 11
Zigeuner, der (*siehe auch*
    Rotman, Richard)
    144
Zlatev, Valentin 198
Zypries, Brigitte 294